Literatur als Kunst
Eine Schriftenreihe, herausgegeben von Walter Höllerer

Carl Hanser Verlag
München

Hans Christoph Buch

Ut Pictura Poesis

Die Beschreibungsliteratur und ihre
Kritiker von Lessing bis Lukács

Carl Hanser Verlag
München

D 83

Von der philosophischen Fakultät der Technischen Universität Berlin
zur Erlangung des akademischen Grades Doktor der Philosophie geneh-
migte Dissertation.

Die hochgestellten Ziffern im Text verweisen auf die Anmerkungen,
die eingeklammerten Seitenzahlen beziehen sich auf das jeweils zitierte
Werk.

ISBN 3-446-11633-8 Ln.
ISBN 3-446-11634-6 Br.

© 1972 Carl Hanser Verlag, München
Satz und Druck: Appl, Wemding
Bindung: Großbuchbinderei Monheim
Umschlagentwurf: Claus J. Seitz
Printed in Germany

Inhaltsverzeichnis

Vorbemerkung: Zu Thema und Methode der Arbeit

1. Zum Thema

Der Gegenstand der vorliegenden Untersuchung – die sogenannte »Beschreibungsliteratur« – versteht sich so wenig von selbst, daß im voraus einige klärende Bemerkungen vonnöten sind. Es handelt sich dabei um ein Phänomen, das von Horaz bis Handke durch die Literaturgeschichte geistert, von der Kritik ebenso oft totgesagt wie, in neuer Gestalt, wiederauferstanden – wobei die Argumente der Kritiker, von Lucian über Lessing bis Lukács, überraschend einander ähneln. Der Terminus »Beschreibungsliteratur« bleibt notwendigerweise unscharf, da er sich einseitig an formalen Gegebenheiten orientiert – der mehr oder minder ausgeprägten Vorherrschaft der Beschreibung (über diesen Begriff vgl. das folgende Kapitel) in einem literarischen Werk –, ohne die zugrunde liegenden historischen, sozialen und politischen Bedingungen zu reflektieren, denen das Genre seine Entstehung verdankt. Von »Beschreibungsliteratur« in diesem Sinne könnte man dort sprechen, wo die Beschreibung, von einer ursprünglich untergeordneten literarischen Technik zur zentralen Darstellungsmethode wird, die andere literarische Kunstmittel – dramatische Handlung, epische Erzählung usw. – weitgehend verdrängt. Es geht also nicht nur um die Epik, in der die Beschreibung von Hause aus anzutreffen ist, sondern auch um die übrigen literarischen Gattungen, soweit das Problem in ihnen evident wird. Konkret soll die Frage der »Beschreibungsliteratur« anhand von drei Schwerpunkten aus der literarischen Entwicklung der letzten zwei Jahrhunderte untersucht werden, die zugleich die Hauptteile der vorliegenden Arbeit bilden: die »beschreibende Poesie« des 18. Jahrhunderts (Brockes, Albrecht v. Haller, Ewald v. Kleist), die Naturbeschreibung bei Stifter, am Beispiel des ›Nachsommer‹, und die Großstadtbeschreibung im Roman des frühen 20. Jahrhunderts, insbesondere bei Kafka (›Amerika‹). Verwandte Erscheinungen aus jüngerer Zeit, wie der französische *nouveau roman* und seine Nachfolger in der westdeutschen Literatur der 60er Jahre, von denen der erste Anstoß zur Beschäftigung mit dem Thema ausging, mußten aus Gründen der methodischen Ökonomie ausgeschlossen werden. Entscheidend für die Auswahl war die Tatsache, daß sich an den erwähnten Punkten bzw. Ausschnitten aus der Literaturgeschichte der Widerspruch prominenter Kritiker – Lessing, Hebbel und Lukács – entzündete, so daß sich quer durch die Jahrhunderte so etwas wie eine literarische Debatte über das Für und Wider der Beschreibungsliteratur entspann, deren Argumente hier

überprüft werden sollen. Dabei geht es nicht um Motivforschung –
hier Natur, dort Großstadt –, sondern um das Verbindende zwischen
so verschiedenen Autoren wie Brockes, Stifter und Kafka, bzw. ihren
Kritikern, ebenso wie um das Trennende, das sich nicht unter das
Schlagwort »Beschreibungsliteratur« subsumieren läßt. Zugleich soll
die Einheit von Literatur und Kritik, von Kunstproduktion und Rezeption, die in der einschlägigen Germanistik zumeist ausgespart wird,
stärker als bisher berücksichtigt werden. Bei all dem ist nicht zu vergessen, daß es sich bei der sog. »Beschreibungsliteratur« um ein relativ
ephemeres Problem handelt, abseits vom Hauptstrom der literarischen
Entwicklung: die »beschreibende Poesie« des 18. Jahrhunderts ist, im
Vergleich zum bürgerlichen Drama derselben Epoche, ebenso vergessen
wie Stifter im Vergleich zu Balzac oder Flaubert.

2. Zur Methode

Der erbittert geführte Methodenstreit in der Germanistik[1] ver-
schleiert meines Erachtens durch mechanisches Alternativdenken: entweder sozioökonomische Analyse oder »immanente« Literaturbe-
trachtung, die viel wichtigere Frage nach der dialektischen Einheit von
ästhetischem und politischem Engagement. Damit ist zugleich das
methodische Programm der vorliegenden Arbeit umrissen: ästhetische
Entscheidungen eines Autors sollen in ihrer zumeist unbewußten gesellschaftlichen Motivation sichtbar gemacht werden, und umgekehrt
soll seine politisch-soziale Haltung bis in ihre ästhetischen Verästelun-
gen hinein verfolgt werden. Es geht dabei um die dialektische Wechselwirkung von Überbau und Basis, die nicht einfach theoretisch po-
stuliert, sondern am konkreten Einzelfall aufgezeigt werden muß –
unter Einschluß der komplizierten Vermittlungsorgane, von denen Engels in einem Brief an Joseph Bloch spricht.[2] Beschreibung ist also nicht
formalistisch als unveränderliche Wesensbestimmung einer bestimmten
Art von Literatur zu verstehen, sondern als Ausdruck von ständig sich
wandelnden gesellschaftlichen Produktionsverhältnissen, die im ästhetischen Medium gleichsam gebrochen erscheinen. Das bedeutet, daß
nicht auf jeder Seite der folgenden Untersuchung von der formalen
Technik des Beschreibens die Rede sein wird, sondern von den konkreten Intentionen, die sich darin ausdrücken, und die ihrerseits wieder gesellschaftlich motiviert sind: nicht von starren Definitionen, sondern von der widersprüchlichen Totalität des historischen Prozesses
wird ausgegangen, der an diesem winzigen Ausschnitt aus der Gesamt-
entwicklung dargestellt werden soll.

Enzyklopädisches Stichwort: Was ist Beschreibung?

»Jeder Terminus der Literaturtheorie muß die konkrete Folge konkreter Fakten sein. Es ist unzulässig, von der Gipfelregion der metaphysischen Ästhetik her, zu einem vorgegebenen Terminus die ›passenden‹ Phänomene zu zwingen. Der wirkliche Terminus ist konkret. Die Definition evolutioniert: wie das literarische Faktum« (Jurij Tynjanov, 1924).[3]

1. Zur Wortgeschichte

Die primäre Bedeutung von nhd. »beschreiben« (aus mhd. »beschrîben«, eine Analogiebildung zum lat. describere) ist, nach Grimm, »schreiben, abfassen, aufzeichnen« – das Be-schreiben ist ein Sonderfall des Schreibens.[4] Diese Bedeutung lebt fort in der Wendung »einen Kreis beschreiben« (beschreiben = »geometrische Figuren zeichnen«), auch im übertragenen Sinn: »Die Kugel beschreibt eine Bahn.« Die heute übliche, vergleichsweise abstrakte Bedeutung (beschreiben = »etwas mit Worten darstellen, schildern«) erhält das Wort erst später. Eine Beschreibung, lat. descriptio, ist ursprünglich eine Inschrift oder Aufschrift auf einem Bild, einer Vase, einer Statue: die Beschreibung ist hier noch Teil des beschriebenen Gegenstandes, von dem sie sich erst später, auf einer höheren Reflexionsstufe, löst. Literarische Formen wie das Epigramm oder der Epitaph sind auf ähnliche Weise entstanden.[5]

Der sprach- und kulturgeschichtliche Wandel von der sinnlich-konkreten zur abstrakten Bedeutung zeigt sich noch deutlicher an einem Wort, das, wenn auch mit semantischer Verschiebung, die deutsche Entsprechung zu dem lateinischen Lehnwort »beschreiben« bildet: nhd. schildern. Mhd. »schiltaere« heißt der Maler, der Wappen auf den Schild malt, mhd. »schilderen« bedeutet also ursprünglich »einen Schild bemalen«, im übertragenen Sinn »etwas mit Worten ausmalen«.[6] Im 17. Jahrhundert drang das Wort »Schilderey« über das Niederländische (nl. schilderij = Gemälde) in die neuhochdeutsche Schriftsprache ein, in der Bedeutung: »pingere, depingere, im portrait darstellen« (Grimm).[7] Noch Brockes benutzt »Schilderey« synonym mit Gemälde.[8] In der barocken Poetik dient der Begriff zur Kennzeichnung der dichterischen Beschreibung im Unterschied zur wissenschaftlichen.

Gleichzeitig, an der Wende vom 17. zum 18. Jahrhundert, »wo die Logik durch *Wolff* eine deutsche Terminologie erhalten hat« (Hochstetter-Preyer),[9] bekommt das Wort Beschreibung seine heute übliche abstrakte Bedeutung. Diese Feststellung führt von der Wortgeschichte weg zur Geschichte des Begriffs.

2. Die Beschreibung in der Philosophie

a) Logik

Die Logik unterscheidet seit Aristoteles zwischen Beschreibung und Erklärung (lat. descriptio und definitio). Streng genommen handelt es sich bei der Beschreibung nur um eine Unterart der Erklärung: die Definition nach akzidentellen, im Gegensatz zur Definition nach substantiellen, dem Gegenstand wesentlichen Merkmalen. Aristoteles nennt als Beispiel den Satz, »daß ein oder mehrere Menschen als sitzend gekennzeichnet werden«[10] – eine zufällige, vorübergehende Qualität.

»Diese im Griechischen hypographē genannte unvollkommene Art der Definition wird von Cicero und Boethius mit descriptio übersetzt; sie behält ihren Namen und mit geringen Schwankungen auch ihre Bestimmungen durch das gesamte Mittelalter bis in die Neuzeit hinein bei, wie Stichproben aus *Petrus Hispanus, Petrus Ramus, Burgersdicius* und der Logik von *Port Royal*, in der deutschen Logik nach *Wolff* auch bei *Crusius* und *Reimarus* zeigen« (Hochstetter-Preyer).[11]

Beispiele für »Beschreibungen« im Sinne der aristotelischen Logik sind in der philosophischen Literatur häufig anzutreffen: von dem Satz des Petrus Ramus »homo est animal capax disciplinae« über Wolff und Reimarus (»die genaue Bestimmung einer herbeizuholenden Zitrone« bzw. »eines Magneten«) bis zu John Stuart Mills Paradigma: »Der Mensch ist ein Säugetier, das zwei Hände hat; der Mensch ist ein Tier, das seine Speisen kocht, der Mensch ist ein zweifüßiges Tier ohne Federn.«[12]

Die Theorie der Beschreibung ist in neuerer Zeit von der formalen Logik aufgegriffen und weiterentwickelt worden. In seinen ›Principia Mathematica‹ (1910) definiert Bertrand Russell die Beschreibung als unvollständiges Symbol (»incomplete symbol«), d. h. als Zeichen, das nicht für sich genommen, sondern erst im Kontext seine Bedeutung erhält. Jede Phrase von der Form »the so-and-so«, »der/die/das bzw. ein So-und-So« ist für Russell eine Beschreibung:

»Ausdrücke, die in Sätzen an der Stelle eines Subjektes auftreten und die weder Namen sind noch – isoliert genommen – eine Bedeutung haben, müssen nach ihm als deskriptive Phrasen (bzw. Deskriptionen) aufgefaßt werden. Beispiele sind: ›Der Autor von Waverley‹, ›der Gründer Roms‹, ›der gegenwärtige König von Frankreich‹, ›der Held von Shakespeares Tragödie »Hamlet«‹, ›ein Mensch‹, ›ein Einwohner Wiens‹, ›ein Einhorn‹.«[13]

Russell verknüpft diesen Begriff der Beschreibung mit dem der Existenz: ein Gegenstand wird erst dadurch existent, daß logisch wahre Aussagen über ihn gemacht werden können, d. h. in Russells Terminologie, daß er »beschrieben« wird:

»When in ordinary language or in philosophy something is said to ›exist‹, it is always something *described, i.e.* it is not something immediately presented, like a taste or a patch of colour, but something like ›matter‹ or ›mind‹ or ›Homer‹ (meaning ›the author of the Homeric poems‹), which is known by description as ›the so-and-so‹ (...) Thus in all such cases, the existence of the (grammatical) subject (...) can be analytically inferred from any true proposition having this grammatical subject. It would seem that the word ›existence‹ cannot be significantly applied to subjects immediately given;«[14]

Russells Theorie der Deskription ist von verschiedenen Seiten her kritisiert worden.[15] Sie erhält ihren spezifischen Sinn erst in dem System der formalen Logik, das der Autor, zusammen mit Whitehead, in seinen ›Principia Mathematica‹ entwickelt hat; außerhalb dieses Systems aber ist ihr Gebrauchswert äußerst begrenzt, da Russells Definition der Beschreibung mit dem, was wir im gewöhnlichen Sprachgebrauch unter diesem Begriff verstehen, kaum mehr etwas gemein hat. Die Argumente von Russells Kritikern, insbesondere von seiten der *Ordinary Language Philosophy*, hat Rudolf Haller treffend zusammengefaßt; seine Definition, obwohl theoretisch weniger fundiert, hat den Vorteil, daß sie praktikabler erscheint als die von Russell, da sie von der normalen Alltagssprache ausgeht:

»Indem wir einen sprachlichen Komplex, einen Text als ›Beschreibung‹ charakterisieren, kennzeichnen wir (...) die *Weise,* in der Ausdrücke und Sätze einer Sprache zu einem bestimmten Zweck verwendet werden. Die von der Funktion her bestimmte Weise der Verwendung sprachlicher Ausdrücke, die wir als ›Beschreiben‹ klassifizieren, unterscheiden wir etwa von ›äußern‹, ›kundtun‹, ›mitteilen‹, ›berichten‹, ›feststellen‹, ›behaupten‹, ›erläutern‹, ›erörtern‹, ›erklären‹, ›beweisen‹, ›voraussagen‹ u.a.m. Der Gegenstand, den wir beschreiben, wird durch die Beschreibung so wenig mitgeteilt oder erklärt, wie etwa eine Frage uns den Gegenstand der Antwort mitteilt oder erklärt. (...) Daß solche Klassifikationen weder streng begrenzt noch einander ausschließend verstanden werden müssen, sieht man leicht daran, daß im Rahmen einer Mitteilung, einer Erörterung oder einer Erklärung auch Beschreibungen vorkommen können und vorkommen. Daraus wird aber auch ersichtlich, daß für isolierte Ausdrücke und Sätze die Frage, ob sie deskriptiv seien oder nicht, grundsätzlich nicht entschieden werden kann.«[16]

b) Hegels Phänomenologie

Im Gegensatz zur Logik, die, im Anschluß an Aristoteles, den Begriff »Beschreibung« schulmäßig zu definieren versucht, geht es Hegel, im fünften Abschnitt seiner ›Phänomenologie des Geistes‹ um »das Beschreiben« als Methode der vernunftmäßigen Erkenntnis. Unter dem Titel »Beobachtende Vernunft. Beobachtung der Natur« bestimmt er das Beschreiben als Stufe der sinnlichen Wahrnehmung, die gerade dort, wo sie sich einbildet, konkret zu sein, im Hegelschen Sinne »abstrakt« bleibt, da sie nicht bis zum Begriff vordringt.

»Dies oberflächliche Herausheben aus der Einzelheit und die ebenso oberflächliche Form der Allgemeinheit, worein das Sinnliche nur aufgenommen wird, ohne an sich selbst Allgemeines geworden zu sein, das *Beschreiben* der Dinge, hat noch in dem Gegenstand selbst die Bewegung nicht; sie ist vielmehr nur in dem Beschreiben. Der Gegenstand, wie er beschrieben ist, hat daher das Interesse verloren; ist der eine beschrieben, so muß ein anderer vorgenommen, und immer gesucht werden, damit das Beschreiben nicht ausgehe. Ist es nicht so leicht mehr, neue *ganze* Dinge zu finden, so muß zu den schon gefundenen zurückgegangen werden, sie weiter zu teilen, auseinanderzulegen und neue Seiten der Dingheit an ihnen noch aufzuspüren. Diesem rastlosen, unruhigen Instinkte kann es nie an Material gebrechen;«[17]

Hegels Definition nimmt wichtige Züge der Beschreibungsliteratur eines Brockes oder Stifter vorweg: die potentielle Unendlichkeit dieses Verfahrens, im kleinen, bei der Beschreibung der unendlich vielen Eigenschaften eines Dinges, ebenso wie im großen, bei der Beschreibung der unendlichen Anzahl aller Dinge.[18] Zugleich hat sie, aufgrund ihrer dialektischen Formulierung, den Vorteil, daß sie die Grenzen der beschreibenden Methode, sei es in der Wissenschaft oder in der Literatur, sehr viel genauer benennt, als eine starre Begriffsbestimmung dies vermöchte. Sie ergeben sich aus der undialektischen Trennung von Subjekt und Objekt, von Betrachter und Betrachtetem, die jeder Beschreibung zugrunde liegt, indem sie stillschweigend voraussetzt, daß die Merkmale, die sie an den Dingen hervorhebt, nur diese Dinge, und nicht zugleich das beobachtende Bewußtsein charakterisieren.[19] Die Eigenschaften der Dinge, die in Wahrheit das Resultat komplizierter Entwicklungsprozesse sind – die Farbe entsteht aus der Absorption des Lichts, die Masse ist eine Funktion der Geschwindigkeit –, werden in der Beschreibung zu festen, unveränderlichen Qualitäten; indem er die falsche Unmittelbarkeit des Beschreibens aufdeckt, hat Hegel so wesentliche Erkenntnisse der modernen Physik theoretisch vorweggenommen:

> »Was wesentliche Merkmale genannt werden, sind *ruhende* Bestimmtheiten, welche so, wie sie als *einfache* sich ausdrücken und aufgefaßt werden, nicht das, was ihre Natur ausmacht, verschwindende *Momente* der sich in sich zurücknehmenden Bewegung zu sein, darstellen.«[20]

Da die Beschreibung auf bloße Oberflächenzusammenhänge fixiert bleibt und, *per definitionem*, die begriffliche Erklärung ausschließt, kann sie, nach Hegel, auch nicht zu den Gesetzen vordringen, die, jenseits der bloßen Empirie, das Chaos der Erscheinungen regeln:

> »Dem beobachtenden Bewußtsein ist die *Wahrheit des Gesetzes* in der *Erfahrung* als in der Weise, daß *sinnliches Sein für es* ist; nicht an und für sich selbst. Wenn aber das Gesetz nicht in dem Begriffe seine Wahrheit hat, so ist es etwas Zufälliges, nicht eine Notwendigkeit, oder in der Tat nicht ein Gesetz.«[21]

3. Die Beschreibung in der Wissenschaft

Hegels Theorie des Beschreibens bildet gleichsam den theoretischen Überbau zur Praxis der Beschreibung, wie sie in verschiedenen Wissenschaften geübt wird. Die deskriptive Methode ist so alt wie die moderne Naturwissenschaft, ja, mit ihr etablierte sich diese erst als selbständiges Forschungsgebiet. Als ihr Stammvater wird gewöhnlich Galilei zitiert, der als erster die Erscheinungen der Natur exakter, wissenschaftlich instrumentierter Beobachtung unterwarf.[22] Er wurde damit zum Begründer der empirischen Forschung, eines wissenschaftlichen Verfahrens, das sich streng auf das Sicht- und Meßbare, jederzeit durch Experiment Überprüfbare in der Natur beschränkte und, über der Frage nach dem »Wie« der Erscheinungen, die Frage nach dem »Warum« als metaphysische Spekulation von vornherein ausschloß. Die philosophischen Systeme des Empirismus (Locke) und Positivismus (Comte) verliehen dieser Methode ihre theoretische Rechtfertigung. Noch der Physiker Kirchhoff, um nur ein Beispiel zu nennen, formuliert das Aufgabengebiet der Mechanik in der Weise: »Aufgabe der Mechanik ist, die in der Natur vor sich gehenden Bewegungen vollständig und auf die einfachste Weise zu beschreiben.«[23] Eine Reihe von Wissenschaftszweigen führt als stehendes Epitheton das Beiwort »beschreibend« mit sich: beschreibende Anatomie, beschreibende Physik, beschreibende Geometrie usw. Andere Wissenschaften sind von Haus aus beschreibend zu nennen, ohne ausdrücklich als solche gekennzeichnet zu sein: Chemie, Biologie und Geographie (= »Erdbeschreibung«). Je nach ihrem Untersuchungsgegenstand lassen sich zwei Gruppen voneinander unterscheiden: erstens diejenigen Wissenschaften, welche Realien der Natur, physische Körper, Elemente und Substanzen erforschen (z. B. Zoologie, Botanik, organische und anorganische Chemie), und zweitens diejenigen, welche Bewegungen, Vorgänge, Veränderungen des Zustandes oder des Orts untersuchen (Mechanik, Wärmelehre, Meteorologie usw.). Während die Wissenschaften der ersten Gruppe elementare Formen des Beschreibens benutzen: das Sammeln, Ordnen, Vergleichen, Klassifizieren und Katalogisieren nach charakteristischen Unterscheidungsmerkmalen (man denke an die Einteilung von Pflanzen oder Tieren nach dem Aufbau der Blüten, der Beschaffenheit der Zehen etc.), ist die Beschreibung von Vorgängen und Veränderungen nur mit Hilfe komplizierter Beschreibungsaggregate möglich, die sich oft sprachlich nicht mehr realisieren lassen (z. B. in der Kernphysik, deren Ergebnisse durch sprachliche Analogie nicht mehr faßbar sind). Es ändert jedoch nichts am logischen Bestand einer Beschreibung, ob sie mit den Mitteln der Alltagssprache, mit Hilfe eines speziellen wissenschaftlichen Jargons oder durch das Medium eines abstrakten Zeichensystems ausgedrückt wird – seien es die Sternbilder in der Astronomie, die stöchiometrischen Zeichen in der Chemie oder die mathematischen Symbole in der Physik.[24]

Gemeinsam ist allen hier skizzierten Spielarten wissenschaftlicher Beschreibung ein Verfahren, das man von alters her Abstraktion nennt. Der Physiker, der den freien Fall demonstrieren will, ist bemüht, aus seinem Experiment alle störenden Nebenfaktoren wie Luft, Reibung usw. auszuschließen: er schafft ideale Bedingungen, wie sie in Wirklichkeit kaum je anzutreffen sind, um die zugrunde liegende Gesetzmäßigkeit sichtbar zu machen. Der Botaniker, der eine Pflanze katalogisiert, beschreibt nicht ein spezifisches Exemplar mit seinen Abweichungen und Unregelmäßigkeiten, er beschreibt die typischen Merkmale der Gattung. Der Sprachwissenschaftler, der den Aufbau einer Sprache untersucht, abstrahiert von den Sätzen eines einzelnen Sprechers, um die dahinter verborgene Struktur zu erkennen. Mit diesem Schritt aber geht die Wissenschaft über die bloß empirische Beschreibung hinaus und nähert sich der begrifflichen Abstraktion. Eine »rein« beschreibende Wissenschaft ist in diesem Sinne nicht denkbar.

»Nur wenn unter völliger Ausschaltung des Kausalbegriffs alle vorkommenden Beziehungen als ›funktionale‹ im weiteren Sinn gedeutet werden können, wenn das Wesen des induktiven Schließens mit empirischer Verallgemeinerung erschöpft ist, wenn dementsprechend Sinn und Geltung der Naturgesetze auf die Bedeutung von Regeln ohne Voraussetzung irgendeiner Notwendigkeit beschränkt bleiben, nur dann ist es möglich, von einer beschreibenden Physik oder überhaupt Naturwissenschaft zu reden.«[25]

4. Die Beschreibung in der Literatur

a) Unterscheidung von wissenschaftlicher und literarischer Beschreibung

Ebenso wie in der Alltagssprache, in Philosophie und Wissenschaft findet die Beschreibung auch in der Literatur Verwendung. Gemeinsam ist allen Formen literarischer Beschreibung ein wesentliches Merkmal, das die Literatur insgesamt von Philosophie und Wissenschaft unterscheidet. Während diese in verschiedenem Grad von der unmittelbaren Anschauung abstrahieren, um zur Kenntnis allgemeiner Gesetzmäßigkeiten zu gelangen, geht die Literatur genau umgekehrt vor: sie macht das Allgemeine im Besonderen, das Exemplarische am konkreten Einzelfall sichtbar. Dabei bildet die Literatur die Wirklichkeit nicht einfach nach, sie schafft neue, mögliche Wahrnehmungsinhalte analog zu den in der Wirklichkeit gegebenen. Ein solches Verfahren nennt man von alters her Fiktion, im Unterschied zur wissenschaftlichen Abstraktion. Das Wesen der fiktiven Wahrnehmung hat Hochstetter-Preyer so charakterisiert:

»Fiktionen sind zunächst Individual-Vorstellungen, ihr Gegenstand wird als ein einzelner gedacht, und dann sind sie aus Bestandteilen zusammengesetzt, die den Bedingungen unserer Wahrnehmung durchaus entsprechen. (. . .) Sie sind also gedacht wie die Gegenstände möglicher oder nach Analogie möglicher Wahrnehmung, ›als ob‹ sie solche Gegenstände wären, mit der einen Besonderheit, daß ihnen die Realität ausdrücklich abgesprochen wird.«[26]

Jede literarische Beschreibung bleibt also notwendig fiktiv, auch dort, wo sie, wie z. B. im Naturalismus, größtmögliche faktische Genauigkeit anstrebt. Diesen Gesichtspunkt gilt es im folgenden festzuhalten: wenn Flaubert in seinem Roman ›L'Education sentimentale‹ das Paris der 1848er Revolution schildert, so bleibt seine Darstellung trotz aller Detailtreue – Verwendung von historischen Dokumenten, Augenzeugenberichten, Lokalkolorit etc. – doch Teil einer erfundenen Geschichte, gesehen mit den Augen eines fiktiven Helden, Frédéric Moreau, der eine Schöpfung Flauberts ist. Die Konsequenzen dieser Verfahrensweise für den Realitätsgehalt eines literarischen Werks, etwa eines historischen Romans, im Gegensatz zu einer historischen oder soziologischen Analyse, haben Wellek und Warren so formuliert:

»Das Wesen der Literatur wird (...) am klarsten unter dem Gesichtspunkt ihres Bezugs zur Wirklichkeit. (...) Die Aussagen im Roman, im Gedicht oder im Drama sind nicht wörtlich wahr; es sind keine logischen Sätze. Ein zentraler und bedeutender Unterschied besteht zwischen der Aussage in einem historischen Roman oder einem Roman von Balzac, in dem diese Aussage ›Informationen‹ über tatsächliche Ereignisse zu vermitteln scheint und den gleichen Informationen in einem Werk der Soziologie oder der Geschichte. Selbst in der Lyrik ist das ›Ich‹ des Dichters ein fiktives, dramatisches ›Ich‹, und der Charakter in einem Roman unterscheidet sich von einer historischen Person oder einer Gestalt im wirklichen Leben. Sie besteht nur aus Sätzen, die sie beschreiben oder ihr vom Autor in den Mund gelegt werden.«[27]

Dem Fiktionscharakter der Literatur widerspricht das Bemühen der Beschreibung um größtmögliche Authentizität bei der Wiedergabe von Fakten; man könnte von einer Tendenz zur »Verwissenschaftlichung« der Literatur reden, die mit der Entwicklung neuer Beschreibungstechniken Hand in Hand geht.[28]

b) Die Beschreibung in der Literaturgeschichte, am Beispiel des Epos

Die Beschreibung als literarische Form ist so alt wie die Literatur selbst. Sie findet sich, voll ausgebildet, bereits bei Homer, dem Stammvater der europäischen Literatur.[29] Nachdem die historischen Bedingungen des homerischen Epos verschwunden waren, verfestigte sich sein Werk zu einem Kanon traditioneller Formen, der von Generation zu Generation weitertradiert wurde und, als musterhaftes Vorbild für alle nachfolgenden Epochen, bis in die Neuzeit hinein Geltung behielt. Das gilt ebenso für die Realien von Homers Epos wie für die Formen, in die sie sich kleiden – beide gehören untrennbar zusammen. Ein vielzitiertes Glanzstück homerischer Schilderungskunst ist die Beschreibung des Achillesschildes im 18. Gesang der Ilias; sie wurde zum verbindlichen Paradigma für die sogenannte ›hoplopoiē‹, die Waffenfertigung, in allen späteren Epen. Angefangen von der Beschreibung des Heraklesschildes in einem Fragment, das Hesiod zugeschrieben wird, über den Mantel des Jason im Argonautenepos des

Apollonios Rhodos, bis zu dem Schild des Aeneas im Epos Vergils, einer deskriptiven Einlage, die deutlich in Anlehnung und zugleich in selbstbewußtem Kontrast zum homerischen Vorbild geschaffen wurde; weiter über das höfische Epos des Mittelalters, die Bewaffnung der Helden im altfranzösischen Rolandslied und in Gottfrieds ›Tristan‹, bis zu den italienischen Renaissanceepen, Ariosts ›Orlando Furioso‹ und Tassos ›La Gerusalemme liberata‹.[30] Das ist nur ein Strang von Beschreibungen, der, von Homer ausgehend, weit über die Antike hinausreicht; ein anderer ist unschwer habhaft zu machen in Gestalt der homerischen Ideallandschaft, des *locus amoenus,* nach Curtius »das Hauptmotiv aller Naturschilderung (...) von der Kaiserzeit bis zum 16. Jahrhundert«,[31] der sich aus den bekannten Requisiten des Lustorts zusammensetzt: ein Hain oder eine Grotte, ein murmelnder Bach, blühende Wiesen, sanfter Wind, Vogelgesang und ewiger Frühling. Solche Naturbilder sind vorzugsweise in der Odyssee zu finden; das ältere Epos, die Ilias, bietet dagegen mannigfache Anlässe zur Entfaltung bewegter Tableaus: Kampf- und Jagdszenen, kriegerisches Getümmel, Belagerung, Seuchen, festliche Gelage usw.[32] Ihr Einfluß auf die spätere Literatur läßt sich unschwer nachweisen.

Den vorhandenen Katalog könnte man um weitere Objekte von Beschreibungen erweitern, die sich mit mehr oder weniger Glück, von Homer ausgehend, quer durch die Literaturgeschichte verfolgen ließen; das hieße jedoch, gestützt auf einen ohnehin umstrittenen Toposbegriff,[33] dem von der Forschung aufgearbeiteten Material lediglich quantitativ Neues hinzufügen – ein Ehrgeiz, der kaum den Aufwand einer eigenen Untersuchung rechtfertigt. Interessanter ist es, nach der formalen Struktur zu fragen, die, über die bloß thematische Vielfalt hinaus, allen Formen der topischen Beschreibung gemeinsam ist. An dieser Stelle ist ein Rekurs auf die antike Rhetorik vonnöten, in deren System die Beschreibung eine wichtige Rolle spielt.

c) Die Beschreibung in der Rhetorik (*ekphrasis*)

Die spätantike Rhetorik hat unter dem Stichwort gr. *ekphrasis,* lat. *evidentia* (auch *descriptio, hypotyposis* genannt) eine Beschreibungslehre entwickelt, die die Regeln zum Anfertigen von Beschreibungen systematisch zusammenfaßt.

Im System der Rhetorik, wie es von Quintilian und Hermogenes überliefert ist, gibt es verschiedene Ansatzpunkte, an denen sich eine Beschreibung entfalten kann, so z. B. in der *narratio,* dem zweiten der auf fünf Teile bemessenen Gerichtsrede, der der Darstellung des

Rechtsfalles durch den Advokaten dient. Der genaue Hergang der Tat, die Beschaffenheit des Tatorts, Tatzeit usw. bieten ebenso Anlaß zu einer ausführlichen Beschreibung wie die spezifischen Lebensumstände des Angeklagten, seine Herkunft, Erziehung usw. Solche deskriptiven Einlagen innerhalb des juristischen Plädoyers dienten nicht zuletzt der Unterhaltung des Publikums.[34] Außer in der forensischen Rede findet die Beschreibung auch in der epideiktischen Rede Verwendung, als Herrscherlob, rühmende Schilderung eines Kunstwerks, bei der Einweihung eines Tempels usw. Eine weitere Gelegenheit für rhetorische Beschreibungen boten die sogenannten *progymnasmata* (lat. *praeexercitamenta*), eine Art Vorschule der Rhetorik, in der die einzelnen Teile der Rede zum Thema selbständiger kleiner Übungen gemacht wurden.[35] Die Bildbeschreibung, die bis heute als Aufsatzthema an den Gymnasien gelehrt wird, ist eine späte Nachwirkung der antiken Progymnasmata. Die Lehrbücher der Rhetorik definieren die Beschreibung (*ekphrasis, evidentia*) übereinstimmend als eine Form der Rede, die ihren Gegenstand dem Zuhörer unmittelbar anschaulich macht (»quae velut in rem praesentem perducere audientes videtur«, Quintilian), so daß er ihn eher zu sehen als zu hören meint (»ut cerni potius videatur quam audiri«), nicht anders, als sei er bei den Vorgängen selbst anwesend (»non aliter quam si rebus ipsis intersimus«). Gegenstand einer Beschreibung kann beinahe alles sein: Personen, Sachen, Zeiten, Zustände, Orte und vieles mehr (»fiunt autem descriptiones tam personarum quam rerum et temporum et status et locorum et multorum aliorum«).[36] Zwischen Einzelobjekten und kollektiven Vorgängen wird dabei kein Unterschied gemacht: eine Seeschlacht kann ebenso Thema einer Beschreibung sein wie der Bau eines Hauses, die Einbringung der Ernte oder die Belagerung einer Stadt. Die Ortsbeschreibung, als Sonderfall, heißt *topographia (loci descriptio)*, die Personenbeschreibung *charakterismos (personarum descriptio)*. Oberstes Ziel der Beschreibung ist die Anschaulichkeit (*evidentia, enargeia*), zu deren Verstärkung sich der Redner zahlreicher Kunstgriffe bedient (Gebrauch des Präsens, Formeln wie: »Stellt euch vor – »ponite ante oculos« usw.), um den Hörer im Sinne der *Teichoskopie* (= Mauerschau) zum unmittelbaren Augenzeugen des Geschehens zu machen.[37] Die sprachlichen Formen der Beschreibung reichen vom dürren Katalog bis zur »lebhafte(n) Detaillierung« (Lausberg) des Geschehens mit allen Mitteln der stilistischen Expolitio (= Ausfeilung). Für den Weg von der nüchternen Feststellung zur dramatischen Schilderung gibt Quintilian in anschaulicher Weise Regel und Beispiel zugleich:

»Ohne Zweifel drückt die Nachricht, daß eine Stadt geplündert worden ist, alles aus, was ein solches Schicksal mit sich bringt, aber sie dringt, ihrer Kürze wegen, nicht tief genug in das Gefühl ein; wenn man aber das, was in den Worten verschlossen lag, öffnet, dann erscheinen die durch Häuser und Tempel züngelnden Flammen, der Lärm der einstürzenden Dächer, und aus dem vielstimmigen Schreien wird ein einziger Ton; die einen suchen ihr Heil in der Flucht, während die anderen in enger Umklammerung ihre Angehörigen festhalten; Frauen und Kinder weinen, und die Greise verfluchen das Schicksal, das sie bis auf diesen Tag erhalten hat ...«[38]

Unter dem Einfluß der Sophisten trat die Rhetorik, seit dem Hellenismus, in offene Konkurrenz zu Literatur und Philosophie, denen sie ihren Rang streitig machte – parallel zur gleichzeitigen Auflösung der traditionellen literarischen Gattungen.[39] So sind die Dichtungen Ovids nicht denkbar ohne die Kenntnis der Rhetorik,[40] während umgekehrt Sophisten wie Aristides und Himerius sich als Dichter bezeichnen konnten.[41] In der römischen Kaiserzeit erlebte die Rhetorik eine neue Blüte im Rahmen der sogenannten »zweiten Sophistik«; nicht nur die lateinische Predigt der Kirche, sondern auch die volkssprachlichen Literaturen des Mittelalters sind entscheidend von ihr geprägt worden.[42] So wurde in der Spätantike die rhetorische Beschreibung, wie sie in der epideiktischen Rede geübt wurde, zu einer eigenen literarischen Gattung: solche panegyrischen Schilderungen finden sich z. B. in den Briefen des jüngeren Plinius, im Hirtenroman des Longus, in den ›Wäldern‹ (*silvae*) des Statius, in Lucians Festrede auf ein Haus, oder in Prokops Werk über die Bauten des Kaisers Justinian.[43] Nur als Kuriosum sei hier die Beschreibung der Hagia Sophia des byzantinischen Schriftstellers Paulus Silentiarius erwähnt, eine Prunkrede zur Eröffnung der nach einem Einsturz wiederhergestellten Kirche, die in Gegenwart des Kaisers und der höchsten Würdenträger des Reiches gehalten wurde. Paul Friedländer, der den Text herausgegeben und kommentiert hat, nennt ihn »ein Epos, dessen Helden nicht streitende Männer sind, sondern Säulen und Bögen, Pfeiler und Kuppeln, Marmortafeln und gemeißeltes Zierwerk.«[44]

d) Die Beschreibung in der Poetik (*ut pictura poesis*)

Die theoretische Rechtfertigung der spätantiken Beschreibungsliteratur lieferte die Poetik des Aristoteles, in der die Kunst auf *mimesis*, auf Nachahmung der Natur festgelegt wurde. Aristoteles gab damit das Stichwort für eines der folgenreichsten Mißverständnisse der Literaturgeschichte. Während nämlich der Begriff *mimesis* bei

Aristoteles die (primäre) Nachahmung der Natur, mit Blick auf das Ideal, bezeichnete, wurde er später ganz anders interpretiert: in der lateinischen Literatur, die die Höhe ihrer griechischen Vorbilder durch getreue Kopie derselben zu erreichen trachtete, wurde die *mimesis* reduziert auf die (sekundäre) Nachahmung (lat. *imitatio*) der Kunst- und Literaturproduktion des klassischen Griechenland.[45] In dieser Bedeutung: Nachahmung = Imitation klassischer Vorbilder, hielt sich der Begriff bis in die Neuzeit. So ist z. B. in Harsdörffers ›Poetischem Trichter‹ (1653) unter der Kapitelüberschrift ›Von der Nachahmung‹ (*De imitatione*), lediglich vom Kopieren bewährter Modelle durch den Künstler die Rede, »Massen keiner so glückselig / daß ihm das beste am ersten einfallen soll.«[46] Noch der junge Goethe meint mit »Natur« vor allem ein literarisches Vorbild: Homer.[47] Gesteigert wurde die Verwirrung der Begriffe noch dadurch, daß, wiederum unter Berufung auf Aristoteles, die verschiedenen Künste als nachahmende auch untereinander gleichgesetzt wurden; symptomatisch für diese Tendenz ist der von Plutarch überlieferte Satz des Lyrikers Simonides von Keos, daß »die Malerei eine stumme Poesie, und die Poesie eine redende Malerei« sei.[48] Die Poetik des Horaz, mit ihrer Formel *ut pictura poesis,* lieferte das Motto für die rücksichtslose Identifizierung von Dichtung und bildender Kunst – gleichsam wider Willen, denn versetzt man die Worte zurück in ihren ursprünglichen Kontext, sieht es so aus, als habe Horaz eher warnen wollen vor der Verwechslung von Literatur und Malerei.[49] Nichtsdestoweniger zieht sich die Gleichsetzung beider Künste wie ein roter Faden durch die Poetiken des Mittelalters (Galfredus de Vinosalvo, Matthäus von Vendôme) und der Renaissance (Dolce, Scaliger), bis ins 17. und 18. Jahrhundert (Boileau, Pope, Dubos, Batteux, Winckelmann).[50] Aus einer Fülle von Aphorismen und Epigrammen, die das Horazische *ut pictura poesis* zum Anlaß spitzfindiger Vergleiche zwischen Malerei und Poesie nehmen, seien hier nur die Verse von Opitz an den Maler Strobel zitiert:

> »Es weis fast auch ein Kind,
> Daß Dein' und meine Kunst Geschwisterkinder sind:
> Wir schreiben auf Papier, Ihr auf Papier und Leder,
> Auf Holtz, Metall und Grund; der Pinsel macht der Feder,
> Die Feder wiederum dem Pinsel alles nach.
> Dieß ist's, was hier bevor der Veroneser sprach,
> (...)   daß Euer edles Mahlen
> Poeterey, die schweig', und die Poeterey
> Ein redendes Gemähld', und Bild, das lebe, sey.«[51]

Fast genauso alt wie das Motto *ut pictura poesis* ist der kritische Einspruch gegen die Vermischung der Gattungen, gegen die übertriebene Schilderungssucht in der Literatur überhaupt. Lucian von Samosata, der die Gefahren des deskriptiven Genres aus eigener Erfahrung kannte, warnt an anderer Stelle vor dem Einflechten von Beschreibungen an unpassendem Ort:

> »Besonders rathe ich auch, bey Beschreibung der Berge, befestigten Plätze, Flüsse und dergleichen sehr auf der Huth zu sein, um sich nicht den Vorwurf zuzuziehen, daß man seine Kunst zur Unzeit auskramen wolle. (...) Ist es der Deutlichkeit oder einer anderen Ursache wegen nöthig, solche Dinge zu berühren, so gehe man so schnell als möglich darüber weg, und lasse sich ja nicht von dergleichen Lockungen in Versuchung führen.« (Lucian: Quomodo historiam scribere, Wieland Übers.)[52]

Abgekürzt könnte man sagen, daß die Warnung vor dem Ausufern der Beschreibung ebenso einen Topos darstellt wie die rhetorische Gleichsetzung von Dichtung und bildender Kunst.[53]

e) Die »Beschreibungsliteratur«

Es gibt mehrere Epochen der Literaturgeschichte, in denen die Beschreibung, sonst eine bloß ephemere Form, ins Zentrum der literarischen Entwicklung rückte und ein eigenständiges Genre begründete. Gemeint ist einmal die griechisch-römische Antike, zum anderen die europäische Renaissance und ihre Ausläufer im 17. und 18. Jahrhundert. Zu den deskriptiven Genres im weiteren Sinn kann man die Bukolik und Anakreontik rechnen (Idylle, Schäferspiel, Hirtenroman), in ihrer klassischen Ausprägung (Theokrit, Vergil) und in ihrer Weiterentwicklung durch die Neuzeit (Tasso, Guarini, d'Urfé, Harsdörffer, Opitz u. a.); die beschreibende Dichtung *par excellence* aber ist die sogenannte »malende Poesie« des frühen 18. Jahrhunderts, die Lessing in seinem ›Laokoon‹ theoretisch und praktisch zu widerlegen versuchte.[54]

Die »malende Poesie« eines Thomson, Brockes oder Haller enthält von Anfang an mehr epische als lyrische Elemente; das Lehrgedicht, dem sie als Unterart zuzurechnen ist, gehört in den Bereich des Epos. Zu Lessings Zeiten war der Roman als Gattung noch relativ unentwickelt und genoß nur wenig literarisches Prestige; Wielands ›Agathon‹, der erste deutsche Bildungsroman, erschien im gleichen Jahr wie der ›Laokoon‹ (1766). In dem Maße aber, wie der Roman, durch

Goethe und die Romantik, ins Zentrum der literarischen Diskussion rückte, trat auch das Problem der Beschreibung wieder in den Vordergrund. In Goethes Definition des Romans als Darstellung von »Gesinnungen und Begebenheiten«[55] hat das deskriptive Element, neben dem dramatischen der Handlung und dem ideellen der Reflexion, nur untergeordnete Bedeutung. Symptomatisch ist in diesem Zusammenhang eine Szene aus den ›Lehrjahren‹ (2. Buch, 9. Kapitel), in der Madame Melina, während einer Fahrt durch Gärten und Weinberge, anfängt, »ein artiges Gedicht von der beschreibenden Gattung über eine ähnliche Naturszene feierlich herzusagen; allein Philine unterbrach sie, und schlug ein Gesetz vor, daß sich niemand unterfangen solle, von einem unbelebten Gegenstande zu sprechen; sie setzte vielmehr den Vorschlag zur extemporierten Komödie mit Eifer durch.«[56] Goethe selbst, der seine Ablehnung der deskriptiven Literatur auch theoretisch gerechtfertigt hat,[57] hat später, sowohl in ›Hermann und Dorothea‹ als auch in der ›Novelle‹ und in den ›Wahlverwandtschaften‹, der Beschreibung wieder mehr Platz eingeräumt, wobei er allerdings stets die bloße Deskription der Handlung unterordnet. Seine romantischen Nachfolger praktizieren in ihren Romanen die Beschreibung in größerer Breite und Ausführlichkeit: man denke an Eichendorff, in dessen Romanen und Erzählungen die Naturschilderung – der Gegenstand der Beschreibung ist bis zur Mitte des 19. Jahrhunderts fast ausschließlich die Natur – breiten Raum einnimmt, wenn auch in formelhafter Archetypik.[58] Bei Jean Paul und James Fenimore Cooper, den Vorbildern des jungen Stifter, wird die Beschreibung dann von einem nebensächlichen Element des Romans gleichsam zur Hauptsache: in Jean Pauls Roman ›Das Kampaner Tal‹ (1797) bietet die spärliche Handlung – ein Gespräch über die Unsterblichkeit der Seele – nur den Vorwand für üppige Naturschilderungen, ähnlich wie später im ›Luftschiffer Gianozzo‹ (1801), wo das Treiben der Menschen, von der Perspektive des Ballonfahrers aus, satirisch entlarvt wird. Die formalen Bedingungen dieses Prozesses, in dessen Verlauf die Naturschilderung von bloß peripherer zu zentraler Bedeutung im Roman aufrückt, hat der russische Literaturwissenschaftler Jurij Tynjanov so bestimmt:

> »Die Naturbeschreibung in alten Romanen werten wir, innerhalb eines bestimmten literarischen Systems, als Hilfsmittel der Verkettung und Retardierung, das heißt: wir überfliegen sie bestenfalls. In einem anderen System der Literatur würden wir sie hingegen für das dominierende Element halten, denn es kann dazu kommen, daß die Fabel ihrerseits bloß die Motivierung, der Anlaß für die Entfaltung statischer Beschreibungen ist.«[59]

Zu diesem »anderen« System der Literatur sind nicht nur Thomson und Brockes, Jean Paul und Cooper zu rechnen, sondern auch, in jeweils unterschiedlichem Grade, Stifters Zeitgenossen, Mörike (›Maler Nolten‹ 1832), Gottfried Keller (›Der Grüne Heinrich‹, 1. Fassung 1854/55,) Turgenjev (›Aufzeichnungen eines Jägers‹, 1852) und Flaubert, den die Kritik nach Erscheinen der ›Madame Bovary‹ (1857 – im gleichen Jahr wie Stifters ›Nachsommer‹) der »exzessiven Beschreibungsmanie« bezichtigte.[60] Das Aufblühen einer »Beschreibungsliteratur« um die Mitte des 19. Jahrhunderts ist also ein gesamteuropäisches Phänomen, ebenso wie die Ausbreitung der malenden Poesie zu Beginn des 18. Jahrhunderts.

In der Prosaliteratur des 20. Jahrhunderts weicht das starre Gegenüber von Subjekt und Objekt, von Betrachter und Betrachtetem, das im realistischen und naturalistischen Roman noch vorherrscht, einer differenzierten, vielfach gebrochenen Perspektive, die sich im Wechsel von Gegenständen und Formen der Beschreibung ausdrückt: an die Stelle der Natur tritt die Großstadt, an die Stelle der fiktiven Beschreibung die Montage von Realitätspartikeln – eine Technik, die Georg Lukács in seinem Aufsatz ›Erzählen oder beschreiben?‹ (1936) als avantgardistisch und dekadent denunzierte.[61]

Mit dieser notwendig allgemeinen und unscharfen Übersicht ist der Rahmen abgesteckt, der in den einzelnen Abschnitten der folgenden Untersuchung mit Inhalt zu füllen ist. Zuvor ist noch eine Sonderart der beschreibenden Literatur zu erwähnen, die über das Thema der vorliegenden Arbeit hinausführt: die sogenannte Kunstbeschreibung (Malerroman, Gemälde- bzw. Dinggedicht), in der die primäre Nachahmung der Natur durch die sekundäre Nachahmung von Kunstwerken, seien es plastische oder musikalische, verdrängt wird: Beispiele sind die Künstlerromane und Novellen von Tieck und E. T. A. Hoffmann, Sonette von Schlegel, Mörike und C. F. Meyer und die Kommentare Lichtenbergs zu den Stichen von Hogarth.[62] Die Berücksichtigung dieser Art von Kunstdeskriptionen würde eine gesonderte Untersuchung erforderlich machen.

5. Zusammenfassung

Eine eindeutige Definition dessen, was eine Beschreibung zu sein habe, erscheint kaum möglich. Der Begriff meint etwas je anderes in Philosophie, Natur- und Geisteswissenschaften. Die Grenzen zwischen Beschreibung und Erklärung (*descriptio* und *definitio*) in der Logik, zwischen Beschreibung und Erzählung, Beschreibung und Bild in der literarischen Ästhetik sind ebenso fließend wie die zwischen Zustands- und Vorgangsbeschreibung: zwischen den Sätzen »Der Apfel liegt auf dem Tisch« und »Der Apfel fällt vom Baum« besteht, logisch gesehen, kein Unterschied. Es wäre von vornherein sinnlos, die Beschreibung auf bestimmte Gegenstände oder Formen einengen zu wollen: ob der Gegenstand der Beschreibung einzeln oder zusammengesetzt, gegenwärtig oder vergangen, wirklich oder nur gedacht ist, spielt ebensowenig eine Rolle wie die spezifische Art seiner Wiedergabe: ob lediglich die topographische Lage des Gegenstandes mitgeteilt wird, ob seine sichtbaren Eigenschaften aufgezählt werden (Farbe, Form usw.), oder ob er, aufgrund seiner Ähnlichkeit mit anderen Gegenständen, einer bestimmten Klasse zugeordnet wird – all das ändert nichts am logischen Bestand der Beschreibung.[63] Gemeinsam ist all ihren Spielarten lediglich die positivistische Methode, die empirische Annäherung an ihren Gegenstand, die Fixierung auf sinnliche Anschaulichkeit, das, was Lukács, im Anschluß an Hegel, die »falsche Unmittelbarkeit« des Beschreibens genannt hat.[64] Darüber hinaus aber kann, mit den Worten Rudolf Hallers, »für isolierte Ausdrücke und Sätze die Frage, ob sie deskriptiv seien oder nicht, grundsätzlich nicht entschieden werden.«[65] Auf die Fragwürdigkeit eines Terminus wie Beschreibung, der, anstatt sich seinem Gegenstand anzupassen, diesen in ein vorgefertigtes Begriffskorsett zwingt, hat Henry James in seinem programmatischen Aufsatz ›The Art of Fiction‹ hingewiesen:

>»Ich kann mir keine Komposition denken, die aus einer Reihe von Blöcken bestehen sollte, noch kann ich mir vorstellen, in irgendeinem auch nur erörterungswerten Roman eine Stelle mit einer Beschreibung zu finden, die nicht ihrer Intention nach erzählend, noch eine Dialogstelle, die nicht deskriptiv wäre (...) Der Kritiker, der über das dichte Gewebe eines vollendeten Werkes gleichsam ein geographisches Netz von Daten zu ziehen hat, wird dabei einige Grenzen markieren, die so künstlich sind, fürchte ich, wie nur irgendwelche der Geschichte bekanntgewordene.«[66]

I. Lessings *Laokoon* und die beschreibende Poesie des 18. Jahrhunderts (Brockes, Albrecht von Haller, Ewald von Kleist)

Lessings *Laokoon*

1. Ziel und Methode der Untersuchung

Die Menge der Sekundärliteratur zu Lessings ›Laokoon‹ ist umgekehrt proportional zu ihrem praktischen Informationswert. Seit den grundlegenden Untersuchungen des 19. Jahrhunderts, der Lessing-Monographie von Danzel-Guhrauer und der umfangreichen ›Laokoon‹-Ausgabe von Hugo Blümner,[1] hat die Literaturwissenschaft wenig neues zum Verständnis von Lessings Schrift beigetragen. Lessing wird stets aufs neue bescheinigt, sein ›Laokoon‹ habe der Schilderungssucht in der Literatur und der allegorisierenden Malerei ein Ende gemacht.[2] Charakteristisch sind die jeweils persönlichen Stellungnahmen, die sich an diese Behauptung anschließen: »auch ich«, so bekennt Rudolf Haym in seiner Studie über Herder, »hasse nichts so sehr als tote, stillstehende Schilderungssucht«.[3] Ähnliche Äußerungen finden sich noch heute, zweihundert Jahre nach Erscheinen des ›Laokoon‹, in der Sekundärliteratur jüngeren Datums: bei Armand Nivelle, René Wellek und Elida Maria Szarota.[4] Der Tenor mangelnder Distanz, der aus solcher vorschnellen Parteinahme spricht, ist symptomatisch nicht allein für das Selbstverständnis der Forschung, sondern ebenso für das Spezifische ihres Objekts. Die Literaturwissenschaft ist Lessing gleichsam in die Falle gegangen: anstatt ein kritisches Verständnis von Lessings Schrift zu erschließen, reagiert sie, sei es zustimmend oder ablehnend, auf den normativen Anspruch von Lessings Ästhetik – nicht anders als die Zeitgenossen Garve, Herder und Goethe. Ein besserer Beweis für die Aktualität des ›Laokoon‹ läßt sich kaum denken. Indes, so legitim ein solches Verfahren auch sein mag angesichts einer »wertfreien« Wissenschaft, die über der historischen Bedeutung eines Werks dessen gegenwärtige Funktion vergißt, trägt es doch dazu bei, die Grundfragen des ›Laokoon‹ eher zu verschleiern, als sie, Lessings Intentionen gemäß, sichtbar zu machen.

Der folgenden Betrachtung von Lessings Schrift geht es deshalb zunächst einmal darum, den historischen Ort des ›Laokoon‹ zu fixieren, im Kontext der poetologischen Tradition einerseits, im Kontext von Lessings Werk andererseits. Danach sollen ihre Hauptthesen, in der vom Autor intendierten Form, herausgearbeitet und, anhand von Beispielen aus der von Lessing bekämpften »malenden Poesie«, kritisch überprüft werden.

Der ›Laokoon‹, 1766 bei Christian Friedrich Voß in Berlin erschienen, trägt den Untertitel »über die Grenzen der Mahlerey und Poesie«. In dieser, für die damalige Zeit knappen Aufschrift ist das Feld von Lessings Untersuchung bereits abgesteckt: am Beispiel der hellenistischen Laokoon-Gruppe soll über den Unterschied von Dichtung und bildender Kunst gehandelt werden.[5] Der im Titel erscheinende Zusatz »Mit beyläufigen Erläuterungen verschiedener Punkte der alten Kunstgeschichte«, der sich auf die antiquarischen Erörterungen im letzten Teil der Schrift bezieht, kann im folgenden außer acht gelassen werden: Lessing selbst gesteht in der Vorrede, daß sie nur deshalb in den ›Laokoon‹ eingegangen seien, »weil ich ihnen niemals einen beßern Platz zu geben hoffen kann« (S. 149). Auf die Funktion dieser Einschübe werde ich an anderer Stelle zu sprechen kommen.[6]

Auch die Laokoon-Gruppe, die dem Werk den Titel geliefert hat, interessiert hier nur als literarisches Demonstrationsobjekt, insofern als Lessing Bestimmungen für das Wesen der Poesie aus ihr ableitet. Schon Hegel fand die von Lessing aufgeworfene Frage, ob Laokoon seufze oder schreie, ob Vergil den Bildhauer oder der Bildhauer Vergil zum Vorbild hatte, müßig;[7] Lessing selbst deutet in der Vorrede an, daß der Name ›Laokoon‹ im Titel seiner Schrift eher eine Metapher für das Verhältnis von Malerei und Poesie, als ein selbständiges kunsthistorisches Problem bezeichnet.[8]

Gegenstand der vorliegenden Untersuchung ist somit die von Lessing durchgeführte Grenzscheidung zwischen sprachlicher und bildender Kunst, genauer: das, was Lessing *ex negativo*, im Gegensatz zur Malerei und Plastik, als wesentlich für die Literatur festhält. Zuvor aber ist ein Blick auf die ästhetische und poetologische Tradition nötig, an die sich Lessing kritisch-distanzierend anschließt. Ohne eine, wenn auch oberflächliche, Kenntnis dieser Zusammenhänge wäre es unmöglich, Lessings Argumentation nachzuvollziehen: seine Thesen blieben im luftleeren Raum stehen.

2. Die ästhetische Tradition

Daß Malerei und Dichtkunst zwei voneinander getrennte Gebiete seien, galt zu Lessings Zeiten noch keineswegs als ausgemacht. Noch Hagedorn (›Betrachtungen über die Mahlerey‹, 1762) empfahl den Malern, als Lehrbuch ihrer Kunst die ›Ars poetica‹ des Horaz zu studieren.[9] Auf Opitz wurde in diesem Zusammenhang bereits hingewiesen; in den späteren Barockpoetiken wird der Hinweis auf die Verwandtschaft von Malerei und Poesie zum festen Topos. »Das Gedicht«, heißt es in Harsdörffers Poetischem Trichter (3. Teil, 1653), »hat eine große vereinbarung mit der Mahlerey«, und August Buchner (›Wegweiser zur deutschen Tichtkunst‹, Jena 1663) schreibt: »Keine Kunst ist der Poesie so nahe anverwandt, als die Mahlerey, denn sie beyde der Natur nachahmen (...), und was der Mahler mit Farben thut, das thut der Poet mit Worten.«[10] Es ist unmöglich, hier auch nur annäherungsweise all jener Autoren zu gedenken, die, seit der Renaissance, die Verwandtschaft von Malerei und Poesie – von wechselseitiger Beeinflussung bis zu vollständiger Gleichsetzung beider Künste – zum Gegenstand witziger Epigramme oder gelehrter Abhandlungen gemacht haben.[11] Es genügt, diejenigen Namen zu nennen, die Lessing im ›Laokoon‹ anführt, um sie zur Zielscheibe seiner Kritik zu machen. Das universelle Thema, die Analogie zwischen dichterischer und bildender Kunst, klingt schon in den Titeln ihrer Werke an: der Italiener Dolce (›Dialogo della Pittura‹, Venedig 1557), die Engländer Richardson (›Essay on the Theory of Painting‹, 1719) und Spence (›Polymetis, or an Enquiry concerning the Agreement between the Works of the Roman Poets, and the Remains of the ancient Artists‹, 1747), die Franzosen Dubos (›Réflexions critiques sur la poésie, la peinture et la musique‹, Paris 1719), und Caylus (›Tableaux tirés de l'Iliade‹, ibid. 1757) – die Liste ist keineswegs vollständig.[12]

Die wildwuchernden Vergleiche zwischen Malerei und Poesie, die sich das horazische Motto *ut pictura poesis* zu ihrer Rechtfertigung ausborgten, haben in der Kunsttheorie des 17. und 18. Jahrhunderts geradezu kanonische Geltung: Blümner nennt das *ut pictura poesis* ein »Feldgeschrei« in der poetologischen Literatur der Zeit,[13] Erich Schmidt spricht von einem »selbstverständlichen Wahrwort«.[14] Symptomatisch für den Synkretismus der Künste ist einerseits das Werk des Engländers Webb (›Enquiry into the Beauties of Painting‹, 1764), der die Schriftsteller aufforderte, von den Malern die Handhabung von Farbe und Kolorit zu erlernen, während er den italienischen

Renaissancekünstlern vorwarf, die schönsten Stellen bei Ariost und Tasso ungenutzt gelassen zu haben; andererseits das von Diderot beschriebene Farbenklavier des Jesuitenpaters Castel, in dem die ästhetischen Theorien der Zeit, in Mechanik übersetzt, sichtbaren Ausdruck fanden.[15]

Im deutschen Sprachraum wurde die Lehre von der poetischen Malerei systematisiert und weiterentwickelt von den Schweizern Bodmer und Breitinger. Die Titel ihrer Werke sprechen wiederum für sich: ›Discourse der Mahlern‹ (Zürich 1721–23), ›Critische Dichtkunst / Worinnen die Poetische Mahlerey (...) untersucht und (...) erläutert wird‹ (ibid. 1740), ›Critische Betrachtungen über die poetischen Gemählde der Dichter‹ (ibid. 1741) usf. Das Wort Malerei wird hier fast synonym gebraucht mit Literatur.

Die Bedeutung des ›Laokoon‹ besteht nicht allein darin, daß Lessing, unter Berufung auf Aristoteles, neuere Kritiker wie Spence und Caylus in ihre Schranken verweist; darüber hinaus entschied er, wie schon Guhrauer bemerkt hat, einen »Principienkampf«, der für die deutsche Literatur im zweiten Drittel des 18. Jahrhunderts eine exemplarische Rolle gespielt hatte: den Streit zwischen Gottsched und den Schweizern.[16] Beide Parteien, sowohl Gottsched wie Bodmer und Breitinger, hatte Lessing schon früher, in den ›Litteraturbriefen‹, mehrfach kritisiert; im ›Laokoon‹ erscheinen sie nur noch am Rande.[17] Die Kontroverse zwischen Gottsched und den Schweizern entscheidet Lessing gleichsam *en passant*: nicht indem er an die im Mittelpunkt des Streits stehenden Fragen anknüpft – die Rolle der Einbildungskraft und des Wunderbaren in der Poesie, ausgehend von Miltons ›Verlorenem Paradies‹ –, sondern indem er die gemeinsame Basis, das theoretische Fundament, auf dem sich Gottsched und Bodmer/Breitinger gegenüberstehen, im Hegelschen Sinn »aufhebt«: die Lehre von der malenden Poesie, im weiteren die mechanisch verstandene Naturnachahmungstheorie überhaupt. Bei allen prinzipiellen Meinungsverschiedenheiten bestand nämlich in diesem Punkt zwischen Gottsched und den Schweizern Übereinstimmung.[18] Indem Lessing den Schwerpunkt der aristotelischen Mimesis von einer bloßen Kopie der äußeren Natur auf das menschlich bedeutsame Ideal verlegte, vollendete er, was Gottsched und die Schweizer begonnen hatten: den Kampf gegen die aus der Rhetorik übernommenen, mechanischen Regeln der barocken Poetik. Paradoxerweise war Lessing der Boden bereitet worden von einigen jener Autoren, denen im ›Laokoon‹ seine schärfste Kritik gilt. So etwa haben Richardson und Hagedorn einzelne Argumente vorweggenommen, die Lessing später gegen das

Dogma *ut pictura poesis* ins Feld führt. Lessings These, daß die Malerei für die Darstellung einer Handlung den fruchtbarsten Augenblick wählen müsse, war, nach den Worten Erich Schmidts, »die gemeine Weisheit aller vorlessingischen Kunstlehrer«.[19] Wilhelm Dilthey hat darauf hingewiesen, daß die Grenzscheidung zwischen Poesie und Malerei, die Lessing im ›Laokoon‹ vollzog, schon vorher fester Bestandteil der ästhetischen Kritik war.[20] Der Einspruch gegen die willkürliche Vermischung der Gattungen läßt sich in Wahrheit ebensoweit zurückverfolgen, wie die Analogie zwischen Literatur und bildender Kunst. Plutarch, der das Wort des Simonides von der stummen Poesie und der redenden Malerei überlieferte, verglich die Gleichsetzung beider Künste mit dem absurden Vorgehen eines Mannes, der »mit dem Schlüssel Holz spalten und mit der Axt Thüren öffnen« wolle (S. 461). An anderer Stelle hebt er hervor, daß sie (die Künste) sich »durch das Material und die Art ihrer Darstellung« voneinander unterscheiden – ein Satz, der nicht zufällig das Motto von Lessings Schrift abgibt.[21] Auf die Warnungen gegen übertriebene Schilderungssucht bei verschiedenen antiken Autoren (Horaz, Lucian, Tacitus) wurde bereits hingewiesen (Einleitung S. 22, Anm. 52). Zusammenfassend könnte man sagen, daß Lessing – und das ist zugleich das Hauptverdienst des ›Laokoon‹ – die vielerorts verstreute Kritik an der Theorie und Praxis der malenden Poesie (bzw. der poetischen Malerei) systematisiert und polemisch auf den Begriff gebracht hat. Vorausgegangen war ihm hierin Diderot, der in seinem ›Taubstummenbrief‹ (›Lettre sur les sourds‹ et les muets‹, 1751) das Programm des ›Laokoon‹ theoretisch vorweggenommen hat. Die entsprechenden Passagen sind oft genug zitiert worden; sie brauchen hier deshalb nicht eigens angeführt zu werden.[22] Lessing kannte Diderots Schrift, von der er selbst einen Teil übersetzte; der Einfluß Diderots auf die Entstehung des ›Laokoon‹ kann deshalb kaum hoch genug veranschlagt werden.

3. Entstehung des ›Laokoon‹[23]

Wichtiger noch als der Einfluß Diderots war eine direkte Anregung, die von Lessings Freund und philosophischem Mentor Moses Mendelssohn ausging. In einem vielzitierten Brief aus dem Jahre 1759 hatte Mendelssohn den Verfasser auf die Beschreibung der Laokoon-Gruppe in Winckelmanns Buch ›Gedanken über die Nachahmung der griechischen Werke‹ (1755) aufmerksam gemacht:

»Er (Winckelmann, Anm. d. Verf.) führt den Laokoon z.E. an, den Virgil poetisch entworfen, und ein griechischer Künstler in Marmor gehauen hat. Jener drückt den Schmerz vortrefflich aus, dieser hingegen läßt ihn den Schmerz gewissermaßen besiegen, und übertrifft den Dichter um desto mehr, je mehr das bloße mitleidige Gefühl, einem mit Bewunderung und Ehrfurcht untermengten Mitleiden nachzusetzen ist.« (Zit. nach Blümner, Einl. S. 71)

Es ist oft behauptet worden, daß Mendelssohn hiermit den Grundstein zum ›Laokoon‹ gelegt habe. Wenn auch der Zusammenhang der zitierten Briefstelle mit der Thematik des ›Laokoon‹ unbestreitbar ist, darf man doch nicht übersehen, daß Lessing von den verschiedensten Seiten her Anregung erfuhr (in dieselbe Zeit fällt seine Beschäftigung mit Dubos), ja, daß das Thema des ›Laokoon‹ gewissermaßen »in der Luft« lag. Zwischen Mendelssohns Brief und der Arbeit am ›Laokoon‹ (Beginn frühestens 1762) liegen fünf Jahre. Seit seiner Übersiedlung nach Breslau (1760) widmete sich Lessing intensiv dem Studium des Homer und Sophokles, denen er wichtiges Material für seinen ›Laokoon‹ verdankt – die Beschreibung des Achillesschildes im 18. Kapitel sowie die Darstellung des leidenden Philoket im ersten und vierten Kapitel. Indes, der entscheidende Anstoß zur Entstehung des ›Laokoon‹ ging nicht von Sophokles oder Homer aus; noch in Breslau trug sich Lessing mit dem Plan, ein ›Leben des Sophokles‹ zu schreiben und seine antiquarischen und philologischen Studien unter dem Titel ›Hermaeen‹« gesondert herauszugeben.[24] Eine späte Nachwirkung dieser Absicht findet sich in der Vorrede zum ›Laokoon‹, wo Lessing seine Schrift »mehr unordentliche Collektanea zu einem Buche, als ein Buch« nennt (S. 148).

Ausschlaggebend für die Entstehung des ›Laokoon‹ war Winckelmann. Das läßt sich an den Vorstudien und früheren Fassungen der Schrift ablesen, die die Genese der Arbeit, gleichsam die geologische Schichtung des von Lessing herangezogenen Materials, klar erkennen lassen. Die frühesten Entwürfe (vom Herausgeber A1 und A2 genannt) bieten, in methodischer Ordnung, das systematische Gerüst des ›Laokoon‹: Lessings Gedanken über den Unterschied von Malerei und Poesie, erläutert an Beispielen aus dem Homer.[25] Die Analyse des sophokleischen Philoket und, was wichtiger ist, die Auseinandersetzung mit Winckelmann, fehlen; sie nimmt in den folgenden Entwürfen (A3 und A4) sukzessive mehr Raum ein. In der endgültigen Fassung seiner Schrift hat Lessing die Polemik gegen Winckelmann in zwei Hälften aufgespalten: im ersten Kapitel, gleichsam als »Aufhänger«, kritisiert er Winckelmanns Interpretation der Laokoon-Gruppe aus dessen Buch ›Nachahmung der griechischen Werke‹

(1755); erst im 26. Kapitel eröffnet Lessing die Kritik an Winckelmanns jüngstem und wichtigstem Werk mit den Worten:

»Des Herrn Winckelmanns Geschichte der Kunst des Alterthums, ist erschienen. Ich wage keinen Schritt weiter, ohne dieses Werk gelesen zu haben.« (S. 324)

Es ist viel darüber gerätselt worden, ob dieser Satz wörtlich zu nehmen ist, oder ob es sich um eine literarische Finte, einen bloßen *coup de théâtre* handelt, mit dem Lessing seinen Rivalen an dieser Stelle einführt.[26] Beide Interpretationen sind, ausschließlich genommen, falsch: wer Lessings Geständnis nur als rhetorischen Trick wertet, übersieht den wahren Kern, den es, im Hinblick auf die Entstehungsgeschichte des ›Laokoon‹, enthält; andererseits muß der Verfasser der Entwürfe A3 und A4 Winckelmanns Kunstgeschichte schon teilweise gekannt haben.[27] Die Erklärung dieses Widerspruchs liegt in einem »außerliterarischen« Faktor: Lessings Biographie.[28] Während der Arbeit am ›Laokoon‹ hoffte Lessing auf eine feste Anstellung, zuerst als Verwalter der kurfürstlichen Kunstsammlungen in Dresden, dann als Archivar am preußischen Hof in Berlin. Der ›Laokoon‹ sollte ihm als Einführung und Befähigungsnachweis für das angestrebte Amt dienen: ein Brief Lessings an seine Eltern macht dies deutlich.[29] In dieser Lage konnte eine Kontroverse mit Winckelmann, dem berühmtesten Kunst- und Altertumskenner der Zeit, Lessing nur dienlich erscheinen, zumal er den Rivalen an verschiedenen Stellen widerlegen zu können glaubte. Lessing klebte deshalb seine »Erläuterungen verschiedener Punkte der alten Kunstgeschichte«, die seine Kritik an Winckelmann enthalten, mehr oder minder gewaltsam ans Ende seiner Abhandlung »über die Grenzen der Mahlerey und Poesie«, mit der sie ursprünglich kaum etwas zu tun haben. Um dem Verfahren seine Willkürlichkeit zu nehmen und um die Verklammerung mit dem Gegner noch enger zu machen, stellte er an den Anfang seiner Schrift Winckelmanns Interpretation der Laokoon-Gruppe, die zugleich dem Ganzen seinen Namen gab.

Lessings Dresdener und Berliner Hoffnungen zerschlugen sich bald; sein ›Laokoon‹ aber behielt die einmal gegebene Form.

4. Lessings Thesen

Wenn der ›Laokoon‹ auch in Form und Aufbau unsystematisch ist, so ist er deshalb doch keineswegs ohne System. Garve, in seiner Rezension der Schrift, die Lessings ausdrückliche Zustimmung erhielt,[30] machte als erster den Versuch, die Materie des ›Laokoon‹ in systematischer Form darzustellen, Lessings Gedanken in ihrem inneren Zusammenhang sichtbar zu machen. Anderthalb Jahrhunderte später hat Friedrich Gundolf dazu aufgerufen, »das System in Lessings Geist zu erkennen, den Prozeß zu rekonstruieren, den er uns nur stellenweise in Resultaten packen läßt.«[31] Daß Lessings Darstellungsweise zumeist induktiv ist, bedeutet nicht, daß sich seine Gedanken nicht deduktiv voneinander ableiten lassen; die Schwierigkeit eines solchen Unternehmens liegt darin, daß Lessings Terminologie – Begriffe wie Schönheit, Nachahmung, Wahrscheinlichkeit –, so vertraut sie auf den ersten Blick scheinen mag, heute nicht mehr unmittelbar verständlich ist. Mit Recht hat Max Kommerell, in seinem Buch ›Lessing und Aristoteles‹,[32] dagegen Einspruch erhoben, Lessings Geniebegriff in Schemata wie rational-irrational pressen zu wollen; genausowenig lassen sich die Ausführungen im ›Laokoon‹ auf Schlagwörter wie Form und Inhalt reduzieren, wie es noch jüngst Armand Nivelle versucht hat.[33] Es geht vielmehr darum, Lessings Terminologie in ihrer historisch bestimmten Bedeutung sichtbar zu machen.

Daß Lessing auf Aristoteles fußt, hat er selbst ausgesprochen, indem er die Poetik des Griechen in ihrer absoluten Gültigkeit mit der Geometrie Euklids verglich.[34] Hier haben wir einen unveränderlichen Fixpunkt in Lessings ästhetischem Denken, von dem er auch späterhin nie abrückte. Der Ansatz von Lessings Kunsttheorie ist streng aristotelisch: von den zwei Polen, aus deren Kommunikation das Kunstwerk entsteht: Autor und Publikum, interessiert Lessing, betont einseitig, nur der zweite: das Publikum. Der Autor, Homer, Sophokles oder Shakespeare, ist für Lessing weniger ein historisches Subjekt, als ein normatives Prinzip, aus dem er die »Regeln« des Kunstschaffens ableitet. Aristoteles hatte die Tragödie als Wirkung auf das Gemüt definiert; Begriffe wie Schönheit, Nachahmung, Wahrscheinlichkeit, bedeuten für Lessing nichts anderes.[35] Es ist falsch, wie es gelegentlich in der Forschung geschieht,[36] solche Termini als bloß gegenständliche Bestimmungen des Kunstwerks aufzufassen: für Lessing gibt es noch kein Kunstwerk »an sich«, er denkt nicht in »reinen« ästhetischen Kategorien – eine solche Betrachtungsweise gehört einer späteren Zeit an. Der Begriff »Ästhetik« hat bei Lessing noch etwas von seiner ursprünglichen Bedeutung als »Wahrnehmung« behalten: er impliziert eine psychologische Aussage. Lessing charakterisiert das Kunstwerk stets indirekt, durch seine »Wirkung« auf den Leser oder Zuschauer; umgekehrt sieht er das Publikum, die menschliche »Seele«, stets durch das Medium der Kunst. Die Vermittlung liegt im Begriff der Wirkung. Lessings ästhetisches Denken ist, so besehen, zutiefst dialektisch: ästhetische Kategorien werden zu psychologischen, und vice versa. Daß eine solche Anschauung nicht Lessing allein gehört, sondern Allgemeingut der kunsttheoretischen Reflexion der Zeit ist, zeigt die folgende Passage aus einer Schrift von Moses Mendelssohn, deren Einfluß auf den ›Laokoon‹ unbestritten ist:

»In den Regeln der Schönheit, die das Genie des Künstlers empfindet und der Kunstrichter in Vernunftschlüsse auflöst, liegen die tiefsten Geheimnisse unserer Seele verborgen. Jede Regel der Schönheit ist zugleich eine Entdeckung in der Seelenlehre. Denn da sie eine Vorschrift enthält, unter welchen Bedingungen ein schöner Gegenstand die beste Wirkung in unser Gemüth thun kann, so muß sie auf die Natur des menschlichen Geistes zurückgeführt und aus dessen Eigenschaften erklärt werden können.«[37]

In der oben erwähnten Rezension des ›Laokoon‹ faßt Garve die Hauptthesen von Lessings Schrift so zusammen:

»Erstens. Schönheit ist der bildenden Künste höchstes Gesetz (...) Zweytens. Die Veränderungen eines Gegenstandes sind das eigentliche Süjet des Dichters; seine Bestandteile das Süjet des Mahlers.«[38]

Noch kürzer hat Lessing den Unterschied an anderer Stelle formuliert, wo er, im Zusammenhang mit einer Ode von Dryden, die Anmerkung macht, »daß die Farben keine Töne, und die Ohren keine Augen sind.«[39] Das ist in der Tat der Grundgedanke des ›Laokoon‹, auf die knappste und zugleich schlagendste Formel gebracht. Lessing entwickelt, verändert, variiert diesen Gedanken wie der Komponist sein musikalisches Thema, wie der Dichter, von dem er fordert, er müsse die »verborgene Organisation« seines Stoffs entwickeln.[40] Der Ablauf des ›Laokoon‹ ist von Anfang bis Ende dramatisch kalkuliert; nach der Anfangsexposition schiebt Lessing immer wieder retardierende Momente ein; er schweift ab, verliert sich in Details, ergeht sich in einem Wust von Fußnoten, gibt Teilaspekte des Problems als ganze, partielle Lösungen als allgemeine aus, stellt sich rhetorische Fragen, die er rhetorisch beantwortet, schützt Unwissenheit vor, wo er wohlinformiert ist, beruft sich auf Prämissen, die er im nächsten Moment umstürzt – und so weiter, bis zur Peripetie am Ende des 15. Kapitels, wo Lessing den sorgfältig geschürzten Knoten sichtbar werden läßt, um ihn im gleichen Augenblick zu zerschlagen: »Das fünfzehnte Kapitel bricht mitten in Beispielen ab, und das folgende schwingt sich aus der Induktion scheinbar ganz auf den deduktiven Standort einer Kunstlehre, die man wohl die Ästhetik von oben nennt (...) Die uns größtenteils schon als formuliert oder vorbereitet bekannten Grundsätze dieses Kernkapitels fallen nun als reife Frucht aus ihren umschließenden Schalen.«[41]

Bevor ich mich diesem entscheidenden Abschnitt von Lessings Schrift zuwende, will ich den Gedankengang, der dorthin führt, anhand von ausgewählten Zitaten nachzuzeichnen versuchen. Ich folge dabei Lessings eigener Disposition im ›Laokoon‹, wenn ich auch Zusammengehöriges, das der Autor an verschiedene Punkte seiner Schrift verstreut hat – etwa zum Thema Laokoon oder Homer –, der besseren Übersichtlichkeit wegen zusammenfasse. Eine allzu strenge Ordnung und Gliederung des Materials verbietet sich jedoch, da sie Lessings Intention und Darstellungsweise im ›Laokoon‹ unangemessen bliebe.

a) Winckelmann: Laokoon, Philoktet und der »fruchtbare Augenblick«

»Das allgemeine vorzügliche Kennzeichen der griechischen Meisterstücke in der Mahlerey und Bildhauerkunst, setzet Herr Winkelmann in eine edele Einfalt und stille Größe, sowohl in der Stellung als im Ausdrucke.« (S. 149)

Der Satz, mit dem Lessing das 1. Kapitel des ›Laokoon‹ eröffnet, führt sogleich *in medias res* Winckelmanns Beschreibung der Laokoon-Gruppe mit den Hinweisen auf Vergil und Sophokles (in seiner Schrift ›Von der Nachahmung der griechischen Werke‹ 1755) war für Lessing »ein seltener Glücksfund« (Adolf Frey),[42] anhand dessen er seine Theorien über den Unterschied von Malerei und Poesie bequem exemplifizieren konnte. Winckelmanns Interpretation der Statue dient Lessing gleichsam als Sprungbrett für seine Argumentation; ihr Kernstück, an dem Lessing seine Kritik »aufhängt«, lautet:

»Der Schmerz des Körpers und die Größe der Seele sind durch den ganzen Bau der Figur mit gleicher Stärke ausgetheilet, und gleichsam abgewogen. Laocoon leidet, aber er leidet wie des Sophokles Philoktet: sein Elend gehet uns bis an die Seele; aber wir wünschten, wie dieser große Mann das Elend ertragen zu können.« (S. 150)

Mit Winckelmanns Feststellung, daß der Bildhauer den Schmerz im Gesicht des Laokoon gemildert hat, ist Lessing einverstanden; den Vergleich mit Philoktet lehnt er ab:

»›Laokoon leidet, wie des Sophokles Philoktet.‹ Wie leidet dieser? Es ist sonderbar, daß sein Leiden so verschiedene Eindrücke bey uns zurückgelaßen.« (S. 151)

Im folgenden beweist Lessing, anhand des sophokleischen Philoktet sowie mit Beispielen aus der Ilias, daß die griechischen Helden vor Schmerz laut schrien, daß das stumme Leiden dagegen ein Kennzeichen barbarischer Völker gewesen sei. Daraus zieht Lessing den logischen Schluß:

»Wenn es wahr ist, daß das Schreyen bey Empfindung körperlichen Schmerzes, besonders nach der alten griechischen Denkungsart, gar wohl mit einer großen Seele bestehen kann: so kann der Ausdruck einer solchen Seele die Ursache nicht seyn, warum dem ohngeachtet der Künstler in seinem Marmor dieses Schreyen nicht nachahmen wollen; sondern es muß einen andern Grund haben, warum er hier vor seinem Nebenbuhler, dem Dichter, abgehet, der dieses Geschrey mit bestem Vorsatze ausdrücket.« (S. 154)

Jenen »andern Grund«, warum Künstler und Dichter bei der Darstellung ein- und desselben Motivs verschieden verfahren, gibt Lessing hier noch nicht an; die Aufklärung über diesen zentralen Punkt, den Unterschied der Künste betreffend, spart er sich für später auf. Statt dessen schiebt er im 2. und 3. Kapitel einen Exkurs ein, der nur entfernt mit dem Thema zu tun hat: einen Vergleich zwischen antiker und moderner Kunst. Während in der Antike, nach Lessing, »die Schönheit das höchste Gesetz der bildenden Künste gewesen sey« (S. 159), habe die Kunst »in den neuern Zeiten ungleich weitere Grenzen erhalten« (S. 164): an die Stelle der Schönheit seien hier »Wahrheit und Ausdruck« getreten (ibid.). Die Frage, welcher Epoche er den Vorzug gibt, läßt Lessing unentschieden; statt dessen führt er an dieser Stelle seine erste wichtige These ein, auf die er im folgenden immer wieder zurückkommt: die Lehre, daß die bildende Kunst zur Darstellung einer Handlung den »fruchtbarsten Augenblick« wählen müsse, eine Theorie, zu der Lessing bei seinen Vorgängern (Harris, Diderot) zwar Anregung finden konnte, die aber, in der Konsequenz der Formulierung, ihm allein gehört:

»Kann der Künstler von der immer veränderlichen Natur nie mehr als einen einzigen Augenblick, und der Mahler insbesondere diesen einzigen Augenblick auch nur aus einem einzigen Gesichtspunkte brauchen; sind aber ihre Werke gemacht, nicht bloß erblickt, sondern betrachtet zu werden, lange und wiederholter maaßen betrachtet zu werden: so ist es gewiß, daß jener einzige Augenblick und einzige Gesichtspunkt dieses einzigen Augenblicks nicht fruchtbar genug gewählt werden kann.« (S. 164 f.)

Was hier als Gebot für die bildende Kunst formuliert wird, erscheint im nächsten Abschnitt in negativer Form, als Verbot. So wie der Bildhauer den Laokoon nicht schreien, sondern seufzen läßt –

weil die höchste Steigerung des Affekts der Einbildungskraft keinen Spielraum mehr läßt –, so darf der Maler keine flüchtige Erscheinung, kein bloß transitorisches Moment darstellen: der ewig lachende La Mettrie, auf einem französischen Portrait, erstarrt für den Betrachter des Bildes zur Grimasse (S. 165 f.). Was Lessing bisher für die Malerei feststellte, projiziert er nunmehr auf die Poesie. Gleichzeitig wird die Gegenüberstellung von Laokoon und Philoktet aus dem ersten Kapitel wiederaufgenommen und weitergeführt. Lessing beginnt das 4. Kapitel seiner Schrift mit einem kurzen Rückblick:

»Ich übersehe die angeführten Ursachen, warum der Meister des Laokoon in dem Ausdrucke des körperlichen Schmerzes Maaß halten müssen, und finde, daß sie allesamt von der eigenen Beschaffenheit der Kunst, und von derselben nothwendigen Schranken und Bedürfnißen hergenommen sind. Schwerlich dürfte sich also wohl irgend eine derselben auf die Poesie anwenden laßen.« (S. 168)

Philoktet auf der Bühne leidet anders als Laokoon in Marmor. Der Grund ist nicht allein historischer oder psychologischer Natur: nicht die subjektive Intention des Künstlers, sondern die objektiven Bedingungen seiner Kunst nötigen ihn, den Schmerz so oder anders auszudrücken: in der materiellen Darstellung der bildenden Kunst erscheint der Schmerz auf ewig fixiert, in der literarischen Umsetzung ist er nur ein vorübergehendes Moment, das durch vorausgegangene oder nachfolgende Ereignisse aufgehoben wird. Beide, Künstler wie Dichter, haben auf ihre Weise recht: »wenn der Künstler wohl that, daß er den Laokoon nicht schreyen ließ, so that der Dichter eben so wohl, daß er ihn schreyen ließ« (S. 169). In den beiden folgenden Kapiteln (5 und 6) untersucht Lessing die Frage, ob der Bildhauer die Beschreibung des sterbenden Laokoon bei Vergil »nachgeahmt« habe, oder ob Vergil in der ›Aeneis‹ das Werk des Bildhauers vor Augen gehabt habe. Wichtiger als diese Alternative – Lessing scheint der ersten Möglichkeit den Vorzug zu geben (S. 187) – sind die Bestimmungen, die er hieraus für das Verhältnis von Malerei und Poesie ableitet:

»Es hat sich gezeigt, daß, so vortrefflich das Gemählde des Virgils ist, die Künstler dennoch verschiedene Züge deßelben nicht brauchen können. Der Satz leidet also seine Einschränkung, daß eine gute poetische Schilderung auch ein gutes wirkliches Gemählde geben müße, und daß der Dichter nur in soweit gut geschildert habe, als ihm der Artist in allen Zügen folgen könne.« (S. 194)

Was hier noch als bloße Einschränkung erscheint, ist der gleiche Gedanke, den Lessing später, im 16. Kapitel, zum allgemeinen Gesetz erhebt. Darüber hinaus ergibt sich aus dem Vergleich des Laokoon-Motivs in Literatur und bildender Kunst eine wichtige Unterscheidung für den aristotelischen Begriff der Nachahmung, auf den sich Lessing stets beruft: man könnte von einer Nachahmung ersten und zweiten Grades sprechen. An die Stelle der primären »Nachahmung der Natur« tritt beim Dichter oder Maler, der sich ein bereits existierendes Kunstwerk zum Vorbild nimmt, eine Nachahmung aus zweiter Hand:

»Wenn man sagt, der Künstler ahme dem Dichter, oder der Dichter ahme dem Künstler nach, so kann dieses zweyerley bedeuten. Entweder der eine macht das Werk des andern zu dem wirklichen Gegenstande seiner Nachahmung, oder sie haben beyde einerley Gegenstände der Nachahmung, und der eine entlehnet von dem andern die Art und Weise es nachzuahmen. (...)
Bey der ersten Nachahmung ist der Dichter Original, bey der andern ist er Copist. Jene ist ein Theil der allgemeinen Nachahmung, welche das Wesen seiner Kunst ausmacht, und er arbeitet als Genie, sein Vorwurf mag ein Werk anderer Künste, oder der Natur seyn. Diese hingegen setzt ihn gänzlich von seiner Würde herab; anstatt der Dinge selbst ahmet er ihre Nachahmung nach, und giebt uns kalte Erinnerungen von Zügen eines fremden Genies, für ursprüngliche Züge seines eigenen.« (S. 200 f.)

Lessing beendet an diesem Punkt seine Auseinandersetzung mit Winckelmann und wendet sich seinem zweiten wichtigen Gegner zu: dem Engländer Spence.

b) Spence und Caylus

In seinem Buch ›Polymetis‹ (1744) hatte Spence versucht, eine Reihe von »poetischen Gemälden«, d. h. dichterischen Bildern aus der griechisch-römischen Literatur auf tatsächlich existierende Kunstwerke zurückzuführen, ganz im Sinne jener doppelten Nachahmung, die den Schriftsteller zum bloßen Kopisten des Malers erniedrigt. Dagegen mußte Lessing Einspruch erheben; nachdem er die Absurdität des Spence'schen Verfahrens an mehreren Beispielen im Detail aufgewiesen hat, zieht er aus seiner Kritik die Konsequenzen:

»Von der Aehnlichkeit, welche die Poesie und Mahlerey mit einander haben, macht sich Spence die allerseltsamsten Begriffe. Er glaubet, daß beyde Künste bey den Alten so genau verbunden gewesen, daß sie beständig Hand in Hand gegangen, und der Dichter nie den Mahler, der Mahler nie den Dichter aus den Augen verloren habe. Daß die Poesie die weitere Kunst ist; daß ihr Schönheiten zu Gebote stehen, welche die Mahlerei nicht zu erreichen vermag; daß sie öfters Ursachen haben kann, die unmahlerischen

Schönheiten den mahlerischen vorzuziehen: daran scheinet er gar nicht gedacht zu haben, und ist daher bey dem geringsten Unterschiede, den er unter den alten Dichtern und Artisten bemerkt, in einer Verlegenheit, die ihn auf die wunderlichsten Ausflüchte von der Welt bringt.« (S. 211)

Noch eine weitere wichtige Bestimmung – abgesehen von antiquarischen Erörterungen über einzelne Punkte der alten Kunstgeschichte – leitet Lessing aus der Kritik an Spence ab. Der Engländer hatte die Frage aufgeworfen, warum die Musen in der antiken Literatur niemals körperlich beschrieben werden (S. 224). Hiervon ausgehend, unterscheidet Lessing die allegorische Darstellung in der Malerei von der Personifizierung eines Abstraktums in der Poesie (S. 225); was dem Maler erlaubt sein mag – obwohl Lessing kein Freund der »allegorischen Manier« ist –, ist dem Dichter verboten – und umgekehrt:

»Was Spencen so sehr befremdet, verdienet den Dichtern als eine Regel vorgeschrieben zu werden. Sie müßen die Bedürfniße der Mahlerey nicht zu ihrem Reichthume machen. (...) Wenn der Künstler eine Figur mit Sinnbildern auszieret, so erhebt er eine bloße Figur zu einem höhern Wesen. Bedienet sich aber der Dichter dieser mahlerischen Ausstaffirungen, so macht er aus einem höhern Wesen eine Puppe.« (S. 226)

In diesem Zusammenhang taucht zum ersten Mal der Begriff der Handlung auf, der für Lessings Unterscheidung von Malerei und Poesie zentrale Bedeutung besitzt. Den Schriftstellern, die ihre Figuren mit allegorischen Attributen ausstatten, wirft Lessing vor, daß sie es nicht verstehen, »ihre Wesen handeln zu laßen, und sie durch die Handlungen derselben zu charakterisiren« (S. 226). Die Umsetzung von Beschreibung in Handlung, Lessings wichtigste Forderung an den Dichter, ist in diesem Satz bereits keimhaft enthalten; es bleibt jedoch bei der bloß beiläufigen Erwähnung; wie so oft spart Lessing seine Hauptargumente für den entscheidenden Zug auf.

Das 11. Kapitel beginnt mit einem Angriff auf Lessings dritten Gegner, den französischen Kunsthistoriker Caylus, der in seinem Buch ›Tableaux tirés de l'Iliade‹ (1757) die homerischen Epen nach Sujets für die bildende Kunst durchmustert und sie in diesem Sinne den Malern als Modell empfohlen hatte. Er war damit umgekehrt vorgegangen wie Spence, der die antike Literatur aus der gleichzeitigen Malerei erklären wollte. Am Beispiel von Caylus versucht Lessing, die mehrfach von ihm vertretene Behauptung von der Überlegenheit der sprachlichen über die bildende Kunst zu beweisen. Hätte es eine Reihe von Gemälden, so argumentiert Lessing, wie Caylus sie aus der

Ilias zu rekonstruieren versucht, schon vor Homer gegeben, müßten wir dem epischen Dichter, als bloßem Kopisten, unsere Hochachtung entziehen; im andern Fall jedoch, wo der Künstler »die Worte des Dichters mit Figuren und Farben ausdrückt« (S. 231), erscheint uns sein Verfahren legitim:

> »Denn der Ausdruck in Marmor ist unendlich schwerer als der Ausdruck in Worten; und wenn wir Erfindung und Darstellung gegeneinander abwägen, so sind wir jederzeit geneigt, dem Meister an der einen so viel wiederum zu erlaßen, als wir an der andern zu viel erhalten zu haben meinen.« (S. 231)

Die Darstellung ist das Gebiet des Malers, die Erfindung dagegen Domäne des Dichters. Die Poesie ist Originalschöpfung, während die bildende Kunst ihre Stoffe aus Mythologie und Geschichte entlehnen muß. So rechnet Lessing es dem Maler als Verdienst an, wenn er eine Landschaft nicht nach der Natur, sondern nach der Schilderung eines Dichters, etwa des Engländers Thomson, entwirft (S. 231). Lessings Geringschätzung der Malerei ist Ausdruck der historischen Ungleichzeitigkeit in der Entwicklung von sprachlicher und bildender Kunst im 18. Jahrhundert: während die Literatur sich zeitgenössischen Stoffen zuwendet und so zum Träger der Emanzipationsbewegung des Bürgertums wird, bleibt die Malerei, zumindest äußerlich, dem mythologischen Dekor und damit der feudalen Tradition verhaftet.[43]

Das 12. Kapitel geht genauer auf Caylus' Buch ein. Lessing untersucht im einzelnen die Gemälde, die Caylus aus den homerischen Epen zu ziehen versuchte, und kommt zu dem Schluß:

> »Homer bearbeitet eine doppelte Gattung von Wesen und Handlungen; sichtbare und unsichtbare. Diesen Unterschied kann die Mahlerey nicht angeben; bey ihr ist alles sichtbar, und auf einerley Art sichtbar.« (S. 236)

Hier wird der rationalistische Ansatz von Lessings Kunsttheorie deutlich. Mit »unsichtbaren Wesen« meint Lessing die Götter, die bei Homer in das epische Geschehen eingreifen. Er lehnt es ab, sie als körperliche Wesen vorzustellen, und tadelt deshalb die Maler, die, Caylus' Vorschlägen folgend, die Götter als sichtbare Gestalten unter den kämpfenden Helden der Ilias portraitieren. Ebenso wie die Musen für Lessing lediglich personifizierte Abstrakta darstellen, sind auch die Götter nur Verkörperungen abstrakter Prinzipien; ihre Unsichtbarkeit ist keine physische Realität, die sich etwa im Bild einer Wolke darstellen ließe, wie Caylus es den Malern empfiehlt (S. 242). Die magische Komponente der griechischen Religion liegt außerhalb von Lessings aufgeklärtem Horizont.

In den folgenden Abschnitten (Kap. 13, 14, 15) gelingt es ihm nur mit Mühe, die von langer Hand vorbereitete, endgültige Grenzbestimmung von Poesie und Malerei noch einmal zurückzustellen, sie durch partielle Hinweise, von Nebenaspekten aus, zu ersetzen. In einer Fußnote am Ende des 14. Kapitels schlägt Lessing vor, anstelle des mißverständlichen Ausdrucks »Gemählde« den exakteren Begriff »Phantasie« zu benutzen; zusammen mit der einschlägigen Terminologie sagt er auch der Sache, der rhetorischen Lehre des *ut pictura poesis* Lebewohl (S. 247 f.).[44] Im folgenden Kapitel wird der Knoten endgültig geschürzt; die Differenz zu den Hauptthesen des 16. Kapitels liegt nur noch in der Formulierung, in der gehetzten, sich überstürzenden Sprache, die mitten im Satz abbricht:

> »Der Knoten muß dieser seyn. Ob schon beyde Vorwürffe, als sichtbar, der eigentlichen Mahlerey gleich fähig sind: so findet sich doch dieser wesentliche Unterschied unter ihnen, daß jener eine sichtbare fortschreitende Handlung ist, deren verschiedene Theile sich nach und nach, in der Folge der Zeit, eräugnen, dieser hingegen eine sichtbare stehende Handlung, deren verschiedene Theile sich neben einander im Raume entwickeln. Wenn nun aber die Mahlerey, Vermöge ihrer Zeichen oder der Mittel ihrer Nachahmung, die sie nur im Raume verbinden kann, der Zeit gänzlich entsagen muß: so können fortschreitende Handlungen, als fortschreitend, unter ihre Gegenstände nicht gehören, sondern sie muß sich mit Handlungen neben einander, oder mit bloßen Körpern, die durch ihre Stellungen eine Handlung vermuthen lassen, begnügen. Die Poesie hingegen – –« (S. 250)

c) Das 16. Kapitel

Ich habe mich mit Absicht bisher darauf beschränkt, die Hauptargumente des ›Laokoon‹ kommentarlos zu referieren. An dieser Stelle nun muß eine analytische Interpretation einsetzen; der entsprechende Abschnitt soll deshalb hier im ganzen zitiert werden:

> »Doch ich will versuchen, die Sache aus ihren ersten Gründen herzuleiten. Ich schließe so. Wenn es wahr ist, daß die Mahlerey zu ihren Nachahmungen ganz andere Mittel, oder Zeichen gebraucht, als die Poesie; jene nehmlich Figuren und Farben in dem Raume, diese aber artikulirte Töne in der Zeit; wenn unstreitig die Zeichen ein bequemes Verhältniß zu dem Bezeichneten haben müßen: So können neben einander geordnete Zeichen, auch nur Gegenstände, die neben einander, oder deren Theile neben einander existiren, auf einander folgende Zeichen aber, auch nur Gegenstände ausdrücken, die auf einander, oder deren Theile auf einander folgen.
> Gegenstände, die neben einander oder deren Theile neben einander exi-

stiren, heißen Körper. Folglich sind Körper mit ihren sichtbaren Eigenschaften, die eigentlichen Gegenstände der Mahlerey.

Gegenstände, die auf einander, oder deren Theile auf einander folgen, heißen überhaupt Handlungen. Folglich sind Handlungen der eigentliche Gegenstand der Poesie.« (S. 250 f.)

Die Sätze, im Nacheinander von Prämisse und Folgerung, Behauptung und Beweis, sind ein Musterbeispiel logischer Deduktion. Zwei Thesen lassen sich voneinander sondern, von denen eine aus der anderen scheinbar zwingend hervorgeht: 1. Die Zeichen der Malerei sind räumlicher, die der Poesie zeitlicher Natur; 2. Die Malerei stellt Körper, die Poesie Handlungen dar. Lessings Beweisführung ließe sich verkürzt so darstellen:

I.   Malerei = Zeichen im Raum
     Poesie = Zeichen in der Zeit
II. Zeichen = Bezeichnetes
III. Malerei = Gegenstände im Raum = Körper
     Poesie = Gegenstände in der Zeit = Handlungen

Die erste Voraussetzung ist relativ unproblematisch: Lessing nennt hier lediglich die äußeren Bedingungen, Raum und Zeit als objektives, nicht subjektives Medium von Malerei und Poesie; er spricht, um einen modernen Terminus zu gebrauchen, von Erzählzeit, nicht von erzählter Zeit. Den naheliegenden Einwand, daß die Literatur nicht nur in der Zeit, sondern auch im Raum, die bildende Kunst nicht nur im Raum, sondern auch in der Zeit existiert, hat Lessing im nächsten Abschnitt berücksichtigt (S. 251). Problematischer als die erste Voraussetzung ist die zweite: »wenn unstreitig die Zeichen ein bequemes Verhältniß zu dem Bezeichneten haben müßen« (S. 250). Es hat fast den Anschein, als wolle sich Lessing hier, entgegen seiner sonstigen Exaktheit, absichtlich vage ausdrücken; das Wörtchen »unstreitig« täuscht verbal eine Übereinstimmung vor, die der Sache nach höchst zweifelhaft ist – gleichsam ein Indiz für Lessings schlechtes Gewissen, das nicht von ungefähr kommt: an diesem Glied hängt die ganze Kette seiner Beweisführung; akzeptiert man die Prämisse, muß man auch der Folgerung zustimmen; akzeptiert man sie nicht, bricht der kunstvolle Bau in sich zusammen. Daß Lessing in diesem Punkt seiner Sache nicht ganz so sicher war, wie es auf den ersten Blick scheint, läßt sich aus einem frühen Entwurf zum ›Laokoon‹ schließen, den er den Freunden Nicolai und Mendelssohn zur Einsicht zugesandt hatte. In einer Randbemerkung zu Lessings Text hatte Mendelssohn vorgeschlagen, den Begriff »nachahmende Zeichen« in bezug auf die Malerei durch »natürliche Zeichen« zu ersetzen; die These: »Nachahmende Zeichen *auf einander* können auch nur Gegenstände ausdrücken, die auf einander, oder deren Theile auf einander folgen«, kommentierte er mit dem Satz: »Nein! Sie drücken auch neben einander existirende Dinge aus, wenn sie von willkührlicher Bedeutung sind« (S. 359, Anm.). Lessing hat Mendelssohns Kritik an späterer Stelle im ›Laokoon‹ Rechnung getragen (S. 258).

In ähnlichem Sinne wie Mendelssohn äußerte sich Herder in seiner Rezension von Lessings Schrift in den ›Kritischen Wäldern‹ (1769). Während er Lessings erster These, daß die Malerei hauptsächlich im Raum, die Poesie in der Zeit existiere, mit dem Ruf »allerdings wahr!« beistimmte, lehnte er die zweite Behauptung grundsätzlich ab:

»›Wenn unstreitig die Zeichen ein bequemes Verhältnis zu dem Bezeichneten haben müssen.‹ Eben damit fällt alle Vergleichung weg. Die artikulierten Töne haben in der Poesie nicht eben dasselbe Verhältnis zu ihrem Bezeichneten, was in der Malerei Figuren und Farben zu dem ihrigen haben. Können also zwei so verschiedne Dinge ein drittes, einen ersten Grundsatz zum Unterschiede, zum Wesen beider Künste geben? (...) Malerei wirkt ganz im Raume nebeneinander durch Zeichen, die die Sache *natürlich* zeigen. Poesie aber nicht so durch die *Sukzession* wie jene durch den Raum. (...) Poesie, wenn sie freilich durch aufeinander folgende Töne, das ist, Worte wirkt, so ist doch das Aufeinanderfolgen der Töne, die Sukzession der Worte nicht der Mittelpunkt ihrer Wirkung.«[45]

Ebenso wie Mendelssohn betont auch Herder den Unterschied von natürlichen und willkürlichen Zeichen, den Lessing an dieser Stelle unberücksichtigt läßt. Ebenso wie Mendelssohn wendet sich Herder gegen den Begriff der Handlung, den Lessing als konstitutiv für die Literatur ansieht. Mendelssohn hatte dem Freund vorgeschlagen, in seinem Entwurf zum ›Laokoon‹ Handlung durch »Bewegung« zu ersetzen (S. 359, Anm.); Herder geht in seiner Kritik noch weiter:

»›Gegenstände, die aufeinander, oder deren Teile aufeinander folgen, sind Handlungen.‹ Wie? Ich lasse, soviel ich will, aufeinander folgen, jedes soll ein Körper, ein toter Anblick sein; vermöge der Sukzession ist keines noch Handlung. (...) Der Begriff des Sukzessiven ist zu einer Handlung nur die halbe Idee; es muß *ein Sukzessives durch Kraft sein,* so wird Handlung.«[46]

Hier ist nicht der Ort, Herders Theorie der »Kraft« zu analysieren – es handelt sich dabei eher um eine poetische Metapher als um einen exakten Begriff, der geeignet wäre, Lessings Konzeption von »Handlung« zu erhellen. Es soll lediglich gezeigt werden, daß Herder, mit ähnlichen Argumenten wie Mendelssohn, Lessing kritisiert, ohne daraus auf eine direkte Abhängigkeit des einen vom andern schließen zu wollen. Die spätere literarhistorische Forschung hat die Einwände Herders, und damit auch die seines Vorgängers Mendelssohn, im wesentlichen bestätigt (Nolte, Szarota).[47] Am weitesten in der Kritik an Lessing geht Horst Althaus, der dem ›Laokoon‹ seine logische Folgerichtigkeit abspricht, indem er auf den zugrunde liegenden Zirkelschluß hinweist: »In der Formel, die die Malerei als ein Nebeneinander im Raum und die Poesie als ein Nacheinander in der Zeit festhält, ist die Folgerung immer zugleich Fundamentalsatz. In der Prämisse das Resultat zu sehen, war der Preis, den die logizistische Kunsttheorie zahlen mußte.«[48] Es kann hier jedoch nicht darum gehen, Lessings Thesen im Nachhinein zu »widerlegen«; das hieße, der Einteilung der Künste im ›Laokoon‹ eine eigene entgegenzusetzen. Ingeborg Schönfeld hat mit Recht darauf hingewiesen, daß es weniger darauf ankommt, »ob Lessings Ansicht richtig gewesen sei, sondern daß er diese Ansicht gehabt habe.«[49] Die Fragestellung läßt sich noch erweitern: nicht allein daß, sondern wie und warum Lessing sich eine bestimmte Ansicht zu eigen gemacht hat, muß die wissenschaftliche Untersuchung klären.

Zweifellos sind Lessing die zitierten Einwände gegen seine Unterscheidung von Malerei und Poesie bewußt gewesen. Mendelssohns Vorschlag, »Handlung« durch »Bewegung« zu ersetzen, hat Lessing in späteren Entwürfen seiner Schrift ebenso berücksichtigt wie den Unterschied von willkürlichen und natürlichen Zeichen, den auch Herder gegen ihn ins Feld führt: in der endgültigen Fassung des ›Laokoon‹ aber hat er diese Fragen auf sich beruhen lassen.[50] Das ist kein Zufall oder bloße Nachlässigkeit: wenn Lessing, trotz der Anfechtbarkeit seiner Thesen, an diesen festgehalten hat, tat er dies mit Bewußtsein und Absicht. Was Lessing an anderer Stelle über Winckelmann sagte, könnte man in diesem Sinne auf ihn selbst anwenden: »Es ist kein geringes Lob, nur solche Fehler begangen zu haben, die ein jeder hätte vermeiden können« (S. 343). Lessings »Fehler« – im Nachlaß zu seiner Schrift nennt er »nothwendige Fehler solche, ohne welche vorzügliche Schönheiten nicht seyn würden« (S. 454) – können zugleich Aufschluß geben über den tieferen Sinn der im ›Laokoon‹ vertretenen Thesen. Das zeigt eine fragmentarische Äußerung Lessings, die mit der geplanten Fortsetzung, dem unvollendeten zweiten und dritten Teil seiner Schrift zusammenhängt:

»Daß die Mahlerey sich natürlicher Zeichen bedient, muß ihr allerdings einen großen Vorzug vor der Poesie gewähren, welche sich nur willkürlicher Zeichen bedienen kann. Indeß sind beyde auch hierinn nicht so weit aus einander, als es dem ersten Ansehen nach scheinen sollte, und die Poesie hat

nicht nur wirklich auch natürliche Zeichen, sondern auch Mittel, ihre willkührlichen zu der Würde und Kraft der natürlichen zu erhöhen.

Anfangs ist es gewiß, daß die ersten Sprachen aus der Onomatopöie entstanden sind, und daß die ersten erfundnen Wörter gewiße Aehnlichkeiten mit
den auszudrückenden Sachen gehabt haben. Dergleichen Wörter finden sich
auch noch itzt in allen Sprachen, mehr oder weniger, nachdem die Sprache
selbst mehr oder weniger von ihrem ersten Ursprunge entfernt ist. Aus dem
klugen Gebrauche dieser Wörter entstehet das was man den musikalischen
Ausdruck in der Poesie nennet, von welchem öfters und vielfältig Exempel
angeführet werden.« (S. 430)

Hier wird deutlich, was Lessing bewog, den Unterschied zwischen
natürlichen und willkürlichen Zeichen im ersten Teil des ›Laokoon‹
unberücksichtigt zu lassen. Unter dem »musikalischen Ausdruck in der
Poesie« versteht Lessing, wie er im folgenden ausführt, nicht nur laut-
malerische Elemente wie Exclamationen und Interjectionen, sondern
auch die Wortfolge, die die natürliche Folge der Dinge wiedergeben
soll, sowie Metaphern und Gleichnisse (S. 431 f.). Lessing wird damit zum Fürsprecher einer Poesie, die, anstatt durch bloße Deskription
mit der Malerei zu wetteifern, in ihrer Klangwirkung die Musik zu
erreichen versucht – eine nicht minder folgenreiche Verwechslung der
Künste als die von Lessing bekämpfte, die jedoch über den Rahmen
der vorliegenden Arbeit hinausführt.[51] Ingeborg Schönfeld spricht in
diesem Zusammenhang von Lessings »Tendenz (. . .), den Unterschied
von natürlichen und willkürlichen Zeichen aufzuheben oder zu verneinen«,[52] eine Tendenz, die sich auch bei seinen Zeitgenossen Rousseau und Herder und, schon früher, bei Vico findet.[53] Es geht dabei
um die scholastische Streitfrage, ob die Sprache *physei* oder *thesei*,
durch Natur oder Konvention entstanden sei; Lessing gibt der ersten Möglichkeit den Vorzug. Er unterscheidet deshalb, innerhalb der
Literatur, eine »höhere« und eine »niedere« Gattung, je nach dem
Grad, in dem es ihr gelingt, ihre willkürlichen Zeichen zu natürlichen
zu machen, die Sprache dem Ursprung anzunähern, in dem Wort und
Sache, Zeichen und Bezeichnetes noch auf »natürliche« Weise über-
einstimmten. Die höchste literarische Gattung ist für Lessing das Drama, das die Aufhebung des Unterschieds zwischen natürlichen und
willkürlichen Zeichen darstellt: die Sprache ist hier nicht mehr willkürliche Nachahmung einer jenseits des Sichtbaren liegenden Realität,
sie ist natürlicher Ausdruck der durch die Schauspieler verkörperten
Handlung. In einem vielzitierten Brief an Nicolai (vom 26. Mai
1769), der sich mit Garves ›Laokoon‹-Rezension beschäftigt, hat
Lessing diese Zusammenhänge erläutert:

»Die Poesie muß schlechterdings ihre willkührlichen Zeichen zu natürlichen zu erheben suchen; und nur dadurch unterscheidet sie sich von der Prosa, und wird Poesie. Die Mittel, wodurch sie dieses thut, sind der Ton, die Worte, die Stellung der Worte, das Sylbenmaß, Figuren und Tropen, Gleichnisse usw. Alle diese Dinge bringen die willkührlichen Zeichen den natürlichen näher; aber sie machen sie nicht zu natürlichen Zeichen; folglich sind alle Gattungen, die sich nur dieser Mittel bedienen, als die niedern Gattungen der Poesie zu betrachten; und die höchste Gattung der Poesie ist die, welche die willkührlichen Zeichen gänzlich zu natürlichen Zeichen macht. Das ist aber die dramatische; denn in dieser hören die Worte auf willkührliche Zeichen zu seyn, und werden *natürliche* Zeichen willkührlicher Dinge.«[54]

Die Frage nach der geplanten und nie vollendeten Fortsetzung des ›Laokoon‹ hat sich damit von selbst erledigt. Daß der ›Laokoon‹ Fragment blieb, ist kein Zufall: der zweite und dritte Teil der Schrift sollte, neben Musik und Tanz, vor allem das Drama als höchste Gattung der Kunst behandeln. Durch Lessings Berufung nach Hamburg wurde der Plan überflüssig: die ›Hamburgische Dramaturgie‹ stellt, so besehen, die legitime Fortsetzung des ›Laokoon‹ dar.

d) Homer und die beschreibende Poesie

Wenn auch Lessings Thesen, in ihrem logischen Aufbau, einer strengen Kritik nicht standhalten, heißt das doch nicht, daß damit ihr normativer Anspruch hinfällig würde. Blümner hat deshalb Lessings Formulierungen im 16. Kapitel des ›Laokoon‹ dahingehend korrigiert, daß die Zeichen der Sprache, als willkürliche, zwar koexistierende Gegenstände ausdrücken *können,* daß die Poesie solche Gegenstände aber nicht ausdrücken *solle* (S. 597). Lessing selbst hat diese Einschränkung anerkannt; im Anschluß an die Gesetzestafeln des 16. Kapitels räumt er ein, daß die Malerei zwar Handlungen darstellen könne, »aber nur andeutungsweise durch Körper«, und daß umgekehrt die Poesie auch Körper schildern könne, »aber nur andeutungsweise durch Handlungen« (S. 251). Er hat damit den Absolutheitsanspruch seiner Thesen relativiert. Im folgenden weist Lessing darauf hin, wie die Künste die ihnen gesetzten Grenzen überschreiten können, auf welche Weise die Malerei Handlungen, die Poesie Körper schildern darf. Hier erscheint noch einmal die Lehre vom »fruchtbaren Augenblick« und wird von der bildenden Kunst auf die Literatur projiziert:

»Die Mahlerey kann in ihren coexistirenden Compositionen nur einen einzigen Augenblick der Handlung nutzen, und muß daher den prägnantesten wählen, aus welchem das Vorhergehende und Folgende am begreiflichsten wird.

Eben so kann auch die Poesie in ihren fortschreitenden Nachahmungen nur eine einzige Eigenschaft der Körper nutzen, und muß daher diejenige wählen, welche das sinnlichste Bild des Körpers von der Seite erweckt, von welcher sie ihn braucht.

Hieraus fließt die Regel von der Einheit der mahlerischen Beywörter, und der Sparsamkeit in den Schilderungen körperlicher Gegenstände.« (S. 251 f.)

Während Lessing bisher, in der Kritik an Spence und Caylus, nur sekundäre Formen der Nachahmung behandelt hatte – die wechselseitige Abhängigkeit des Dichters vom Künstler, und umgekehrt –, wendet er sich jetzt der primären »Nachahmung der Natur« zu und richtet sein Augenmerk auf die zeitgenössische beschreibende Poesie; zugleich springt er zurück von der logischen Deduktion in die empirische Induktion:

»Ich würde in diese trockene Schlußkette weniger Vertrauen setzen, wenn ich sie nicht durch die Praxis des Homers vollkommen bestätiget fände, oder wenn es nicht vielmehr die Praxis des Homers selbst wäre, die mich darauf gebracht hätte.« (S. 252)

Der Schluß des 16. sowie die drei darauf folgenden Kapitel gehören der Arbeit am Beispiel. Es handelt sich dabei nicht um irgendein Beispiel, sondern um das zweite wichtige Demonstrationsobjekt nach dem Laokoon im ersten Teil von Lessings Schrift: um Homer. Es ist wiederum nicht der historische Autor Homer, sondern das Prinzip seiner epischen Darstellungsmethode, die »Praxis des Homers«, was Lessing interessiert. Das Wesen dieser Praxis hat Lessing bereits definiert, noch bevor er es am konkreten Material aufgewiesen hat:

»Ich finde, Homer mahlet nichts als fortschreitende Handlungen, und alle Körper, alle einzelnen Dinge mahlet er nur durch ihren Antheil an diesen Handlungen, gemeiniglich nur mit Einem Zuge.« (S. 252)

Lessing illustriert seine Auffassung der homerischen Beschreibungstechnik anhand einer Reihe von Belegstellen aus der Ilias: Wagen der Juno (Ilias V, 722–31), Kleidung und Szepter des Agamemnon (Ilias II, 43–47; 101–108), Bogen des Pandarus (Ilias XI, 105–111) und, als berühmtestes Beispiel, Schild des Achill (Ilias XVIII, 478–607). Bevor dieses zentrale Stück von Lessings Homerinterpretation genauer untersucht werden soll, ist zu zeigen, wie Lessing seine »Regel von der Einheit der mahlerischen Beywörter und der Sparsamkeit in den Schilderungen körperlicher Gegenstände« durch den homerischen Text bestätigt sieht.

»Zwingen den Homer ja besondere Umstände, unseren Blick auf einen einzelnen körperlichen Gegenstand länger zu heften: so wird dem ohngeachtet kein Gemählde daraus, dem der Mahler mit dem Pinsel folgen könnte; sondern er weis durch unzählige Kunstgriffe diesen einzeln Gegenstand in eine Folge von Augenblicken zu setzen, in deren jedem er anders erscheinet, und in deren letztem ihn der Mahler erwarten muß, um uns entstanden zu zeigen, was wir bey dem Dichter entstehen sehn.« (S. 253)

Zum Beweis führt Lessing den Wagen der Juno an, der nicht umständlich beschrieben, sondern vor den Augen des Lesers neu zusammengesetzt werde; die Schilderung der Wagenräder, so argumentiert Lessing, dauert nicht länger, als ihre Montage in der Wirklichkeit dauern würde (S. 253). Das gleiche gilt für Kleidung und Szepter des Agamemnon, die von Homer nicht statisch beschrieben, sondern in Bewegung umgesetzt werden: »Wir sehen die Kleider, indem der Dichter die Handlung des Bekleidens mahlet« (S. 254).

In solchen Beispielen sieht Lessing seine Forderung verwirklicht, daß der Dichter die willkürlichen Zeichen der Sprache zu natürlichen erheben müsse. Indem Homer die willkürliche Beschreibung eines Körpers in Handlung auflöst, erreicht er eine gleichsam natürliche Übereinstimmung von Zeichen und Bezeichnetem; Erzählzeit und erzählte Zeit fallen in eins zusammen; die aristotelische Lehre von den drei Einheiten erweist so auch im Epos ihre Gültigkeit.

»Doch nicht bloß da, wo Homer mit seinen Beschreibungen dergleichen weitere Absichten verbindet, sondern auch da, wo es ihm um das bloße Bild zu thun ist, wird er dieses Bild in eine Art von Geschichte des Gegenstandes verstreuen, um die Theile deßelben, die wir in der Natur nebeneinander sehen, in seinem Gemählde eben so natürlich aufeinander folgen und mit dem Fluße der Rede gleichsam Schritt halten zu laßen.« (S. 257)

Fred Otto Nolte hat Lessings Theorie treffend mit der Simultaneität von Sprache und Bild im Film verglichen: »Painting, through these implications, almost becomes photography; and poetry practically becomes a ›soundtrack‹ which efficiently accompanies a running action.«[55]

Am Anfang des 17. Kapitels greift Lessing einen Einwand auf, den schon Mendelssohn gegen seine Thesen geltend gemacht hatte: daß die Sprache, da ihre Zeichen willkürlicher Natur seien, auch koexistierende, im Raum befindliche Gegenstände ausdrücken könne. Lessing erkennt diese Einschränkung an; die Frage, die er sich stellt, ist nicht, ob die Sprache überhaupt solche Gegenstände schildern könne, sondern ob die Poesie sie schildern dürfe:

»Es ist wahr; da die Zeichen der Rede willkührlich sind, so ist es gar wohl möglich, daß man durch sie die Theile eines Körpers eben so wohl auf einander folgen laßen kann, als sie in der Natur neben einander befindlich sind. Allein dieses ist eine Eigenschaft der Rede und ihrer Zeichen überhaupt, nicht aber in so ferne sie der Absicht der Poesie am bequemsten sind. Der Poet will nicht bloß verständlich werden, seine Vorstellungen sollen nicht bloß klar und deutlich seyn; hiermit begnügt sich der Prosaist. Sondern er will die Ideen, die er in uns erwecket, so lebhaft machen, daß wir in der Geschwindigkeit die wahren sinnlichen Eindrücke ihrer Gegenstände zu empfinden glauben, und in diesem Augenblicke der Täuschung uns der Mittel, die er dazu anwendet, seiner Worte bewußt zu seyn aufhören.« (S. 259)

Der zentrale Begriff an dieser Stelle heißt »Täuschung«. Lessing lehnt die dichterische Beschreibung ab, nicht, weil die Poesie nicht beschreiben kann, sondern weil sie nicht täuschend genug schildert, weil die poetische Illusion durch Worte niemals die natürliche Wirkung der malerischen Illusion erreichen kann. Lessing steht damit an der Schwelle zwischen der ästhetischen Tradition Baumgartens und der Schweizer und der Poetik des *Sturm und Drang*. Baumgarten hatte das Gedicht definiert als »vollkommene sinnliche Rede« (*oratio sensitiva perfecta*), als »anschauliche Erkenntnis« (*abstractio imaginationis*) im Gegensatz zum begrifflichen Erkennen; Bodmer und Breitinger betonen, mit ähnlichen Worten wie Lessing, die »Lebhaftigkeit« und »Geschwindigkeit« der sinnlichen Eindrücke – Qualitäten, die sie unter der Vokabel »malerisch« zusammenfaßten.[56] Im Gegensatz zu den statischen Kunsttheorien seiner Vorgänger unterstreicht Lessing den dynamischen Charakter der Poesie; sein Handlungsbegriff, mit seinen sozialen und politischen Implikationen, weist voraus auf die aktionistische Ästhetik des *Sturm und Drang*, ebenso wie sein Insistieren auf der Natürlichkeit der dichterischen Sprache Ideen von Herder und Rousseau vorwegnimmt. Dabei hat Lessing niemals den Boden der aristotelischen Nachahmungstheorie verlassen; er hat die überlieferte Kunstlehre, durch die Konsequenz seiner logischen Schlüsse, vielmehr so weit auf die Spitze getrieben, daß er damit jenen qualitativen Sprung vorbereitete, dem mit der aristotelischen auch seine eigene Poetik zum Opfer fiel: »Er (Lessing, Anm. d. Verf.) reicht der Geniebewegung die Waffen, mit denen sie ihn selbst bekämpfen wird« (Kurt May).[57]

Lessing macht seine Analyse der dichterischen »Täuschung« – man würde heute von Anschaulichkeit sprechen – zum Ausgangspunkt seiner Kritik an der malenden Poesie. Als Beispiel für die Unfähigkeit des Dichters, mit Hilfe von Worten ein Bild im Leser zu erwecken, das dem wirklichen Gegenstand entspricht, zitiert er einen Text, den er »ein Meisterstück in seiner Art« nennt (S. 260): die Schilderung von Gebirgsblumen in Albrecht von Hallers beschreibendem Gedicht ›Die Alpen‹ (1. Aufl. 1732):

»Es sind Kräuter und Blumen, welche der gelehrte Dichter mit großer Kunst und nach der Natur mahlet. Mahlt, aber ohne alle Täuschung mahlet. Ich will nicht sagen, daß wer diese Kräuter und Blumen nie gesehen, sich aus seinem Gemählde so gut als gar keine Vorstellung davon machen könne. Es mag seyn, daß alle poetische Gemählde eine vorläuffige Bekanntschaft mit ihren Gegenständen erfordern. Ich will auch nicht leugnen, daß demjenigen, dem eine solche Bekanntschaft hier zu Statten kömmt, der Dichter nicht von einigen Theilen eine lebhaftere Idee erwecken könnte. Ich frage ihn nur, wie steht es um den Begriff des Ganzen?« (S. 261 f.)

Lessing verbindet die Kritik an Haller mit einem Seitenhieb gegen Breitinger, der in seiner ›Critischen Dichtkunst‹ (1740) Hallers Blumenschilderung gelobt hatte mit den Worten, »daß die ähnlichste Zeichnung eines Mahlers gegen diese poetische Schilderey ganz matt und düster seyn würde« (S. 262). Dem hält Lessing entgegen, daß Hallers Verse sich

»wenn man die Blume selbst in der Hand hat, sehr schön dagegen recitiren laßen; nur vor sich allein sagen sie wenig oder nichts. Ich höre in jedem Worte den arbeitenden Dichter, aber das Ding selbst bin ich weit entfernet zu sehen.« (S. 263)

Herder und auch Haller selbst haben Lessings Vorwürfe nachträglich zurückgewiesen. Haller schrieb, in einer anonym erschienenen Rezension des ›Laokoon‹, der Verfasser des ›Alpen‹-Gedichts habe »bloß einige merkwürdige Eigenschaften des Krautes bekannt machen wollen«, und zwar, wie er ausdrücklich betont, nicht nur äußerlich sichtbare, sondern »Eigenschaften, die inwendig liegen« (S. 124 f. Anm. 1). Herder wandte ein, daß, so wie Lessing argumentiert, auch der Prosaist, der Botaniker nicht schildern dürfe, da seine Beschreibung kein Bild des Ganzen vermitteln könne.[58] Beide Einwände hat Lessing in seiner Schrift selbst beantwortet:

Nochmals also: ich spreche nicht der Rede überhaupt das Vermögen ab, ein körperliches Ganze nach seinen Theilen zu schildern; (...) sondern ich spreche es der Rede als dem Mittel der Poesie ab, weil dergleichen wörtlichen Schilderungen der Körper das Täuschende gebricht, worauf die Poesie vornehmlich gehet;« (S. 263)

Herder schrieb in den ›Kritischen Wäldern‹, er zittere vor dem Blutbad, das Lessings Sätze unter älteren und neueren Dichtern anrichten müßten;[59] in der Tat sieht sich Lessing genötigt, aufgrund seiner vorangegangenen Thesen ganze Gattungen wie Lehr- und Idyllendichtung aus dem Bereich der Poesie auszuschließen (S. 263 f.). Zur Rechtfertigung seines rigorosen Vorgehens beruft sich Lessing auf eine Reihe von anerkannten Autoritäten: Horaz, der in seiner Poetik die beschreibenden Dichter als Stümper bezeichnet hätte; Pope, der »die mahlerischen Versuche seiner poetischen Kindheit« späterhin nur noch mit Verachtung erwähnt habe, und Ewald von Kleist, von dem Lessing berichtet, er habe sein berühmtes beschreibendes Gedicht ›Der Frühling‹ noch kurz vor seinem Tode von Grund auf umarbeiten wollen, um »aus einer mit Empfindungen nur sparsam durchwebten Reihe von Bildern, eine mit Bildern nur sparsam durchflochtene Folge von Empfindungen« zu machen (S. 265 f.). Sieben Jahre früher, in den ›Litteraturbriefen‹, hatte sich Lessing in sehr viel anderem Sinne über Kleist geäußert; anläßlich des Erscheinens von Kleists Versepos ›Cissides und Paches‹ (1759) lobte er dessen poetische Malerei mit den gleichen Argumenten, die er Caylus und Breitinger im ›Laokoon‹ ankreidet:

> »Es würde einem geschickten Mahler etwas leichtes seyn, es (Kleists Gedicht; Anm. d. Verf.) ganz, so wie es ist, in eine Folge von Gemählden zu verwandeln. Der Dichter hat ihm alles vorgezeichnet. (. . .) Und zu welchen vortreflichen Schilderungen könnte im zweyten Gesange, die Löschung des Durstes, und der Tod des Cissides, so wie im dritten, der getreue Knecht unter dem Teppich seines todten Herrn, Stoff geben! – Doch derjenigen poetischen Gemählde, die dem Dichter kein Künstler mit Linien und Farben nachbilden wird, sind noch weit mehrere.«[60]

Das spätere Urteil über Kleists ›Frühling‹ erscheint so zugleich als Revision früherer Ansichten Lessings; über seine Berechtigung läßt sich erst anhand des Kleistschen Textes genauer befinden.

Bevor er sich der Untersuchung des Achillesschildes in der Ilias zuwendet, kommt Lessing noch einmal auf das zurück, was er vorher, ebenfalls im Hinblick auf Homer, die »Regel von der Einheit der mahlerischen Beywörter« genannt hatte (S. 252). Während er zunächst behauptet hatte, daß Homer stets nur mit einem Zug, d. h. mit einem Adjektiv schildere (S. 252 f.), stellt Lessing nunmehr fest, daß Homer nicht selten zwei, drei oder sogar vier beschreibende Epitheta verwendet (S. 269). Damit verstößt er jedoch nicht gegen die »Regel von der Einheit der mahlerischen Beywörter, und der Sparsamkeit in den Schilderungen körperlicher Gegenstände« (S. 252), denn

»so wie dort bey dem Mahler die zwey verschiednen Augenblicke so nahe und unmittelbar an einander grenzen, daß sie ohne Anstoß für einen einzigen gelten können; so folgen auch hier bey dem Dichter die mehrern Züge für die verschiednen Theile und Eigenschaften im Raume in einer solchen gedrengten Kürze so schnell aufeinander, daß wir sie alle auf einmal zu hören glauben.« (S. 269)

Lessings Forderung nach Ökonomie bei der Verwendung von beschreibenden Adjektiven richtet sich vor allem gegen die Schweizer, die dem Dichter, zur Ausschmückung seiner Schilderungen, den häufigen Gebrauch malerischer Attribute empfohlen hatten.[61] Was dem griechischen Dichter erlaubt war, ist dem deutschen verboten, da das Griechische eine größere »Freyheit in Häuffung und Zusammensetzung der Beywörter« (S. 269) erlaubt als das Deutsche, sowie eine »vorteilhafte Ordnung derselben« (S. 270) – je nachdem vor oder nach dem Substantiv. Diderot hatte in seinem ›Taubstummenbrief‹ in bezug auf die französische Sprache ähnlich argumentiert.[62]

Der verbleibende Teil des 18. und das gesamte folgende Kapitel beschäftigen sich mit der Beschreibung des Achillesschildes im 18. Gesang der Ilias. Lessings Interpretation ist ähnlich berühmt geworden wie ihre Vorlage, die zu den verschiedensten philologischen und kunsthistorischen Deutungen Anlaß gegeben hat. Was Lessing über die Schildbeschreibung sagt, unterscheidet sich jedoch im Prinzip nicht von dem, was er schon vorher zur epischen Darstellungsmethode Homers festgestellt hatte; die Kernsätze lauten:

»Homer mahlet nehmlich das Schild nicht als ein fertiges vollendetes, sondern als ein werdendes Schild. Er hat also auch hier sich des gepriesenen Kunstgriffes bedienet, das Coexistirende seines Vorwurffs in ein Consecutives zu verwandeln, und dadurch aus der langweiligen Mahlerey eines Körpers, das lebendige Gemählde einer Handlung zu machen.« (S. 271)

Der Einspruch gegen diese Sätze ist fast so alt wie Lessings Interpretation selbst. Dabei geht es weniger um die sachliche Feststellung, daß Homer »das Coexistirende seines Vorwurffs in ein Consecutives« verwandle, als vielmehr um den von Lessing gebrauchten Terminus »Kunstgriff«, der dem epischen Dichter ein rationalistisches Kalkül unterstellt, das dem historischen Homer in keiner Weise angemessen ist. Herder war der erste, der, in seiner Antwort auf Lessing, das Naive und Unbewußte in der Komposition der homerischen Epen mit dem Begriff »Energie« eher intuitiv erfaßte als erklärte:

»Kurz, ich kenne keine Sukzessionen im Homer, die als Kunstgriffe, als Kunstgriffe der Not, eines Bildes, einer Schilderung wegen, da sein sollten;

sie sind das Wesen seines Gedichts, sie sind der Körper der epischen Handlung. (...) Wer in dem Zusammensetzen des Wagens der Juno, und in der Geschichte des Bogens und des Zepters und in dem Werden des Schildes nichts als einen Kunstgriff bemerken will, um einem körperlichen Bilde zu entkommen, der weiß nicht, was Handlung des Gedichts sei, an dem hat Homer seine Energie verfehlet. Wenn Homer ein körperliches Bild braucht, so schildert er's, wenn es auch ein Therites sein sollte; er weiß von keinen Kunstgriffen, von keiner poetischen List und Gefährde; Fortschreitung ist die Seele seines Epos.«[63]

Die spätere Forschung hat Herders Kritik bestätigt und zugleich auf eine rationalere Grundlage gestellt. Adolf Frey betont, daß Homer gar nicht die Wahl gehabt habe, zu schildern oder nicht zu schildern;[64] der Altphilologe Paul Friedländer schreibt, das homerische Epos stehe »auf einer Entwicklungsstufe, der für Zustandsschilderung Fähigkeit und Bedürfnis im allgemeinen noch fehlt.«[65] Das archaische Bewußtsein ist noch nicht in der Lage, die abstrakte Reflexion, die eine Beschreibung erfordert, durchzuhalten; das Beschriebene verselbständigt sich, gewinnt unter der Hand Leben; die Beschreibung geht über in Handlung, wird zur Erzählung. Andere Forscher heben die Funktion der Beschreibungen als retardierendes Moment innerhalb des homerischen Epos hervor (Schadewaldt, Finsler).[66] Für den historischer Homer hat Lessing, so besehen, wenig oder gar kein Verständnis gehabt: die Rolle der Parataxe, in der der scheinbar irrläufige Exkurs gleichberechtigt neben der Haupthandlung steht; die Bedeutung des Wunderbaren in der Vorstellungswelt des frühen Epos; der kulturgeschichtliche und religiöse Kontext, in dem Szenen wie die Fertigung der Waffen (Bogen des Pandarus, Rüstung und Schild des Achill), der Bau des Wagens stehen – all das lag außerhalb von Lessings Gesichtskreis.[67] Die Kritik an Lessings Homerinterpretation ist in diesem Sinne gerechtfertigt, solange sie Lessings Intentionen nicht verkennt: ihm geht es nirgendwo um den historischen Homer, den mythischen Verfasser archaischer Epen, sondern stets um seine zur objektiven Norm erhobene epische Methode. Nur so läßt sich Lessings Homerverständnis historische Gerechtigkeit erweisen.[68]

Lessing vergleicht im folgenden Abschnitt die Beschreibung des Achillesschildes bei Homer mit dem Schild des Aeneas bei Vergil, eine deskriptive Einlage, die die homerische Schilderung zugleich nachahmt und transzendiert. Entsprechend der höheren Reflexionsstufe des lateinischen Epikers wird der Schild des Aeneas »beschrieben« im Sinne einer konsequent durchgeführten Bildvorstellung. Vergil zeigt dem Leser nicht den werdenden, sondern den fertigen Schild; anstatt die

Beschreibung in Handlung aufzulösen, löst er umgekehrt die Handlung in Beschreibung auf. Darüber hinaus gibt er die Autonomie seiner Kunst preis, indem er sie politischen Zwecken dienstbar macht: der Prophezeiung von Roms zukünftiger Größe unter der Herrschaft des Augustus. Entsprechend negativ ist Lessings Urteil:

> »der witzige Hofmann leuchtet überall durch, der mit allerley schmeichelhaften Anspielungen seine Materie aufstutzet, aber nicht das große Genie, das sich auf die eigene innere Stärke seines Werks verläßt, und alle äußere Mittel, interessant zu werden, verachtet. Das Schild des Aeneas ist folglich ein wahres Einschiebsel, einzig und allein bestimmt, dem Nationalstolze der Römer zu schmeicheln; ein fremdes Bächlein, das der Dichter in seinen Strom leitet, um ihn etwas reger zu machen.« (S. 274)

Die kunstgeschichtlichen Erörterungen des 19. Kapitels über Datierung und Bearbeitung des Achillesschildes bedeuten einen Rückfall nach dem, was Lessing vorher zur Charakterisierung von Homers epischer Technik gesagt hatte. Während er früher die Überlegenheit des Dichters gegenüber dem Maler behauptet hatte, geht Lessing jetzt von der Annahme aus, daß ein tatsächlich existierender Schild als Vorlage zu der homerischen Schildbeschreibung gedient habe, der sich, nach den Angaben des Epos, rekonstruieren lassen müsse. Die in der neueren Forschung geäußerte Vermutung, daß Homer »von dem Ganzen überhaupt keine räumliche Vorstellung« gehabt habe (Friedländer),[69] lag Lessing noch fern. Seine Auseinandersetzung mit dem französischen Kunsthistoriker Boivin, dessen Rekonstruktionsversuch Lessing seinen eigenen entgegensetzt, übergehe ich hier ebenso wie die anschließenden Erörterungen über die Perspektive in der Malerei (S. 279 f.); die Übertragung der räumlichen Perspektive in die Zeitfolge der Poesie, die Lessing in einem frühen Entwurf zum ›Laokoon‹ versucht hatte, ließ er später, auf Anraten Mendelssohns, wieder fallen.[70]

e) Schön und häßlich

Die noch verbleibenden Kapitel des ›Laokoon‹, die für das Thema der vorliegenden Untersuchung von Interesse sind (die rein antiquarischen Kapitel 26 bis Ende lasse ich unberücksichtigt), widmen sich der Frage, inwieweit Malerei und Poesie körperliche Schönheit bzw. Häßlichkeit darstellen dürfen. Die Antwort ergibt sich aus den im 16. Kapitel formulierten Hauptthesen von Lessings Schrift:

»Körperliche Schönheit entspringt aus der übereinstimmenden Wirkung mannigfaltiger Theile, die sich auf einmal übersehen laßen. Sie erfordert also, daß diese Theile nebeneinander liegen müßen; und da Dinge, deren Theile nebeneinander liegen, der eigentliche Gegenstand der Mahlerey sind; so kann sie, und nur sie allein, körperliche Schönheit nachahmen.« (S. 282)

Lessings Definition der Schönheit als Einheit in der Mannigfaltigkeit geht zurück auf Aristoteles und ist Gemeingut der ästhetischen Theorie seiner Zeit.[71] Neu sind jedoch die Folgerungen, die Lessing aus diesem Schönheitsbegriff zieht: die Darstellung körperlicher Schönheit bleibt der Malerei vorbehalten, der Poesie ist sie untersagt. Damit fällt, nach der Lehr- und Idyllendichtung, eine weitere Literaturform Lessings Verdikt anheim: die erotische Lyrik. Als Beispiel für die nutzlose Anstrengung der Poesie, auf diesem Gebiet mit der Malerei zu wetteifern, zitiert Lessing die Beschreibung der schönen Helena in einem Gedicht des Byzantiners Constantinus Manasses, und, getreu seiner Maxime, den Gegner stets in seinen fortschrittlichsten Positionen anzugreifen, einen Text, der, ebenso wie vorher Hallers Blumenschilderung, ein »Meisterstück in seiner Art« darstellt: die Beschreibung der Alcina aus Ariosts Epos ›Orlando Furioso‹ (S. 285 ff.). Ähnlich wie im Fall Haller/Breitinger, attackiert Lessing zusammen mit dem Dichter zugleich auch den Kritiker, den italienischen Renaissanceautor Dolce, der in seinem ›Gespräch über die Malerei‹ (1557) »von den angeführten Stanzen des Ariost ein außerordentliches Aufheben« gemacht habe (S. 287):

»Dolce bewundert (. . .) die Kenntnisse, welche der Dichter von der körperlichen Schönheit zu haben zeiget; ich aber sehe bloß auf die Wirkung, welche diese Kenntnisse, in Worte ausgedrückt, auf meine Einbildungskraft haben können. Dolce schließt aus jenen Kenntnissen, daß gute Dichter nicht minder gute Mahler sind; und ich aus dieser Wirkung, daß sich das, was die Mahler durch Linien und Farben am besten ausdrücken können, durch Worte grade am schlechtesten ausdrücken läßt.« (S. 288)

Den Angelpunkt von Lessings Argumentation bildet wiederum der Begriff der Wirkung. Lessing übersieht jedoch die historische Ungleichzeitigkeit zwischen seiner Kritik und der Dolces: Dolce will die Poesie gegenüber der zu seiner Zeit allgemein bevorzugten Malerei aufwerten, indem er die Künstler auf malerische Feinheiten in der Beschreibung des Ariost wie Proportionen, Kolorit etc. aufmerksam macht; Lessing wendet sich an die Dichter mit der Warnung, »was einem Ariost mißlingen müßen, nicht noch unglücklicher zu versuchen« (S. 288). Wie stets hält Lessing für das eben noch absolut behauptete

Verbot der Darstellung körperlicher Schönheit in der Poesie eine Einschränkung bereit. Es handelt sich dabei um die spezifische Anwendung von Homers »Kunstgriff« der Verwandlung des Koexistierenden
in Konsekutives. Dem Dichter stehen zwei Möglichkeiten offen; einmal kann er die Schönheit indirekt charakterisieren, durch ihre Wirkung auf den Betrachter, wie es Homer mit der schönen Helena getan
hat, als er ihren Auftritt vor einer Versammlung von Greisen schil-
derte:

> »Mahlet uns, Dichter, das Wohlgefallen, die Zuneigung, die Liebe, das
> Entzücken, welches die Schönheit verursachet, und ihr habt die Schönheit
> selbst gemahlet.« (S. 293)

Zum andern kann er die Schönheit in Bewegung umsetzen, d. h. in
»Reitz«. Lessings Definition: »Reitz ist Schönheit in Bewegung«,
(S. 293), die sich in ähnlicher Form schon bei seinen Vorgängern findet,[72] ergibt sich aus der Regel, daß die Zeitfolge das Gebiet des
Dichters, der Raum das des Malers ist. Der Maler kann Bewegung
nicht direkt darstellen: »Folglich wird der Reitz bey ihm zur Grimasse« (S. 293). Aus dem gleichen Grund hatte Lessing das Portrait
des ewig lachenden La Mettrie unerträglich gefunden (S. 165).

Was der Poesie genommen wird, indem Lessing körperliche Schönheit aus ihrem Gebiet ausschließt, gibt er ihr zurück, indem er ihr darzustellen gestattet, was der Malerei verwehrt ist: die Häßlichkeit.
Der Ausdruck der Häßlichkeit, der in der bildenden Kunst permanent
fixiert erscheint, ist beim Dichter ein bloß transitorisches Moment, das
durch die Sukzession seiner Worte aufgehoben und gleichsam un-
schädlich gemacht wird:

> »Eben weil die Häßlichkeit in der Schilderung des Dichters zu einer minder
> widerwärtigen Erscheinung körperlicher Unvollkommenheiten wird, und
> gleichsam, von der Seite ihrer Wirkung, Häßlichkeit zu seyn aufhöret, wird
> sie dem Dichter brauchbar; und was er vor sich selbst nicht nutzen kann,
> nutzt er als ein Ingrediens, um gewiße vermischte Empfindungen hervorzu-
> bringen und zu verstärken, mit welchen er uns, in Ermangelung rein ange-
> nehmer Empfindungen, unterhalten muß.« (S. 304)

Die Häßlichkeit wird, ebenso wie die Schönheit, definiert als Wirkung auf das Gemüt, als Mittel, um »gemischte Empfindungen« her-
vorzurufen: Lächerlichkeit, Rührung oder Schrecken. Die Lehre von
den gemischten Empfindungen, die Lessing von Mendelssohn übernahm, war fester Bestandteil der psychologischen Ästhetik der Zeit,[73]
die extreme Emotionen nur noch in abgemilderter Form zuließ; der
aufgeklärte Klassizismus grenzte sich so gegen barocken Manierismus
ab.

Was von der Häßlichkeit gilt, gilt in noch größerem Maße von dem Ekel, dessen Darstellung auch der Poesie nur bis zu einer gewissen Grenze gestattet ist; in der Malerei ist sie deshalb doppelt unzulässig. Lessing beruft sich wiederum auf Mendelssohn, den er an dieser Stelle wörtlich zitiert: »»Die Empfindungen des Eckels sind (...) allezeit Natur, niemals Nachahmung‹« (S. 309). Die abstoßende Schilderung des Thersites bei Homer läßt sich deshalb nicht in die Malerei übertragen, wie schon Caylus bemerkte (S. 312). Lessing führt eine Reihe von Belegen aus der älteren und neueren Literatur an, um zu zeigen, bis zu welchem Grade die Darstellung des Ekelerregenden in der Literatur erlaubt ist: die Wunden des Philoktet bei Sophokles, die blutige Leiche Hektors in der Ilias, und die Schilderungen des Hungers bei Ovid, Dante und in einem Schauspiel von Beaumont und Fletcher (S. 318 ff.). Am Schluß faßt Lessing seine Ausführungen, in bezug auf Malerei und Poesie, so zusammen:

>Was ich aber von dem Häßlichen in diesem Falle angemerkt habe, gilt von dem Eckelhaften um so viel mehr. Es verlieret in einer sichtbaren Nachahmung von seiner Wirkung ungleich weniger, als in einer hörbaren; es kann sich also auch dort mit den Bestandtheilen des Lächerlichen und Schrecklichen weniger innig vermischen, als hier; sobald die Überraschung vorbey, sobald der erste gierige Blick gesättiget, trennet es sich wiederum gänzlich, und liegt in seiner eigenen cruden Gestalt da.« (S. 324)

5. Nachwirkung des ›Laokoon‹

Es ist schwer, die Wirkung von Lessings ›Laokoon‹ auch nur annähernd richtig einzuschätzen. Wer behauptet, daß Lessing der literarischen Schilderungssucht und der allegorischen Malerei ein Ende bereitet habe, übersieht den historischen Abstand zwischen Lessings Schrift einerseits und der Theorie und Praxis der beschreibenden Poesie andererseits. 1766, im Erscheinungsjahr des ›Laokoon‹, stand die malende Poesie längst nicht mehr im Mittelpunkt des literarischen Interesses; ihre wichtigsten Vertreter im deutschen Sprachraum waren tot (Brockes starb 1747, Kleist fiel in der Schlacht von Kunersdorf 1759) oder hatten sich, wie Haller, von den poetischen Produkten ihrer Jugend inzwischen distanziert; Bodmer und Breitinger, die theoretischen Vorkämpfer des Genres, hatten ihren Einfluß auf die zeitgenössische Literatur längst eingebüßt. Darüber hinaus war die Gleichsetzung von Malerei und Poesie, die Lessing so energisch bekämpft, als handle es sich um eine höchst gefährliche Irrlehre, nie viel mehr gewesen als ein rhetorischer Topos, »deßen wahrer Theil so einleuchtend ist, daß man das Unbestimmte und Falsche, welches er mit sich führet, übersehen zu müßen glaubt« (S. 147). Die beschreibende Poesie war, in praktischer und theoretischer Hinsicht, gestorben, lange bevor Lessing ihr offiziell den »Todesstoß« versetzte. Der ›Laokoon‹ mutet in diesem Sinne anachronistisch an; Fred Otto Nolte meint nicht zu Unrecht, Lessing habe mit seiner Schrift »offene Türen eingerannt«.[74] Man darf jedoch nicht vergessen, daß Lessing die Frage nach den Grenzen von Malerei und Poesie, deren Lösung sich von verschiedenen Richtungen her anbahnte, nur zum Vorwand nahm, um seine eigene Theorie der Künste gleichsam »an den Mann« zu bringen. Der ›Laokoon‹, ebenso wie später die ›Hamburger Dramaturgie‹, dient vor allem der Entwicklung von Lessings eigener Poetik.

Als Beweis für den Einfluß Lessings auf die spätere Literatur wird gewöhnlich Goethe zitiert, der die Wirkung des ›Laokoon‹ rückblickend so zusammenfaßte:

»Man muß Jüngling sein, um sich zu vergegenwärtigen, welche Wirkung Lessings Laokoon auf uns ausübte, indem dieses Werk uns aus der Region eines kümmerlichen Anschauens in die freien Gefilde des Gedankens hinriß. Das so lange mißverstandene: ut pictura poesis war auf einmal beseitigt, der Unterschied der bildenden und Redekünste klar, die Gipfel beider erschienen nun getrennt, wie nah ihre Basen auch zusammenstoßen mochten.«[75]

Diese Jugenderinnerung des alten Goethe aus ›Dichtung und Wahrheit‹ wird häufig in Verbindung gebracht mit Goethes Beschreibungstechnik, etwa in ›Hermann und Dorothea‹, so als habe der Autor dabei stets die Ermahnungen Lessings im ›Laokoon‹ vor Augen gehabt.[76] Zwar ist der Einfluß von Lessings ›Laokoon‹ auf die nachfolgende Dichtergeneration unbestreitbar – in Wielands ›Idris‹ heißt es: »Er läßt den Fluß zurück und tritt in einen Hain, / Den ich, weil Lessing mich am Ohr zupft, nicht beschreibe« –,[77] er darf jedoch nicht zur Unterstellung einer mechanischen Abhängigkeit verführen. So ist Goethes Beschreibungstechnik mit Lessings Kategorie der Verwandlung des Koexistierenden in Sukzessives allein nicht zu fassen; sie wird erst im Kontext seiner eigenen Poetik voll verständlich. Im Laufe seines Lebens hat Goethe seine Anschauungen zu diesem Punkt mehrfach revidiert: von der Ablehnung der deskriptiven Literatur in den ›Briefen aus der Schweiz‹ und in der Kritik an Geßners ›Idyllen‹, über die partielle Aufwertung der Gattung in der Rezension von Vossens ›Luise‹ sowie in dem programmatischen Essay ›Einfache Nachahmung der Natur, Manier, Stil‹, bis zu den ausführlichen Beschreibungen in der ›Novelle‹ und in den ›Wahlverwandtschaften‹, und zu dem Projekt, die Zeichnungen seines Freundes Tischbein durch Verse zu ergänzen, mit der Begründung: »er (Tischbein, Anm. d. Verf.) liebt seine sinnigen Skizzen durch Worte verklärt und vollendet zu sehen.«[78]

Auch Schillers Theorie der Umsetzung von Beschreibung in Handlung, die er in seiner Matthison-Kritik darlegt und in dem Gedicht ›Der Spaziergang‹ praktisch vorführt, läßt sich nicht einfach auf Lessing zurückführen, sie ist Teil von Schillers eigener Ästhetik.[79]

Herder, der in seinem ›Ersten kritischen Wäldchen‹ Lessings Schrift zwar in Einzelheiten angegriffen, in ihrer Grundidee jedoch akzeptiert hatte, lobte im Alter, in seinen ›Humanitätsbriefen‹, das botanische Gedicht eines Herrn von Lühe, das in der trockenen Deskription noch hinter Brockes und Haller zurückfällt.[80] Die Epoche nach Lessings Tod ist gekennzeichnet durch eine schleichende Aufwertung der beschreibenden Poesie, die zugleich, in Form populärwissenschaftlicher Traktate, in die Trivialität absinkt; in den Schulpoetiken der Jahrhundertwende steht gleichberechtigt neben Lessings Verbot der statischen Schilderung deren Empfehlung als wirksames Stilmittel.[81] In der Romantik erreichte der Synkretismus der Künste, insbesondere die Gleichsetzung von Poesie und Musik, die Lessing selbst im ›Laokoon‹ hatte vorbereiten helfen, ihren Höhepunkt; damit wurde auch die Verwandtschaft von Dichtung und bildender Kunst wieder aktuell. Heinrich von Kleist plante, als Herausgeber des ›Phönix‹, monatlich erscheinende Stiche durch poetische Darstellung der Stoffe zu ergänzen, »damit (...) die alte wichtige Frage von den Grenzen der Malerei und Poesie deutlich erörtert werden könne«; August Wilhelm Schlegel schrieb zu Zeichnungen von John Flaxmann:

»Der bildende Künstler solle uns in zyklischen Folgen zu poetischen Schöpfungen ein neues Organ geben, den Dichter zu fühlen, und dieser dolmetsche wiederum in seiner hohen Mundart die reizende Chiffresprache der Linien und Formen.«[82]

Die alte Verwechslung von bildender Kunst und Poesie kam damit wieder zu Ehren, ebenso wie die allegorische Malerei in den Bildern von Runge und Caspar David Friedrich. Es ist unmöglich, die weitere Entwicklung auch nur andeutungsweise hier zu skizzieren: noch Gottfried Keller soll geplant haben, einen »Anti-Laokoon« zu schreiben.[83] Erst in unserem Jahrhundert scheint sich die Fragestellung von Lessings ›Laokoon‹ endgültig erledigt zu haben, wie die folgende ironische Paraphrase aus Döblins Roman ›Berlin Alexanderplatz‹ zeigt:

> »Wie der Schild des Achilles aussah, womit bewaffnet und geschmückt er in den Kampf zog, kann ich nicht genau beschreiben, kann mich nur noch dunkel auf Armschienen und Beinschienen besinnen.
> Aber wie Franz aussieht, der jetzt in einen neuen Kampf zieht, das muß ich sagen.«[84]

6. Zusammenfassung

Überblickt man Lessings Thesen als Ganzes, so stellt man fest, daß es sich dabei nur um verschiedene Aspekte ein und derselben Sache, spezifische Ausprägungen eines einzigen Grundgedankens handelt, der in immer neuen Variationen wiederkehrt: daß die Zeitfolge das Gebiet des Dichters, der Raum das Gebiet des Malers sei. Es hat sich gezeigt, daß dieser Gedanke weder völlig neu, noch, in der Formulierung, die Lessing ihm gegeben hat, logisch vollkommen stichhaltig ist. Wichtige Definitionen seiner Untersuchung verdankt Lessing den Kunsttheoretikern, die ihm für den ›Laokoon‹ vorgearbeitet haben: die Lehre vom fruchtbaren Augenblick findet sich, in ähnlicher Form, schon bei Harris und Diderot, der Satz: »Reiz ist Schönheit in Bewegung« taucht bereits bei Home und Burke sowie in der französischen Enzyklopädie auf; die Terminologie der psychologischen Ästhetik hat Lessing meist wörtlich von Mendelssohn übernommen.[85]

Die Bedeutung von Lessings Thesen erschließt sich erst, wenn man sie zurückversetzt in den Kontext des ›Laokoon‹, wenn man sie in Zusammenhang bringt mit den von Lessing angegriffenen Personen und Tendenzen. Jeder Name, den er in seiner Schrift anführt, steht stellvertretend für eine bestimmte kritische Richtung oder ein literarisches Genre, dem Lessing den Krieg erklärt: seine Ausführungen über Laokoon und Philoktet wenden sich gegen Winckelmann und seine unreflektierte Gleichsetzung von griechischer Kunst und Literatur; seine Kritik an Spence und Caylus gilt der von beiden, mit umgekehrten Vorzeichen, vertretenen Theorie der doppelten Nachahmung: der eine wollte die Poesie auf die Malerei, der andere die Malerei auf die Poesie zurückführen; seine Homerinterpretation richtet sich direkt gegen die beschreibende Dichtung der Zeit (Haller, Kleist), während die Analyse der körperlichen Schönheit, am Beispiel Ariosts, die erotische Lyrik kritisiert.

Im Hintergrund von Lessings Untersuchung stehen zwei Hauptgedanken, Vorentscheidungen des Autors, die die Basis seiner gesamten Argumentation bilden: 1. Daß die Poesie die höchste Gattung der Kunst, und 2. daß das Drama die höchste Gattung der Poesie ist. Den ersten Gedanken hat Lessing in seiner Schrift selbst ausgesprochen: er weist darauf hin, daß die Poesie die weitere Kunst ist, daß ihr größere Schönheiten zu Gebote stehen als der Malerei, daß sie höhere Vollkommenheit zu erreichen vermag (S. 168, 211). Der bildenden Kunst gesteht Lessing weit weniger Rechte zu: indem er körperliche Schönheit zu ihrem alleinigen Thema erklärt, beschränkt er die Malerei auf die Darstellung schöner Körper in einer vorteilhaften Anordnung im Raum; jedes über das sichtbare Wohlgefallen hinausgehende Interesse wird ihr abgesprochen. Ganze Sparten wie Landschaftsmalerei und Stilleben, Karikatur, Historien- und Genreszenen möchte Lessing aus dem Gebiet der Kunst ausschließen (S. 157, 440 f.); Farbe und Kolorit hält er für nebensächlich und fragt, »ob es nicht zu wünschen wäre, die Kunst mit Oelfarben zu mahlen, möchte gar nicht seyn erfunden worden« (S. 469). Lessings Kunstanschauung ist geradezu borniert zu nennen; am ehesten läßt sie sich noch mit Kants Definition der Musik als einer angenehmen Geräuschkulisse bei Tisch vergleichen;[86] dabei ist jedoch nicht zu vergessen, daß er die wichtigsten antiken Werke nur aus zweiter Hand, aus Kupferstichen und Gipsabgüssen kannte. In der Praxis dürften die klassizistischen Umrißzeichnungen eines John Flaxmann Lessings antikisierendem Ideal wohl am ehesten entsprochen haben.

Erstes und höchstes Thema der Kunst ist für Lessing der Mensch. Die Malerei stellt ihn in seiner physischen, die Poesie in seiner geistigen Existenz dar: sie *ist* diese geistige Existenz. So wie der Geist über dem Körper, so steht für Lessing deshalb der Dichter über dem Maler. Zugleich wird klar, warum Lessing diejenigen Formen der Poesie, die den Menschen lediglich von seiner physischen Seite zeigen, oder die natürliche Umwelt des Menschen zum alleinigen Thema erheben: erotische Lyrik, beschreibende Poesie, Idylle und Lehrdichtung, ablehnen muß: sie verfehlen das wichtigste Thema der Literatur, den geistigen Menschen, und lassen sich statt dessen auf einen fruchtlosen Wettstreit mit der bildenden Kunst ein. Lessing teilt deshalb die Gattungen von Malerei und Poesie, je nach ihren Gegenständen, in höhere und niedere ein (S. 456). An der Spitze dieser Hierarchie steht das Drama als höchster Ausdruck des geistigen Menschen bzw. des menschlichen Geistes. Der Handlungsbegriff, den Lessing ins Zentrum seiner Unterscheidung von Malerei und Poesie stellt, ist wesentlich dramatischer Natur. Das Paradox liegt darin, daß Lessing diesen Handlungsbegriff im ›Laokoon‹ gerade an einem epischen Dichter, an Homer, entwickelt, den er der handlungsarmen deskriptiven Poesie als Modell entgegenhält. Die Handlung im Epos ist jedoch, im Gegensatz zur dramatischen, mehr körperlicher als geistiger Natur, sie äußert sich in Kämpfen, Seuchen, Gelagen etc.[87] Lessing gibt deshalb dem Drama den Vorzug vor dem Epos:

> »Daß die dramatische Poesie die höchste, ja die einzige Poesie ist, hat schon Aristoteles gesagt, und er giebt der Epopee nur in so fern die zweyte Stelle, als sie größten Theils dramatisch ist, oder seyn kann.«[88]

Noch ein weiterer Punkt ist in diesem Zusammenhang hervorzuheben, der als konstantes Thema, gleichsam als Generalbaß, Lessings Schrift durchzieht: die Gegenüberstellung von Antike und Moderne, mit entschiedener Bevorzugung der ersteren. In der Vorrede zum ›Laokoon‹ steht der programmatische Satz: »Es ist das Vorrecht der Alten, keiner Sache weder zu viel, noch zu wenig zu thun« (S. 146). Lessing sieht diese Behauptung im weiteren Verlauf seiner Untersuchung auf Schritt und Tritt bestätigt. Es ist gleichsam die Erbsünde der Neuzeit, daß sie vom Vorbild des Aristoteles in der Theorie, von dem des Homer und Sophokles in der literarischen Praxis abrückte; nur so sind die Irrtümer der Kunstkritiker (Spence, Caylus etc.) und die Verirrungen der Dichter (Ariost, Haller, Kleist) zu erklären. Nur in der Rückbesinnung auf die Antike ist deshalb Besserung zu erhoffen.

Die immanente Untersuchung von Lessings Schrift ist damit abgeschlossen. Nunmehr ist der Punkt erreicht, an dem Lessings Thesen als Ganzes zurückversetzt werden müssen in den sozialen und politischen Kontext der Zeit, der sie ihre Entstehung verdanken; nur so läßt sich die historische Funktion des ›Laokoon‹, über das bloß Ästhetische hinaus, genauer analysieren. Ich folge dabei dem methodischen Ansatz der Arbeit von Elida Maria Szarota, wenn ich auch ihre, gerade für eine marxistische Analyse unzulässige, Anwendung des ›Laokoon‹ auf die Gegenwart nicht zu billigen vermag, in der Lessing als Vorkämpfer des ›sozialistischen Realismus‹ erscheint.[89] Die Parteilichkeit ihrer Untersuchung hebt sich trotzdem vorteilhaft ab von der politischen Entschärfung Lessings durch die bürgerliche Literaturwissenschaft, gegen die schon Franz Mehring protestierte.[90]

Ich fasse zusammen: Lessings Handlungsbegriff hat einen gesellschaftlichen Inhalt, die soziale und politische Emanzipation des Bürgertums von Feudalismus und Absolutismus. Der »Mensch«, den er ins Zentrum der Kunst stellt, ist der seiner ökonomischen Macht und damit seiner selbst bewußte Bürger der Aufklärung, drapiert ins Kostüm der Antike, die er als demokratische Utopie der eigenen Gesellschaft entgegenhält. Lessings Definition der Malerei als Darstellung von Körpern im Raum betont das statische Moment der Kunst; seine Definition der Poesie als fortschreitende Handlung in der Zeit legt das Schwergewicht auf das dynamische Moment. Beide Bestimmungen haben einen konkreten politischen Inhalt: die Statik der Malerei steht auch für gesellschaftliches Beharren – die bildende Kunst war an ihre Auftraggeber, die höfische Gesellschaft, gekettet; die Dynamik der Poesie dagegen ist Ausdruck der bürgerlichen Emanzipationsbewegung, in der die Literatur, und insbesondere das Drama, eine wichtige Rolle spielte. Aus den gleichen Gründen mußte Lessing diejenigen literarischen Gattungen, die auf Handlung verzichteten und sich dadurch der Malerei annäherten, ablehnen: die malende Poesie, Ausdruck einer früheren Phase bürgerlichen Selbstbewußtseins, war, ebenso wie später der Kult der Antike, umgeschlagen zur Flucht aus der gesellschaftlichen Realität in die Innerlichkeit. Man muß sich jedoch hüten, Lessings ästhetische Theorien als direktes Produkt der politischen und sozialen Kämpfe mißzuverstehen; so besehen, stellen sie eher Rückzugsgefechte in die fiktive Autonomie der Kunst dar. Nur so ist es zu erklären, daß die französische Aufklärung die Revolution, die deutsche die Klassik hervorbrachte.[91]

Lessing, so heißt es in der Literaturgeschichte, stehe an der Schwelle von der Aufklärung zum *Sturm und Drang*. Die Begriffe sind irreführend, insofern als sie über den Gegensätzen der Epoche, die auf Schlagworte wie rational-irrational reduziert werden, deren Einheit vergessen. Lessing, müßte es genauer heißen, steht an der Schwelle von einer frühen, mechanischen Form der Aufklärung zu einem flexibleren, dialektischen Verständnis von Aufklärung, das anstelle der »Nachahmung der Natur« die »Rückkehr zur Natur« fordert.

Barthold Heinrich Brockes:
Irdisches Vergnügen in Gott

1. Brockes' Poetik

a) Brockes und die beschreibende Poesie

Unter den deutschen Dichtern des 18. Jahrhunderts verdient Brockes noch am ehesten den Titel des beschreibenden Poeten. Lessing, in seinem ›Laokoon‹, erwähnt ihn an keiner Stelle; als Vorläufer und z. T. auch als Vorbild eines Kleist und Haller aber ist er in Lessings Schrift stets gegenwärtig.[1] Brockes' Ruhm, gleich mit Erscheinen des ersten Bandes seines ›Irdischen Vergnügens in Gott‹ (1721), gründet sich darauf, daß er, nach tastenden Versuchen seiner Vorgänger,[2] die beschreibende Poesie in Deutschland erst heimisch gemacht hat. So rühmt ihn Hagedorn in einem Widmungsgedicht aus dem Jahre 1730, das zugleich den Anfang von Hagedorns eigener dichterischer Karriere markiert, mit den Worten:

> »Gleicht Poesie der Malerei
> Und kann in wohlgetroff'nen Bildern
> Homer, wie der Apelles, schildern,
> So leg' ich, Brock's, dir beide bei.
> Ist doch, wie wir zu sagen pflegen,
> Ein jedes Bild ein stumm' Gedicht,
> Und also ein Gedicht hingegen
> Nur eine Malerei, so spricht.«[3]

Ähnlich machten, ein Jahrzehnt später, Bodmer und Breitinger den Hamburger Dichter zum Kronzeugen ihrer Auffassung von der »poetischen Mahlerey«.[4] Die Literaturgeschichte hat das Etikett des beschreibenden Dichters, auf Brockes gemünzt, eher gedankenlos weitertradiert und damit in einer Zeit, da dieses Genre nach Lessings Angriff ohnehin in Verruf geraten war, nicht unwesentlich zum literarischen Tod Brockes' beigetragen. Der Begriff wurde fast synonym gebraucht mit einer anderen, nicht minder unscharfen Charakteristik, der des »Naturdichters«, die sich ihre Berechtigung einzig aus der Häufigkeit gewisser stofflicher Motive in Brockes' herholen konnte.[5]

Anstatt solche Begriffe, auch wenn sie durch allgemeinen Gebrauch legitimiert scheinen, unkritisch zu übernehmen, ist zu prüfen, ob sie überhaupt auf Brockes' Dichtung anwendbar sind bzw., welche konkrete Funktion ihnen hier zukommt. Ich will versuchen, auf diese Weise Brockes' Poetik, so wie sie im Corpus der neun Bände des ›Irdischen Vergnügens‹ sich manifestiert, nachträglich zu rekonstruieren; in einem weiteren Abschnitt sollen die so gewonnenen Erkenntnisse dann am Beispiel verifiziert werden.

b) Natur und Kunst

Direkte Äußerungen des Autors über Wesen und Aufgabe der Poesie sind auf den über 4000 Seiten des ›Irdischen Vergnügens‹ selten; die theoretische Reflexion über Kunst, ebenso wie philosophische oder theologische Spekulation, war Brockes' Sache nicht. Erst im letzten Band findet sich ein Gedicht, »Übersetzung« betitelt, das Hinweise auf Brockes' Auffassung von Poesie enthält. Obwohl das Gedicht nicht von Brockes selbst stammt – den Verfasser habe ich nicht ermitteln können–, kann man es doch als repräsentativ ansehen für seine poetologische Theorie, nahm er doch stets nur Übersetzungen solcher Autoren in sein Werk auf, deren Ansichten sich, wie er glaubte, mit seinen eigenen deckten (z. B. Abbé Genest, Thomson):

> »Die Poesie ist eine Kunst, das Wesen der Natur zu schildern,
> Indem sie unserm Geist die Farben, von Körpern, Formen und von Bildern,
> Den Körpern die Lebhaftigkeit zusammt dem Feur des Geistes, giebt. (...)
> Sie weis der zwo beliebtesten Künste, der Tonkunst und der Mahlerey,
> Vortrefflichkeiten zu vereinen. Sie ahmt des Pinsels Zauberschlag
> In ihren Bildern, und dabey
> In ihrem Wohllaut der Musik beliebt- und süße Töne nach.« (IX, 541)

In der Gleichsetzung der primären Nachahmung der Natur mit der sekundären Nachahmung benachbarter Künste (Malerei, Musik) wiederholen die Verse in konventioneller Manier, was schon in der oben zitierten Strophe Hagedorns anklang: die Lehre des *ut pictura poesis*. Einzig die Betonung der »Lebhaftigkeit« sowie die in diesem Zusammenhang überraschende Wendung »Feur des Geistes« versuchen, der überlieferten Formel einen neuen Sinn zu geben. Im Ganzen aber fixiert das Gedicht nur den äußeren Rahmen von Brockes' Poetik; über dessen individuelle Ausfüllung sagt es nichts.

Schon früher, an verschiedenen Stellen seines Werks, hatte Brockes das Verhältnis von Natur und Kunst zum Gegenstand seiner Reflexion gemacht. In Gedichten zu den Stichen seines Freundes Ridinger (VII, 404–416) unterstreicht er immer wieder die Lebhaftigkeit des Eindrucks, das Täuschende der Illusion, jene Qualität, in der Rhetorik *evidentia* (*enargeia*) genannt, die darin besteht, den Zuhörer gleichsam zum Augenzeugen eines wirklichen Geschehens zu machen (»velut in rem praesentem perducere audientes«, Quintilian).[6] In einem anderen Gedicht im gleichen Band geht Brockes so weit, den Unterschied zwischen Natur und Kunst überhaupt zu leugnen, Original und Kopie miteinander gleichzusetzen; der Satz ist jedoch deutlich als hypothetisch gekennzeichnet: »Wofern nicht auch die Kunst Natur, / Und wesentlich nicht unterschieden« (VII, 327). Demgegenüber steht die häufig variierte Klage des Dichters, daß das Produkt der poetischen Nachahmung mit seinem Urbild, der Natur, nicht zu vergleichen sei: »Wie zwischen meiner Schmiererey / Und dem Original so wenig Gleichheit sey« (Auszug S. 670). Brockes versucht, den Widerspruch dadurch aufzuheben, daß er der Kunst überhaupt die Fähigkeit abspricht, die Natur nachzuahmen, wie in dem folgenden Gedicht:

> »Indem ich jüngst, im bunt-beblühmten Grase,
> Mein auf die Wiesen einst verfertigtes Gedicht,
> Bey dem Original, bedachtsam überlase:
> Gefiel mir die Copey, bey ihrem Urbild nicht (...)
> Jedoch (...) Vertrieb ich bald den ungerechten Gram,
> Durch die Betrachtungen, daß, durch die Malerey,
> Die bildende Natur nicht nachzuahmen sey.« (VI, 98 f.)[7]

Diese Feststellung scheint diametral entgegengesetzt der oben zitierten Hypothese des Dichters, wonach Kunst und Natur »wesentlich nicht unterschieden« seien. Für Brockes indessen schließt eins das andere nicht aus. Was er oben nur vorsichtig als Möglichkeit formuliert hatte, wird ihm in einem anderen Gedicht zur Gewißheit: zwischen Kunst und Natur besteht kein wesentlicher Unterschied. Das bedeutet nicht, daß die Kunst, die für Brockes stets Nachahmung der Natur bleibt, automatisch die Qualität ihres Urbilds erreicht. Die Kunst ist menschliche Tätigkeit, und als solche Irrtümern ausgesetzt (vgl. VI, 607: »Wenn wir, was künstlich ist, beachten: / So finden wir, es sey nichts anders, als was, durch menschlichen Verstand, / zu einer ordentlichen Absicht... / Gewirkt ist und hervorgebracht«); die von Gott eingesetzte Rationalität der Natur dagegen ist für Brockes über jeden Zweifel erhaben.[8] Zugleich aber existiert der Mensch nicht abgesondert von der Natur, sondern ist aufgehoben in ihr (vgl. IV, 171: »Armer Mensch! Erwege doch, daß du selbst, samt deiner Kunst / Seyst von der Natur gebildet. Daß bereits im Mutterleibe / Ihre Kunst dir deine gab«) und hat deshalb die Möglichkeit, an ihrer Vernunft teilzuhaben. Die Kunst kann so, in ihrer höchsten Vollendung, die Qualität der Natur annehmen; das aber gilt nur, wie Brockes ausdrücklich sagt, für die »allergrößte« Kunst:

»Es ist erweislich, daß allhier kein wahrer Unterschied vorhanden,
Und daß der selbe bloß allein, durch Menschen Meynungen, entstanden,
Indem, wenn wir mit ernster Einsicht, Natur und Kunst genau ergründen,
Wir in der *allergrössten Kunst,* nichts anders, als *Natur,* befinden.
Es zeigt sich, und zwar überzeuglich, daß, bloß durch unsern Stolz allein,
Die *Werke der Natur* von *unsern,* mit Unrecht abgesondert seyn.«
(VI, 609. Hervorhebung im Original)

Erst auf der höchsten Stufe der Kunst hört die Nachahmung auf, eine bloße »Schmiererey« zu sein, die sich mit dem Urbild nicht vergleichen kann: Kopie und Original stehen gleichberechtigt nebeneinander, Kunst und Natur fallen in eins zusammen. Der Künstler schafft nicht mehr nach der Natur, sondern wie die Natur, analog zu ihr, denn es ist die gleiche Kraft, die in beiden lebendig ist. Nicht zufällig bezeichnet Brockes das Wirken der Natur mit Vokabeln, die von der Arbeit des Künstlers hergenommen sind, wie »Mahl-Werck« und »Schilderey« (vgl. IV, 191: »Wie herrlich mahlt die bildende Natur! / ... Das Mahl-Werck ist so schön, so schön die Schilderey«).[9] Brockes hat so, bei äußerer Beibehaltung der traditionellen Nachahmungstheorie, die romantische Anschauung vom frei schaffenden Künstler tendenziell vorweggenommen.

c) Die Dichtung als Lehre

Den Schlüssel zum Verständnis der »Tendenz« von Brockes' Poesie liefert ein Gedicht, das nicht zufällig am Ende seines gesamten Werkes steht: »Die besiegte Verleumdung als der Beschluß aller Gedichte« (IX, 559 f.). An seinem Lebensabend, rückblickend auf die Entwicklung seines Dichtens, beruft sich Brockes auf jene existentielle Entscheidung, die ihn bewog, im Alter von 25 Jahren, der konventionellen Gesellschaftspoesie à la Marino und Hofmannswaldau den Rükken zu kehren und seine Kunst einem höheren Zweck zu unterstellen:

»In diesem Stande war nunmehr von meinen Jahren
Von fünf und zwanzgen schon ein Theil dahin gefahren,
Als mich der Tugend Glanz von neuem zu sich zog
Und aller Dinge Quell zu suchen, mich bewog.
Er ließ sich auch von mir auf Bergen, in den Gründen,
In einem jeden Kraut, in jeder Blume finden.

Ich fühlte, schmeckt' und sah' den Schöpfer überall,
Ich hört' an jedem Ort der süßen Stimme Schall.« (IX, 559)

Nur von dieser Entscheidung her wird verständlich, warum Brockes in einem autobiographischen Fragment die herkömmliche Poesie ein »leeres Wortspiel« nennen kann, sofern sie »keinen sonderlichen Endzweck« verfolge.[10] Hierher gehört auch, was der Herausgeber Weichmann in der Vorrede zum ersten Band des ›Irdischen Vergnügens‹ als das Grundprinzip der Brockes'schen Dichtung bezeichnete: »daß im Nothfall die äußerliche Zierlichkeit der Reim-Kunst (...) dem inneren Werthe der Sachen weichen müsse«. Damit ist nicht einfach einer Verwilderung der Form zugunsten des Inhalts das Wort geredet, wie schon die zu Lebzeiten Brockes' vielbewunderte Virtuosität seiner Gedichte zeigt;[11] Weichmanns Bemerkung, ebenso wie Brockes' Bekenntnis zu einem neuen Ernst, einer tieferen Verbindlichkeit für die Dichtung, richtet sich vornehmlich gegen die Schlesier, Lohenstein und Hofmannswaldau, die das ästhetische Spiel, die formale Raffinesse in ihren Gedichten zum Selbstzweck erhoben hatten.

Der »sonderliche Endzweck«, den Brockes, in deutlicher Absetzung von seinen Vorgängern, sich für sein Dichten vornahm, ist nicht einfach gleichzusetzen mit einem »gereimten physikotheologischen Gottesbeweis«, eine Formulierung, die seit Hettner durch die Literaturgeschichte geistert.[12] Erst Hans M. Wolff, in seiner Studie ›Brockes' Religion‹ (1947), wies darauf hin, daß es dem Dichter nicht um eine Theodizee geht – die Existenz Gottes ist für den Christen Brockes unbezweifelte Wahrheit, sie braucht nicht erst erwiesen zu werden –, sondern darum, den Schöpfer in seinen Geschöpfen zu verherrlichen.[13] Der Titel von Brockes' neunbändigem Werk: ›Irdisches Vergnügen in Gott‹, mit dem bezeichnenden Zusatz: »Physicalisch-Moralische Gedichte«, enthält in nuce das Programm seiner Poesie: Irdisches und Himmlisches, im Barock noch durch eine existentielle Kluft voneinander getrennt, rücken zusammen, werden miteinander versöhnt. Physik und Moral sind nur zwei Seiten derselben Sache: die Natur ist gut und das Gute natürlich, beides ist aufgehoben in Gott. An die Stelle von barockem Vergänglichkeitsgrauen tritt der Aufruf zum »vernünftigen Sinnengenuß«, die Aufforderung, den Schöpfer in seinen Geschöpfen zu ehren. Der »natürliche Gottesdienst«, den Brockes propagiert, steht in manchen Stücken im Widerspruch zur überlieferten Offenbarungsreligion. Gottes Wort, die Heilige Schrift, tritt zurück hinter der für Brockes primären Offenbarung Gottes in seinen Werken, die Bibel wird verdrängt durch das »Buch der Natur«.[14] Für Christus,

Gottes Sohn, und seinen Erlösertod, ist, wie Hans M. Wolff gezeigt hat,[15] in dieser Konzeption kein Platz, ebensowenig wie für Gottes Stellvertreter auf Erden, die Kirche und ihre »Pfaffen«, gegen die Brockes nicht müde wird zu polemisieren, vielleicht als Reaktion auf den heillosen Streit der Dogmen und Konfessionen, der durch den Pietismus noch verschärft worden war.[16] Brockes weigert sich, Gott anders als im Bilde des Schöpfers zu verehren; den zornigen Gott des Alten Testaments lehnt er ebenso ab wie die abergläubische Mär vom alten Mann im Himmel.[17] Die Erbsünde reduziert sich für Brockes auf einen einzigen Tatbestand, den er abwechselnd »höchstschädlich« (VIII, 571), »Das größte Laster« (IX, 350), oder »ein Verbrechen« nennt und in zahllosen Gedichten immer wieder anprangert: die Unachtsamkeit der Menschen gegenüber Gottes Schöpfung.[18] Wer die geschaffene Kreatur mißachtet, ist, nach Brockes, ein »Atheist«, dem sogar die Heiden vorzuziehen sind (vgl. Auszug, S. 687: »Hingegen viele Christen / Sind, durch der Creatur Verachtung, Atheisten«). Hieran knüpft sich im ›Irdischen Vergnügen‹ ein Moment der Gesellschaftskritik, das sich ebenso gegen die lebensfeindliche Lehre der Kirche richtet, wie gegen das Machtstreben der Feudalaristokratie und die kapitalistische Gewinnsucht des städtischen Bürgertums; sie alle machen sich der, in Brockes' Augen, allerschlimmsten Sünde schuldig, der »Verabsäumte(n) Betrachtung Göttlicher Geschöpfe« (VIII, 571):

> »Die Welt
>
> 1.
>
> Den schönen Bau der Welt sieht, leider! jedermann,
> Durch seiner Leidenschaft verkehrtes Fern-Glas, an,
> Das alles, nur nicht sich, verkleinert und entfernet,
> Durch welches man nur sich allein vergrössern lernet.
>
> 2.
>
> Nur sich allein; denn was man sonsten sieht und hört,
> Wofern man's nicht, aus Geitz und Noth, für sich begehrt,
> Das sieht und hört man nicht; Man würdigt Gottes Wercke
> Bey weitem nicht so viel, daß man sie nur bemercke.
>
> 3.
>
> Dem Kaufmann kommt die Welt nur bloß, als ein Contor,
> Als eine Wechsel-Banck, als eine Messe, vor.
> Voll Hoffnung zum Gewinn, voll Sorg' und Furcht für Schaden,
> Denckt er: Die Erde sey ein großer Kaufmanns-Laden.
>
> 4.
>
> Ein Alexander glaubt: Es sey der Kreis der Welt
> Nichts, als ein großer Platz; nichts, als ein weites Feld,

Bequem, sich mit dem Feind darauf herum zu schlagen,
Und eben groß genug, um seinen Thron zu tragen.

5.

Frag't den verliebten P- -, was ihm der Erd-Kreis sey?
Ach, ruft er, gantz ersäuft in süsser Bulerey:
Er ist ein Aufenthalt, ein Wohn-Platz meiner Schönen,
Ein nettes Schlaf-Gemach der holden Dulcimenen.«
(Auszug, S. 338)

Dem entfremdeten Leben der Gesellschaft stellt Brockes den »vernünftigen Gebrauch der Sinne« gegenüber, die Versöhnung von Ratio und Sinnlichkeit in der Betrachtung und im verständigen Genuß der Schöpfung Gottes. Auch die, der traditionellen Auffassung nach, animalische Sphäre erfährt eine überraschende Aufwertung: Sehen, Hören, Riechen, Schmecken, Fühlen, sogar die Wollust wird zum Gottesdienst erhoben:[19] »Der beste Gottesdienst ist, sonder Zweifel, der, / Wenn man vergnüget schmeckt, riecht, sieht und höret; / Aus Scham die Laster hasst; aus Liebe Gott verehret« (I, 467). Der Asket, der seine Sinnlichkeit unterdrückt, handelt genauso falsch wie der Wüstling, der sie durch Exzesse ruiniert: wichtigstes Kriterium ist für Brockes, daß Denken und Fühlen, Bewußtsein und Sinnlichkeit miteinander in Einklang stehen. Mit Recht hat bereits Gervinus in dieser »Emanzipation der Sinne« das wichtigste historische Verdienst von Brockes' Poesie gesehen.[20]

Die programmatische Lehre seiner Dichtung, die vom ersten Band des ›Irdischen Vergnügens‹ an feststand, hat Brockes mit monotoner Beharrlichkeit und beinahe missionarischem Eifer zeit seines Lebens, mit nur geringen Variationen, wiederholt. Die ständige Repetition, gekoppelt mit dem unüberhörbaren didaktischen Anspruch, waren es, die, nach dem großen Erfolg der ersten Bände, schließlich den Unwillen und Protest der Zeitgenossen hervorriefen. Noch vor wenigen Jahrzehnten hat Willy Vontobel in seiner Dissertation über die Lehrdichter des 18. Jahrhunderts Brockes abgelehnt mit der Begründung, er bleibe stets Polemiker, die polemische Absicht scheine in seinem Werk überall durch.[21] Die unwillige Betroffenheit, die aus diesem Urteil spricht, hat einen rationalen Kern: in der Tat ist Brockes weit entfernt von einem autonomen Begriff von Dichtung, die ihre Rechtfertigung in sich selbst trägt: er macht die Poesie einem höheren Zweck dienstbar, der nicht auf Unterhaltung, sondern auf Überzeugung abzielt, nicht allein auf Erbauung, sondern auf praktische Wirkung aus ist.

d) Die Dichtung als Tagebuch

Von Hettner stammt die Charakterisierung des ›Irdischen Vergnügens‹ als »eine Art von dichterischem Tagebuch«.[22] Obwohl in der Formel des bekannten Literarhistorikers deutlich Geringschätzung mitschwingt – der Zusatz: »von gründlichster Langeweile«, läßt daran keinen Zweifel – enthält sie doch eine im Kern richtige Beobachtung. Brockes hat, wie kaum ein anderer Dichter vor oder nach ihm, persönlich-private, oft intime Details aus seinem Leben, im Kreis von Familie und Freunden, in sein Werk eingeflochten. Er weigerte sich, die Trennung zwischen dem hohen, von aller biographischen Schlacke gereinigten Bereich der Kunst einerseits, der »niederen« Sphäre des »gemeinen« Lebens andererseits, mitzumachen. Dabei schreckte er auch vor den banalen Fakten des Alltags nicht zurück (vgl. z. B. die Aufzählung der Marktpreise im folgenden Gedicht, III, 286: »Man konnte Ochsen-Fleisch um wenig Pfennig heuer, / Und ein Pfund Schweine-Fleisch um eben so viel kauffen . . . / Von Crammets-Vögeln galt ein Hauffen / Von zwantzig Stück, zwey Groschen und zwey Dreyer«). Auch scheute er sich niemals, schriftliche Anerkennungsbeweise, die ihm von fürstlichen Hoheiten, von prominenten Schriftstellern und Gelehrten, aber auch von unbekannten Privatpersonen zahlreich zugingen, in den Text seiner Bücher aufzunehmen und gegebenenfalls dort auch gleich zu beantworten;[23] solche an Lobes- und Ergebenheitsformeln überreiche Korrespondenz nimmt in den neun Bänden umfänglichen Raum ein. Die Freunde und Familienangehörigen des Dichters erscheinen nicht nur als Verfasser von Vorreden und Widmungsgedichten (seinen beiden ältesten Söhnen übertrug Brockes die Einleitung zum 5. und 6. Band des ›Irdischen Vergnügens‹), sie treten auch innerhalb des Werks selbst auf: »Fabricius, / Den, ohne Neid fast, selbst der Neid bewundern muß« (Auszug, S. 57); »mein Freund, den die gelehrte Welt / Fast für ein Wunder hält, / Mein Richey« (S. 174); oder »du Auszug weiser Geister, / Der edlen Hammon-Stadt (= Hamburg, Anm. d. Verf.) berühmter Bürgermeister, / Du theurer Anderson« (S. 483). Der Dichter versäumt fast nie, bei der Beschreibung einer seltenen Blume oder einer Schüssel mit Früchten, die ihm ein Freund oder Gönner zukommen ließ, den Namen des Gebers gebührend herauszustreichen; auch mit Huldigungen an gekrönte Häupter, denen er ansonsten, als Bürger der Stadtrepublik Hamburg, eher kritisch gegenübersteht, ist er nicht geizig.[24] Der Tagebuchcharakter der Dichtung wird noch deutlicher, wenn man die Wandlungen betrachtet, denen die Gestalt des Autors selbst im Werk unterworfen ist. Während Brockes sich in den frühen Gedichten gern einen antikisierenden Schäfernamen wie Elpin oder Belisander zulegt – parallel zu seiner Frau, die in der Dichtung als »Belise« auftritt –, läßt er später die literarische Verkleidung fallen und erscheint als »ich«, in der ersten Person, ebenso wie seine Familienangehörigen und Freunde, die meist namentlich genannt werden. Der Leser begleitet den Autor vom Aufstehen bis zum Zubettgehen und schaut ihm sogar beim Gedichteschreiben über die Schulter:

> »Ach wie oft, wenn ich, die Schönheit dieses Ortes zu beschreiben,
> Kopf und Feder angestreckt, zwang mich nicht des Urbilds Pracht,
> Meine Feder wegzulegen, von dem Sessel aufzustehn,
> Weil es gar zu wunderschön.« (VII, 7)

So wird, in höchst modern anmutender Weise, der Vorgang des Schreibens selbst zum Gegenstand der Darstellung, den sich Brockes, beständig kommentierend und reflektierend, bewußt macht.

Das autobiographische Element tritt direkt in den von Band zu Band mehr Raum beanspruchenden Geburtstags- und Neujahrsgedichten zutage, in denen Brockes mit seinem Schöpfer Zwiesprache hält, für die Genesung eines Sohnes, die glückliche Verheiratung einer Tochter, und nicht zuletzt für sein eigenes Wohlergehen dem Herrgott dankt. (Vgl. z. B. das Gedicht »Auf seinen 65. Geburtstag«: »Erweg ich wie so oft Du, Herr, zur Lust und Nahrung, mich gespeiset, / In meinen vier und sechzig Jahren, so träget dieses eine Zahl / Von über sechs und vierzig tausend, noch sieben hundert zwanzigmal; / ... Auch über drey und zwanzig tausend, bracht ich, in einer sanften Ruh, / Drey hundert sechszig süße Nächte, erquicket und gestärket, zu« VIII, 268.) Am reinsten ist die Form des dichterischen Tagebuchs verwirklicht im 7. Band des ›Irdischen Vergnügens‹, »Landleben in Ritzebüttel« betitelt, einem Protokoll jener Jahre, die Brockes fern von den Geschäften der Großstadt als Amtmann in Ritzebüttel zubrachte (1735–1741). Hier finden sich Gedichte, deren vermeintliche Banalität die Forschung meist zu verständnislosem Kopfschütteln oder billigem Spott veranlaßte. So wenn Brockes, in einem 33 Seiten langen Gedicht, »Beschreibung einer ausserordentlich-lieblichen Winter-Witterung in Ritzebüttel« (VII, 535–568), den täglichen Wechsel des Wetters über einen Monat hinweg mit allen Nüancen registriert, oder wenn er, pedantisch genau, die Aussicht aus den verschiedenen Fenstern seines »Thürmchens« schildert (310–327). Mit gleicher Akkuratesse beschreibt er das Erntefest der Bauern seines Amtsbezirks und nennt sogar die Bibelstelle, über die in der Kirche gepredigt wurde

(261 ff.), oder er dankt Gott für glücklich abgewendete Gefahren und Katastrophen, die den beschaulichen Frieden hätten stören können: Krieg mit Dänemark, Blitz- und Hagelschlag, Feuersbrünste, Eisbruch usw. (vgl. VII, 233–241, 245–257, 520–525, 504 ff. usw. passim).

Die Tagebuchform bedeutet für Brockes mehr als bloß eine Ansammlung einiger zufälliger Lebensdaten: sie leistet die Vermittlung des Größten und des Kleinsten, des Erhabenen und des Banalen, der Fleischpreise auf dem Markt und der Betrachtung der Ewigkeit – ganz im Sinne seines Programms der Versöhnung von Weltlichkeit und Transzendenz im verständigen Genuß des Lebens. Die Dichtung wird so zur Lebensbeschreibung, die den Autor bis an sein Sterbebett begleitet: eine »Anleitung zum vergnügten und gelassenen Sterben« beschließt das Werk (IX, 563–624).

e) Die Dichtung als Spiegel

Die skizzierten Aspekte von Brockes' Poetik, die ich unter den Stichworten »Lehre« und »Tagebuch« zusammengefaßt habe, existieren selbstverständlich nicht getrennt voneinander, sondern als verschiedene Seiten ein- und derselben Sache. Es sind Aspekte eines Begriffes von Poesie, den Brockes in einer zentralen Metapher seines Werks eher verhüllt als verdeutlicht hat: im Bild des »Spiegels«. Diese Metapher ist von entscheidender Bedeutung nicht nur für das Verständnis von Brockes' Poesie, sondern auch für die allgemeine Weltsicht, aus der sein Dichten sich herleitet – sofern eine solche Trennung überhaupt durchzuführen ist. Mich interessiert an dieser Stelle jedoch nicht die metaphysische Komponente der »Spiegel«-Metapher, ihre Herkunft aus der neuplatonischen Mystik, der Franz Löffelholz in seiner Dissertation nachgegangen ist;[25] es geht mir primär um die Funktion der Metapher als Bedeutungsträger, in dem der Autor seine poetologischen Anschauungen bildhaft verdichtet hat. Immer wieder, an den verschiedensten Stellen seines Werks, schildert Brockes gerührt, ja entzückt die Schönheit der auf einer stillen Wasserfläche gespiegelten Natur, die durch den Widerschein »gedoppelt« oder »noch eins so schön« wird (vgl. VIII, 141 ff., VII, 381–84, 116 ff., VI, 102 ff., V, 109, 127 f., 165 ff., IV, 191 usw. passim); häufig schließt er hieran die Aufforderung an den Menschen, es der Natur gleichzutun, zum »Spiegel« zu werden für die Herrlichkeit der Schöpfung:

»Es bilden sich des Höchsten Wercke,
Luft, Erde, Wälder, Thal und Hügel,
Gedoppelt, wie im hellen Spiegel,
Im stillen Wasser, wenn es rein.
Ach möcht' im steten Wiederschein
Auch uns're Seel' ein Wasser seyn,
So, nie durch Leidenschaften trübe,
In welchem GOtt' die ew'ge Liebe,
Sein Werck auch könnte doppelt schön,
In stetiger Betrachtung, seh'n!« (Auszug, S. 21)

So wie der Spiegel des Wassers die Realien der Landschaft abbildet,
so muß die Kunst, durch getreue Nachahmung der Natur, die Aufmerksamkeit des Menschen auf die Schöpfung und damit auf den
Schöpfer lenken. Aufgabe des Künstlers ist es also, die Welt zu verdoppeln, d. h. nichts geringeres, als das Werk Gottes im Kleinen noch
einmal zu schaffen (vgl. VII, 192 f. »Geistige Copie der Welt«: »So
oft als sich in meinem Geist / Dein großes Werk verkleinert weis't /
Als eine zarte Schilderey, / Von den Betrachtungen gebildet und ge-
malet, / Von Deinem Gnaden-Licht bestrahlet, / Wünsch ich, daß die
so kleine Welt aus Gnaden Dir gefällig sey!«). Wichtigstes Kriterium
ist hierbei die genaue Übereinstimmung zwischen Kopie und Original;
nur so entsteht der Eindruck der »Lebhaftigkeit«, die Illusion, daß
das Abbild zu leben scheint. Das Wissen, daß es sich letztlich um Täuschung handelt, erhöht noch den ästhetischen Reiz; zugleich wird dadurch der Automatismus der Wahrnehmung durchbrochen.
Indem die Dichtung den Blick freimacht für die Herrlichkeit der
Schöpfung, indem sie die stumme Natur zum Sprechen bringt und ihre Schönheit erst ins Bewußtsein rückt, übertrifft sie das Urbild noch
an Schönheit. Der Kunst gebührt so das Primat über die Natur: sie
wirkt wie ein »klares Glas«, das die »Pracht« der Dinge sichtbar werden läßt:

»Ja es scheint dieß klare Grün
Fast dem Urbild vorzuziehn,
Da die holde Schilderey,
Vom Gebüsche, Laub und Gras,
Durch des Wassers klare Glätte,
Anders nicht den Blicken schien,
Als wenn man ein klares Glas
Über sie geleget hätte,
Dessen Klarheit ihre Pracht
Schöner als das Urbild macht.« (VI, 104)

Der Befund bestätigt, was ich an anderer Stelle (s. o. S. 65) bereits festgestellt habe: zwischen Kunst und Natur wirkt bei Brockes eine subtile Dialektik, die sich nicht einfach auf einen logischen Nenner bringen läßt. Die Begriffe scheinen auswechselbar; ihre wechselseitige Beziehung versucht Brockes auszudrücken im Bild des Spiegels, im Verhältnis von Urbild und Abbild, das sowohl mystische Motive tradiert, die letztlich auf Plato zurückgehen, als auch Elemente der traditionellen aristotelischen Nachahmungstheorie. Die vielfältigen Bedeutungen, die die Metapher des Spiegels annehmen kann: als Mittler zwischen Gott und Mensch, Mensch und Natur, Körper und Geist, hat Brockes in dem folgenden Gedicht zusammengefaßt, das nicht nur seine Poetik, sondern auch die diese speisende Weltsicht in wenigen Zeilen vor Augen stellt:

>»Spiegel der Gottheit
Sind die erschaffnen Creaturen (...) anders was,
Als ein des Schöpfers wahres Wesen vor Augen stellend Spiegel-Glas?
In welchem, durch die (...) Sonnen-Strahlen,
Sich seine Weisheit, Lieb und Macht uns allen überzeuglich mahlen,
Und, durch die Sinnen, unsren Seelen empfindlich vorgestellet werden?
Das Wasser, auch die glatten Cörper, worin (...)
Die Schönheit, sich verdoppelt zeigt, sind von dem Spiegel Gegen-Spiegel,
Und unser Aug' ein sinnlicher lebend'ger Spiegel,
Der den Geist (...) durch Cörper etwas Geistigs weist.« (V, 165 ff.)

2. Brockes' literarische Methode

a) Beschreibung und Lehre

Die literarische Methode, mittels derer Brockes seine Dichtung zum »Spiegel« der Welt macht, ist die Beschreibung. Allein der häufige Gebrauch, den Brockes von Verben wie »schildern« und »mahlen« macht, mitsamt den daraus sich ergebenden Ableitungen (»Mahl-Werck«, »Schilderey« usw.), ist hierfür Indiz.

Das bedeutet nicht, daß sich die vielfältigen dichterischen Formen von Brockes' Werk einfach unter den Begriff der Beschreibung subsumieren ließen. Von den ersten Gelegenheitsgedichten des jungen Brockes in Weichmanns Anthologie ›Poesie der Niedersachsen‹ (Hamburg 1725 ff.), über das barocke Passionsoratorium ›Der Bethlehemitische Kindermord‹ (ibid. 1715), das den Dichter berühmt machte, bis zu den großen Lehrgedichten im letzten Band des ›Irdischen Vergnügens‹ (1748), hat Brockes sich mit Erfolg in den verschiedensten Formen und Gattungen versucht: Hochzeitscarmina, epigrammatische Sinnsprüche, galante Oden und Sonette, Madrigal, Kantate und Singgedicht, mit kunstvollem Wechsel von Arie und Rezitativ, gemäß dem Vorbild der Hamburger Oper.[26] Innerhalb der neun Bände seines Werks zeichnet sich eine deutliche Entwicklung ab: die barocken Formen – Ode, Sonett, Madrigal – schwinden mitsamt dem dazugehörigen rhetorischen Prunk; das strenge metrische Schema wird verdrängt durch einen geschmeidig-ungezwungenen, prosanahen Satzbau.[27] Entsprechend ändern sich die Inhalte: anstelle satirischer, galanter oder gar erotischer Materien, wie sie sich im Frühwerk noch finden,[28] tritt das lehrhaft-religiöse Element in den Vordergrund – Satire erlaubt sich der Dichter nur noch zur Geißelung der »Atheisten«; gleichzeitig nimmt die Beschreibung, als Vorbereitung und Fundament der Lehre, immer breiteren Raum ein. So entsteht der für Brockes typische Wechsel von ästhetischer Deskription und moralischer Sentenz, den er in einem späten Gedicht zur allgemeinen Maxime erhebt:

> »Von einem jeglichen Vergnügen sollt billig Gottes Lob das Ende;
> Das Ende von dem Lobe Gottes, ein Anfang vom Vergnügen seyn«.
>
> (VIII, 518)

Fast jedes Gedicht des ›Irdischen Vergnügens‹ mündet so, mit stereotyper Regelmäßigkeit, ins Lob des Schöpfers ein. Die Beschreibung ist nie Selbstzweck; sie wird ständig durchbrochen durch den Hinweis auf die göttliche Weisheit in der Einrichtung der Welt. Das Ergebnis ist jene für Brockes spezifische »gebrochene« Form, die die Forschung oft mit dichterischer Unzulänglichkeit gleichsetzte oder als »banalen Aufklärungsutilitarismus« abqualifizierte.[29]

Immer wieder wird die Schilderung feinster ästhetischer Nüancen und Valeurs »gestört« durch Anspielungen auf die platte Nützlichkeit des jeweiligen Naturgegenstands: das »Wasser im Frülinge« erfreut nicht nur Auge und Ohr, sondern dient auch dem Transport von Waren, um den Reichtum Hamburgs zu mehren (Auszug S. 19); die Kühe sind wandelnde Milchfabriken (VII, 574); die Vögel singen am schönsten und die Blumen duften am stärksten morgens und abends, weil zu dieser Zeit die meisten Menschen spazierengehen (VI, 88): die vernünftige Einrichtung der Welt bezeugt die Weisheit ihres Schöpfers. Solche Passagen haben späteren Lesern den Zugang zu Brockes' Dichtung verbaut, indem man sie, ohne nach ihrer möglichen dichterischen Funktion zu fragen, als philisterhaftes Nützlichkeitsdenken abtat, im Sinne der Goetheschen Verse:

»Welche Verehrung verdient der Weltenschöpfer, der gnädig,
Als er den Korkbaum schuf, gleich auch die Stöpsel erfand!«[30]

Das Nebeneinander und Miteinander von Beschreibung und Lehre
hat Brockes in einer spezifischen dichterischen Form verwirklicht, die
ich mit Imogen Kupffer als »gleichnishafte Naturdichtung« bezeichnen möchte.[31] Das exakt ausgemalte Naturbild steht hier nicht für
sich selbst, es dient der Illustration eines abstrakten Gedankens, einer
lehrhaften Sentenz, vergleichbar barocken Formen wie Allegorie und
Emblem. Das bedeutet nicht, daß der Eigenwert des Naturgegenstandes einfach ausgelöscht wird zugunsten der moralischen Lehre; in den
gelungensten Gedichten dieses Typus schafft Brockes die Vermittlung
von Bild und Gedanke, von Begriff und Erscheinung zu einer unauf-
löslichen Einheit (vgl. z. B. die Gedichte »Das Eulchen«, Auszug
S. 282; »Die Seifenblase«, S. 345; »Treibeis«, S. 470).[32] Solche ihrem
Charakter nach allegorischen Gedichte sind jedoch zu trennen von den
beschreibenden Gedichten im engeren Sinn, die von einem einzelnen
sinnlichen Eindruck, einer Naturerscheinung oder einem Naturvor-
gang ausgehen (z. B. »Ein alter umgewehter Kirschbaum«, Auszug
S. 141; »Die durch eine schöne Landschaft in der Luft vermehrte
Schönheit einer irdischen Landschaft«, S. 143; »Die auf ein starckes
Ungewitter erfolgte Stille«, S. 270). Aber auch hier, wo der Dichter
sich auf die spezifischen Qualitäten, aufs Hier und Jetzt eines Naturphänomens einläßt, läuft die Schilderung, wie genau und ausführlich
sie auch sein mag, stets aus in eine Lehre.

b) Der Gegenstand der Beschreibung

Getreu seiner Maxime, die Welt im Spiegel der Dichtung zu »verdoppeln«, versucht Brockes, den ganzen Bereich der belebten und unbelebten Natur beschreibend zu erfassen. Ein Blick ins Inhaltsverzeich-
nis eines beliebigen Bandes des ›Irdischen Vergnügens‹ zeigt, mit
welcher Gründlichkeit und zugleich mit welchem Totalitätsanspruch
Brockes sein Werk in Angriff genommen hat: Vom Sandkorn und Sa-
mengehäuse und von den elementaren Formen der Materie: Erde,
Wasser, Feuer, Luft, über die Arten und Gattungen der pflanzlichen
und tierischen Natur, bis zu Landschaftsausschnitten, atmosphärischen
Stimmungsbildern, Naturerscheinungen und -vorgängen (»Wallende
Wasserwogen«, Auszug S. 427; »Schnell vergehende Wolcken«, S. 429;
»Ein neblichtes und schlackrichtes Wetter«, S. 361), in denen eine Fül-

le von Einzelbeobachtungen zu einer Gesamtheit verschmolzen erscheint; und weiter zu den großen kosmischen Themen (»Das Firmament«, »Der gestirnte Himmel«, »Bewegung der Sterne«, Auszug S. 477, 113, 671), bis hin zum Menschen als physisches und moralisches Wesen (»Die wächserne Anatomie«, »Die fünf Sinne«, »Das menschliche Wissen« Auszug S. 425, 606, 695). Der Mensch steht jedoch nicht im Mittelpunkt von Brockes' Dichtung; zwar ist die Natur von ihrem Schöpfer auf seinen Nutzen hin angelegt, so daß sie ohne menschlichen Gebrauch brachläge;[33] der Mensch aber erscheint bei ihm nie als handelnder, sondern stets passiv-kontemplativ, als Inbegriff des reinen Erkennens.

Eine Klassifizierung der einzelnen Beschreibungsobjekte, etwa nach den Kriterien der Naturwissenschaft, hat Brockes nicht versucht; Ansätze dazu finden sich in den großen Lehrgedichten des 9. Bandes, »Die drey Reiche der Natur«, über Minerale, Pflanzen und Tiere (IX, S. 5 ff.). Die Anordnung der Gedichte in den Einzelbänden folgt, als lockerem Gliederungsschema, dem Ablauf der Jahreszeiten, in den einzelne Schilderungen dann an passender Stelle einmontiert werden: Beschreibungen von Blumen, Tageszeiten wie Morgen und Mittag fallen unter Frühling oder Sommer; die Obst- und Getreideernte erscheint im Herbst, Schlechtwetterschilderungen im Winter. Im Anschluß an den Zyklus der Jahreszeiten teilt der Dichter, meist in einem Anhang, vermischte Gedichte moralisch-didaktischen Inhalts, kurze Sinnsprüche, Übersetzungsversuche u. ä. mit. Das Schema bleibt das gleiche von Band zu Band. Die einzelnen Naturphänomene werden so verdinglicht zu Objekten der Beschreibung, die gleichberechtigt nebeneinander stehen; der qualitative Unterschied, etwa zwischen einem Gewitter und einem Grashalm, reduziert sich zu einer bloß quantitativen Differenz. Indem die Beschreibung ihre Gegenstände verdinglicht, tötet sie sie ab, entstofflicht sie, wie die säuberlich etikettierten Präparate eines Herbariums. Der Gedanke an Wechsel, an Werden und Vergehen wird zwar von Brockes rhetorisch, im Sinne des barocken Vergänglichkeitstopos, beschworen, liegt ihm aber letztlich fern, da er noch über keinen Entwicklungsbegriff verfügt. Die Eigenschaften der Dinge gelten ihm als feste, unveränderliche Qualitäten, nicht als »ruhende Bestimmtheiten« im Sinne der Hegelschen Dialektik.[34] Konsequent polemisiert Brockes deshalb gegen den Begriff des »Wachsens«, der die Aufmerksamkeit des Menschen von den »Wundern« der Schöpfung ablenkt, indem er sie auf automatische Naturvorgänge reduziert (I, 74 f.); ein andermal vergleicht er die Natur mit einem Haus, das von einem göttlichen Werkmeister erbaut worden ist (II, 147). Brockes Naturanschauung ist also letztlich metaphysisch, da sie, nach einem Wort von Engels, »über den einzelnen Dingen deren Zusammenhang, über ihrem Sein ihr Werden und Vergehn, über ihrer Ruhe ihre Bewegung vergißt, weil sie vor lauter Bäumen den Wald nicht sieht«.[35]

Schon aus der bloßen Aufzählung der Realien von Brockes' Werk wird klar, daß die Aufgabe, die der Dichter sich gestellt hat, potentiell unendlich ist, und zwar nach zwei Richtungen hin: einmal horizontal, im Aufsuchen immer neuer, immer entlegenerer Gegenstände der Beschreibung, zum anderen vertikal, im Aufspüren immer neuer, immer subtilerer Nüancen und Qualitäten an jedem einzelnen Objekt. Daß Brockes der Poesie frisches Terrain erschlossen hat, indem er ihr eine Fülle vorher kaum beachteter Gegenstände zuführte, rühmten schon die Zeitgenossen an seiner Dichtung: Brockes war der erste, der, noch vor Haller, das Gebirge zum Thema eines Gedichts erhob; Breitinger lobt in seiner ›Critischen Dichtkunst‹ (1740) die Schilderung der Schlittschuhläufer auf dem Eis der Elbe, und in der Vorrede zum 7. Band des ›Irdischen Vergnügens‹ wird auf »einige seltene Vorwürfe, die der Herr Verfasser in der Gegend von Ritzebüttel gehabt«, hingewiesen, wie z. B. die »Betrachtung der Meerestiefe« (VII, 80), die »Fläche des Meeres im Sturm« (VII, 87) usw.[36] Die potentielle Unendlichkeit jeder einzelnen Beschreibung, genauer: die Unausschöpfbarkeit der Merkmale jedes einzelnen Gegenstandes, zeigt sich schon in der Häufigkeit, mit der gewisse Motive bei Brockes, regelmäßig wiederkehrend, aufs neue variiert und beschrieben werden. Gleichzeitig feilte der Dichter unaufhörlich an den schon erschienenen Gedichten, die von Auflage zu Auflage überarbeitet und um neue Details erweitert wurden. Allein über das Thema »Rosen« hat Brokkes in den 9 Bänden des ›Irdischen Vergnügens‹ insgesamt 25, meist mehrere Seiten lange Gedichte geschrieben. Gewöhnlich eröffnet er ein solches Gedicht mit dem Hinweis, daß er sich zwar schon mehrfach über den betreffenden Gegenstand geäußert habe, daß er jedoch, bei wiederholter Beobachtung, neue, bislang übersehene Qualitäten an ihm entdeckt habe. (Vgl. das Gedicht »Abermalige Betrachtung der Rose«, VI, 36–40: »Hab ich gleich von deiner Pracht, / ... Schön Geschöpfe, viel geschrieben: / Find ich, halb durch dich entzückt, / Da ich dich aufs neu erblickt, / Daß noch vieles überblieben«). Und am Ende des 5. Bandes schreibt Brockes, gleichsam entschuldigend:

»Verargt's mir nicht, geliebte Menschen, daß euch von der so schönen Welt
So vieles und so oft durch mich wird wiederholt und vorgestellt.« (V, 511 f.)

In den gängigen Literaturgeschichten wird Brockes häufig als »liebe voller Kleinmaler« etikettiert.[37] Eine solche Deutung übersieht, daß der Dichter zwar mit einer für seine Zeit unerhörten Präzision, oft unter Zuhilfenahme von Lupe oder Mikroskop, den minuziösen Details der Erscheinungswelt nachspürte, daß er deshalb aber nicht ans Kleine fixiert blieb: gerade der Empiriker Brockes, der gewohnt ist, sich ans Begrenzt-Überschaubare zu halten, ist besessen von der Vorstellung der räumlichen und zeitlichen Unendlichkeit. Christof Junker, in seiner Arbeit über das Weltraumbild in der deutschen Lyrik des 18. Jahrhunderts, nennt Brockes deshalb den Entdecker des Weltraums für die Dichtung; Franz Löffelholz sieht im Bewußtsein der Unendlichkeit geradezu eine Voraussetzung von Brockes' Religiosität; Arno Schmidt scheint dem zu widersprechen, wenn er in seinem Essay über Brockes schreibt: »Für den Realisten liegt das Irrationale dieser Welt nicht in der tödlich-mythischen Wesensart der Dinge; sondern in ihrer großen (obwohl nicht unendlichen!: das gibt es gar nicht!) Anzahl: also wendet er sich *dieser* besorgt, aber entschlossen zu; zu jeder Art von Beschreibung und Bewältigung bereit.«[38] In Wahrheit schließen beide Feststellungen einander nicht aus: das Entscheidende an Brockes' Dichtung ist, daß er sich von der Vorstellung der Unendlichkeit nicht abschrecken läßt, sondern im Gegenteil versucht, sie beschreibend zu vermessen, und damit kommensurabel zu machen; seine Vorliebe für Zahlen, für Quantifizierung überhaupt, ist hierfür ein Symptom.[39] In einer Reihe von Gedichten hat Brockes den unendlichen Himmelsraum zum Gegenstand poetischer Darstellung gemacht (vgl. z. B. »Das Firmament«, »Der Wolcken- und Luft-Himmel«, »Die himmlische Schrift«, »Bewegung der Sterne«, Auszug S. 477, 148, 115, 671), indem er, mit an Milton gemahnenden Ausdrücken, die Tiefe des Raumes dichterisch auszuloten versucht:

> »Es schwinget sich mein Geist in die sapphirne Höhe,
> Ich eil' ins Firmament, ich fliege, wie ein Strahl,
> Durchs Boden-lose Meer, durchs unumschränckte Thal
> Des nie begriff'nen Raums, in dessen hohlen Gründen
> Kein Ziel, kein Schluß, kein Grund zu finden.« (Auszug S. 153)

Die Schauer der Erhabenheit, die der menschliche Geist auf seiner kosmischen Entdeckungsfahrt empfindet, drückt der Dichter in barokken Oxymora aus, die die Vorstellung der Unendlichkeit in kühnen Antithesen verdichten: »Dein Abgrund ohne Grund, die Weite sonder Schrancken, / Die Ründe sonder Kreis, die Ferne sonder Ziel« (Auszug S. 243). Das Gedicht, dem diese Zeilen entnommen sind, ›Das

Große und das Kleine‹ betitelt (Auszug S. 242ff.), enthält eine grundsätzliche Besinnung über das Verhältnis von Endlichkeit und Unendlichkeit: nachdem der Blick des Dichters sich in »Des Firmamentes hohle Weite« verloren hat, fällt er auf einen winzigen Wurm, der auf seiner Hand kriecht und gelangt so zu der Folgerung, daß »GOTT im Grossen nicht allein, / Nein, sondern auch in Dingen, welche klein, / Unendlich groß und herrlich ist« (S. 246). Die Dialektik von Groß und Klein erscheint so aufgehoben in Gott; Endlichkeit und Unendlichkeit sind nur zwei Seiten derselben Sache: der unbegreiflichen Allmacht des Schöpfers. Zugleich wertet, in der Betrachtung des unendlichen Raumes, der Mensch sich selbst und seine eigene Seelenfähigkeit auf, im Sinne der Kant'schen Definition des Erhabenen: »Erhaben ist, was auch nur denken zu können, ein Vermögen des Gemüts beweist, das jeden Maßstab der Sinne übertrifft.«[40]

c) Formen der Beschreibung

Die Formen der Beschreibung in Brockes' Werk sind ebenso mannigfaltig wie ihre Gegenstände. Ich will versuchen, fortschreitend vom Einfachen zum Komplizierten, sie kurz zu charakterisieren. Die elementarste Form, sozusagen der kleinste gemeinsame Nenner jeder Beschreibung, ist die bloße Nennung des Gegenstandes, wie z. B. in den Überschriften der einzelnen Gedichte: »Die Rose«, »Die Muscat-Hyacinthe«, »Der Frosch« (Auszug S. 61, 80, 106). Die nächste Stufe der Beschreibung ist die Reihung solcher Objekte: So wie Homer in der Ilias die kämpfenden Helden Revue passieren läßt, indem er jeden einzeln beim Namen nennt, so gibt Brockes oft seitenlange Listen und Kataloge von Blumen oder Steinarten:

> »Iaspis, Adamas, Achates,
> Lychius, Autoglyphus,
> Bostrychites, Aspilates,
> Citrinus, Ammochrysus,
> Galarictis, Argyritis,
> Alabastrum, Anachitis,
> Amethystus, Androas,
> Bezoar, Androdamas.« (IX, 43)

Dahinter steht nicht allein die Freude am exotischen Klang der Fremdwörter, sondern auch die Faszination des Dichters vor der quantitativen Fülle der Welt, die er in der Aufzählung festzuhalten versucht. Die Freude an allem dinglich Vorhandenen zeigt sich beson-

ders deutlich in dem Gedicht »Liste einiger uns von GOTT geschenck
ten und erhaltenen Gaben«, das, in der endlosen Aufzählung einzelne:
Realien, wie eine Kurzfassung aller neun Bände des ›Irdischen Ver
gnügens‹ wirkt:

> »Laßt uns denn der Dinge Menge, die uns nähren, die uns nützen,
> Auch die uns dabey vergnügen nicht mehr unvermerckt besitzen!
> Werden wir nur ihre Zahl, blos dem Nahmen nach, erwegen;
> Mögt’ die Menge, die erstaunlich, uns vielleicht zum Danck erregen.
> Aller Elementen Kräfte, Feuer, Wasser, Luft und Erde,
> Die fünf Sinnen: Hören, Schmecken, Fühlen, Riechen und Gesicht,
> Das uns all’ erfreu’nde Sonnen- Sternen- Mond- und Kerzen-Licht,
> Vögel, wild- und zahme Thiere, Ochsen, Kühe, Schaaf’ und Pferde,
> Laub und Kräuter, Gras und Blumen, Brodt und Käse, Wein und Bier,
> Äpfel, Birnen, Rocken, Weizen, tausend Feld- und Garten-Früchte,
> Acker, Wiesen, Wald und Feld, tausend Land- und See-Gerichte,
> Eier, Milch und Mehl und Butter, Bücher, Feder und Papier,
> Rede, Schriften und Erfindung, Arbeit, Ruhe, süsse Träume,
> Weiche Betten, Tuch und Decken, Speise, Tranck, Bequemlichkeit,
> Peltzwerck, Haus-Geräthe, Zimmer, Freyheit, Friede, Sicherheit,
> Häuser, Gärten, Ställ’ u. Scheuren, Vorwerck, Obst- und wilde Bäume,
> Fuhr-Werck, Futter für das Vieh, Knecht’ und Mägde, Hanf und Flachs,
> Distillierkunst, Tisch’ und Stühle, Druckereyen, Farben, Wachs.«

(V, 228 f.)

Es ist bezeichnend, wie Brockes hier, unbekümmert um alle Logik,
Abstrakta und Konkreta buchstäblich »in einen Topf« wirft, ohne
naturwüchsige Produkte von denen menschlicher Arbeit und Erfindung
zu trennen. Noch interessanter ist es, die Assoziationskette des Dichters aus der Nähe zu betrachten: »Bücher« steht neben »Butter«,
»Freyheit« neben »Zimmer«, »Knecht’ und Mägde« direkt neben
»Vieh«; alles zusammen wird verdinglicht zu »Gaben«, die Gott
»uns«, d. h. dem Ratsherrn Brockes und seinesgleichen, »geschenckt«
und »erhalten« hat: die gesellschaftlichen Verhältnisse treten so, in der
bloßen Aufzählung, unverstellt an den Tag.[41]

Auf der nächsthöheren Stufe der Beschreibung werden die Objekte
nicht mehr bloß benannt, sondern mit Attributen belegt, die ihre spezifischen Qualitäten bezeichnen. Die von Brockes bevorzugte Art der
beschreibenden Charakterisierung geschieht mit Hilfe des Adjektivs;
noch um die Mitte des vorigen Jahrhunderts wurde er als »der erste
Virtuos des Adjectivs« gepriesen (Wehl).[42] Sein Spektrum im Gebrauch des Adjektivs reicht von der einfachen Kennzeichnung primä-
rer, nicht weiter auflöslicher sinnlicher Qualitäten (»gelbe Saat«,
»grüne(n) Blätter«, »rothe(n) Frucht«, Auszug S. 62, 66) bis zu kom-

plizierten Beschreibungsaggregaten, in denen eine impressionistische Farbempfindlichkeit zum Ausdruck kommt (»die kühle rothe Gluht«, »In einer bläulich-weiss- und röthlich-klaren Pracht« Auszug S. 64). Besondere Bedeutung kommt dem Adjektiv »schön« zu, als kleinstem Paradigma Brockes'scher Schilderungskunst, wie in den folgenden Versen, die als Mottto über seinem gesamten Werk stehen könnten:

> »Wie ist von allem, was wir sehn,
> Das Schöne doch so wunderschön!« (VI, 5)

Hierher gehören auch jene von Breitinger gelobten Adjektivbildungen, die nicht nur eine sinnliche Eigenschaft der Dinge, sondern zugleich die Gemütsbewegung des Betrachters ausdrücken: »erbärmlich-schön«, »schaurig-schön« usw.[43] Selbst die für Brockes charakteristische Edelsteinmetaphorik, von der Forschung meist einseitig als Nachleben barocker Beschreibungstopoi gewertet,[44] ist Ausdruck eines realistischen Stilwillens, der sich bemüht, die Erscheinungen *adäquat* in Worte zu fassen. (Vgl. das Gedicht »Schönheit der Welt beym Sonnenschein nach dem Regen«: »Welches Gleichniß von Juwelen, wenn man diese Pracht ermißt, / Wär es sonst auch gleich zu tadeln, hier doch nicht zu tadeln ist« VII, 125). Daneben gibt es eine von Brockes häufig praktizierte Technik der Beschreibung, die ich analytisch nennen möchte: so wie der Chemiker einen Stoff in seine einzelnen Elemente zerlegt, so löst der Dichter einen Gesamteindruck (Geschmack, Geruch usw.) in Einzelbestandteile auf. (Vgl. die Beschreibung des Veilchendufts, I, 17: »Mich deucht . . . es sey darin der Duft und Kraft vereint zu finden / Von Honig, Mandelmilch, Most, Pfirschkern, Zimmetrinden, / Und dass, mit holder Süssigkeit, / Ein wenig Säurliches und Bitt'res sich verbinden / In solchem Grad, der Hertz und Hirn erfreut.«).[45]

Brockes begnügt sich nicht damit, die Eigenschaften des beschriebenen Objekts mit oft gesuchten semantischen Umschreibungen zu treffen; er versucht gleichzeitig, die Eigenart des jeweiligen Naturphänomens in Klang und Rhythmus der Sprache akustisch anzudeuten. Diese, von den Zeitgenossen bewunderte »musicalische Malerey«[46] geht auf die Barockpoesie zurück; Brockes hat ihr jedoch eine, bei aller Virtuosität, naturalistische Färbung gegeben, die man im Barock vergebens sucht. Vielzitierte Prunkstücke Brockes'scher Lautmalerei sind die »Nachahmungen« des Gesangs der Nachtigall und des Rauschens des Wassers im ersten Band des ›Irdischen Vergnügens‹ (Auszug S. 17–30); hierher gehört auch die Beschreibung des Dreschens im

7. Band, die schon im metrischen Schema das Stakkato des Dreschvorgangs suggeriert:

>Bemüht euch, mit wichtigen, richtigen Schlägen
die springende Körner, den himmlischen Segen,
Ihr Drescher, aus ihren Behältern zu bringen!
Wir wollen den gütigen Geber besingen!
Auf, laßt uns den trocknen und fruchtbaren Regen,
den euer Bewegen erreget, erwegen!
Es ist von den hüpfenden Früchten der Aehren
Ein zischend – und raschelndes Rauschen zu hören.
Es zeigt uns das hurtige Schwingen und Klopfen
zu nährenden Körnern gewordene Tropfen.« (VII, 565 f.)

Die höchste Stufe der Beschreibung erreicht Brockes dort, wo die genannten Aspekte und Formen zu einer Einheit verschmelzen: von der einfachen Nennung des Gegenstands, über seine Spezifizierung in Ort und Zeit, die minuziöse Schilderung von Form und Farbe, untermalt mit lautlichen und klanglichen Assoziationen, bis zur Darstellung der Rezeption des Betrachters und weiter zur unvermeidlichen Moral: dem Lob Gottes. In den besten Gedichten dieses Typs durchbricht Brockes die gewöhnliche Statik seiner Naturbilder und erreicht eine dynamische Bewegtheit, die sich auf die Sprache überträgt, wie in der folgenden Schilderung vom Geschlechtsakt eines Hengstes:

>Er sprang, er schnaubt', er schüttelte so Mähn als Hals, er wrinscht',
er bäumte,
Durch Brunst gespornt, sich in die Luft. Es kocht' in seinem regen Blut
Ein wildes nicht zu löschend Feur. Er ras't, es strebt die innre Glut,
Nach einem Ausbruch mit Gewalt (...)
Es ward an seinem ganzen Körper, an Adern, Nerven, Fibern, Haut,
Ein heft- und ängstliches Bewegen, ein Klopfen, Spannen, Zucken,
Dringen,
Um die erhitzte feuchte Glut aus seinen Adern wegzubringen,
Und sich der Hitze zu entladen, recht mit Verwunderung geschaut:
Kaum aber war die Quelle weg, war alles plötzlich ausgebrannt,
Und die Veränderung nicht glaublich, es schwand mit der erloschnen Glut
Begierde, Flüchtigkeit und Brunst, und, sammt den Kräften, Wut und Muth,
(...) Er stund so zahm als wie ein Lamm. Wer die Veränderung überleget,
Wird der Natur erhabne Ordnung gewiß mit Ehrerbietung sehn,
Und eben dieß wird auch geschehn,
Wenn man die lebensvolle Kraft, die in dem Samen liegt, erwäget.«
(IX, 220 ff.)

d) Das Sehen

Ebenso wie den Vorgang des Schreibens, hat Brockes auch den Vorgang des Sehens, die Voraussetzung jeder Beschreibung, in seiner Dichtung bewußt reflektiert. Solche Selbstbesinnung des Autors, die eigene dichterische Tätigkeit betreffend, setzt vorzugsweise dort an, wo er, besonders in den späteren Bänden, das wiederholte Aufgreifen ein- und desselben Gegenstandes zu rechtfertigen versucht, wie z. B. in dem Gedicht »Kaiser-Krone«:

> »Ich habe dich zwar, daß du schön
> Vom Finger der Natur formiret,
> Mit vieler Lust oft angesehn;
> Ich hab auch, über dich, moralisiret:
> Doch hab ich dich, wie ich dich jetzo sehe, (...)
> Noch nicht mit Achtsamkeit, gebührend angeblickt; (...)
> Nicht deinen Bau, nicht Farb und Form beschrieben, (...)
> Doch will ich, daß ich nichts, als was ich seh,
> Daran recht eigentlich versteh,
> Bekennen und gestehn, und die Materie
> An denen, die es besser fassen,
> Zu untersuchen überlassen.
> Ich will, wie ich gewohnt, an euren äussern Schätzen,
> Die sinnlich, Gott zum Ruhm, mich bloß allein ergötzen.«
>
> (VI, 15 f.)

Das »bewußte« Sehen, das Brockes propagiert (»mit Achtsamkeit, gebührend angeblickt«), meint nichts anderes als die Vermittlung von Vernunft und Wahrnehmung, von Ratio und Sinnlichkeit, jene spezifische Form von anschaulicher Erkenntnis, die für Brockes die wichtigste Erkenntnisweise überhaupt ist. Der Sündenfall besteht für Brockes darin, daß die Menschen aufhörten, die geschaffene Welt gebührend wahrzunehmen, und so zu Vieh, bzw. zu »Atheisten« wurden. Dabei steckt die Natur voller Hinweise und Fingerzeige, die den Menschen an seine wahre Pflicht erinnern sollen: die Frösche rufen »Merck's!« und der Kuckuck »Guck! guck!« (Auszug S. 8, 106) – alles enthält eine Aufforderung zum Sehen. Das Auge ist deshalb bevorzugtes Organ des Dichters; er nennt es abwechselnd »Zunge der Gedancken, / Witz des Cörpers, Seelen-Licht,« »Göttlichs Glied« und »der Sinne Königinn« (Auszug S. 607 f., 620). Die sakrale Aura, mit der Brockes das Auge umgibt, überträgt sich auch auf jene profanen optischen Instrumente, die er zur Hand nimmt, wo die menschliche Sehkraft nicht mehr ausreicht, auf Mikroskop und Fernglas. So heißt es in dem Gedicht »Auf einen Tubum«:

»O wunderbar, fast heiligs Werkzeug! gebenedeytes Instrument«. (VI, 458)

Es wäre falsch, hinter solchen Wendungen etwa Blasphemie zu vermuten. Es ist vielmehr kein Zufall, wie Franz Löffelholz gezeigt hat, daß Brockes das Fernrohr mit Worten belegt, die »dem selben religiösen Stamm entsprossen«[47] sind wie die christliche Offenbarung, sagt er doch ausdrücklich, Gott habe »das menschliche Geschlecht, vor nicht gar lang verflossnen Jahren, / Hiedurch (d. h. durchs Fernrohr – Anm. d. Verf.) auf eine neue Weise, gewürdigt, sich zu offenbaren« (ibid.). Allein die ungewöhnliche, aus dem sakralen Bereich stammende Wortwahl bezeugt, daß der Dichter sich seiner Rolle als revolutionärer Neuerer, ja geradezu als Prophet bewußt ist, wenn er eine neue Qualität des »Sehens« fordert. Man könnte an diesem Punkt auf Brockes' historische Stellung zwischen Barock und Aufklärung verweisen, auf den Unterschied zwischen einer rhetorisch-formalen Tradition und dem aufkeimenden Realismus des frühen 18. Jahrhunderts, der im Bewußtsein, die Dinge auf nie dagewesene Weise, »frisch« zu sehen, seinen adäquaten Ausdruck findet. Es genügt jedoch, festzuhalten, daß Brockes der wissenschaftlich instrumentierten Beobachtung entscheidende Bedeutung beimißt: immer wieder, zu Hause am Schreibtisch oder auf Spaziergängen im Garten, nimmt der Dichter ein Vergrößerungsglas oder ein Mikroskop zur Hand, um einem sinnlichen Eindruck genauer auf die Spur zu kommen (vgl. Auszug S. 258 f.). Wie sehr ihm, besonders in seinen späteren Jahren, das Sehen zum Problem wurde, zeigt ein Gedicht über »Die Kunst, vernünftig sehen zu lernen« (VI, 330), in dem er seinen Lesern, zur Schulung der Augen, das Studium der Malerei empfiehlt, in der er sich als junger Mann selbst versucht hatte.[48] In einem anderen Gedicht aus der gleichen Zeit, »Bewährtes Mittel für die Augen« betitelt, stellt Brockes grundsätzliche Überlegungen an darüber, wie er seine Erfahrung des bewußten Sehens anderen Menschen praktisch vermitteln kann:

»Es scheint, als ob sich die Gedanken, so wie der Augen Strahl,
                                            zerstreuen,
Und daß dieß der betrübte Grund, wodurch wir uns der Welt nicht freuen.
Wir lassen, mit dem hellen Licht, in unsre sehenden Krystallen
Zu viele Vorwürf' auf einmahl, und zwar von allen Seiten, fallen (. . .)
In einem flachen offnen Felde (. . .)
Will ich euch, in verschiedner Schönheit, statt einer Landschaft,
                                            tausend weisen,
Man darf nur bloß von unsern Händen die eine Hand zusammenfalten
Und sie vors Auge, in der Form von einem Perspective (!) halten;

So wird sich, durch die kleine Öffnung, von den dadurch gesehnen
                                                            Sachen
Ein Theil der allgemeinen Landschaft zu einer eignen Landschaft machen,
Von welcher, wenn man mahlen könnte, ein' eigne nette Schilderey
Zu zeichnen und zu mahlen wäre. Man darf sie nur ein wenig drehen;
So wird man alsbald eine neue, von ganz verschiedner Schönheit sehen.«
                                                            (VII, 660 f.)

In diesen Versen hat Brockes seine Art zu sehen, und damit auch
seine Methode der dichterischen Beschreibung, treffend charakterisiert.
Genau so, wie er hier die Landschaft in Einzelbilder zerlegt durch
den Kunstgriff der »hohlen Hand« (bzw. des Fernrohrs), teilt er die
Außenwelt in »poetische Gemählde« auf, und macht sie so der Beschreibung zugänglich. (Vgl. die Gedichte »Die Reise«, IV, 155–158;
»Das Thürmchen zu Ritzebüttel«, VII, 310–327; »Beschreibung seines
. . . wiedererblickten Gartens«, VIII, 88–100).[49] Die Methode der Aufteilung eines Gesamteindrucks in statische Tableaus entspricht einerseits dem Prinzip der künstlerischen Ökonomie, dem Einsparen von
Energie durch gezielte »Auswahl«; darüber hinaus aber ist das Verfahren nur ein Sonderfall jenes allgemeinen Kunstgriffs, den man,
nicht erst seit Brecht, als »Verfremdung« bezeichnet. Indem der Dichter die Dinge aus ihrem Kontext herauslöst, entreißt er sie zugleich
dem Automatismus der durch Gewohnheit stumpf gewordenen Wahrnehmung und setzt sie gleichsam dem »zweiten Blick« aus; er tritt vor
sie hin mit den jungfräulichen Augen eines Neugeborenen. (Vgl. das
Gedicht »Einleitung«, Auszug S. 1: »Wenn jemand irgendwo in einer
Höhle, / Allwo desselben Sinn und Seele / Von aller Creatur und allem
Vorwurf leer, / In steter Dämmerung erzogen wär'; / und trät auf
einmahl in die Welt«; hierher gehört auch die Polemik des Dichters
gegen die Achtlosigkeit der Menschen, die »durch gewohnheit blind
geworden sind« Auszug S. 378). In diesem Sinne läßt sich die folgende
Definition der Verfremdung, aus der ›Theorie der Prosa‹ (1925) des
russischen Kritikers Viktor Šklovskij, obwohl sie auf Tolstoj gemünzt
ist, auch auf Brockes dichterisches Verfahren anwenden:

»Der Kunstgriff der Verfremdung bei Tolstoj besteht darin, daß er die
Dinge nicht beim Namen nennt, sondern sie so beschreibt, als sähe er sie
zum erstenmal; er stellt jedes Ereignis so dar, als geschehe es zum erstenmal; außerdem gebraucht er bei der Beschreibung eines Gegenstandes nicht
die üblichen Bezeichnungen seiner Teile, sondern benennt sie mit Worten,
welche die entsprechenden Teile eines anderen Gegenstands bezeichnen.«[50]

Das gilt sowohl für seine Edelstein-Metaphorik, in der Naheliegen-
des (die Blätter einer Blume) auf Fernliegendes (Rubine, Saphire etc.)

zurückgeführt wird (Auszug S. 61 f.), wie auch für den umgekehrten Fall, wo ein unbekannter Begriff (das Gehäuse eines Samens) auf Bekanntes (Trauben, Sterne, Hörner) reduziert wird (vgl. das Gedicht »Samen-Gehäuse«, Auszug S. 378–385). – Der Kunstgriff der »Verfremdung« bietet auch die Möglichkeit, die häufig kritisierte teleologische Komponente im Werk von Brockes neu zu bewerten. Durch Verse wie: »Wenn nur allein die scharf und spitzen Zähne hinden, / Die breiten forn, im Munde stünden; / Wie mühsam würd' alsdann uns allen / Das itzt so leichte Käuen fallen!« (Auszug S. 539), will Brockes nicht allein die vernünftige Einrichtung der Welt bezeugen: er will *aufmerksam* machen auf die Natur der Dinge, indem er sie in einen fremden, dem normalen entgegengesetzten Kontext hineinstellt.

e) Die Haltung des Betrachters

Noch Willy Vontobel nennt es »eine auffallende Tatsache, daß Brockes, der die Natur so andächtig und liebevoll zu besingen scheint, kein Naturgefühl im eigentlichen Sinne kennt«.[51] Diese Behauptung ist ein verspäteter Nachhall jener Literaturgeschichten des 19. Jahrhunderts, die, ausgehend von einem zur Norm erhobenen romantischen »Naturgefühl« einerseits, von der Gleichung: Rationalismus = Gefühlsarmut andererseits, ihr selbstgefälliges Verdikt über die »Seichtheit« der Aufklärungsdichtung sprachen. Zum Beweis für seine Behauptung führt Vontobel an, daß der Dichter, bei der Beschreibung des Fischfangs, keinerlei Mitleid mit der gequälten Kreatur zeige; weitere Indizien, die seiner Ansicht nach gegen das Vorhandensein von Naturgefühl sprechen, sind das teleologische Nützlichkeitsdenken und die polemische Tendenz.[52] Daß sich beides, Nützlichkeitserwägungen und lehrhafte Absicht, sehr wohl mit emotionaler Spannung vertragen kann, bemerkte schon Alois Brandl, der Brockes einen Vorbereiter der Klopstockschen »Gefühlsschwärmerei« nennt;[53] auch Otto Janssen, in seiner Dissertation über Naturempfindung und Naturgefühl bei Brockes (1907), gesteht dem Dichter, »auf Grund einer neuen die Tradition durchbrechenden, naiven Lust an der Erscheinung«, Ansätze eines sich entwickelnden Naturgefühls zu.[54] Erst Franz Löffelholz hat das Klischee vom »platten« Rationalisten Brockes gründlich widerlegt.[55]

Ein Blick in ein beliebiges Gedicht des ›Irdischen Vergnügens‹ zeigt mannigfache Äußerungen einer inneren Bewegung von seiten des Dichters, die von Staunen bis zu tränenseliger Erschütterung reicht.

Das beginnt mit den vielfältigen Äußerungen des Staunes (»Ich ward
dadurch gerührt, gereizt, ergetzet, / Und, durch den reinen Klang,
fast aus mir selbst gesetzet ... Ich stutzt', und meine Seel' emp-
fand ... / Für Anmuth halb verwirrt«, Auszug S. 85.; »Ich stutzt'!
Es blieb mein Fuß, / Der halb gehoben war, so, halb gehoben, stehn, /
Und kont' ... nicht vor- nicht rückwärts gehn« V. 65), die der Dichter regelmäßig registriert, wenn ihm ein neuer Naturgegenstand vor
Augen tritt; dabei umgibt die Erregung des Subjekts den Naturgegenstand mit einer quasi sakralen Aura. Bezeichnend ist der Begriff, mit
dem der Dichter solche Naturphänomene belegt: er nennt sie »Wunder«, nicht im Sinne von Ausnahmen innerhalb der natürlichen Ordnung, sondern als Manifestation einer vernünftigen Gesetzmäßigkeit:[56]
das Blühen der Blumen, das Rauschen des Wassers, der Gesang der
Vögel – alles wird dem Dichter zum »Wunder« (vgl. die tautolo-
gische Wendung in dem Gedicht »Besonders schöne Abendvorwürfe«:
»Ich dachte dem verdoppelten, bewundernswerthen Wunder nach«,
VI, 102). Harry W. Pfund hat das Wort- und Formenmaterial ge-
sichtet, das Brockes zur Artikulation seines Staunens zu Gebote steht:
von einfacher Wiederholung (»Der so schön- so schönen Welt«, I, 13;
»wunder-wunder-wunder-schön«, IV, 390), über Assonanzen und
Alliterationen, die die Aufmerksamkeit des Lesers auf die geschilderten Naturwunder hinlenken sollen (»Dieß, durch die Geschöpfe, ge-
rührte Gemüthe«, Auszug S. 5; »Es wüthet, wühlt und wallt die
Fluth.« S. 427), bis zu spontanen Ausrufen, die in ihrer atemlosen
Gedrängtheit den Grad der Gemütsbewegung anzeigen (»Ey sehet!
seht doch dort um Gottes willen«, Auszug S. 291; »Auf, auf! mein
Herz, auf, auf!« II, 405).[57] Auch Tränen vergießt der Dichter häufig,
beim Anblick von Blumen (III, 590 f.), oder bei der Einweihung
eines Brunnens (VII, S. 71), und fordert seine Mitmenschen auf, es
ihm gleichzutun (»laß, o Mensch! nach deiner Pflicht, / Sich auch das
güld'ne Himmels-Licht / In deinen Freuden-Thränen bilden!« Auszug
S. 20). An einer Stelle geht Brockes so weit, seine Empfindsamkeit sogar auf die Tierwelt zu übertragen: er schildert, wie ein aus dem Wasser auftauchender Frosch, beim Anblick der schönen Natur, Freuden-
tränen vergießt (II, 179 f.). Brockes versucht hier, für seine innere
Bewegung angesichts der Natur den adäquaten Ausdruck zu finden.

Die »Seelensprache«, die der Dichter aus Mystik und Pietismus auf
die Natur überträgt, ist nicht einfach säkularisierte religiöse Innerlichkeit; sie verdankt nicht minder wichtige Impulse der erotischen Lyrik
eines Neukirch und Hofmannswaldau. Nur der Bezugspunkt hat sich
geändert: an die Stelle der »Schönen«, die der Barockdichter mit

schlüpfrig-galanten Attributen belegt, tritt eine Blume oder sonst ein
Naturgegenstand; die sinnliche Erregung aber, die das Gedicht er
füllt, ist die gleiche geblieben:

>»Dieß ist der inn're Schmuck, die kühle rothe Gluth,
Die in dem runden Schooß der edlen Rose ruht;
Da gegentheils, was auf den äussern Blättern glühet, (. . .)
Fast einer Fleisch-Farb' ähnlich siehet, (. . .)
Ein Auge, das den Schmuck betrachtet, fühlet
Solch einen süssen Reitz, das Hertz so süsse Gluht,
Als wenn ein schönes Blut
Durch eine zarte Haut
Der Rosen-farb'nen Jugend spielet,
Und man auf Armen, Brust, um Mund und Wangen
Ein frisches röthliches Weiß, in hellem Schimmer, prangen,
Und, voller Liebreitz, gläntzen, schaut.« (Auszug S. 64 f.)

Eine andere, eher geistige Erschütterung äußert sich in jenen Gedichten, die die kosmische Unendlichkeit zum Thema haben. Hierher
gehört das berühmte Gedicht »Das Firmament«, das am Anfang von
Brockes' Werk steht; schon Bodmer bewunderte, wie der Dichter hier
»überfallendes Erstaunen in einem fort voller Leben und Nachdruck«
ausdrückt.[58] Der fortschreitende seelische Prozeß, von Staunen und
Erschütterung über Grauen und Entsetzen bis zum Verlust und
schließlich zur »Rettung« der eigenen Identität in Gott, ist hier zu
einer existentiellen Erfahrung verdichtet:

>»Als jüngst mein Auge sich in die Sapphirne Tiefe,
Die weder Grund, noch Strand, noch Ziel, noch End' umschrenckt
Ins unerforschte Meer des holen Luft-Raums, senckt',
Und mein verschlung'ner Blick bald hie- bald dahin liefe,
Doch immer tiefer sanck; entsatzte sich mein Geist,
Es schwindelte mein Aug', es stockte meine Seele
Ob der unendlichen, unmäßig-tiefen Höle,
Die, wohl mit Recht, ein Bild der Ewigkeiten heisst,
So nur aus Gott allein, ohn' End' und Anfang, stammen.
Es schlug des Abgrunds Raum, wie eine dicke Fluth
Des Boden-losen Meers auf sinckend Eisen thut,
In einem Augenblick, auf meinen Geist zusammen.
Die ungeheure Gruft voll unsichtbaren Lichts,
Voll lichter Dunckelheit, ohn' Anfang, ohne Schrancken,
Verschlang so gar die Welt, begrub selbst die Gedancken;
Mein gantzes Wesen ward ein Staub, ein Punct, ein Nichts,
Und ich verlohr mich selbst. Dieß schlug mich plötzlich nieder;
Verzweiflung drohete der gantz verwirrten Brust:

Allein, o heilsams Nichts! glückseliger Verlust!
Allgegenwärt'ger Gott, in Dir fand ich mich wieder.« (I, 3)

f) Metaphysik des Lichts

Bei aller Kritik an Brockes konnte die Forschung nicht umhin, die Qualitäten seiner Beschreibungskunst zu sehen. Besonders sein ausgeprägter Farbensinn fand allgemein Beachtung;[59] war doch Brockes nicht nur einer der ersten, der Mischfarben mit einer bis dahin unbekannten Präzision an Tönungen und Nüancen sprachlich wiederzugeben versuchte (»röthlich-braun«, »Leib-Farb-silbern«, »Schwefelgelb«, »Sittig-Grün«), sondern der erste Dichter überhaupt, der farbige Schatten wahrnahm und als solche kennzeichnete (»grüne Dämmerung«, »grüne Schatten«, »braune Nacht«).[60] Man hat ihn deshalb als Vorläufer des Impressionismus bezeichnet.[61] Eine wahre Farbsymphonie entfaltet Brockes in dem Gedicht »Die Rose«, wo er das Flüchtig-Schillernde der Farberscheinungen mit einer an Proust gemahnenden Sensibilität zu erfassen versucht:

> »Es sind die Blätter dicht,
> Und doch so dünn und zart,
> Daß selbst das Licht
> Durch ihr so angenehm gefärbt Gewebe bricht,
> Sich mit den röthlichen gelinden Farben paar't,
> Und, selber roth gefärbt, die innern Blätter färbet.
> So dünn ist jedes Blatt, zumahlen wenn es naß,
> Da es durchsichtig, wie ein Glas.
> Man kann in ihnen oft das zärtlichste Gespinnste
> Der dünnen Adern sehn,
> Woran, durch der Natur uns unbekannte Künste,
> Viel kleine klare Bläsgen stehn.
> Sie sind, da sie mit rothem Saft erfüllt,
> Der Adern recht natürlich Bild.
> Ein rother Schatten ohne Schwärtze
> Bedeckt das kleine göld'ne Hertze,
> Das in dem Mittel-Punct der holden Tiefe sitzt,
> Und in der Balsam-reichen Höle
> In Purpur-farb'ner Dämm'rung blitzt.
> Der rothen Farben süsser Schein
> Scheint leiblich nicht, nein, geistig fast, zu seyn,
> Da er, nachdem als man die Rose drehet,
> Bald von, bald nach dem Licht', entstehet und vergehet,
> So daß ihr Roth und Weiß, als wie das Blau und Grün
> An einem Tauben-Hals, sich oft zu ändern schien.« (Auszug S. 63 f.)

Schon hier wird deutlich, wie für Brockes die Wahrnehmung der Farbe an die Stelle des Gegenstandes treten kann: »Die Erscheinung wird von der Farbe gleichsam verschluckt und in Besitz genommen« (Janssen).[62] Aber auch die Farben haben für Brockes keine Realität an sich; er begreift sie, im Sinne der modernen Naturwissenschaft, als Funktion des Lichts, hervorgerufen durch seine Brechung auf der Oberfläche der Körper. (Vgl. Auszug S. 295 f.: »Was sind die Farben doch? Nichts, als ein blosses Nichts. / Denn, wenn der Schein des all-erfreu'nden Lichts / Sich von uns trennet, schwinden / Vergehn und sterben sie;« siehe auch VI, 116.) Indem Brockes in seiner Dichtung die Dinge zum bloßen Anhängsel der Farben reduziert, diese aber wiederum zu bloßen Funktionen des Lichts, schließt sich der Zirkel seiner Lehre, die stets von der Erscheinung zu Gott, und von Gott zurück zur Erscheinung führt. Das Licht nämlich ist nicht einfach ein beliebiges Naturphänomen – so etwas gibt es für Brockes überhaupt nicht –, es ist sichtbarer Ausdruck der Gottheit, ja, es ist selbst göttlich. Brockes steht hier auf dem Boden neuplatonisch-mystischer Vorstellungen, wie Franz Löffelholz gezeigt hat.[63] Das wird deutlich im folgenden Gedicht, das, in der Einkleidung eines Traums, die paradiesische Jenseitsutopie der Brockes'schen Welt ausmalt. Das Gedicht vermag als Schlüssel zu dienen für die von Brockes entwickelte Form der Lichtmetaphysik:

> (. . .)   »Ich trat ins Seelen-Reich,
> Durchdrungen und durchstrahlt von einem süssen Glantz,
> Mein Wesen, gantz verklärt, verherrlichte sich gantz.
> Unglaublich angenehm war alles, was ich sah,
> Ein jeder Vorwurff glänzt. Es glimmt in buntem Schein
> Wald, Wiesen, Acker-Feld, Gras, Kräuter, Holtz und Stein (. . .)
> Das Grün war wie das Grün an einem Pfauen-Schwantz,
> Vermischt mit Klarheit, Licht und Glantz.
> Die Bluhmen funckeln hier und glühn,
> Die blauen wie Sapphir, die rothen wie Rubin,
> Und was nur sichtbar, ist durchsichtig, hell und klar.
> Das Licht, das alles hier erfüllet, ist so Licht,
> Daß es durch jeden Vorwurff bricht,
> Da es sogar den Geist durchdringet.
> Wodurch in allem, was man sieht,
> Indem das Licht, wie hier, davon nicht rückwärts springet,
> Ein lieblich-froher Glantz und Freuden-Feuer glüht.«
>
> (III, 92 f.)

Im Mittelpunkt von Brockes' Lichtmetaphysik steht die Sonne. Er feiert sie als »Lebens-Quelle«, »Göttlichs Schatten-Bild«, »Fürst des

Lichts, Monarch der Zeit«, »Ausfluß aller Geistigkeit, Brunnquell aller Zeugungs-Säfte« (Auszug S. 180–204), und läßt sie durch ihr »männlichs Feuer« die Erde schwängern (ibid.). Auch die Blumen sind Abbild der Sonne, nicht gewachsen, sondern vom Himmel herabgeregnet (VI, 119 ff.); Brockes vergleicht sie abwechselnd mit funkelndem Licht und mit glühenden Kohlen (V, 48 ff.); beim Anblick einer Schachtel mit Blumen ist ihm, »Als wenn aus dieser offnen Schachtel, ein buntes Feuer lodernd sprünge« (VI, 115). Alles wird dem Dichter so zu Licht und Feuer: sogar die Wörter beschreibt er als »Funcken«, die die Seele entzünden (V, 462 f.). Die Nacht dient nur dazu, die Herrlichkeit des Lichtes zu erhöhen, so wie auch der Schatten nur die Folie ist, die den Glanz der Sonne erst recht sichtbar macht[64] – gleichsam eine Metapher für den Ausschluß des Bösen aus Brockes' Universum. Die Nachtseite des Daseins, im Sinne eines von barockem Grauen durchwehten, gestaltlosen Chaos blitzt in der Dichtung nur vereinzelt auf – sie ist nur als Ausnahme zugelassen und wird sofort vom Bild der von Licht durchstrahlten Welt wieder aufgehoben. Das Licht bildet so die Apotheose von Brockes' Welt: es ist nicht nur Sinnbild der göttlichen Vernunft und Ursprung aller Dinge, es gibt auch dem »Spiegel« des Wassers oder der Dichtung seine Kraft, die Dinge zu »verdoppeln«. In der Brockes'schen Lichtmetaphysik mischen sich so mystisch-religiöse Vorstellungen mit dem optimistischen Pathos der Aufklärung.[65]

3. Zusammenfassung

»Die Poesie von Brockes mutet uns heute sehr philiströs an, und wir haben Mühe, diesen Dichter mit seinen neun Bänden ›Irdisches Vergnügen in Gott‹ noch ernst zu nehmen. Fehlt es ihm nicht an jeglicher Berufung? Seine Gedichte sind alle ohne innere Nötigung geschrieben. Sie sind nicht erlitten und nicht errungen. Tag für Tag reimt er einfach sein Pensum. (...) Seine Hauptsorge gilt (ausser dem Magen) seiner persönlichen Sicherheit und seinem seelischen Gleichgewicht. (...) Seine Religion selbst ist nur Ausdruck seines philiströsen Sicherheitsbedürfnisses.«[66]

Diese Sätze aus einer Dissertation aus dem Jahre 1942 muten an wie eine Zusammenfassung aller Vorurteile, die über Brockes in Umlauf sind, seit Hagedorn in den 40er Jahren des 18. Jahrhunderts die ersten Parodien auf ihn schrieb. »Das ist unsäglich philiströs und roh – was kann man von solchen Poeten erwarten?« So lautet der Schlußsatz des zitierten Abschnitts, eine deutliche Paraphrase auf Hettners vernichtende Frage: »Was kann aus so platter Philisterseele Hohes kommen?«[67] Inzwischen hat die Forschung, in mehreren Anläufen, die gröbsten Klischees korrigiert, die, über Jahrhunderte weitertradiert, das Brockesbild in der Literaturgeschichte bis vor kurzem bestimmten: so etwa die Behauptung, Brockes sei ein Nachahmer von Thomson, was schon der Chronologie nach unmöglich ist (der erste Band des ›Irdischen Vergnügens‹ erschien 1721, das erste Buch von Thomsons ›Seasons‹ erst 1726). Hettners Formel, das ›Irdische Vergnügen‹ sei lediglich ein »gereimter physikotheologischer Gottesbeweis« erwies sich als ebenso unhaltbar wie Gervinus' wohlmeinende Kennzeichnung des Dichters als »liebevoller Kleinmaler«; auch die These, zwischen den frühen und den späteren Bänden seiner Gedichte sei ein deutliches Qualitätsgefälle feststellbar, zuletzt sinke der Dichter in unerträgliche Trivialität ab, wurde gründlich widerlegt.[68] In ihrem Bestreben, den Dichter zu »retten«, die vermeintliche »Plattheit« seines Werks Lügen zu strafen, verfiel die Forschung häufig ins andere Extrem: anknüpfend an den bahnbrechenden Aufsatz von David Friedrich Strauß, der Brockes für den Deismus in Anspruch nahm, erklärte man den Dichter abwechselnd zum Theisten oder Panentheisten (Manikowsky), ohne die Voraussetzung solcher Kategorien: Brokkes habe in dichterischem Gewand theologische Richtungskämpfe ausgetragen, auch nur zu bedenken.[69] Selbst die Arbeit von Franz Löffelholz, der ich zahlreiche Hinweise verdanke, bleibt in ihrem thematischen Ansatz der theologischen Fragestellung noch eng verhaftet; so versucht Löffelholz zuweilen, die metaphysischen Bezüge von Brokkes' Werk auf eine metaphysische Art und Weise, mit einer an Heidegger geschulten Begrifflichkeit, zu klären, wobei der Leser letztlich ratlos zurückbleibt.[70] Die generelle Brauchbarkeit seiner Untersuchung soll damit keineswegs in Frage gezogen werden. Es ist jedoch bezeichnend, daß textkritische Untersuchungen im Rahmen der Brokkes-Forschung eher Ausnahmen bilden: abgesehen von der bereits erwähnten Gedichtinterpretation von Johannes Pfeiffer, sind hier vor allem die Arbeiten von Janssen und Pfund zu nennen, die allerdings über eine positivistische Materialsammlung kaum hinauskommen.[71]

Es ist an der Zeit, daran zu erinnern, daß Brockes kein Theologe oder Philosoph, sondern primär Dichter war. Alois Brandl scheint mir hier das Richtige zu treffen, wenn er schreibt: »Freilich ist es weder ein consequenter Pantheismus, noch das System eines bestimmten Philosophen, dem Brockes huldigte (...) Den schulmäßigen Unterscheidungslehren gieng er sorgfältig aus dem Wege; nur um das kümmerte er sich, was ihn subjektiv berührte, um die praktischen Lehren der Moral und der Glückseligkeit.«[72] Es wäre m. E. falsch, die metaphysische Komponente, die in Brockes' Werk unleugbar vorhanden ist, wörtlich zu nehmen, d. h. sie als letzte, nicht weiter auflösbare Einheit zu betrachten, ohne nach ihren gesellschaftlich-historischen Ursachen zu fragen. Das ›Irdische Vergnügen in Gott‹, die Versöhnung von Ratio und Sinnlichkeit in der Kontemplation der Schöpfung, ist Ausdruck eines sozialen und politischen Prozesses, der mit dem Begriff: Emanzipation des Bürgertums nur ungenügend umschrieben ist. Das bürgerliche Individuum, das sich in die Betrachtung der Natur versenkt, entdeckt dort nicht Gott, sondern sich selbst; in der Erkenntnis der zweckvollen Organisation alles Geschaffenen findet es sein eigenes Denk- und Seelenvermögen wieder, eine neu erworbene Erlebnisfähigkeit, die es seinem ökonomischen Aufstieg verdankt.

Auf die ökonomischen und sozialen Voraussetzungen von Brockes' Dichtung ist häufig hingewiesen worden: der Dichter hat sie, so offen wie kaum einer vor oder nach ihm, in seinem Werk mitreflektiert. Die antifeudalistische Tendenz, die Polemik gegen die »Mörder, Stadt- und Land-Verräther«, die Fürsten, wird in einem Text wie »Helden-Gedichte« (Auszug S. 155, recte 551) unmißverständlich ausgesprochen; der kriegerische Heroismus des Feudaladels wird hier, aus der Sicht des Bürgertums, als Raub und Plünderung, Mord und Totschlag denunziert. Das hinderte den Dichter und Diplomaten Brockes keineswegs daran, gereimte Huldigungen an fürstliche Persönlichkeiten zu verfassen, wo es sein Privatinteresse, oder das der Stadtrepublik Hamburg, erforderte.[73] Auch den Ursprung des neuerworbenen bürgerlichen Reichtums verschweigt Brockes keineswegs, im Gegensatz zu vielen seiner Dichterkollegen; in einer Reihe von Gedichten hat er die expropriierten Bauern und das neu entstehende städtische Proletariat mit Trostsprüchen und moralischen Sentenzen versehen, die seine Lage erträglicher machen sollten:

> »Bey vielen geht hierauf nun zwar die Arbeit an,
> Die mancher wohl nicht allezeit
> Für einen Zeit-Vertreib und Anmuth halten kann;
> Doch, ausser daß sie ihn ernähret,
> Ist sie auch mehrentheils von der Beschaffenheit,
> Daß sie die Essens-Lust vermehret.
> Da schmeckt das Morgen-Brodt. Ist dieses keine Lust?
> Fürwahr, wer es erwegt,
> Wie in den Appetit so Nutzen als Ergetzen
> Von GOTT so wunderbar gelegt,

Wird diese Zungen-Lust nicht so geringe schätzen.
(...)
Ein Handwercks-Mann sollt' hier absonderlich bedencken
Die weise Gütigkeit des Schöpfers, der nicht nur
Den Reichen solche Lust gewürdiget zu schencken,
Daß sie durch den Gebrauch so mancher Creatur,
Und tausendfach gewürtzte Speise,
Absonderlich vergnüget werden;
Ach nein! er wird vergnügt auf gleiche Weise,
Indem der Hunger ja, wie die Erfahrung lehrt,
Das niedlichste Gewürtz, der beste Koch auf Erden.«
(Auszug S. 597 f., vgl. auch 707 ff.)

Daran, daß diese Ordnung von Gott gewollt ist, läßt Brockes keinen Zweifel aufkommen. Wenn er im Winter gut versorgt am warmen Ofen sitzt und einige mitleidige Gedanken an diejenigen verschwendet, die es weniger gut haben und frieren müssen, weiß er diesen Vorzug stets als höhere Gerechtigkeit auszulegen:

»Es kleidet mich mein Gott, daß ich nicht friere,
Durch Vögel, wild' und zahme Thiere.
Der Würme Werck, der Saft der Erden,
Muß mir zur Deck' und Kleidung werden.
Ach! Deine Güte, Deine Treu,
Mein GOtt, ist alle Morgen neu!« (Auszug S. 453)

Wie ein roter Faden zieht sich durch Brockes' Werk jenes ökonomische Nützlichkeitsdenken, das spätere Epochen als unpassend oder anstößig empfanden. In Wahrheit ist es Ausdruck eines bürgerlichen Selbstbewußtseins, das ästhetische Schönheit und wirtschaftlichen Nutzen noch nicht als einander ausschließende Gegensätze, sondern als Einheit sieht. Die Elbe im Frühling ist vor allem deshalb schön, weil sie dazu beiträgt, durch den Schiffsverkehr »Hamburgs Handlung und Gewinn« zu mehren (Auszug S. 19). Erst vor diesem Hintergrund werden die ästhetischen Entscheidungen von Brockes' voll verständlich; seine Intention, die Dichtung zum »Spiegel« der Dinge zu machen, ist ideologischer Ausdruck eines sozio-ökonomischen Prozesses: der Aneignung der Dinge dieser Welt durch die aufstrebende Bourgeoisie.[74]

Albrecht von Haller: *Die Alpen*

1. Albrecht von Haller und die beschreibende Poesie

Seit Lessings ›Laokoon‹ gilt Albrecht von Haller als Hauptvertreter
der beschreibenden Poesie im deutschen Sprachraum und wird gewöhnlich mit Brockes und Ewald von Kleist in einem Atemzug genannt.[1] Eine solche Charakterisierung trifft jedoch nur auf einen
kleinen Teil seines Werkes zu; ebenso wie seine poetische Produktion,
im Vergleich zu seiner wissenschaftlichen Arbeit: dem sechsbändigen
Kommentar zu Boerhaves Vorlesungen, den anatomischen, physiologischen und botanischen Schriften, ganz zu schweigen von seiner Re-
zensionstätigkeit und seiner umfassenden Korrespondenz,[2] nur geringen Raum beansprucht, nimmt die beschreibende Poesie, innerhalb
seiner Dichtung, einen bescheidenen Platz ein. Neben den Poemen
›Über den Ursprung des Übels‹ (1734) und ›Unvollkommenes Gedicht
über die Ewigkeit‹ (1736), die jeweils in der Einleitung beschreibende
Passagen enthalten, ist es vor allem das knapp 500 Verse umfassende
Gedicht ›Die Alpen‹ (1729), Hallers berühmteste Arbeit, dem er
seinen Ruf als malender Dichter verdankt. Aber auch hier ist das
beschreibende Element nur eins unter vielen. Richtiger ist es, Hallers
Poesie der Lehrdichtung zuzurechnen, von der die beschreibende
Poesie, wie schon im Falle von Brockes, unmittelbar abzweigt. Die
spezifische Ausprägung der Lehrdichtung, die Haller geschaffen hat,
weist jedoch in eine andere Richtung als bei Brockes: er ist ein Vorläufer der sogenannten »Gedankenlyrik«, die erst später, bei Schiller
und Hölderlin, zu voller Ausbildung gelangte – von daher rechnete
der junge Schiller Haller zu seinen poetischen Lehrmeistern.[3] Die
philosophische »Tendenz« läßt sich schon an den Titeln von Hallers
Gedichten ablesen: ›Gedanken über Vernunft, Aberglauben und Un-
glauben‹ (1729); ›Die Falschheit menschlicher Tugenden‹ (1730);
›Über die Ehre‹ (1728) usw. Sie wird noch deutlicher an den Vorbildern, die Haller sich für sein Schreiben erwählte, und über die er in
einem Brief an Gemmingen (vom 22. März 1772), einer Art Selbst-
darstellung des Dichters, freimütig Auskunft erteilt. Neben dem Einfluß der schlesischen Barockpoesie, deren Metaphorik noch nachwirkte,
nachdem Haller dem Lohensteinschen Schwulst längst abgeschworen
hatte,[4] sind es vor allem Brockes und, in geringerem Maße, Drollinger, denen er wichtige Anregungen verdankt;[5] entscheidend aber
wurde die Bekanntschaft mit der neuen englischen Dichtung (Pope,

Shaftesbury), deren Wirkung auf sein eigenes Schaffen Haller so beschreibt:

»Der Herr von Hagedorn besuchte Engelland, ich auch, und noch etwas früher. Diese Reise hatte auf beyde einen wichtigen Einfluß: Wir fühlten, daß man in wenigen Wörtern weit mehr sagen konnte, als man in Deutschland bis hieher gesagt hatte; wir sahen, daß philosophische Begriffe und Anmerkungen sich reimen ließen, und strebten beyde nach einer Stärke, dazu wir noch keine Urbilder gehabt hatten.«[6]

Während der Einfluß Popes auf Haller häufig untersucht worden ist,[7] blieb ein anderes Vorbild, dessen Haller an gleicher Stelle Erwähnung tut, zumeist unbeachtet. Gemeint ist Vergil, den er über alle neueren Dichter stellte, und an dem er die Erhabenheit und Harmonie des Ausdrucks bewunderte, jene poetische »Mahlerey«,[8] der er sich in den ›Alpen‹ selbst verschrieb. Auf welche Weise diese verschiedenartigen Einflüsse zusammenwirkten, um eine höchst eigenständige dichterische Sprache zu schaffen, wird im folgenden zu untersuchen sein.

2. ›Die Alpen‹

a) Entstehung des Gedichts

Daß Haller als beschreibender Dichter in die Literaturgeschichte einging, rührt daher, daß sein Name für die Nachwelt mit jenem Gedicht verknüpft blieb, mit dem er, mehr als mit jedem anderen, einer Zeitströmung zum Ausdruck verhalf: mit dem Gedicht ›Die Alpen‹. (Vgl. die Verse Ewald v. Kleists über Haller: »Der sich die Pfeiler des Himmels, die Alpen, die er besungen, / Zu Ehrensäulen gemacht!«)[9] Neuartig war schon das Sujet: Haller war einer der ersten, der das Hochgebirge, bisher höchstens als Reisehindernis oder als menschenfeindliche Einöde wahrgenommen, zum Thema eines rühmend-schildernden Gedichts erhob.[10] Die Schrift des Livius ›Foeditas Alpinum‹ (Häßlichkeit der Alpen) ist ein vielzitierter Beleg für den Horror, mit dem die Antike sich abwandte von der sinnlosen Monumentalität des Hochgebirges;[11] noch Kant schreibt in der ›Kritik der ästhetischen Urteilskraft‹: »Wer wollte auch ungestalte Gebirgsmassen, in wilder Unordnung übereinandergetürmt, mit ihren Eispyramiden, oder die düstere tobende See usw. erhaben nennen?«[12] Das Ungewöhnliche von Hallers Unternehmen kommt schon im Titel des Gedichts zum Ausdruck: die Bezeichnung »Alpen« war bis dahin nur als geographi-

scher Fachterminus gebräuchlich, erst Haller hat sie in die Literatur-
sprache eingebürgert.

Die Entstehungsgeschichte des Gedichts ist für Hallers Arbeitsweise
und die aus ihr entspringende Realistik der Schilderung bedeutsam.
Das Werk ist das Ergebnis einer Fußwanderung durch die Schweiz,
die der Autor, zusammen mit Johannes Gessner, im Sommer 1728
unternahm, und die ihn von Biel über Lausanne und Genf durchs
Berner Oberland, und weiter über Luzern, Zürich und Bern zurück
nach Basel führte. Die Niederschrift fällt in den Winter 1728/29, eine
Zeit angestrengter wissenschaftlicher Tätigkeit: zwischen anatomischen Kollegs an der Universität Basel und botanischen Studien arbeitete Haller, gestützt auf Reisenotizen, an der poetischen Ausbeute
seiner Erfahrungen – oft sogar bei Tisch, wie sein Biograph Zimmermann berichtet.[13] Die Eigenart seiner Arbeitsmethode, die Mischung
von exaktem empirischem Detail und gedanklicher Stilisierung, zeigt
sich schon in der Topographie des Gedichts: die Erfahrungen seiner
Schweizerreise verdichtete Haller, indem er sie auf den Raum des
Berner Oberlands zusammendrängte.

In der Vorrede zu den ›Alpen‹, die Haller der 4. Auflage seines
›Versuch(s) Schweizerischer Gedichte‹ nachträglich beifügte, bekennt
er, das Gedicht sei dasjenige, »das mir am schwersten geworden ist«.
Als Grund nennt er die spezifische Form, die er für die ›Alpen‹
wählte: zehnzeilige Alexandriner, die jeweils in den beiden letzten
Versen am Strophenende in eine gedankliche Pointe einmünden, ähnlich wie in den Sonetten Shakespeares; man könnte in diesem Sinne
von verkürzten Sonetten sprechen. Die Strenge und Geschlossenheit
des formalen Aufbaus unterscheidet schon rein äußerlich Hallers Gedicht von der ungezwungenen, prosanahen Sprache eines Brockes, der
sich deshalb von Gottsched den Vorwurf der Regellosigkeit gefallen
lassen mußte.[14] Die Wahl der zehnzeiligen Strophen bedeutet jedoch
mehr als bloß eine formale Festlegung: es ist eine prinzipielle Vorent-
scheidung, die Stil und Geist des Gedichts schon im vorhinein fixiert.
Sie sichert die Herrschaft des Gedankens über das Bild, des begrifflichen über das beschreibende Element, dem schon, im Unterschied zu
den »unendlich« wuchernden Schilderungen eines Brockes, durch die
Ausdehnung der Strophe Grenzen gesetzt werden: »Die zehenzeilichten Strophen, die ich brauchte, zwangen mich, so viele besondere Gemälde zu machen, als ihrer selber waren, *und allemal einen ganzen
Vorwurf mit zehen Linien zu schließen*« (Haller in der Vorrede zu
den ›Alpen‹; Hervorhebung von mir, H. C. B.).[15] Das freimütige
Bekenntnis des Verfassers: »und da alles fertig war, gefiel mir sehr

vieles nicht«, ist nicht bloß rhetorisch gemeint: auch nachdem das Gedicht längst im Druck erschienen war, überarbeitete und feilte Haller unermüdlich daran weiter.[16] Ein Grund hierfür liegt in den sprachlichen Schwierigkeiten, die sich aus Hallers schweizerischer Mundart ergaben, und die ihm, von seiten hochdeutscher Kritiker, heftigen Tadel einbrachten – schon der Titel der ersten Auflage: ›Versuch Schweizerischer Gedichten‹ enthält einen häufig gerügten Helvetizismus.[17] Die zahlreichen Überarbeitungen und Korrekturen von der ersten bis zur 11., noch von Haller selbst besorgten Auflage spiegeln das spezifische Temperament des Verfassers: seinen wissenschaftlichen Arbeitseifer, seine Unzufriedenheit mit dem einmal Erreichten, die ihn für Kritik besonders empfänglich machten. Ohne sich an der Auseinandersetzung um sein Werk persönlich zu beteiligen, verfolgte er diese doch aufmerksam und versuchte, den Vorwürfen seiner Kritiker, wo sie ihm berechtigt erschienen, in späteren Auflagen Rechnung zu tragen. Der tiefere Grund aber für Hallers innere Unrast im Umgang mit der poetischen Produktion seiner Jugend ist weltanschaulicher Art; nach seiner später erfolgten Wendung zur Orthodoxie versuchte er, die Spuren der radikalen politisch-religiösen Überzeugungen seiner Frühzeit aus seinem Werk zu tilgen. Soviel er aber auch feilte und »verbesserte« – was sich änderte, war lediglich die äußere Form seiner Dichtung: ihre politische Substanz blieb, gegen den Willen des Autors, erhalten. Sie verdient es, näher betrachtet zu werden.

b) ›Die Alpen‹ als politisches Gedicht

Als Albrecht von Haller die ›Alpen‹ schrieb, war er gerade 20 Jahre alt. Er war soeben von einem vier Jahre währenden Auslandsaufenthalt zurückgekehrt, der ihn, im Wechsel von Studium und Reisen, in die Metropolen Westeuropas geführt hatte: nach Leyden und Amsterdam, Paris und London sowie in den Süden und Nordwesten Deutschlands: nach Tübingen und Stuttgart, Hannover, Halle, Hamburg usw. Dieser biographische Umstand ist aus zwei Gründen wichtig. Einmal ergibt sich daraus jene unbefangene Sehweise der Schweizer Heimat und ihren Menschen gegenüber, die dem jungfräulichen Blick, den Brockes für die Dichtung forderte, nicht unähnlich ist. Zum anderen hatte die Konfrontation mit den heimischen Verhältnissen, nach den Lehrjahren im Ausland, Konsequenzen für den politischen Gehalt von Hallers Gedicht. Auf die »Tendenz« der ›Alpen‹-Dichtung ist oft genug hingewiesen worden; es ist jedoch nicht möglich, diese auf einen formelhaften Nenner zu bringen, indem man den politischen Charakter des Gedichts auf einen einfachen Gegensatz reduziert, sei er nun nationaler (Schweiz – Ausland), religiöser (Protestantismus – Katholizismus) oder zivilisatorischer Art (Stadt – Land).[18] All diese Elemente sind sicherlich in der Dichtung enthalten. Für den Patriotismus des Verfassers lassen sich verschiedene Zeugnisse beibringen: schon als Knabe soll er ein Epos von 4000 Versen geschrieben haben, das den Ursprung des Schweizerbundes behandelte; als Student in Leyden verfaßte er das Gedicht ›Sehnsucht nach dem Vaterlande‹, das wehmütig-patriotischen Stimmungen Ausdruck gibt; und auf seiner Wanderung durch die Schweiz 1728 besuchte er den von ihm bewunderten Schriftsteller Beat Ludwig von Muralt, der in seinem Buch ›Lettres sur les Anglois et les François et sur les voyages‹ (1725) das einfache Leben des Schweizervolks der Dekadenz und dem Sittenverfall Frankreichs gegenübergestellt hatte.[19] Dem widerspricht das Bekenntnis Hallers, daß er als angehender Student »mit trocknen Augen« der Schweiz Lebewohl sagte, »weil ich im Vaterlande nichts als Versäumniß vor mir sahe«.[20] Noch weniger verträgt sich mit dem vermeintlichen Nationalismus des Dichters sein Enthusiasmus für England und die Niederlande, insbesondere wegen der Achtung, die man in London oder Leyden, im Gegensatz zu Bern oder Basel, dem Gelehrtenstand entgegenbrachte. Ähnlich ambivalent verhält es sich mit der angeblichen »Culturfeindlichkeit« Hallers oder mit seiner vermeintlichen religiösen Intoleranz (Hirzel unterstellt ihm eine »speciell protestantische Leidenschaft«).[21] Zwar äußert sich Haller öfter abfällig über das Stadtleben – Köln ist ihm ein unangenehmer Ort, wo die Kirchen meist gotisch sind und nichts Schönes haben; Basel nennt er »uneben, irregulier (...) unkommlich und altfränkisch«, über Genf schweigt er lieber gänzlich (»Vous savez que nous voyageons pour voir la nature, et non pas pour voir les hommes, ni leurs ouvrages«, heißt es im Tagebuch seiner Schweizerreise anläßlich eines Besuchs in Genf) – auf der anderen Seite aber zeigt er sich fasziniert von »modernen« Metropolen wie Leyden und London.[22] Zwar wettert er des öfteren gegen die katholische Kirche – in Basel ergötzt er sich an einem Fresko, das den Papst in der Hölle zeigt, in Halle besucht er den Aufklärer Thomasius, mit dem auch Brockes bekannt war, in Colombier am Neuenburger See den bereits erwähnten Schriftsteller Muralt, der seiner pietistischen Lehren wegen aus Bern ausgewiesen worden war – gleichzeitig aber lobt er den frommen Sinn des Württemberger Landvolks, die kirchlichen Institutionen der Engländer und das praktische Christentum der Holländer.[23]

Dieser Widerspruch läßt sich nur auflösen, wenn man den sozialen Inhalt von Hallers Parteinahme zu den politisch-religiösen Kämpfen seiner Zeit berücksichtigt. Dabei handelt es sich nicht nur um Mutmaßungen: der Autor selbst gibt deutliche Fingerzeige. In einer autobiographischen Skizze aus dem Jahr 1732 schildert Haller rückblickend die gesellschaftlichen Verhältnisse im Fürstentum Württemberg wo er sein erstes Studienjahr zubrachte, mit einer polemischen Schärfe die an Deutlichkeit nichts zu wünschen übrig läßt: in satirischer Form geißelt er hier Ausbeutung und Korruption unter der Regentschaft des Fürsten Eberhard Ludwig, der das Regieren seiner Maîtresse und seinen Höflingen überließ, und seine Frau praktisch in Gefangenschaft hielt; die Intrigen bei Hofe entschieden sogar über die Besetzung der Lehrstühle an der Universität.[24] Später, auf seiner Reise durch Norddeutschland, hat Haller das Fazit aus seinen Erfahrungen mit der deutschen Kleinstaaterei gezogen, in Versen, die ebenso in den ›Alpen‹ stehen könnten:

> »Ach! unglückseligs Volk, inmitten von dem Glücke,
> Was die Natur dir giebt, das raubt dir dein Geschicke!
> Der Aehren göldnes Meer, das auf dem Lande schwimmt,
> Ist dir zur Mühe nur, dem Prinz zum Nutz bestimmt.
> Du seufzest bei dem Pflug, er raubt, was du erschwitzet,
> Du hungerst in dem Gut, das ein Tyrann besitzet,
> (...)
> So lang ein wilder Fürst sein Volk vor Thiere schätzet
> Und seiner Wünschen Ziel an ihrem Elend setzet (...)
> So lange wird das Land im Reichthum Hungers sterben
> Und stäts mit seinem Blut des Prinzen Purpur färben.«[25]

Der gesellschaftliche Inhalt von Hallers politischer Einstellung tritt hier klar zutage. Es ist ein schroffer Antifeudalismus, oder positiv ausgedrückt: das Engagement für eine bürgerlich-republikanische Verfassung, das den Dichter sogar bei seinem Studium der Antike leitete.[26] Eine solche Haltung ist nicht einfach gleichzusetzen mit schweizerischem oder gar deutschem Nationalismus, wie es z. B. Maync und Stahlmann tun;[27] von ihr ausgehend muß Haller die erstarrte Geld- und Standesaristokratie Berns genauso verurteilen wie die deutschen Duodezfürstentümer oder den französischen Absolutismus; andererseits kann er offen mit der niederländischen Republik oder der konstitutionellen Monarchie Englands sympathisieren in der sich das Bürgertum seine politischen Rechte erkämpft hatte Hallers Stellung zu den religiösen und zivilisatorischen Streitfragen seiner Zeit wird erst von hier aus voll verständlich: er tritt ein für einen aufgeklärt-toleranten Protestantismus, der jeglichem Dogmatismus abschwört (das gilt wohlgemerkt nur für seine frühen Jahre), ebenso wie für eine praktisch-empirische Wissenschaft (Newton), für das Primat der (bürgerlichen) Natur über die (höfische) Kultur.[28] Nachdem so die politischen Anschauungen des jungen Haller im Kontext seiner Biographie sichtbar geworden sind, gilt es nun, ihre Spuren im Gedicht selbst aufzusuchen. Ich folge dabei dem Text der letzten, noch von Haller selbst besorgten Ausgabe der ›Alpen‹ (1776), mit der Verszählung Hirzels.[29]

Gleich die erste Strophe des Gedichts (Vers 11–20; 1–10 sind erst in späteren Auflagen hinzugekommen) enthält eine Absage an den luxuriösen Prunk höfischen Lebens, die sich in zwei Versen gedanklich resümieren läßt:

> »Was hat ein Fürst bevor, das einem Schäfer fehlet?
> Der Zepter eckelt ihm, wie dem sein Hirten-Stab.« (15 f.)

Die Tendenz von Hallers Antifeudalismus tritt klar zutage in der folgenden Passage, in der er seine Schweizer Heimat zur klassenlosen Gesellschaft erklärt:

> »Hier herrscht kein Unterschied, den schlauer Stolz erfunden,
> Der Tugend unterthan und Laster edel macht;« (71 f.)

Ähnlich gestimmt sind die Verse 81–84, die sich gegen scholastische Wissenschaft und gelehrte Schulfuchserei richten. Haller spricht hier in eigener Sache. – Die programmatische Forderung nach »Natürlichkeit« der menschlichen Beziehungen im Gegensatz zu höfischer Etikette schließt auch den sexuellen Bereich nicht aus, wobei sich Haller zu fast Rousseau'scher Radikalität aufschwingt (121–160). Das Motto erscheint schon in der Einleitung:

> »Denn hier, wo die Natur allein Gesetze giebet,
> Umschließt kein harter Zwang der Liebe holdes Reich.
> Was liebenswürdig ist, wird ohne Scheu geliebet,
> Verdienst macht alles werth und Liebe macht es gleich.«
> (121–124)

Nachdem er die Liebeswerbung eines jungen Hirten um seine Schöne geschildert hat, zeichnet er, in sichtlicher Übertreibung der realen Verhältnisse, ein Paradies der freien Liebe, in dem die Ehe keiner kirchlichen oder weltlichen Sanktion mehr bedarf:

> »Die Sehnsucht wird hier nicht mit eitler Pracht belästigt!
> Er liebt sie, sie ihn, dieß macht den Heirath-Schluß.
> Die Eh wird oft durch nichts als beider Treu befestigt,
> Für Schwüre dient ein Ja, das Siegel ist ein Kuß.« (141–44)

Ganz im Gegensatz zu der Freizügigkeit, die Haller hier an den Tag legt, steht die puritanische Absage an den Wein (221–30), ein Moment der privaten Askese, das gleichzeitig frühbürgerlicher Ideologie entspricht.[30] Daß der Dichter keineswegs, wie es eben noch den Anschein haben konnte, einer klassenlosen Gesellschaft das Wort redet, zeigen die folgenden Verse, in denen der eigentliche Adressat seiner Dichtung, ihr Subjekt und Objekt in einem, sichtbar wird:

> »Verblendte Sterbliche! die, bis zum nahe Grabe,
> Geiz, Ehr und Wollust stäts an eitlen Hamen hält,
> (...)
> Die ihr das stille Glück des *Mittelstands* verschmähet
> Und mehr vom Schicksal heischt, als die Natur von euch...«
> (441–46; Hervorhebung von mir, H.C.B.)

Eine Zusammenfassung der politischen Tendenz von Hallers Gedicht enthalten die letzten Strophen; Haller wirft hier den Fürsten nicht nur Tyrannei und blutige Unterdrückung ihrer Bürger vor, sondern auch Lasterhaftigkeit und Habsucht.

> »Dort spielt ein wilder Fürst mit seiner Diener Rümpfen,
> Sein Purpur färbet sich mit lauem Bürger-Blut;
> Verläumdung, Haß und Spott zahlt Tugenden mit Schimpfen,
> Der Gift-geschwollne Neid nagt an des Nachbarn Gut;
> Die geile Wollust kürzt die kaum gefühlten Tage,
> weil um ihr Rosen-Bett ein naher Donner blitzt;
> Der Geiz bebrütet Gold, zu sein' und andrer Plage,
> Das niemand weniger, als wer es hat, besitzt;« usw. (461–68)

Obwohl Haller die erste Auflage seiner Gedichte anonym drucken ließ und in einem »Vorbericht« versicherte, sie seien »in einem Alter geschrieben worden, wo man noch nicht Klugheit genug besitzt, alle Folgen seiner erhitzten Gedancken vorzusehen«, obwohl er eigens beteuerte, »daß Er wider den geoffenbahrten Glauben weder Zweiffel noch Vorurtheil jemahls gehabt« – trotz solcher Vorsichtsmaßregeln blieben dem Verfasser, dessen Name rasch bekannt wurde, Vorwürfe von seiten der politisch-religiösen Orthodoxie seiner Heimatstadt Bern nicht erspart.[31] Durch Schaden klug geworden, versuchte er in der zweiten Auflage, durch Eliminierung alles Anstößigen, diesen Vorwürfen die Spitze zu nehmen. Eine Strophe aus den ›Alpen‹ soll die Richtung dieser Umarbeitung dokumentieren. Die Verse lauten im Original (1. Auflage von 1732):

> »Ein andrer, dessen Haupt mit gleichem Schnee bedeket,
> Ein lebendes Gesäz, des Volkes Richtschnur ist;

Lehrt was den Stand erhält, was er vor Fehler heket,
Wie auch der öfftre Sieg der Völkern Stärke frisst.
Er zeigt der Freyheit Wehrt, wie Gleichheit an den Gütern,
Und der Gesäzen Forcht des Standes Glück erhält,
Er weist, wie die Gewalt selbst-herrschender Gebietern,
Zuerst das Volk erdrückt und dann von selbsten fällt.«[32]

In der überarbeiteten Fassung hört sich die gleiche Stelle so an:

»Ein andrer, dessen Haupt mit gleichem Schnee bedecket,
Ein lebendes Gesetz, des Volkes Richtschnur ist,
Lehrt, wie die feige Welt ins Joch den Nacken strecket,
Wie eitler Fürsten Pracht das Mark der Länder frisst,
Wie Tell mit kühnem Muth das harte Joch zertreten,
Das Joch, das heute noch Europens Hälfte trägt;
Wie um uns alles darbt und hungert in den Ketten
Und Welschlands Paradies gebogne Bettler hegt;« (291–98)

Die Absicht der Umarbeitung liegt auf der Hand: während die erste Fassung auf gesellschaftliche Mißstände zielt, die auch in Hallers Schweizer Heimat anzutreffen sind, verlegt die zweite Fassung den Feind nach außen. Sozialkritik wird ersetzt durch selbstzufriedenen Chauvinismus, der den Berner Patriziern nur gelegen sein konnte, weil er von den Mißständen im eigenen Haus ablenkt. Die Ironie von Hallers Schicksal aber wollte es, daß trotz aller Umarbeitungen – Haller hat seine Gedichte elfmal umgeschrieben und sich schließlich ganz von ihnen distanziert[33] – die üble Nachrede niemals ganz zum Schweigen kam. Noch nach dem Tod des Dichters baten seine Kinder den Biographen Zimmermann, Hallers kritische Äußerungen über die politischen Verhältnisse in Bern möglichst zu verschweigen – im Interesse der Familie.[34]

c) ›Die Alpen‹ als beschreibendes Gedicht

Die historische Bedeutung von Hallers Alpendichtung wird gewöhnlich darin gesehen, daß hier zum ersten Mal das Hochgebirge zum Gegenstand poetischer Darstellung gemacht wurde. Diese Feststellung ist nur bedingt richtig; sie bedarf der Präzisierung. Ist es doch weder die menschenfeindliche Einöde des Hochgebirges, die Haller schildert, noch die Park- und Gartenlandschaft von Brockes' Gedichten: es ist eine von Menschen bewohnte und bebaute Gebirgsnatur, eine Kulturlandschaft mit arkadischen Zügen, »Wo nichts, was nötig fehlt und nur, was nutzet, blüht« (318). Diese Bestimmung gilt es im folgenden festzuhalten: Haller schildert die Natur als menschliches Betätigungsfeld; nicht ein einzelnes Individuum steht ihr, wie bei Brockes, in passiver Kontemplation gegenüber; eine menschliche Gemeinschaft wird gezeigt im praktischen Stoffwechsel mit der umgebenden Landschaft; die Natur wird gleichsam vergesellschaftet. Das ist schon am äußeren Aufbau des Gedichts sichtbar: die Landschaftsbeschreibung, die den Höhepunkt des Gedichts bildet (311–60), ist eingebettet in Verse, in denen Haller das tägliche Leben, die Sitten und Gebräuche der Alpenbewohner ausführlich darstellt. Er zeigt die Bewohner eines Dorfes bei Festlichkeiten, Tanz und sportlichem Wettkampf, schildert das Liebeswerben eines jungen Hirten von der ersten zärtlichen Regung bis zur Hochzeit, seinen Tageslauf von Sonnenaufgang bis Sonnenuntergang, er beschreibt Heumahd und Obsternte, Jagd und Käsezubereitung, und führt die Alten des Dorfes an einem Winterabend im vertrauten Gespräch vor. Auch die Schilderung der Alpenlandschaft selbst ist durchsetzt mit Anzeichen menschlicher Tätigkeit; blühende Getreidefelder, Rinder- und Schafherden zeugen vom Fleiß der Bergbewohner, und nicht von ungefähr charakterisiert der Dichter die Landschaft als »Schauplatz einer Welt, / Ein weiter Aufenthalt von mehr als einem Volke« (326 f.). Nach der Schilderung von Pflanzen und Mineralien des Gebirges, die sich an die Landschaftsbeschreibung anschließt, kehrt Haller zurück zu den Menschen; vom goldhaltigen Wasser der Aare leitet er über zur Tugendhaftigkeit ihrer Anwohner, mit den Worten:

> »Der Hirt sieht diesen Schatz, er rollt zu seinen Füßen,
> O Beispiel für die Welt! Er siehts und lässt ihn fließen.«
>
> (439 f.)

Nach polemischen Invektiven gegen das Treiben der Fürsten und die Sittenlosigkeit des Stadtlebens faßt Haller, Vergil paraphrasierend, das schlichte Glück seiner Älpler in folgenden Versen zusammen, die zugleich den Schluß des Gedichts markieren:

> »O selig! wer wie ihr mit selbst gezognen Stieren
> Den angestorbnen Grund von eignen Äckern pflügt;
> (...)
> Der seinen Zustand liebt und niemals wünscht zu bessern!
> Das Glück ist viel zu arm, sein Wohlsein zu vergrößern.«
>
> (481 f.; 489 f.)

Bevor ich mich der Landschaftsbeschreibung im engeren Sinne zuwende, will ich kurz untersuchen, auf welche Weise Haller menschliche Tätigkeiten, Arbeitsvorgänge beschreibt. Als Beispiel dient mir die Schilderung des sportlichen Wettkampfs:

>»Dort eilt ein schnelles Blei in das entfernte weiße,
Das blitzt und Luft und Ziel im gleichen Jetzt durchbohrt;
Hier rollt ein runder Ball in dem bestimmten Gleiße
Nach dem erwählten Zweck mit langen Sätzen fort.
Dort tanzt ein bunter Ring mit umgeschlungnen Händen
In dem zertretnen Gras bei einer Dorf-Schallmei:
Und lehrt sie nicht die Kunst, sich nach dem Tacte wenden,
So legt die Fröhlichkeit doch ihnen Flügel bei.
Das graue Alter dort sitzt hin in langen Reihen,
Sich an der Kinder Lust noch einmal zu erfreuen.« (111–120)

Die Anmerkung des Verfassers: »Diese ganze Beschreibung ist nach dem Leben gemalt«, die sich auf die vorhergehende Strophe bezieht, gilt auch für diese Verse: die Vorgänge – Scheibenschießen, Kegeln und Reigentanz – lassen sich unschwer identifizieren. Auffällig ist der mechanische Wechsel von dort – hier – dort, mit dessen Hilfe die dargestellten Bewegungsabläufe lokalisiert werden sollen, ohne daß sich daraus eine auch nur annähernd präzise Ortsvorstellung ergibt. Der Dichter lenkt so den Blick des Lesers auf verschiedene Gegenstände, die er in einem jeweils zweizeiligen Tableau beschreibt – ähnlich Brockes' Verfahren der Aufteilung eines Gesamteindrucks in sukzessive Einzelbilder. Was die Bilder Hallers von denen seines Vorgängers unterscheidet, ist ihre schlaglichtartige Kürze – häufig genügt ihm ein einziger Vers zur Vergegenwärtigung eines komplizierten Vorgangs. Haller »malt« den jeweiligen Vorgang in seinem charakteristischsten Augenblick, auf seinem Höhepunkt – ganz so wie es Lessing von der Malerei fordert. So zerlegt er den Akt des Schießens in zwei Phasen, die so schnell aufeinanderfolgen, daß der Eindruck von Simultaneität entsteht (111 f.). Das gleiche Verfahren wendet Haller an bei der Beschreibung der Jagd (231–40): aufgefädelt an dem monotonen hier-dort, wird die Jagdszene in dramatische Momentaufnahmen zerlegt, die virtuos in Kontrast zueinander gestellt werden, so daß der Leser, wie bei der Betrachtung eines Films, gleichsam einer optischen Täuschung erliegt: die Einzelbilder, nacheinander gesehen, vermitteln den Eindruck von rascher Bewegung (vgl. Vers 238: »Hier flieht ein leichtes Reh, es schwankt und sinket dort.«). Das Statische der Schilderung wird dadurch aber nicht aufgehoben. Das zeigt sich besonders deutlich bei der Beschreibung der Käsezubereitung (241–50):[35] die einzelnen Arbeitsgänge – Kochen, Gerinnen, Pressen der Molke usw. – stehen unverbunden nebeneinander und bestätigen so Hallers Bemerkung in der Vorrede zu seinem Gedicht: »Die zehenzeilichten Strophen, (...) zwangen mich, so viele besondere Gemälde zumachen, als ihrer selber waren.«

Die fünf Strophen (311–60), in denen Haller das Panorama einer Alpenlandschaft vor den Augen des Lesers entwirft, gelten, nach übereinstimmender Meinung der Forschung, als Glanzstück poetischer Beschreibungskunst.[36] Sie knüpfen an die Vorstellung mehrerer charakteristischer Typen von Alpenbewohnern an: den Wetterkundigen, den dichterischen Sänger, den Krieger, den Politiker und den Naturfreund, dem der Autor gleichsam »das Wort aus dem Mund« nimmt (Frey),[37] um zur Schilderung der Landschaft überzuleiten.

Zunächst zählt Haller, pauschal summierend, die geographischen Besonderheiten seines Vaterlandes auf, gipfelnd in einem pointierten Hinweis auf ihre spezifische Nützlichkeit:

> »Der Berge wachsend Eis, der Felsen steile Wände
> Sind selbst zum Nutzen da und tränken das Gelände« (319 f.)

Nach dieser Einleitung beginnt die eigentliche Beschreibung. Sie ist in Szenerie und Metaphorik noch der barocken Tradition verhaftet, in der atmosphärischen »Stimmung« dagegen kündigt sich Neues an. Geschildert wird der Aufgang der Sonne, wie er sich von einem erhöhten Aussichtspunkt, einem Berggipfel aus darstellt. Die Sonne, mythologisch personifiziert als »Titan«, eröffnet den Blick auf eine Landschaft, die, ähnlich wie im barocken Welttheater, ihren »Auftritt« hat (321 ff.); die Nebel lüften sich wie ein Bühnenvorhang. Die Reaktion des Betrachters rundet das Bild ab und bereitet zugleich die genauere Beschreibung vor:

> »Ein angenehm Gemisch von Bergen, Fels und Seen
> Fällt nach und nach erbleicht, doch deutlich, ins Gesicht,
> Die blaue Ferne schließt ein Kranz beglänzter Höhen,
> Worauf ein schwarzer Wald die letzten Strahlen bricht;
> Bald zeigt ein nah Gebürg die sanft erhobnen Hügel,
> Wovon ein laut Geblöck im Thale widerhallt;
> Bald scheint ein breiter See ein Meilen-langer Spiegel,
> Auf dessen glatter Flut ein zitternd Feuer wallt;
> Bald aber öffnet sich ein Strich von grünen Thälern
> Die, hin und her gekrümmt, sich im Entfernten schmälern.«
>
> (331–40)

Die Schilderung selbst folgt zwanglos dem Blick des Dichters, der die einzelnen Realien der Landschaft »nach und nach«, so wie der Nebel sich lichtet, wahrnimmt. Haller befolgt hier unbewußt Lessings

Gebot, »das Koexistierende seines Vorwurfs in ein Sukzessives« zu verwandeln. Der Zustand wird so zum Vorgang, ein Eindruck, der durch die temporale Auffächerung des räumlichen Bildes noch verstärkt wird:

> »*Bald* zeigt ein nah Gebürg die sanft erhobnen Hügel,
> (...)
> *Bald* scheint ein breiter See ein Meilen-langer Spiegel,«
>
> usw. (335 ff.)

Ein Blick auf den Wortbestand, insbesondere Verben und Ortsadverbien, zeigt, auf welche Weise der Dichter die Landschaft dynamisiert: von den »sanft erhobnen Hügel(n)« hallt ein Geblök im Tale »wider«; auf der glatten Flut des Sees »wallt« ein »zitternd Feuer«; die Täler »öffnen sich« erst, um sich dann, »hin und her gekrümmt«, im Entfernen zu »schmälern« (335–340). Die einzelnen Bestandteile der Landschaft erhalten so Bewegung und Leben, die Statik der Beschreibung wird überwunden.[38] Charakteristisch für die Sehweise des 18. Jahrhunderts ist die Formel, mit der Haller die Schilderung eröffnet: »Ein angenehm Gemisch von Bergen, Fels und Seen« – sie verweist noch einmal auf die Tatsache, daß es sich hier nicht um öde Hochgebirgsnatur, sondern um eine gegliederte, mannigfach abgestufte Kulturlandschaft handelt. Dieser Kontrast wird weiter ausgeführt in der folgenden Strophe (341–50), durch die Gegenüberstellung: »kahler Berg« – »fruchtbares Gebürg«, »verjährtes Eis« – »Futter-reiche(r) Weide«; die Gegensätze wohnen in den Alpen direkt nebeneinander, getrennt nur durch ein »enges Tal«. Die Ortsadverbien »dort« – »Nicht fern vom«, die an die Stelle des »Bald« – »Bald« aus der vorigen Strophe treten, dienen auch hier weniger der räumlichen Spezifizierung, als vielmehr der Aufteilung des Gesamtbildes in überschaubare Einheiten. Das »Hier-dort« bzw. »Bald-bald« bildet gleichsam den Angelpunkt der Beschreibung, es funktioniert als eine Art Scharnier.

Die Schlußstrophe der Schilderung (351–60) verdankt ihre Berühmtheit ebenso der Neuheit des Sujets wie der spezifischen Art von Hallers Darstellung. Es handelt sich, wie der Verfasser selbst in einer Anmerkung mitteilt,[39] um die Beschreibung des Staubbachfalls bei Lauterbrunnen. Die Besonderheit dieses Naturphänomens gibt Haller Gelegenheit zur Schilderung atmosphärischer Feinheiten, die vorher, außer bei Brockes, kaum wahrgenommen, geschweige denn sprachlich wiedergegeben worden sind: das in der »verdickten Luft« schwebende »bewegte(s) Grau« des Wassers und der Regenbogen, der sich im feuchten Dunst spiegelt. An dieses Meisterstück poetischer Malerei knüpft der Verfasser eine bildhafte Pointe, die in ihrer gesuchten Originalität an das *concetto arguto* der Barockdichtung erinnert.

> »Hier zeigt ein steiler Berg die Mauer-gleichen Spitzen,
> Ein Wald-Strom eilt hindurch und stürzet Fall auf Fall.
> Der dick beschäumte Fluß dringt durch der Felsen Ritzen
> Und schießt mit gäher Kraft weit über ihren Wall.
> Das dünne Wasser theilt des tiefen Falles Eile,
> In der verdickten Luft schwebt ein bewegtes Grau,
> Ein Regenbogen strahlt durch die zerstäubten Theile
> Und das entfernte Thal trinkt ein beständigs Thau.
> Ein Wandrer sieht erstaunt im Himmel Ströme fliessen,
> Die aus den Wolken fliehn und sich in Wolken giessen.«
>
> (351–60)

In der ersten Auflage der Gedichte waren es Gemsen gewesen, die dieses Naturschauspiel bewunderten; auf Anraten seiner Freunde änderte Haller die Stelle später.[40] Das Bild bleibt trotzdem, jedenfalls beim ersten Lesen, rätselhaft, und der Autor sah sich genötigt, den Vorgang in einer Fußnote zu erläutern mit dem Hinweis, daß »wann oben am Berg die Wolken liegen, der Staubbach aber durch seinen starken Fall einen Nebel erregt, (...) der letzte Vers allerdings nach der Natur gemalt scheint.«[41] Zum Beweis beruft Haller sich auf einen »Oberamtsmann« aus der Lauterbrunner Gegend, der ihm die Richtigkeit des Ausdrucks bestätigt habe, so als müsse er sich für die Kühnheit des dichterischen Bildes entschuldigen.

Die Methode des poetischen Malens zeigt sich besonders deutlich am Gebrauch der Adjektive, die fast jedes im Text erscheinende Hauptwort begleiten. Sie drücken weniger ruhende Eigenschaften der Dinge aus – Farben und andere sinnliche Qualitäten, als vielmehr erstarrte Bewegungen, die eine charakteristische Seite des jeweiligen Naturgegenstandes beleuchten: »sanft erhobne(n) Hügel«, »glatte(r) Flut«, »zitternd Feuer«, der »dick beschäumte Fluß«, »verdickte(n) Luft«, »zerstäube(n) Theile« usw. (335 ff., 353 ff.). Die zwischen konkreter Beobachtung und gedanklicher Abstraktion schwebenden Partizipialkonstruktionen, die an Vergil erinnern, kennzeichnen das Bemühen des malenden Dichters um Konzentration der sinnlichen Eindrücke. Zugleich wird deutlich, welche Mühe Haller, in der Wahl der Adjektive, auf diese Arbeit verwandte.

Die Realien der Alpenlandschaft erinnern, oft bis in die Formulierung hinein, an entsprechende Stellen in Hallers spätem Gedicht

»Über den Ursprung des Übels« (1734).[42] Es genügt, einzelne Passagen nebeneinander zu stellen:

›Die Alpen‹	›Über den Ursprung des Übels‹
»(. . .) *Augen* Die zu den breiten Kreis *nicht* *durchzustrahlen* taugen.« (329 f.)	»Worauf das *Aug kein Ende* fand,« (7)
»Die *blaue* Ferne schließt ein *Kranz beglänzter* Höhen, / Worauf ein schwarzer *Wald* die letzten *Strahlen bricht;*« (333 f.)	»Als wo Jurassus es mit *blauen* Schatten *kränzet*. / Die Hügel decken grüne *Wälder*, / Wodurch der falbe Schein. . . / Mit angenehmem *Glanze* *bricht;* (8–11)
»Auf dessen glatter Flut ein zitternd Feuer *wallt;*« (338)	»Der reinen Aare *wallend* Licht;« (13)
»ein laut Geblöck« (336)	»frisst und *bleckt*« (21)
»von hundert *Heerden schwer*« (348)	»der Rinder *schwere Heerde*« (22)
»im Thale *widerhallt*« (336)	»Wie angenehm ihr *Widerhall*,« (37)
»durch der *Felsen* Ritzen / (. . .) mit *gäher* Kraft« (353 f.) »durch die *zerstäubten* Theile« (357)	»Durch *gähe Felsen* rauschend *stäubt*« (45)

(Hervorhebung von mir, H. C. B.)

Darüber hinaus finden sich weitere Anklänge an die ›Alpen‹: die Verse 16–19 aus dem Gedicht ›Über den Ursprung des Übels‹ erinnern, z. T. wörtlich, an Vers 73–78 der ›Alpen‹; ebenso die Schilderung der wiederkäuenden Rinder (›Alpen‹ 187 f. und ›Ursprung des Übels‹ 22 ff.).

Den Übergang von der fernen zur nahen Natur, von der Landschaft zu Blumen und Kräutern, vollzieht Haller mit einer programmatischen Aufforderung an die Leser, die seiner eigenen Forschertätigkeit als Botaniker gleichsam als Motto voranstehen könnte (365–70). Die anschließende Beschreibung der Alpenflora knüpft an den zuvor (321 ff.) geschilderten Sonnenaufgang an: während die Sonne den Nebel lichtet und den Tau trocknet, entfalten die Blumen eine Symphonie von Farben, veranstalten einen Wettstreit, welcher von ihnen die Krone der Schönheit gebührt (371–80). Der Topos »Wettstreit der Blumen« ist bekannt aus der Barockpoesie;[43] auch die Metaphorik der Verse entstammt barocker Tradition: der Duft der Blumen wird zu »Ambra-Dämpfen« (375), die Blumen selbst werden apostrophiert als »Florens bunt Geschlecht« (376), blühende Wiesen erscheinen als »grünender Tapet« (380) usw. Ebenso wie das Blumenstilleben in der bildenden Kunst, war die Blumenschilderung in der Poesie, ausgehend von Holland im letzten Drittel des 17. Jahrhunderts, zur Mode geworden, die bald den ganzen Kontinent ergriff, und der auch Brockes reichlich Tribut zollte.[44] In diesen Kontext gehört auch Hallers Beschreibung. Neu sind jedoch ihre Gegenstände nicht Rosen oder Tulpen, wie im Barock, sondern die kaum bekannten Alpenblumen, die er auf seiner Wanderung selbst sammelte und katalogisierte: es sind, in der Reihenfolge der Schilderung, Enzian, Löwenmaul, Sterndolde und Erikazeen – in Anmerkungen zum Gedicht gibt Haller die lateinischen Gattungsnamen an und rechtfertigt ausführlich die Einzelheiten seiner Darstellung. Charakteristisch ist, wie er den geschilderten Pflanzen menschliche Eigenschaften zulegt: auch hierin macht sich barockes Erbe geltend:

> »Dort ragt das hohe Haupt am edlen Enziane
> Weit übern niedern Chor der Pöbel-Kräuter hin;
> Ein ganzes Blumen-Volk dient unter seiner Fahne,
> Sein blauer Bruder selbst bückt sich und ehret ihn.«
>
> (381–384)

Die Rangordnung der Natur bestätigt so hinterrücks die Hierarchie der Gesellschaft, der Haller in seinem Gedicht den Kampf ansagt; hier werden die Grenzen seines politischen Engagements sichtbar. Die Vermenschlichung der Natur zeigt sich auch in der Schlußpointe der Strophe, die zur Beschreibung die Erklärung beisteuert:

> »Gerechtestes Gesetz! daß Kraft sich Zier vermähle;
> In einem schönen Leib wohnt eine schönre Seele.«
>
> (389 f.)

Bekanntlich hat Lessing im ›Laokoon‹ Hallers Verse zitiert als Beispiel für das vergebliche Bemühen, in Worten wiederzugeben, was das Auge mit einem Blick übersieht.

Um zu einer gerechten Einschätzung von Lessings Kritik zu gelangen, ist zu beachten, daß sie sich weniger gegen Hallers Gedicht richtet – die Schilderung der Alpenblumen nennt er »ein Meisterstück in seiner Art« –, als vielmehr gegen das übertriebene Lob, das Breitinger solchen Passagen zuteil werden ließ. Er macht dem Schweizer Kritiker zum Vorwurf, daß er Hallers Beschreibung »aus einem ganz falschen Gesichtspunkte betrachtet« habe: »er muß mehr auf die fremden Zierrathen, die der Dichter darein verwäbet hat, auf die Erhöhung über das vegetative Leben, auf die Entwickelung der innern Vollkommenheiten, welchen die äußere Schönheit nur zur Schale dienet, als auf diese Schönheit selbst, (...) gesehen haben.«[45] Diese Charakteristik bezeichnet die Eigenart von Hallers Schilderung, das Nebeneinander von empirischer Beobachtung und gedanklicher Abstraktion, sehr genau. Sie deckt sich zudem weitgehend mit der Ver-

eidigung Hallers, die er in einer anonym erschienenen Rezension
des ›Laokoon‹ hervorbrachte: »Er (der Dichter – Anm. d. Verf.)
will bloß *einige merkwürdige Eigenschaften* des Krautes bekannt
machen, und dieses kann er besser als der Mahler, denn er kann die
Eigenschaften ausdrücken, die *inwendig liegen,* die durch *übrige Sinne*
erkannt oder *durch Versuche entdeckt werden,* und dieses ist dem
Mahler verboten.«[46] Die Grenze der malenden Poesie ist damit über-
schritten: es geht dem Dichter nicht mehr bloß um naturalistische
Wiedergabe der äußeren Erscheinung, sondern um die Aufdeckung
des inneren Wesens der Naturphänomene – sein Interesse ist wissenschaftlicher Art. Die Blumenschilderung in den ›Alpen‹ gehört damit, anders als die Landschaftsbeschreibung, in den Bereich der Lehrdichtung. Nicht zu Unrecht wird Haller von Lessing als »der gelehrte Dichter« apostrophiert; allerdings möchte Lessing die »dogmatische« Dichtung, wie er sie nennt, aus dem inneren Bezirk der Poesie
verbannen.[47] Der Grund für seine ablehnende Haltung ist im Unterschied der historischen Epochen zu suchen: während im ersten
Drittel des 18. Jahrhunderts die Popularisierung naturwissenschaftlicher Erkenntnisse durch die Dichtung dem Informationsbedürfnis
des bürgerlichen Publikums entgegenkam (der Erfolg, den Haller
und seine Nachfolger ernteten, ist hierfür der beste Beweis),[48] muß
den Zeitgenossen des Sturm und Drang eine solche Literatur (man
denke an das gereimte Geographiebuch, das der junge Goethe in der
Schule benutzte)[49] trivial und und mit ihrem eigenen Begriff von
Poesie unvereinbar erscheinen.

3. Zusammenfassung

Die Betrachtung von Hallers ›Alpen‹-Gedicht ist damit abgeschlossen; die Beschreibung der Minerale im letzten Teil des Gedichts fügt
dem bisher Gesagten nichts Neues hinzu. Die Eigenart von Hallers
Poesie, ihre historische Leistung im Verhältnis zu seinen Vorgängern,
zeigt deutlich ein Vergleich mit dem sieben Jahre früher erschienenen
Gedicht von Brockes ›Die Berge‹.[50] Die unterschiedliche Methode,
bei der Darstellung des gleichen Themas, springt sogleich in die Augen:
ausgehend von einem Bibelvers, der seinem Gedicht das Motto liefert,
beschreibt Brockes die Bergwelt, indem er, abstrakt summierend, ihre
hervorstechendsten Merkmale aufzählt. Weder hat er dabei ein be-
stimmtes, geographisch lokalisierbares Gebirge im Auge, noch gibt er,
wie Haller, einen exemplarischen Landschaftsausschnitt. Das Gebirge

wird einzig als totes Objekt geschildert; Menschen erscheinen in Brok
kes' Gedicht nirgendwo – die Berge sind gänzlich unbewohnt. Beherr
schender Eindruck ist der Schrecken, den die starre Monumentalitä
der Bergwelt im Betrachter erregt; das Schaudern klingt durch jede
Detail der Beschreibung durch:

6.

»Wenn man jemand, dessen Augen
Niemahls ein Gebürg' gesehn,
Sollt' im Schlaf zu bringen taugen
Auf der Alpen rauhe Höh'n,
Und ihn dort erwachen lassen;
Würd' er nicht vor Furcht erblassen?
Glaubend, daß er nun nicht mehr
Lebend und auf Erden wär.

7.

Der abscheulich-tiefen Gründe
Unbelaubte Wüsteney
Die zerborst'ne Felsen-Schlünde,
Das entsetzliche Gebäu
Der ohn' Händ' erbauten Thürme,
Deren Eis-beharn'schte Stirne
Mit Wind, Luft und Wolcken ficht,
Und derselben Wüten bricht.

8.

Tausend Brüche, deren Lücken
Fast wie Rachen offen stehn,
Abgerollte Felsen-Stücken,
Welche nicht zu übersehn,
Dornen, deren rauhe Hecken
Voller Furcht und Grauen stecken,
Klippen, die dem Erden-Ball
Droh'n mit ihrem nahen Fall.«[51]

Dem Entsetzen gesellt sich Erstaunen, der Angst Lust, und so entsteht jene charakteristische »gemischte Empfindung«, die Brockes' auch
bei der Betrachtung des Himmels, des Meeres usw. befällt.[52] Das Gebirge wird für die göttliche Weltordnung »gerettet« durch den Hinweis auf seine, auf den ersten Blick nicht erkennbare, Nützlichkeit: es
dient dazu, die innere Glut der Erde vom Ausbruch abzuhalten; auf
seinen Hängen weidet das Vieh, wachsen Wein und Getreide; außerdem liefern die Berge den Menschen Wasser und Brennholz.

Eine solche Rechtfertigung der Existenz des Gebirges liegt Haller fern, wiewohl auch bei ihm der Hinweis auf den Nutzen der Berge nicht fehlt.[53] Die Alpen sind für Haller ein idealtypischer Aufenthaltsort des Menschen, der schon durch seine natürliche Beschaffenheit: Reichtum und Kargheit in einem, eine Lebensweise fördert, die in den urbanen Zentren der Gesellschaft längst ausgestorben ist: Tugenden wie Schlichtheit und Aufrichtigkeit, Heroismus und praktische Solidarität der Menschen sind in den Alpen nicht die Ausnahme, sondern die Regel. Die Natur steht so stellvertretend für eine soziale Utopie, die Haller seiner Zeit kritisch als Spiegel vor Augen hält. Es wäre jedoch falsch, deshalb das Gedicht als »beschreibendes Idyll« zu charakterisieren, wie Harry Maync es versucht;[54] dazu ist es einerseits zu realistisch – man denke an die Beschreibung der Käsezubereitung,[55] auf der anderen Seite zu sehr abstrakt stilisiert im Sinne eines Ideals, das sich am besten mit Schillers Formel charakterisieren läßt: »Auf den Bergen ist Freiheit«.[56] Schiller war es auch, der die von Haller entwickelte Form der Gedankenlyrik aufgriff und auf einer höheren Stufe fortführte; sein an Lessing gemahnendes Urteil, Haller lehre mehr als er darstelle,[57] bezeichnet den kritischen Punkt, an dem die Nachwelt den Autor, der zwei Jahrzehnte lang mächtig gewirkt hatte (noch Kant nannte ihn den »erhabensten unter den deutschen Dichtern«[58], *ad acta* legte. Haller, der Dichter noch gründlicher als der Gelehrte, wurde vergessen und fristete fortan ein von Pietät umhegtes Dasein in einschlägigen Handbüchern, an der Peripherie des literarischen Bewußtseins. Die Synthese von Wissenschaft und Poesie, von Idee und Sinnlichkeit, die er anstrebte, blieb unvollendet: »Leicht können wir feststellen, daß er sie nur nebeneinander, nicht ineinander gezwungen hat.«[59]

Ewald von Kleist: *Der Frühling*

1. Entstehung des Gedichts

Der Dichter Ewald Christian von Kleist ist von der Nachwelt noch gründlicher vergessen worden als seine Vorgänger Brockes und Haller. Während Brockes allein durch den Umfang und die Kompaktheit seines Werks, Haller durch den philosophischen Tiefgang seiner Dichtung nachhaltig wirkte, ist Kleists poetische Produktion nach Anspruch und Ausdehnung so bescheiden, daß sie nach kurzem, euphorischem Erfolg fast totaler Vergessenheit anheimfiel. Die Wissenschaft, die sich spärlich genug seiner annahm, hat nur selten der Versuchung widerstanden, den Menschen Ewald von Kleist gegen den Dichter auszuspielen: was dem einen ermangelte, sollte der andere wettmachen.[1] Als Freund von Gleim und Lessing gab man ihm das Prädikat »sympathisch«; als Oheim von Heinrich von Kleist, dessen genialer Schatten auf den weniger bedeutenden Vorfahren zurückfiel, erhielt er das Epitheton »tragisch«. Die Germanistik erhob ihn zum »Krieger, Dichter, Denker« und erklärte seinen »Weltschmerz als Schicksal« – so die Titel zweier dem Dichter gewidmeter Dissertationen.[2] Der frühe Tod Ewald von Kleists nach der Schlacht von Kunersdorf 1759 verklärte mit seiner heroischen Aura im nachhinein auch das Werk des dichtenden Offiziers. Bis heute wird die Legende von Kleists Heldentod in der einschlägigen Literatur fleißig genährt,[3] obwohl schon Lessing, solchen verlogenen Nachrufen abhold, den wahren Sachverhalt hat durchblicken lassen: »Er hat sterben *wollen*.«[4] Bis heute verstellt die patriotisch verbrämte Lebensgeschichte den Blick auf das Werk des Dichters; nachdem Lessing dem Freund in der Gestalt Tellheims in seinem Schauspiel ›Minna von Barnhelm‹ ein Denkmal gesetzt hatte, ist Kleist zum Titelhelden preußisch-wilhelminischer Trivialliteratur heruntergekommen.[5] Es ist an der Zeit, Kleists Werk in den Mittelpunkt der Betrachtung zu rücken.

Ewald von Kleist war alles andere als ein Originalgenie. Sein dichterisches Schaffen, das kaum einen Band füllt, begann mit anakreontischen Tändeleien im Zeichen Gleims, dem er seine ersten poetischen Versuche zur Beurteilung zuschickte (1744/45), und endete mit eher glücklosen Ausflügen aufs Gebiet der Tragödie (›Seneca‹, 1758) und der patriotischen Lyrik (›Cissides und Paches‹, 1759), bei denen Lessing Pate stand. Dazwischen entstand, neben religiösen Hymnen à la Klopstock und witzlosen Epigrammen über Schweizer-

...äse, Kleists Hauptwerk, dem er seinen dichterischen Ruhm verdankt: das beschreibende Gedicht ›Der Frühling‹ (1749). Sein labiler Charakter – wir würden heute von »Ichschwäche« sprechen – machte Kleist empfänglich für jede Art von Kritik, der er sich beinah eilfertig beugte. So zeigt auch das ›Frühlings‹-Gedicht den Einfluß der Freunde: Gleim begleitete die Arbeit mit gutgemeinten Ratschlägen; Ramler, der ästhetische Mentor des Berliner Dichterkreises, schrieb eine konkurrierende Bearbeitung, gegen die Kleist zum Glück, wenn auch nur zaghaft, Einspruch erhob. Das unvollendete Gedicht, im Umfang ungefähr Hallers ›Alpen‹ entsprechend, enthält trotzdem das Eigenste, das Kleist je geschrieben hat. Obwohl es in seinem ohnehin schmalen Werk nur geringen Raum einnimmt, ist fortan, mit den Worten des Literarhistorikers Kurtz, »das beschreibende Gedicht (...) mit seinem (Kleists, Anm. d. Verf.) Namen verwachsen, da man ihn vorzugsweise als den Verfasser des ›Frühlings‹ nannte und ehrte.«[6]

Die Entstehung des Gedichts wird gewöhnlich mit einem Brief Kleists an Gleim in Verbindung gebracht (vom 9. März 1746). Der Brief schließt mit dem Vorsatz: »Ich will ein Gebet an den Frühling machen, daß er sich bald unseren Grenzen nahe.«[7] Die Verwirklichung dieses Vorsatzes nahm mehr Zeit in Anspruch, als Kleist ursprünglich geglaubt hatte. Die Arbeit schritt nur stockend voran. Noch im Juni 1747 beschwert sich Kleist, wieder in einem Brief an Gleim, daß ihm bei seinen »poetischen Bilderjagden« anstatt der Muse Apolls schnurrbärtige Grenadiere über den Weg laufen.[8] Die Briefstelle ist in zweierlei Hinsicht von Bedeutung: einmal wird hier bereits ein Mechanismus vorweggenommen, der dann im Gedicht selbst häufig wiederkehrt: die poetische »Stimmung« wird durch gewaltsame Einbrüche von außen gestört, die Realität macht das Wunschbild zunichte; zum andern enthält der Brief einen wichtigen Hinweis auf die persönliche Lage des Dichters. Die Arbeit am ›Frühling‹ fällt in eine Zeit erzwungener Muße in der Potsdamer Garnison, wo Kleist als Offizier Dienst tat, eine Zeit, die zu den Tiefpunkten von Kleists Leben gehört. Seine Briefe an die Berliner Freunde sind voll von Klagen über die Monotonie des militärischen Alltags, die Einsamkeit des Dichters unter den meist ungebildeten Offizieren, die für seine literarische Arbeit keinerlei Verständnis aufbrachten, das sinnlose Exerzieren und das jahrelange, vergebliche Warten auf Beförderung. Diese höchst realen Verhältnisse sind die Voraussetzung für Kleists ›Sehnsucht nach Ruhe‹, der er in einer Reihe von Gedichten Ausdruck verleiht.[9] Die verschiedensten Einflüsse persönlicher und sozialer Art wirken zusammen, um die Projektion der dichterischen Phantasie aus der bedrückenden Enge des Kasernenhofes ins Wunschbild des Früh-lings zu ermöglichen. Mit Recht hat die Forschung in diesem Zusam-menhang auf die Kindheit des Dichters verwiesen, der auf dem väter-lichen Schloß in Pommern und auf dem Gut eines Onkels in Groß-Poplow in ländlicher Abgeschiedenheit aufwuchs. Verklärte Kind-heitserinnerungen vermischen sich mit schwärmerischen Zukunftsplä-nen, wenn der Dichter in Briefen mehrfach den Wunsch äußert, den verhaßten Soldatenberuf an den Nagel zu hängen und stattdessen auf dem väterlichen Gut »Kohl zu pflanzen«.[10] Daß dieser Wunsch nie realisiert wurde, hat nicht allein objektive Gründe – Kleists Familie war verschuldet, ihr Besitz wurde verpfändet –, sondern auch sub-jektive: wie wenig real Kleists Vorstellung vom Landleben war, zeigt seine Dichtung, in der Arbeit nur in idyllischer Verklärung vorkommt. Die Stimmung, aus der heraus er den ›Frühling‹ schrieb, erscheint an-gedeutet schon in früheren Gedichten. In den Versen ›An Wilhel-mine‹ und ›An den Rittmeister Adler‹ entwirft er das Bild eines wunschlosen Glücks in der Natur, das durch innere und äußere Qual gestört wird; in ›Sehnsucht nach Ruhe‹ kontrastiert er das reale Grauen von Tod und Zerstörung bei der Belagerung Prags (1744) mit der Vision einer idyllischen Natur, die in ›Landleben‹ im einzelnen aus-gemalt erscheint. In einer Strophe des frühen Gedichts ›Lob der Gott-heit‹ beschreibt Kleist in wenigen Worten den Zyklus der Jahreszei-ten, von dessen breiter Schilderung der ›Frühling‹ nur der erste Teil sein sollte. Das Gedicht stellt so die Fortsetzung und Vollendung thematischer Motive dar, die in Kleists Werk von Anfang an präsent sind. Es genügt jedoch nicht, die persönlichen Erfahrungen zu nennen, die Kleist bei der Wahl seines Themas bestimmt haben mögen; es bedarf außerdem einer literarischen Tradition, erprobter poetischer Ausdrucksmittel, um dem Erlebten Form zu geben. Die Frage nach den dichterischen Vorbildern läßt sich in diesem Fall leicht beantwor-ten; Kleist selbst nennt in seinem Gedicht die Freunde beim Namen, denen er Förderung und Anregung verdankt: Gleim, Hirzel und Spal-ding; am Ende des Gedichts, als ihn die Inspiration zu verlassen droht, beschwört er den Verfasser der ›Alpen‹, von dem er sich poetische Farben ausleihen möchte:

> »Tauch' in die Farben Aurorens,
> Mal mir die Landschaft, o du, aus dessen ewigen Liedern
> Der Aare Ufer mir duften und vor dem Angesicht prangen,
> Der sich die Pfeiler des Himmels, die Alpen, die er besungen,
> Zu Ehrensäulen gemacht!« (380–383)

Hallers Einfluß auf Kleists Dichtung ist ausführlich nachgewiesen und braucht hier nicht noch einmal belegt zu werden; die umfangreichen Exzerpte aus Hallers Gedichten, die Kleist machte, wären für sich allein Beweis genug.[11] Auch Brockes, den er in einem Brief an Gleim (vom 28. April 1746) erwähnt, wurde für seine Dichtung bedeutsam: durch seine Vermittlung lernte er Thomson kennen, den Dichter der ›Seasons‹, den er in Brockes' Übersetzung las. Thomson, auf den Kleist in einer Vorbemerkung zu seinem Frühlingsgedicht hinweist, bestimmte nicht nur den ursprünglichen Plan des Dichters, den Zyklus der Jahreszeiten poetisch darzustellen, er beeinflußte auch die formale Gestaltung des Gedichts, die impressionistische Bewegtheit, die für Kleist so charakteristisch ist.[12] Die Tatsache, daß Kleists Poesie durch vielfältige Beziehungen mit der beschreibenden Dichtung seiner Zeit verknüpft ist, sagt noch nichts aus über die Individualität des Dichters, der das tradierte Schema höchst originell weiterentwickelt und schließlich durchbricht.

2. ›Der Frühling‹ als beschreibendes Gedicht

a) Das Sujet

Das Gedicht sollte ursprünglich »Landleben«, später »Landlust« heißen. Der Titel ›Der Frühling‹ stammt von Gleim; Kleist akzeptierte ihn nur widerstrebend; er fürchtete, aufgrund des Titels, als Thomson-Nachahmer eingestuft zu werden.[13] In einer nachträglich beigefügten Vorbemerkung ›An den Leser‹ versuchte Kleist, diesen Vorwurf zu entkräften und das Eigenständige der Darstellung, im Vergleich zu Thomson, hervorzuheben:

»Gegenwärtiges Gedicht ist nicht sowol eine ausführliche Beschreibung des Frühlings, seiner Abwechselungen und Wirkungen auf die Thiere, Gewächse u. dgl. als vielmehr eine Abbildung der Gestalt und der Bewohner der Erde, wie sie sich an einem Frühlingstage des Verfassers Augen dargeboten. Er hat diesen Weg zu erwählen nöthig gehalten, um was Neues zu sagen; denn auf erstere Weise haben schon Viele, und zwar Thomson unnachahmbar, diese Jahreszeit besungen.«[14]

Die Forschung hat diese Worte, und damit das ganze Gedicht, meist so gedeutet, als habe Kleist den Frühling nach Art eines Spaziergangs durch wechselnde Szenerien der Natur schildern wollen; was nicht in dieses Schema paßte, die scheinbare Plan- und Regellosigkeit des Aufbaus, wurde dann, im Vergleich mit Schillers Gedicht ›Der Spazier-

gang‹ (1795), das unvergleichlich viel strenger und logischer strukturiert ist, als Schwäche bzw. Unvermögen des Dichters gewertet.[1]
Dem widerspricht die Behauptung von Bartels, das Gedicht sei »kein
Spaziergang«, sondern »die Naturgeschichte des Frühlings, mit der
Frühlingsüberschwemmung beginnend und mit dem ersten Sommer-
regen schließend«.[16] In Wahrheit folgt die Schilderung weder dem
Faden eines Spaziergangs, wenn sie auch anfangs so angelegt scheint,
noch dem systematischen Ablauf einer »Naturgeschichte des Frühlings«: beide Elemente durchdringen und ergänzen einander zu einer
auf den ersten Blick willkürlichen Art der Darstellung, die in Wahrheit dem spezifischen Temperament des Dichters genau entspricht.
Kleists Bemerkung, er habe die Natur so geschildert, »wie sie sich an
einem Frühlingstage des Verfassers Augen dargeboten«, scheint mir
eher eine nachträgliche Rechtfertigung der naiven Unbekümmertheit
zu sein, mit der er den Stoff sich entwickeln ließ. Vielleicht wurde sie
veranlaßt durch die Kritik der Freunde; ursprünglich hatte Gleim die
Vorrede schreiben sollen; schon früher hatte Kleist durch Eliminierung mehrerer unmotivierter Abschweifungen – an die dreihundert
Verse – die Wildheit der Darstellung zu zügeln versucht.[17] Seine
Sorge, als Thomson-Epigone kritisiert zu werden, ist, wie Finkenstein
gezeigt hat, unbegründet: Kleists unsystematische Schilderung ist von
den Beschreibungen Thomsons, der die Wirkungen des Frühlings, von
den Veränderungen in der Natur bis zu den Verrichtungen der Menschen, systematisch darstellt, grundverschieden.[18] Noch deutlicher wird
die Eigenart des Dichters, wenn man Kleists Verfahren mit dem von
Brockes vergleicht. Wenn der Hamburger Dichter den Frühling oder
sonst eine Jahreszeit schildert, geht er stets aus von einem konkreten
sinnlichen Eindruck in seiner Umgebung, in Haus oder Garten, der
oft schon im Titel seines Gedichts erscheint: »Die uns zur Andacht
reitzende Vergnügung des Gehörs im Frühlinge«, »Schönheit der
Felder im Frühlinge«, »Das Wasser im Frühlinge« usw.[19] Brockes
schreitet fort von der Beschreibung der Naturphänomene über ihre
wissenschaftliche Erklärung zum Hinweis auf ihren göttlichen Ursprung und schließt mit der frommen Aufforderung an den Leser, den
Schöpfer in seinen Geschöpfen zu ehren. Das malerische Detail ist so
stets eingebettet in den Rahmen des »physicalisch-moralischen« Lehrgedichts. Anders bei Kleist: die lehrhafte Intention fällt hier ganz
weg; erhalten hat sich lediglich das zum Topos verfestigte Lob Gottes,
allerdings ohne die teleologische Begründung, das »Nützlichkeitsdenken« von Brockes. An die Stelle der opernhaften Folge von Arie,
Arioso und Rezitativ, die dem Schema von Beschreibung, Lehre und

frommer Moral entspricht, tritt bei Kleist der Wechsel von Detailschilderung und empfindsamer Reflexion: der Musenanruf dient als
Drehpunkt des Gedichts, dort, wo den Dichter die hochgestimmte Begeisterung zu verlassen droht.[20] Gleichzeitig mit der didaktischen Intention tritt auch das praktisch tätige Element zurück, das die Naturschilderung bei Brockes und Haller noch erfüllte, ebenso wie die Kritik an sozialen Mißständen; verglichen mit der polemischen Aggressivität eines Haller, sind die Ermahnungen an die Adresse der Fürsten,
ihr Volk gerecht zu regieren, bei Kleist nur noch ein matter Reflex.
Die Natur wird von einem Feld freier menschlicher Betätigung zum
poetischen Dekor seelischer Einsamkeit – ein Motiv, das von England
aus, insbesondere durch die Dichtung Youngs, in Deutschland Eingang
fand. Der dänische Germanist L. L. Albertsen hat die geschichtlichen
Voraussetzungen, die diesen Prozeß bedingen, im Hinblick auf einen
anderen Dichter, Zachariä, beschrieben; die folgenden Sätze haben jedoch auch für Kleist Gültigkeit:

»Der Dichter braucht das Land zum Promenieren. So drückt die gattungs-
hafte Verschiebung, die im Laufe der Jahrhunderte geschieht von dem Land-
baugedicht zu der Landschaftsbeschreibung, nicht nur ein wachsendes Naturverständnis, sondern auch die Tatsache aus, daß sich der Edelmann nicht
mehr um seine Felder kümmert. (...) Noch für Haller war das ländliche
Dasein harte, gesunde Arbeit. Zu Zachariäs Zeiten braucht man das Land,
um sich poetisch einzurichten, und von England träumen zu können.«[21]

b) Naturbeschreibung: Struktur und Funktion

Diesen Unterschied gilt es im folgenden festzuhalten: Kleist schildert
nicht einen bestimmten, aus der Realität isolierten Natur- oder Landschaftsausschnitt, so wie Brockes seinen Garten in Hamburg oder
Ritzebüttel, Haller das Berner Oberland beschrieben hat; der ›Frühling‹ stellt vielmehr die poetische Verdichtung und Überhöhung von
Realitätspartikeln dar, die der Dichter aus verschiedenen Erfahrungs-
bereichen – seinen Spaziergängen im Park zu Potsdam und seiner
Kindheit auf einem Landgut in Pommern – zusammengezogen hat.
Während Brockes und Haller einer objektiven Realität gegenüberstehen, deren Züge sie mehr oder weniger getreu kopieren, schafft
Kleist aus subjektivem Empfinden heraus: die äußere Wirklichkeit erscheint von Anfang an entstellt durch das Medium des lyrischen Ich,
dem bei der Gestaltung des Stoffes die wichtigste Funktion zukommt.
   Diese Ausgangslage hat weitreichende Konsequenzen für die for-

male Struktur des Gedichts. Kleist wählte ein für die damalige Zeit ungewöhnliches Metrum, den Hexameter mit Vorschlagsilbe, den vor ihm Uz in seiner Frühlingsode zum erstenmal benutzt hatte; später wurde es durch die »reinen« Hexameter Klopstocks aus der deutschen Literatur verdrängt. In seiner oben erwähnten Vorrede weist der Dichter darauf hin, daß seine Verse »wie Prose zu lesen« sind.[22] Die Nähe zur Prosa ergibt sich bei den extrem langen Verszeilen, die Kleist braucht, um die überbordende Fülle seiner Detailbeobachtungen einigermaßen zu gliedern, fast zwangsläufig. Kurtz will deshalb »unbedingt« das Gedicht der epischen Gattung zurechnen; er übersieht dabei das lyrische Detail, das neuere Forscher mit Recht zum »Kerngehalt« des Gedichts erklären.[23]

Das Gedicht beginnt mit einer Anrede an die Frühlingsnatur, von der sich der Autor, den traditionellen epischen Musenanruf paraphrasierend, Inspiration für sein Werk erbittet. Die hochgestimmten Verse setzen ein für alle Mal den Tenor des Gedichts fest: es ist der Grundton freudig exaltierter Erwartung, der es von Anfang bis Ende durchzieht. Die Eingangsverse wurden mehrfach umgearbeitet: während Kleist die Realien der Natur von Auflage zu Auflage konkretisierte (die erste Zeile: »Empfangt mich, heilige Schatten«, in der Fassung von 1749, wurde abgeändert zu »Empfang mich, heiliger Hain« in der letzten, von Kleist selbst besorgten Ausgabe von 1756), blieb das Kernstück der Einleitung fast unverändert erhalten; hier ist, bezeichnenderweise, von der Seelenlage des Dichters die Rede: »Empfangt mich, füllet die Seele / Mit holder Wehmut und Ruh'!« (1. Aufl. 1749; »Empfang mich! Fülle mit Ruh' und holder Wehmut die Seele!« heißt es in der Ausgabe von 1756).

Die Schilderung des Frühlings setzt ein mit der Beschreibung des Sonnenaufgangs, eine charakteristische Eröffnung der Szene, der wir schon bei Haller begegnet sind. Die euphorische Stimmung (»Auf rosenfarbnem Gewölk, bekränzt mit Tulpen und Lilien, / Sank jüngst der Frühling vom Himmel«) hat kaum Zeit sich zu etablieren; sie wird sogleich durchbrochen von der Schilderung eines Frühlingsregens, der im Dichter die apokalyptische Vision der Sintflut hervorruft. Hier zeigt sich zum erstenmal der für Kleist charakteristische Umschlag von hochgestimmter Freude in Schrecken: die Tiere des Waldes irren schutzsuchend umher, um sich vor der Überschwemmung zu retten; die Vögel klagen »traurig und stumm«; ein Hirt, der hier den Dichter vertritt, betrachtet von seinem Kahn aus die Fluten, in denen sogar die Bewohner des Hochgebirges, die Gemsen, versinken – ein Hinweis auf die biblischen Dimensionen des Ereignisses. Nicht nur Gemsen, auch

Hirsche und Bären fliehen vor der Katastrophe; die Tiere, die Kleist schwerlich im Potsdamer Park gesehen haben kann, kennzeichnen die Suche des Dichters nach exotischen Details, wobei er sich um Wahrscheinlichkeit wenig kümmert; im weiteren Verlauf des Gedichts kommen Gänse, Hühner, ein Hund, Tauben, ein Pfau, Schmetterlinge, Elefanten, Hirsche und Hindinnen, kraftstrotzende Rösser, ein Fink, Stieglitze, Zeisig, Amsel, Nachtigall, ein Storch, ein Kiebitz und Bienen hinzu – schon die bloße Aufzählung zeigt die für Kleist typische Mischung von Idylle und Exotik – eine Preziosität, die eine späte Stufe der Beschreibung anzeigt. Kleist hat die Schilderung der Überschwemmung – im ursprünglichen Text 25 Verse – später auf zwei Zeilen zusammengestrichen und in der 4. und 5. Auflage (1754) als gesondertes Gedicht abdrucken lassen, vielleicht auf Anraten der Freunde. Schon 1748, ein Jahr vor Erscheinen des ›Frühling‹, schrieb er an Gleim, daß er sich an einigen Orten »zu weit von meinem Sujet entfernt« habe und deshalb »retranchiren« müsse.[24] In den folgenden Versen (17–30; ich zitiere von hier an nach der 6. Auflage von 1756) wird der Kampf zwischen Winter und Frühling geschildert, der mit dem Einzug der verjüngten Natur endet. Im Anschluß daran greift der Dichter die Form der Anrufung, die er in den Eingangsversen benutzt hatte, wieder auf; sie dient als Übergang, gleichsam als Scharnier zwischen den beschreibenden Passagen des Gedichts. Diesmal wendet sich Kleist direkt an seine Leser und Leserinnen mit der Aufforderung, ihm zu unbeschwertem Genuß in die Natur zu folgen. Die Verse, die Anklänge an Hallers ›Alpen‹ enthalten, gehen in ihrer schroffen Antithetik von Stadt und Land noch über diesen hinaus: die Städte sind »Höhlen des Elends«, »Ohn' Licht und Freude«, wo »Ruhmsucht, / (...) Rachgier, (...) Geiz und (...) Blutdurst sich härmen«, »gülne(n) Kerker«, deren »Athem-raubenden Aushauch« die Menschen fliehen (31–44, passim).

Die direkte Anrede ist mehr als ein zufälliges Formelement, sie ist konstitutiv für das Gedicht. Fast alles kann vom Dichter intim mit »Du« oder »Ihr« angesprochen werden. Nicht nur Menschen werden auf diese Weise apostrophiert; Kleists Freunde (Gleim, Hirzel, Spalding), seine Geliebte (literarisch verkleidet als »Doris«), der Dichter Albrecht von Haller, Fürsten und ihre Völker – auch Tiere und Pflanzen (»Ihr lachenden Wiesen, / Ihr holde Thäler voll Rosen«, Vers 5 f.; »Schlagt laut, Bewohner der Wipfel,« Vers 246), ja sogar Örtlichkeiten: »Ihr holden Gefilde,« (166), »O Schauplatz, der Du« (346) usw. Es handelt sich hier um ein typisches Stilmittel der Empfindsamkeit, das im Kontext des Gedichts zweierlei leistet: einmal überbrückt es die Distanz zwischen Subjekt und Objekt, Betrachter und Gegenstand, zum andern dient es zur Belebung und Beseelung der äußeren Natur.[25]

Die Verse 45—76 enthalten die erste ausführliche Landschaftsbeschreibung des Gedichts. Wieder finden sich Reminiszenzen an die entsprechenden Strophen von Hallers ›Alpen‹: sowohl in der Wahl des erhöhten Aussichtspunkts als auch in einzelnen Formulierungen, die freilich nicht jedesmal direkte Abhängigkeit zu bedeuten brauchen.[26] Auffällig ist zunächst, was der Dichter alles in seine keineswegs sehr umfangreiche Beschreibung hineinpackt. Auf einem Felsen sitzend, der sich zur Hälfte über einen Strom neigt, überblickt er Tal und Ebene. Zunächst werden die Realien der Natur genannt: Wald und Büsche, Dornenhecken, Äcker, auf denen Mohn blüht und Weizen keimt, »Durchkreuzt von blühendem Flachs«, Teiche, von blühenden Sträuchern eingefaßt. Bis hierher bleibt das Bild noch vorstellbar im Sinne realistischer Naturbeschreibung: es ist die Landschaft der norddeutschen Tiefebene, wie sie auch Brockes schildert, »Vom niedrigen Himmel gedrückt« und deutlich umgrenzt durch einen »Zaun von blühenden Dornen« — bekanntlich neigt das 18. Jahrhundert zu klarer perspektivischer Begrenzung im Sinne einer »Rahmenschau«.[27] Im folgenden aber wird der Bereich des konkret Vorstellbaren verlassen, wenn zu den oben genannten Realien der Landschaft noch eine Reihe weiterer Motive hinzutritt: ein Strand mit Muscheln und bunten Steinen, das Meer mit großen und kleinen Fischen, Wiesen am Rande eines Sees, auf denen sich Pferde tummeln, Wald und Felsen, Kühe, die »geführt vom ernsthaften Stier«, Sümpfe durchwaten, ein Meierhof, umgeben von Linden, zu dem zwischen Espen und Ulmen ein Weg hinführt, ein Bach mit Schwänen, Weinberge, ein Buchenwald, ein Berggipfel und ein Bauer beim Pflügen, umflattert von Krähen und Elstern, das Ganze gesehen aus der Perspektive einer in die Luft aufsteigenden Lerche.

Kleist hat hier, ähnlich wie auf den Bildtafeln eines Naturkundebuches, wo die Sehenswürdigkeiten einer erdgeschichtlichen Epoche oder eines ganzen Kontinents einträchtig nebeneinander versammelt sind: Löwe und Antilope, Palme und Kamel usw., alles, was der Frühling an Sehenswertem zu bieten hat, auf kleinstem Raum zusammengedrängt. Die Fiktion einer realen Landschaft läßt sich kaum mehr aufrechterhalten; allein das unbekümmerte Nebeneinander von nah und fern, groß und klein: Fische im Meer, Muscheln und Steine auf dem Strand, blühende Büsche und Blumen, ein Bach, »in Binsen sich windend«, auf dem Reiher und Schwäne zu sehen sind usw. — ist symptomatisch für die naive Freude des Dichters am isolierten Detail, auch wenn der Rahmen des konkret Vorstellbaren damit verlassen wird.

Hans Guggenbühl, der die Verse in seiner Dissertation untersucht hat, weist mit Recht hin auf »jene betonte Perspektivelosigkeit (. . .), die sich als unmittelbare und auffälligste Folge der Beiordnung von Meer, See, Teich und Fluß sowie den verschiedenartigsten Tieren und schließlich noch von Feldern, Bergen und Wäldern in einem gemeinsamen Rahmen äußert.«[28] Hier zeigt sich einmal mehr die Vorherrschaft der Phantasie über die Realität, über deren enge Grenzen sich der Dichter großzügig hinwegsetzt. Die Distanz zwischen Betrachter und Betrachtetem, die sonst die beschreibende Poesie kennzeichnet, wird verwischt, stellenweise sogar aufgehoben; Subjekt und Objekt fallen in eines zusammen, wenn der Dichter die Gestalt einer Lerche annimmt, um die Arbeit des Landmanns aus der Vogelperspektive zu schildern. Der Arbeitsvorgang selbst wird stilisiert zu einem symbolischen Zeremoniell – höchst bezeichnend für die idyllische Sicht des Landlebens bei Kleist, wie in der empfindsamen Dichtung überhaupt:

> »Der Klang des wirbelnden Liedes
> Ergetzt den ackernden Landmann. Er horcht eine Weile; dann lehnt er
> Sich auf den gleitenden Pflug, zieht braune Wellen ins Erdreich,
> Verfolgt von Krähen und Elstern. Der Säemann schreitet gemessen
> Und wirft den Samen ihm nach.« (72–76)

Auffallend ist auch hier die ästhetische Raffinesse, ja Eleganz, mit der die Tätigkeit des Pflügens und der Aussaat geschildert wird; es geht Kleist nicht mehr um die möglichst genaue Wiedergabe eines sinnlichen Eindrucks, wie bei Brockes, noch um das Hervorheben des Charakteristischen, ideell Bedeutsamen einer Handlung, wie bei Haller, sondern um den gesuchten, überraschenden Effekt der Beschreibung. Was ich oben über die Tierwelt feststellte, läßt sich, in diesem Sinne, auch von den Pflanzen sagen, die Kleist in seinem Gedicht heranzieht: blühende Dornen, bunte Mohnblumen, grüner Weizen, blühender Flachs, Feldrosen-Hecken und Schlehstrauch, »In Blüthen gleichsam gehüllt«, finstre Linden, »Ein Gang von Espen und Ulmen / (. . .) welchen ein Bach durchblinkt, in Binsen sich windend«, »Gebirge, die Brüste der Reben«, ein Buchwald usw. Schon diese flüchtige Aufzählung – im weiteren Verlauf des Gedichts kommen grünes Floßkraut, Gewölbe von Nußstrauch, Rosengebüsche, »Hanbuttengesträuch (. . .) der Quitzbaum, Hollunder, raucher Wachholder und sich umarmende Palmen« hinzu – zeigt, welch liebevolle Sorgfalt der Dichter auf die Auswahl der einzelnen Details seiner Schilderung verwendet. Im ursprünglichen Manuskript stand anstelle des prosaischen Vergleichs: »In Blüthen gleichsam gehüllt« (55), der Vers: »Und Himbeerstäuden voll Schnee«, eine manieristische Metapher, die Kleist schon in der ersten Auflage des Gedichts wieder fallen ließ.[29] Die Bewegtheit, ja Ruhelosigkeit der Beschreibung entsteht nicht allein aufgrund der ständig wechselnden Perspektive, sie wird noch verstärkt durch den dynamischen Charakter der Verben, die, meist in Verbindung mit einem oder mehreren Ortsadverbien, der ruhenden Landschaft ihre Bewegung mitteilen: »Belebt«, »lächelt hervor«, röthet ringsum«, »Vom niedrigen Himmel gedrückt«, »Mit grünem Weizen versetzt«, »laufen ins Ferne«, »Durchkeuzt von blühendem Flachs«, »blitzt«, »schimmert«, »durchtaumelt«, »werfen (...) fliehn und wiehern«, »erschallt«, »durchwaten«, »durchsieht«, »durchblinkt« usw.[30]

Ebenso wie am Anfang des Gedichts der heraufziehende Frühling in einer sintflutartigen Überschwemmung ertrank, bricht auch nun wieder in den Frieden der Frühlingslandschaft jäh das Verhängnis herein (76–86). Die Hoffnung, daß die Saat dem Bauern Glück und Segen bringen möge, wird zunichte gemacht durch das Schreckbild des Krieges, der die blühende Natur verheert, Mensch und Tier in einem Meer von Feuer und Blut ertränkt. Das Grauen des Krieges, das Kleist aus eigener Anschauung kannte, hatte er schon früher, in dem Gedicht ›Sehnsucht nach Ruhe‹, drastisch ausgemalt. Die 30 Verse umfassende Schilderung hat er in späteren Auflagen auf zehn Verse zusammengestrichen, ähnlich wie vorher das Gemälde der Überschwemmung. Er benutzt die Gelegenheit zu einer mahnenden Anrede an die Fürsten, das Gut der Bauern zu schonen und das Wohl ihrer Bürger zu mehren; der »Krieger« Ewald von Kleist verdammt den Krieg, wenn auch in seinem wohlmeinenden Appell Resignation bereits mitschwingt (86–94). Entsprechend der inneren Logik des Gedichts muß die Vision des Schreckens wiederum lichtvolleren Bildern weichen. Was folgt (95–154), ist ein beschreibendes Idyll, das, von Geßner bis Goethe und Voß, die weitere Entwicklung der Gattung geprägt hat. Kleist schildert das »einfache Leben« auf dem Bauernhof mit deutlicher Spitze nicht gegen das Stadtleben generell, sondern gegen die höfische Kultur im besonderen. Dem kriegerisch-heroischen Ideal des Feudalabsolutismus wird die friedliche Muße des Landlebens, der höfischen Gartenkunst die ungekünstelte »Natur« entgegengesetzt (97 ff.). Kleist steht hier in der Mitte zwischen der aggressiven Polemik Hallers und dem Kulturpessimismus Rousseaus. Die folgenden

Verse sind von zentraler Bedeutung für das ganze Gedicht und sollen
deshalb einer genaueren Betrachtung unterzogen werden:

Verschränkte wölkichte Wipfel
100 Von hohen Linden beschatten ein Haus, von Reben umkrochen,
Durch Dorn und Hecken befestigt. Ein Teich glänzt mitten im Hofe,
Mit grünem Floßkraut bestreut, wodurch aus scheinbarer Tiefe
Des Himmels Ebenbild blinkt. Er wimmelt von zahmen Bewohnern.
Die Henne jammert ums Ufer und ruft die gleitenden Entchen,
105 Die sie gebrütet; sie fliehn der Stiefmutter Stimme, durchplätschern
Die Fluth und nagen am Schilf. Voll majestätischen Ernstes
Schwimmt hier der Schwan und treibet fern von der Lustbahn der Jungen
Mit starken Flügeln den Schießhund. Nun spielen die haarichten Kinder;
Sie tauchen den Kopf ins Wasser, sie hängen im Gleichgewicht abwärts
110 Und zeigen die rudernden Füße. Dort läuft ein munteres Mädchen,
Sein buntes Körbchen am Arm, verfolgt von weitschreitenden Hühnern.
Nun steht es und täuscht sie leichtfertig mit eitelem Wurfe; begießt sie
Nun plötzlich mit Körnern und sieht sie vom Rücken sich essen zanken.
Dort lauscht in dunkeler Höhle das weiße Kaninchen und drehet
115 Die rothen Augen umher. Aus seines Wohnhauses Fenster
Sieht das Lachtäubchen sich um; es kratzt den röthlichen Nacken,
Und fliegt zum Liebling aufs Dach. Es zürnt ob dessen Verweilen
Und dreht sich um sich und schilt. Bald rührt ihn das Schmeicheln der
Schönen,
Viel' Küsse werden verschwendet, bis sie mit schnellem Gefieder
120 Die Luft durchlispeln und aufwärts sich zu Gespielen gesellen,
Die blitzend im Sonnenglanz schwärmen. Von blühenden Fruchtbäumen
schimmert
Der Garten, die kreuzende Gänge mit rother Dunkelheit füllen,
Und Zephyr gaukelt umher, treibt Wolken von Blüthen zur Höhe,
Die sich ergießen und regnen. Zwar hat hier Wollust und Hochmuth
125 Nicht Nahrung von Mohren entlehnt und sie gepflanzet; nicht Myrten,
Nicht Aloen blicken durchs Fenster. Das nutzbare Schöne vergnüget
Den Landmann und etwan ein Kranz. Durch lange Gewölbe von Nuß-
strauch
Zeigt sich voll laufender Wolken der Himmel und ferne Gefilde
Voll Seen und büschichter Thäler, umringt mit blauen Gebirgen.
130 Das Auge durchirret den Auftritt, bis ihn ein näherer schließet.
Die Fürstin der Blumen, die Tulp', erhebt die Krone zur Seiten
Hoch über Aurikeln, dran Flora all ihre Farben verschwendet.
Die holde Maiblume drängt die Silberglöckchen durch Blätter,
Und manche Rose durchbricht schon ungeduldig die Knospe.
135 Es steigen holde Gerüche vermischt vom Garten zur Höhe
Und füllen mit Balsam die Luft. Die Nachtviole läßt immer
Die stolzeren Blumen den Duft verhauchen; voll Edelmuth schließt sie

Ihn ein im Vorsatz, den Abend noch über den Tag zu verschönern, –
Ein Bildnis großer Gemüther, die nicht gleich prahl'rischen Kämpfern,
140 Der Kreis von Zuschauern reizt, die tugendhaft wegen der Tugend,
In der Verborgenheit Schatten Gerüche der Wohlthaten streuen.
Seht hin, wie brüstet der Pfau sich dort am farbichten Beete!
Voll Eifersucht über die Kleidung der fröhlichen Blumen stolziert er,
Kreis't rauschend den grünlichen Schweif voll Regenbögen und wendet
145 Den Farben-wechselnden Hals. Die Schmetterlinge, sich jagend,
Umwälzen sich über den Bäumen mit bunten Flügeln, voll Liebe
Und unentschlossen im Wählen beschauen sie Knospen und Blüthe.
Indessen impfet der Herr des Gartens Zweige von Kirschen
Durchsägten Schlehstämmen ein, die künftig über die Kinder,
150 Die sie gesäuget erstaunen. Das Bild der Anmuth, die Hausfrau
Sitzt in der Laube von Reben, pflanzt Stauden und Blumen auf Leinwand;
Die Freude lächelt aus ihr; ein Kind, der Grazien Liebling,
Hängt ihr mit zarten Armen am Hals und hindert sie schmeichelnd;
Ein anders tändelt im Klee, sinnt nach und stammelt Gedanken.«

Die typischen Requisiten der Idylle, so wie das 18. Jahrhundert sie ausprägte, sind hier versammelt: die überschaubare »kleine Welt« des Bauernhofes, der sich wie eine Festung von der Außenwelt abkapselt (99 ff.); der nur »scheinbar« tiefe Teich – alles Bedrohliche wird aus dem poetischen Mikrokosmos ausdrücklich ausgeschlossen –, der den Makrokosmos des Himmels spiegelt – ein Lieblingsmotiv von Brockes (101 ff.); und schließlich seine Bewohner, zahme Tiere und Tierchen, wobei dem Diminutiv hier besondere Bedeutung zukommt (Entchen, Kaninchen, Lachtäubchen – das Mädchen setzt die Reihe fort). Das Treiben der Tiere, das Liebesspiel der Tauben und das Familienleben der Enten und Schwäne präludiert in zartem Rokokoschnörkel das, worauf es dem Dichter hauptsächlich ankommt, und was er bewußt bis zum Ende der Schilderung aufspart: das idyllische Familienleben der Menschen. Nachdem er so den passenden Rahmen entworfen hat, beginnt er, den Hintergrund seines Bildes auszumalen, die landschaftliche Staffage: den Garten, in dem Zephyr Wolken von Blüten regnen läßt. Der mythologische Dekor ist noch jener höfischen Kunst verpflichtet, der Kleist in den beiden folgenden Versen eine Absage erteilt (124 ff.). Die bewußte Beschränkung des Dichters auf heimische Flora und Fauna nimmt vorweg, was Hegel in seiner Ästhetik zu diesem Thema ausführt: die ökonomische Autarkie der Idylle wird ihm, im Zeitalter industrieller Produktion, suspekt, da sie anachronstisch ist. Geeigneter für die Dichtung erscheint ihm der heroische Weltzustand, in dem »die nächste Umgebung (...) der Individuen, die Befriedigung ihrer unmittelbaren Bedürfnisse (...) noch

hr eignes Tun« ist. »Die Nahrungsmittel sind noch einfacher und dadurch idealer, wie z. B. Honig, Milch, Wein, während Kaffee, Brannt-
wein usf. uns sogleich die tausend Vermittlungen ins Gedächtnis zu-
ückrufen, deren es zu ihrer Bereitung bedarf.«[31] Jeder Hinweis auf
die Prosa des bürgerlichen Alltags wird so von Hegel als störend verworfen. Ganz ähnlich verfährt hier Kleist, wenn er exotische Pflanzen (Myrten Aloe) und tropische Gewächse (»Nahrung, von Mohren
entlehnt«), die an Kolonialhandel erinnern, ausdrücklich aus seinem
Gedicht ausschließt. Daß Kleist derartige ästhetische Erwägungen
tatsächlich angestellt hat, bezeugen seine Briefe an Gleim, wo er an
den Oden von Uz kritisiert, »daß zu viel Lorbeerwälder darin grünen.
Hauen Sie doch einige aus! Den Majoran rupfen Sie auch ab! er ist
besser in eine Wurst als in ein schönes Gedicht.«[32]

Die Schilderung des Gartens wird unterbrochen durch einen kurzen
Ausblick in die Ferne (127 ff.), der aber sogleich durch die Beschreibung der Blumen wieder aufgefangen wird. Der überleitende Vers
(»Das Auge durchirret den Auftritt, bis ihn ein näherer schließet«, 130)
enthält gleichsam die Leerformel von Kleists Beschreibungskunst: die
Natur wird zur Schaubühne, die mit raffinierten Kulissen, mit ständig
wechselnden lebenden Bildern die Aufmerksamkeit des Betrachters
fesselt. Die Theatermetapher erinnert an Haller (»Eröffnet sich zugleich der Schauplatz einer Welt«, ›Alpen‹ 326), ebenso wie die
folgende Blumenschilderung, die, schon in ihrem hierarchischen Aufbau, dem Hallerschen Vorbild verpflichtet ist. (Vgl. ›Frühling‹ Vers
131 f.: »Die Fürstin der Blumen, die Tulp', erhebt die Krone zur
Seiten / Hoch über Aurikeln, dran Flora all ihre Farben verschwendet.« ›Alpen‹ 381: »Dort ragt das hohe Haupt am edlen Enziane/
Weit übern niedern Chor der Pöbel-Kräuter hin;«)

Den Blumen werden, wie bei Haller, menschliche Eigenschaften zugeschrieben; die Nachtviole, die erst am Abend ihren Duft aushaucht,
ist eine Allegorie stoischer Tugend und zugleich ein Symbol für Kleists
eigenes Schicksal: auch er mußte, durch die Ungunst der Verhältnisse
gezwungen, »In der Verborgenheit Schatten Gerüche der Wohlthaten
streuen« (141). Der Briefwechsel mit Gleim bezeugt, welche Sorgfalt
der Dichter auf die Auswahl der einzelnen Blumen verwandte: so
schwankte er in den einzelnen Fassungen seines Gedichts, ob er der
Lilie oder der Tulpe den Vorzug vor den übrigen Blumen geben
sollte und rechtfertigte sich Gleim gegenüber dafür, daß er Tulpen
und Rosen zugleich blühen läßt: »Dieses ist nicht wider die Natur; die
Tulpen blühen bis nach Pfingsten, und dann werden die Rosenknos-
pen schon groß, welches ich nur gesagt habe.«[33]

Die Bescheidenheit der Nachtviole wird kontrastiert mit dem eitlen Wesen des Pfaus, das dem Dichter Gelegenheit bietet, eine weitere effektvolle Beschreibung anzubringen (142–145). Das Liebesspiel der Schmetterlinge (145 ff.) bereitet den Auftritt der menschlichen Familie vor, die das Idyll zugleich krönt und abschließt; das gleiche gilt für die Arbeit des Hausherrn, der »Zweige von Kirschen / Durchsägten Schlehstämmen« einimpft (148 ff.), eine zart angedeutete erotische Metapher, die zweierlei anzeigt: den Sieg der Kultur über die Natur und die Bändigung wilder Triebhaftigkeit durch die Institution der Familie – heißt es doch ausdrücklich, daß die Schlehstämme »künftig über die Kinder, / Die sie gesäuget, erstaunen.« Die folgenden Verse (150–154) könnten als Resümee und Bildunterschrift unter dem gesamten Idyll stehen: die Formulierung: »Das Bild der Anmuth, die Hausfrau«, nimmt paradigmatisch jene bürgerliche Ideologie von Weib und Kind vorweg, die dann in Klassik und Romantik zentrale Bedeutung bekommt – von den Familienszenen im ›Werther‹ bis zu den sprichwörtlichen Versen aus Schillers ›Glocke‹: »Und drinnen waltet / Die züchtige Hausfrau«. Mit Recht hat Friedrich Sengle auf die historische Verwandtschaft von Idylle und Familienkult hingewiesen: zur Idylle gehört »überhaupt alles, was die Familie verklärt. Das Jahrhundert der Idylle fällt ziemlich genau mit der Zeit des innigsten Familienkultes zusammen.«[34]

Der weitere Verlauf des Gedichts fügt dem Bisherigen wohl quantitativ, aber kaum qualitativ Neues hinzu. Der Dichter preist, wieder einmal in Form einer direkten Anrede, das Landvolk glücklich in Versen, die stellvertretend für die empfindsame Sehnsucht einer ganzen Epoche stehen können: »Der ist ein Liebling des Himmels, den fern von Lastern und Thorheit, / Die Ruh' an Quellen umschlingt.« (160 f.). Das ist weniger generelle Kulturfeindlichkeit, wie oft behauptet wird, als vielmehr Reaktion auf konkrete gesellschaftliche Verhältnisse, zu der Haller das Stichwort gegeben hatte. Vom allgemeinen leitet Kleist über zum besonderen, vom Glück, das die Natur verspricht, zu seinem eigenen, unglücklichen Liebesschicksal. Die Verse 177 f.: »Soll gänzlich / Wie eine Blume mein Leben, erstickt von Unkraut, verblühen?« sind mehr als bloß konventionelle Rhetorik; dahinter steht Kleists unerfüllte Liebe zu Wilhelmine von Goltz, die, poetisch verkleidet als »Doris«, zusammen mit dem Freunde Gleim vom Himmel herabsteigt (180–196). In der paradiesischen Vision schwingt zugleich deren Unrealisierbarkeit mit. Der Dichter, der abrupt aus seiner Wunschphantasie gerissen wird, tröstet sich mit dem, was er leibhaftig vor sich sieht, den Freuden, die die Natur gewährt

(203 ff.). Daß er dabei einem kompensatorischen Mechanismus unterliegt, daß er das Glück, das ihm die Realität versagt, in eine eingebildete Natur projiziert, wird hier geradezu handgreiflich deutlich. Man braucht kein Psychoanalytiker zu sein, um die latent sexuelle Bedeutung der einzelnen Naturbilder, die Kleist im folgenden entwirft, zu spüren: da ist von »Wollust« die Rede (203), von »dicke(n) Haine(n)« (204), vom »seufzenden Gießbach« (205), von »dichten Lauben, von Händen / Der Mutter der Dinge geflochten« (206 f.), von »dunkeln einsamen Gänge(n),« »Irrgärte(n) voller Entzückung« (207 f.), von einem »angenehm Leiden«, das die Seele durchdringt (209 f.) usw. Da sitzt ein Hirt in einer Höhle, »von krausen Büschen gezeugt,« und bläst Flöte (215 ff.); Ziegen und Ziegenbock, Hirsche und Rehe, brünstige Hengste und Stiere – die ganze Tierwelt fordert zum Liebesspiel auf, während sich die Vögel »in pyramidnem Gesträuche« durch »buhl'risches Flüstern« die Zeit vertreiben (220–250 passim). Daß die erotische Aura sich hier nicht zufällig einstellt, zeigt die Episode mit der Nachtigall, die um ihren gefangenen Gatten klagt – ein deutliche Parallele zu Kleists eigenem Liebesschicksal (255–275). Die orgiastische Stimmung der Natur wird, auf ihrem Höhepunkt, von Schmerz und Trauer überschattet, die dann ihrerseits wieder in hymnische Freude umschlagen. Die letzten hundert Verse des Gedichts demonstrieren noch einmal, anhand von neuen Sujets, die Fähigkeiten des malenden Dichters, mit wenigen Strichen und Tupfern aus seiner Palette, atmosphärische Stimmung zu schaffen: Vers 323 f.: »Es ist durch tausend Bewohner / Die bunte Gegend belebt«, enthält gleichsam das abstrakte Resümee von Kleists Naturbeschreibung. Noch einmal werden die Freunde zitiert, »Spalding und Hirzel, durch die jüngsthin der Winter mir grünte« (312) und, kurz vor Schluß des Gedichts, das literarische Vorbild Albrecht von Haller (379–383). Das Gedicht endet, wie es begonnen hat, mit einer Anrede an die Natur (389–398). Die Einheit von höfischer und städtischer Kultur, vor der der Dichter fliehen möchte, wird noch einmal beschworen: »Dient meiner Unschuld hinfüro / Zum Schirm, wenn Bosheit und Stolz aus Schlössern und Städten mich treiben!« (390 f.). Die aggressive Schärfe eines Haller aber ist endgültig verschwunden; statt dessen meldet sich Resignation an, wenn, in den letzten beiden Zeilen des Gedichts, der erhoffte Frieden in der Natur mit dem Gedanken an den eigenen Tod zusammenfällt: »Und wenn nach seinem Geheiß mein Ziel des Lebens herannaht, / Dann sei mir endlich in Euch die letzte Ruhe verstattet!« (397 f.).

3. Die Außenwelt als Projektion der Innenwelt

»Ich glaube, daß die Melancholie meine Muse ist.«
(Ewald v. Kleist)[35]

Ewald von Kleist stammte aus einer erblich vorbelasteten Familie. Seine Mutter, die bei der Geburt einer Tochter starb – Kleist war damals vier Jahre alt –, vermachte ihm einen Hang zur Schwermut; sein Bruder endete früh in geistiger Umnachtung.[36] Kleist selbst klagt in seinen Briefen häufig über periodisch wiederkehrende Anfälle eines seelischen Leidens, das er mit den Worten Melancholie oder Hypochondrie umschreibt: »ich war, wie sehr oft, verdammt *hypochondre*«, oder: »ich bin 2 Tage lang melancholisch gewesen und habe nichts als Gräber und Leichen gesehen«;[37] solche und ähnliche Bemerkungen tauchen in seiner Korrespondenz regelmäßig auf; am 15. Februar 1756 schreibt er an Gleim:

»Das Schwalbacher und Eger Wasser soll besonders vor die *hypochondrie* gut sein, welches doch eigentlich meine Krankheit ist, ob sie gleich schon so zugenommen hat, daß es mehr *melancholie* geworden. (...) Wenn Sie wissen wollen, wie mir zu Muthe ist, so lesen Sie die gesellschaftlichen Erzählungen zum Nutzen der Naturlehre, Medizin etc., (...) die in Hamburg 1752 herausgekommen sind, und zwar die Abhandlung von der *Hypochondrie* im zweiten Theil. Es ist darin fast keine Zeile, die nicht auf mich paßt.«[38]

Die Symptome des Leidens sind, neben physischen Beschwerden, lähmende »inaction« und Schwermut, die sich häufig zu Todeswünschen steigert.[39] Der verhaßte Soldatenberuf, das monotone Garnisonsleben in Potsdam, die erzwungene Entfernung von den Freunden und das Scheitern seiner amourösen und beruflichen Hoffnungen – insbesondere die mißglückte Werbereise in die Schweiz – verstärkten den angeborenen Hang zur Melancholie; sie wurden Gegenstand und Ursache seines Schmerzes in einem.

Es wäre unnötig, diese biographischen Fakten hier zu erwähnen, hätten sie nicht in Kleists Werk deutliche Spuren hinterlassen, die ohne den Rekurs auf die Biographie des Dichters nicht voll verstanden werden können. So stößt man bei der Betrachtung von Kleist ›Frühling‹ mehr als einmal auf die Tatsache, daß eine freudig-ausgelassene Stimmung auf ihrem Höhepunkt in Grauen und Verzweiflung umschlägt: der heraufziehende Frühling versinkt in einer sintflutartigen Überschwemmung; die blühende Landschaft wird von den Schrecken des Krieges verheert; während die Natur in Wald und Feld zum Liebesgenuß aufruft, klagt die Nachtigall verzweifelt über den Verlust hres Geliebten; die Schilderung der in der Sonne prangenden Natur rweckt im Dichter die Angst vor tödlicher Dürre, die dann ein erlö-ender Frühlingsregen wieder vertreibt. Es handelt sich hier nicht um ,ufällige Episoden, sondern um eine rhythmische Grundstruktur, die ür Kleists gesamtes Werk bestimmend ist: ein periodisches Schwanken :wischen hochgestimmter Freude und Schrecken – man könnte von »gestörten Idyllen« sprechen.[40] Dieser Rhythmus bestimmt nicht nur len Aufbau des Gedichts im großen – vielleicht stammt hieraus der Eindruck von Unrast und Planlosigkeit beim Leser –, sondern auch lie sprachliche Mikrostruktur der Verse, bis in Detailformulierungen »inein. Das gilt insbesondere für die Metaphorik von Licht und Schat-en, hell und dunkel, in die der Dichter, wohl unbewußt, seine innere Ambivalenz kleidet. So heißt es, gleich zu Anfang des Gedichts (3 f.): »Führ mich in Gängen voll Nacht zum glänzenden Throne der Tu-ģend, / Der um sich die Schatten erhellt!«; der heraufziehende Früh-ling macht die Schatten »belaubt«, die Dämmerung »grünlich« (27 f.); die symbolische Bedeutung von Licht und Farbe, im Gegensatz zum Dunkel des Winters, wird in den folgenden Versen deutlich (31–35):

> »Ihr, deren zweifelhaft Leben gleich *trüben* Tagen des Winters
> *Ohn' Licht und Freude* verfließt, die Ihr in *Höhlen* des Elends
> Die *finstern* Stunden verseufzt, betrachtet die Jugend des Jahres!
> Dreht jetzt die Augen umher, laßt tausend *farbichte Scenen*
> Die *schwarzen* Bilder *verfärben!*« usw. (Hervorhebung von mir, H.C.B.)

Der Fels, von dem aus der Dichter die Frühlingslandschaft betrach-tet, *beschattet* »zur Hälfte den bläulichen Strom« (46); die Krone eines fernen Hügels »*lächelt*« zum Teil im Sonnenschein, während die andere Hälfte »im *Flor vom Schatten* der Wolken« *trauert* (69 f.); Doris, die Geliebte des Dichters, tritt »aus Rosengebüschen / In meine *Schatten*, voll *Glanz* und majestätischen Liebreiz«; (183 f.). »Es *la-chen* die Gründe voll Blumen, und Alles *freut* sich, (...) / Jedoch schon schiffen von Neuem / Belad'ne *Wolken vom Abend* und hem-men wieder das *Licht;*« heißt es an anderer Stelle (370 ff.). Der glei-che Symbolismus zeigt sich in der Auswahl der einzelnen Realien der Natur: die Klage der verlassenen Nachtigall wird ergänzt durch den düstern Dekor: »einsame Gründe, / Durch dicke Wipfel umwölbt, der Traurigkeit ewige Wohnung, / (Worin aus Lüften und Feld der Nacht verbreitete *Schatten* / Sich scheinen verenget zu haben, als sie Auroren entwichen,) / (...) ein *finsterer* Teich« usw. (255–260). Selbst die Pflanzen werden zu Metaphern für die zwiespältige Ge-fühlswelt des Dichters; in die idyllische Naturbeschreibung schleicht sich ein bedrohliches Moment ein, das die zerbrechliche Schönheit des Bildes gefährdet: »Um bunte Kränze des Erdreichs / Schleicht Brombeer langsam im Klee, zieht grüne Netze dazwischen / Mit sich durchkreuzenden Ranken« (402 ff., 1. Aufl. 1749). Kleist hat diese Verse aus späteren Auflagen des Gedichts gestrichen, ebenso wie jenes Bild wenig vorher, wo es von den Bienen heißt, daß sie »der Menschheit Gefilde / Voll Rosen und Disteln durchsuchen«, (392 f.)[41] – eine metaphorische Verdichtung seiner spezifischen Welterfahrung auf kleinstem Raum. Noch knapper, mit nur zwei Worten, faßt er die Ambivalenz von Schönheit und Schrecken, die wechselweise auseinander hervorwachsen, in einer Metapher zusammen, die als Motto über seinem gesamten Werk stehen könnte: »die blühende Distel« (251), bildlicher Ausdruck einer vergeblichen Hoffnung, die sich, inmitten widriger Verhältnisse, an den Trost der Poesie klammert.

Daß hier zwischen Dichtung und persönlichem Schicksal ein direkter, vielleicht ursächlicher Zusammenhang besteht, ist öfter konstatiert, jedoch niemals genauer untersucht worden.[42] Um diesen Zusammenhang klarer werden zu lassen, muß ich den engeren Bereich der literarhistorischen Untersuchung verlassen und mich der Hilfsmittel bedienen, die eine andere Wissenschaft zur Verfügung stellt. In seinem Aufsatz ›Trauer und Melancholie‹ (1916) hat Freud das Krankheitsbild der Melancholie eingehend beschrieben:

»Die Melancholie ist seelisch ausgezeichnet durch eine tief schmerzliche Verstimmung, eine Aufhebung des Interesses für die Außenwelt, durch den Verlust der Liebesfähigkeit, durch die Hemmung jeder Leistung und die Herabsetzung des Selbstgefühls, die sich in Selbstvorwürfen und Selbstbeschimpfungen äußert und bis zur wahnhaften Erwartung von Strafe steigert.«[43]

Als Ursache der Melancholie nimmt Freud den »Verlust eines geliebten Objekts« an, der auch »von mehr ideeller Natur« sein kann, »z. B. der Fall einer verlassenen Braut«.[44] Dabei wird folgender psychischer Mechanismus in Gang gesetzt: die Kränkung, die das Ich in der Realität erfahren hat, wird nicht durch Abziehen der Libido von dem geliebten Objekt und Verschiebung auf ein neues beseitigt, sondern ins Ich zurückgezogen; das Ich identifiziert sich in negativer Weise mit dem verlorenen Liebesobjekt:

»Der *Schatten des Objekts* fiel so auf das Ich, welches nun von einer besonderen Instanz wie ein Objekt, wie das verlassene Objekt, beurteilt werden konnte. Auf diese Weise hatte sich der Objektverlust in einen Ichverlust verwandelt, der Konflikt zwischen dem Ich und der geliebten Person in einen Zwiespalt zwischen der Ichkritik und dem durch Identifizierung veränderten Ich.«[45] (Hervorhebung von mir, H.C.B.)

Das melancholische Syndrom ist damit noch nicht vollständig beschrieben; hinzu tritt der merkwürdig zyklische Charakter der Melancholie, ihre Neigung, »in den symptomatisch gegensätzlichen Zustand der Manie umzuschlagen«:

»In der Manie muß das Ich den Verlust des Objekts (...) überwunden haben, und nun ist der ganze Betrag von Gegenbesetzung, den das schmerzhafte Leiden der Melancholie aus dem Ich an sich gezogen und gebunden hatte, verfügbar geworden. Der Manische demonstriert uns auch unverkennbar seine Befreiung von dem Objekt, an dem er gelitten hatte, indem er wie ein Heißhungriger auf neue Objektbesetzungen ausgeht.«[46]

Ich will versuchen, Freuds Definition auf den vorliegenden Fall anzuwenden. Daß fast alle der oben geschilderten Symptome – mit Ausnahme vielleicht des »Verlusts der Liebesfähigkeit«, von dem Freud spricht – auf Kleist zutreffen, liegt auf der Hand. Insbesondere seine wiederholt geäußerten Todeswünsche sind nur die äußerste Zuspitzung jener »wahnhaften Erwartung von Strafe«, die den Melancholiker auszeichnet und die nicht selten im realen Selbstmord endet. Der »Verlust eines geliebten Objekts« als Voraussetzung der melancholischen Depression ist in Kleists Fall gleich mehrfach gegeben: vom frühen Tod der Mutter, über den erzwungenen Verzicht auf die Geliebte, bis zum Scheitern seiner beruflichen Neigungen sind alle Bedingungen vorhanden, um die in der Realität erlittene Kränkung ins Ich zurückzunehmen, wo sie als strafende Instanz auftritt. Den Zyklus von Depression und Manie bzw. Euphorie kann man nicht nur in Kleists Briefen, sondern auch in seiner Dichtung nachweisen: die exaltierte Freude trägt immer schon den Keim der entgegengesetzten Stimmung in sich – und umgekehrt. Allein die Häufigkeit des Wortes »froh« mit all seinen Varianten – fröhlich, lachend, entzückt usw., sowie die entsprechenden Substantiva[47] – ist ein Indiz für die artifizielle Begeisterung, in die der Dichter sich, oft gewaltsam, hineinsteigert.

Der Einwand liegt nahe, daß eine solche künstlich erzeugte Euphorie noch nichts über das persönliche Schicksal des Verfassers aussagt; sie gehört, wie eine Prüfung des einschlägigen Wortschatzes bestätigt, zur konventionellen Rhetorik der Empfindsamkeit.[48] Daß es sich um eine literarische Modeerscheinung handelt, schließt jedoch nicht aus, daß diese, im Fall Kleists, tiefere Ursachen hat: bei keinem anderen Dichter der Epoche nämlich findet sich, in so deutlicher Ausprägung, der Wechsel von Euphorie und Depression; kein anderer Dichter, muß man hinzufügen, weist auch in seinem persönlichen Leben so viele wesensbestimmende Merkmale des Melancholikers auf, wobei es müßig ist, darüber zu streiten, ob die seelischen Symptome ererbt oder erworben sind.

Es wäre jedoch unzureichend, bei diesen Feststellungen stehenzubleiben, den Dichter individualpsychologisch zu klassifizieren, ohne nach den möglichen sozialen Ursachen seines seelischen Leidens zu fragen. Einen ersten Hinweis darauf, daß es sich hier nicht um ein individuelles, sondern um ein kollektives Phänomen handelt, gibt Max Wieser in seiner Studie über den sentimentalen Menschen des 18. Jahrhunderts, wenn er schreibt, »daß hier die sentimentale Erkrankung des Einzelnen zugleich die sentimentale Erkrankung der meisten Menschen jenes Zeitalters war«.[49] Genauer, d. h. in einem klassenspezifischen Sinne, hat Wolf Lepenies in seinem Buch ›Melancholie und Gesellschaft‹ diesen Zusammenhang dargestellt:

»Die Melancholie des Bürgertums, und besonders der bürgerlichen Literatur im 18. Jahrhundert, ist aber der Ausdruck einer bestimmten gesellschaftlichen Situation. Diese Melancholie gibt eine Zeittendenz wieder, die sich klar erkennen läßt, wenn man als Bezugspunkt die tatsächlichen *Machtverhältnisse* und die für die Zeit typischen *Stimmungen* wählt. (...) Die Stabilität des Absolutismus gerät unter dem Druck der ökonomischen Entwicklung in Bewegung: das wirtschaftliche Gleichgewicht verlagert sich derart, daß schon in der Mitte des 18. Jahrhunderts die Kapitalmacht der Kaufmannschaft die der imitatorisch-absolutistischen Herrscher der deutschen Kleinstaaterei übertrifft. Dieses wirtschaftliche Übergewicht drückt aber kaum in den politischen Bereich: nur die Geld-Bourgeoisie kann sich von der nahen Zukunft etwas erhoffen, der größere Teil des Kleinbürgertums bleibt von ökonomischer Expansion und von tatsächlicher Herrschaft ausgeschlossen.«[50]

Arnold Hauser, den der Verfasser im folgenden zitiert, spricht in diesem Zusammenhang von der »Verbürokratisierung des Staates«, einer allgemeinen »Tendenz zur Reglementierung des öffentlichen und des privaten Lebens«, in deren Gefolge die Aristokratie zum Beamtenadel absinkt.[51] Dieser letztere Hinweis erscheint mir besonders wichtig, nimmt doch Kleist, im Gegensatz zur Mehrzahl der Dichter seiner Zeit, die aus bürgerlichem oder kleinbürgerlichem Milieu kamen, eine Sonderstellung ein. Er stammt aus einer verarmten pommerschen Adelsfamilie; dabei handelt es sich nicht um Geburts-, sondern um Dienstadel, wie er vorzugsweise in den preußischen Kolonialgebieten angesiedelt wurde. Stümbke erwähnt in seiner Dissertation einen Bericht des Kriegsrats Brenkenhof an Friedrich den Großen, in dem von einem pommerschen Dorf die Rede ist, dessen Bewohner, bis auf Kuhhirt und Nachtwächter, sämtlich adlig sind –

und sogar diese beiden haben adlige Frauen.[52] Der Hang zur Melancholie ist, außer durch biologische Inzucht, mitbedingt durch die hoffnungslose soziale Lage des kleinen Landadels, der zwischen der Macht des Absolutismus einerseits, dem rasch sich emanzipierenden Geldbürgertum andererseits, buchstäblich zerrieben wurde. Man könnte von einer Proletarisierung des Landadels sprechen, als Folge seiner Expropriierung durch bürgerliches Kapital,[53] ein Schicksal, dem auch Kleists Familienbesitz zum Opfer fiel. Die Situation des Dichters ist also nicht grundsätzlich verschieden von der seiner bürgerlichen und kleinbürgerlichen Schriftstellerkollegen, deren einziges Privileg ihre Bildung war: auch er erfuhr gesellschaftliche Entfremdung als Folge sozialer Ohnmacht und politischer Einflußlosigkeit. Gleim berichtet, daß Kleist, der sich Titel und Komplimente stets verbat, auf seine adlige Herkunft alles andere als eingebildet war: »Das ›Hochwohlgeborner Herr‹ kann er nicht vertragen; er würde die vollkommenste Satire auf den Adel machen und sich stärker ausdrücken als Boileau und Young, wenn er nicht ein Feind der Satire wäre.«[54]

Die Frustration wurde noch verstärkt durch den Soldatenberuf, den Kleist gegen seinen Willen, aus wirtschaftlicher Notwendigkeit, ergreifen mußte. Hier lernte er die preußische Militärbürokratie in ihrer schlimmsten Form kennen; mit dem verhaßten Beruf hat Kleist sich zeit seines Lebens nicht aussöhnen können. »Ich sehe wohl, daß ich absolut bestimmt bin, hier mein Leben zu verseufzen;« schreibt er am 18. Mai 1748 an Gleim: »bald hindert mich der Krieg, bald der Friede dieses in Vergleichung anderer ganz elende Land zu verlassen (...) ich sperre mich wie ein Hund an einen Wagen und muß doch fort.«[55] Und vier Monate später heißt es an gleicher Stelle:

»Wie werd' ich dieser Sklaverei los werden? – Ich weiß kein ander Mittel, als daß ich nur bald mache, daß ich gar fortkomme (...) Imfall dieses zur Richtigkeit kommt, soll mich weder Teufel noch Erzengel abhalten, die Hundegegend sogleich zu verlassen (...) Wenn ich nur doch noch vorher eine Satire oder Pasquill zu Stande bringen und etwas Gestank hinter mich lassen könnte!«[56]

Es zeigt sich, wie eine ererbte psychische Konstitution, persönliches Erleben und die objektive Macht sozialer Verhältnisse zusammenwirken, um jene widerspruchsvolle Persönlichkeit zu schaffen, die in Kleists Dichtung ihren Niederschlag gefunden hat. Der Ausgang dieses Falles von Melancholie – nicht der erste und nicht der einzige in der deutschen Literatur – ist bekannt: Kleists »Heldentod« in der Schlacht von Kunersdorf war die Erfüllung der selbstzerstörerischen

Wünsche des Dichters, ein Sachverhalt, den von den Freunden des Dichters einzig Lessing durchschaut und ausgesprochen hat.[57]

4. Zusammenfassung

Bei der voraufgegangenen Betrachtung von Kleists ›Frühling‹ habe ich das Gedicht gelegentlich als Idylle charakterisiert. Obwohl es zweifelsohne idyllische Züge trägt, wäre es jedoch vorschnell, es deshalb dem idyllischen Genre zuzurechnen. Es repräsentiert vielmehr eine Spätstufe in der Entwicklung der beschreibenden Poesie, die sich der Idylle nähert, ohne ganz in dieser aufzugehen. Die mehr oder weniger große Distanz zwischen Betrachter und Gegenstand, die die beschreibende Dichtung von Brockes bis Haller kennzeichnet, ist geschrumpft, aber nicht völlig weggefallen. Ferdinand Josef Schneider hat recht, wenn er die Unanschaulichkeit des Gedichts darauf zurückführt, »daß Kleist seine Frühlingslandschaft überhaupt weniger gesehen als gedacht hat« – und empfunden, müßte man der Vollständigkeit halber hinzufügen.[58] Diese Tatsache macht zugleich den Unterschied zu der beschreibenden Dichtung älteren Typs aus. Die Natur wird zur Projektion subjektiver Wünsche und Stimmungen, ohne deshalb ihren objektiven Realitätscharakter ganz zu verlieren – im Gegensatz zur späteren Anakreontik, die gerade die Irrealität der geschilderten Zustände zur Voraussetzung hat. Das zeigt deutlich ein Vergleich mit Geßners Idylle ›Der Frühling,‹ die durch Kleists Gedicht angeregt wurde; die störenden Widerstände der realen Außenwelt, die bei Kleist immer wieder, die Phantasie des Dichters hemmend, in Erscheinung treten, sind hier gänzlich ausgeschaltet; statt dessen herrscht ein Zustand paradiesischer Unschuld, dessen Idealität, jenseits der Geschichte, schon der mythologische Dekor anzeigt – eine Welt, die nur im Medium der Poesie existiert:

>»Welche Symphonie, welch heilig Entzücken jagt mir den gaukelnden Morgentraum weg? Ich seh, oh himmlische Freude! ich seh dich lachenden Jüngling, dich Lenz! Aurora im Purpurgewand führt dich im Osten herauf. Auf den glänzenden Strahlen der Morgensonne kommt ihr daher; die Vögel schwärmen froh in dem rötlichten Sonnenstrahl, euch mit Gesängen einzuholen. Voll Ungeduld drängen sich die jungen Rosen aus der Knospe; jede will die erste mit offenem Schoß und lieblichen Gerüchen dir entgegenlachen. Die Zephyre verkündigen euch gaukelnd;« usw.[59]

Im Vergleich zu solchen Passagen erscheint Kleists Naturschilderung schon wieder realistisch. – Auch Schiller, der in seinem Aufsatz

›Über naive und sentimentalische Dichtung« (1795/96) neben Haller
auf Ewald von Kleist hinweist, rechnet das Werk des Dichters nicht
dem idyllischen, sondern dem elegischen Genre zu. Dabei gibt er eine
zutreffende Charakteristik von Kleists dichterischer Persönlichkeit, die
nicht nur den ›Frühling‹, sondern auch dessen übrige poetische Produktion einschließt. Schiller schreibt:

»Aber hat ihn sein Dichtungstrieb aus dem einengenden Kreis der Verhältnisse heraus in die geistreiche Einsamkeit der Natur geführt, so verfolgt ihn
auch noch bis hiehier das ängstliche Bild des Zeitalters und leider auch seine
Fesseln. Was er fliehet, ist in ihm, was er suchet, ist ewig außer ihm; nie
kann er den üblen Einfluß seines Jahrhunderts verwinden. (...) Bunt zwar
und prangend wie der Frühling, den er besang, ist seine Dichtung, seine
Phantasie ist rege und tätig, doch möchte man sie eher veränderlich als reich,
eher spielend als schaffend, eher unruhig fortschreitend als sammelnd und
bildend nennen.«[60]

Was Schiller hier idealistisch »das ängstliche Bild des Zeitalters«
oder den »üblen Einfluß seines Jahrhunderts« nennt – so als stünde
es dem Dichter frei, sich über die Bedingungen seiner Zeit hinwegzu-
setzen –, bedarf einer materialistischen Fundierung: die »Fesseln«,
von denen Schiller spricht, sind die sozio-ökonomischen Verhältnisse
im absolutistischen Preußen, von denen im vorigen Abschnitt die Rede
war. Im folgenden markiert Schiller die Schranken von Kleists Dich-
tertum, wenn er schreibt, daß der Verfasser des ›Frühling‹ bei der
Darstellung von Menschen und menschlichen Begebenheiten, wo seiner
Einbildungskraft »feste und notwendige Grenzen« gesetzt sind,
zwangsläufig scheitern müsse.[61]
Genau im entgegengesetzten Sinne hatte Lessing im ›Laokoon‹
von Kleist gefordert, daß er, Lessings eigener Kunsttheorie folgend,
den Menschen, und nicht die äußere Natur in den Mittelpunkt seiner
Darstellung rücken müsse:

»Von dem Herrn von Kleist kann ich versichern, daß er sich auf seinen
Frühling das wenigste einbildete. Hätte er länger gelebt, so würde er ihm
eine ganz andere Gestalt gegeben haben. (...) er würde aus einer mit Empfindungen nur sparsam durchwebten Reihe von Bildern, eine mit Bildern
nur sparsam durchflochtene Folge von Empfindungen gemacht haben.«[62]

Daß seine Forderung, das Deskriptive durch das menschlich Bedeutsame zu ersetzen, Kleists dichterischen Möglichkeiten keinerlei
Rechnung trägt, hat Lessing, im Unterschied zu Schiller, wenig bekümmert; dazu war der Verfasser des ›Laokoon‹ viel zu sehr mit
der Durchsetzung seiner eigenen Kunstanschauung beschäftigt. Lessing

war es auch, der Kleists erfolglose Exkurse auf das Gebiet von Epik und Dramatik anregte, indem er ihn zur Ausarbeitung seines ›Seneca‹ sowie des Versepos ›Cissides und Paches‹ ermunterte, ohne zu berücksichtigen, daß Kleists Talent mehr dem Idyllischen als dem Heroischen zuneigte. Trotzdem entbehrt Lessings Urteil nicht jeder Grundlage. Kleist selbst hatte sich schon früh, allerdings aus anderen Motiven als Lessing, der malenden Poesie entfremdet. ›»Wird wohl der Geist durch Schilderei ergetzt, / Wenn euch der Star die Augen hat verletzt?« heißt es in dem Gedicht ›Sehnsucht nach Ruhe‹ (1744), und in einem Brief an Gleim schreibt Kleist: »Ich bin das Malerische, Verliebte, sehr Poetische usw. überdrüssig.«[63] Solche Bemerkungen bezeugen seine Distanz zur beschreibenden Poesie von Brockes und Haller, die er rein äußerlich fortsetzt.

Auf den kurzlebigen Erfolg von Kleists Gedichten, der durch die Legende seines Heldentods noch einmal aufflackerte, folgte eine lange Periode des Schweigens, in der die Forschung fast mitleidig von dem Dichter Kenntnis nahm: man bescheinigte ihm gnädig, daß seine Poesie »wenn schon nicht als Kunstwerk, so doch wenigstens als das Bekenntnis eines Menschen anzusprechen« sei (Müller),[64] oder man gestand ihm wenigstens ein »stoffgeschichtliches Verdienst« (Schneider) zu.[65] Eine rühmliche Ausnahme bildet die Arbeit von Helmut Paustian, der in seiner kurzen Charakteristik des Dichters auf die sozialen und politischen Implikationen von Kleists Empfindsamkeit hinweist:

»Kleist spricht hier als Adliger die Sehnsucht des damaligen bürgerlichen Menschen aus, der vor den Kabalen der oberen Klassen in idyllische Zurückgezogenheit flieht (...) Man muß sich die damalige Mißachtung des Soldatenhandwerkes bei dem geruhsamen und auf seinen Besitz bedachten Bürgertum vergegenwärtigen (...), um die Bewunderung recht zu würdigen, die man diesem empfindsamen Offizier allgemein zollt. In diesem vortrefflichen Adligen (...) erkennt das Bürgertum seine eigene Seelenhaltung und Sehnsucht.«[66]

5. Schlußfolgerungen

Ich habe versucht, die sogenannte beschreibende oder auch malende Poesie in ihren Hauptvertretern im deutschen Sprachraum – Brockes, Albrecht von Haller und Ewald von Kleist – zu lokalisieren. Die zahlreichen Nachahmer, die diese Dichter auf den Plan riefen: Triller, Drollinger, Tralles, Suppius, Gieseke, Zachariä usw.[67] – sind hier nur insofern von Interesse, als sie die Popularität des Genres zwischen dem zweiten und fünften Jahrzehnt des 18. Jahrhunderts bezeugen;

qualitativ haben sie der Entwicklung der beschreibenden Poesie nichts Neues hinzugefügt. – Bleibt die Frage nach dem Stellenwert dieser Dichtungsart im historischen und systematischen Gefüge der Gattungen, die bisher nicht ausreichend beantwortet werden konnte, sowie, als zweiter Punkt, die Frage nach der historischen Funktion von Lessings Verdammungsurteil über das deskriptive Genre im ›Laokoon‹. Die einschlägige Literatur über beschreibende Dichtung ist äußerst spärlich. L. L. Albertsen widmet dem Thema ein Kapitel seines Buches über das Lehrgedicht in der neueren deutschen Literatur, wobei er sich auf eine gründliche Kenntnis der poetologischen Theorien des 18. Jahrhunderts stützt.[68] Die malende Poesie wird danach bei fast allen Dichtungstheoretikern der Zeit als Unterart des Lehrgedichts aufgefaßt – eine Beziehung, die bei Brockes und Haller noch deutlich sichtbar ist, während sie bei Kleist in den Hintergrund tritt.[69] Auch auf die Gefahren des Genres wird, besonders seit Lessing, stets hingewiesen. So beklagt Friedrich Bouterwek in seiner großangelegten ›Geschichte der Poesie und Beredsamkeit‹ (1801–1819) den »Mangel an fortschreitendem Interesse«, der der Gattung anhafte:

»Was den Gedichten dieser Art ein lebhafteres Interesse geben mußte, das auch die schönste Beschreibung an sich nicht hat, war immer das Lyrische, oder Didaktische, das man in die Beschreibung aufnahm, oder der Reiz der Digressionen, durch die das beschreibende Gedicht sich dem erzählenden näherte.«[70]

Eine kompromißlose Ablehnung der deskriptiven Poesie wie bei Lessing findet sich jedoch in den späteren Poetiken nur selten. Albertsen selbst bezeichnet die beschreibende Dichtung als »Parasitärgattung«, die sich im 17./18. Jahrhundert, unter fälschlicher Berufung auf antike Vorbilder (Horaz, Vergil, Theokrit), herausbildete.[71] Es ist unbestreitbar, daß es sich hier in der Tat um eine ephemere literarische Erscheinung handelt, die trotz ihrer relativ großen Verbreitung niemals im Zentrum des allgemeinen Interesses stand wie etwa das bürgerliche Drama. Der Ausdruck »Parasitärgattung« ist also durchaus berechtigt. Trotzdem muß man fragen, warum dieses Genre gerade zu jener Zeit entstehen und sich ausbreiten konnte. Die beschreibende Dichtung, soviel ist sicher, kam einem objektiven Informationsbedürfnis des bürgerlichen Publikums entgegen, dessen Schwerpunkte sich allerdings im Lauf der Zeit verlagerten. Bei Brockes sind es die Ergebnisse der noch jungen Naturwissenschaft, die dichterisch popularisiert werden, in Verbindung mit mystisch getönter Kontemplation in die Natur, in der das Bürgertum seine eigene Seelengröße entdeckt;

bei Haller ist es die lehrhaft-moralisierende Utopie eines goldenen Zeitalters, das im Leben der Schweizer Bergbauern reale Existenz gewonnen zu haben scheint – mit deutlichem Affront gegen höfische und städtische (Un-)Kultur; bei Kleist ist es das von seiner sozialen Umwelt frustrierte Individuum, das seinen melancholischen »Weltschmerz« im Bild der Natur objektiviert. Wir haben somit drei Typen von Subjekt-Objekt-Beziehungen vor uns, wobei die Entwicklung von klarer Distanz zu wechselseitiger Identifizierung mit der Natur geht; sie repräsentieren drei Phasen des bürgerlichen Selbstbewußtseins, auf der Grundlage der ökonomisch-sozialen Emanzipation des Bürgers – eine Feststellung, die im Falle des verarmten Adligen Ewald von Kleist geringfügig modifiziert werden muß. Daß es jedesmal die Natur ist, die als Ziel der Sehnsucht des bürgerlichen Individuums erscheint, und nicht die Stadt oder sonst ein Feld menschlicher Betätigung, ist dabei von symptomatischer Bedeutung. Lukács hat auf die geschichtsphilosophischen Voraussetzungen dieses Prozesses, den man gemeinhin mit dem Terminus »Erwachen des Naturgefühls« bezeichnet, eindringlich hingewiesen:

»Die Fremdheit der Natur, der ersten Natur gegenüber, das moderne sentimentalische Naturgefühl ist nur die Projektion des Erlebnisses, daß die selbstgeschaffene Umwelt für den Menschen kein Vaterhaus mehr ist, sondern ein Kerker. Solange die von den Menschen für den Menschen gebauten Gebilde ihm wahrhaft angemessen sind, sind sie seine notwendige und eingeborene Heimat; keine Sehnsucht kann in ihm entstehen, die sich, als Gegenstand des Suchens und des Findens, die Natur setzt und erlebt. Die erste Natur, die Natur als Gesetzmäßigkeit für das reine Erkennen und die Natur als das Trostbringende für das reine Gefühl, ist nichts als die geschichtsphilosophische Objektivation der Entfremdung zwischen dem Menschen und seinen Gebilden.«[72]

Es zeigt sich schon an diesem begrenzten Ausschnitt aus der literarhistorischen Entwicklung, daß die Beschreibung unter den jeweils gegebenen gesellschaftlichen Voraussetzungen auch je verschiedenen Zwecken dient; sie ist, im wahrsten Sinn des Wortes, neutral und offen für alle möglichen Bedeutungen: eine literarische Technik, die ebenso als fortschrittlich propagiert (Brockes, Haller), wie als rückschrittlich denunziert werden kann (Lessing). Die Analyse hat hier stets nach der konkreten historischen Funktion zu fragen, die eine bestimmte Form unter bestimmten Bedingungen erfüllt – im anderen Fall bleibt die Untersuchung in hoffnungslosem Formalismus stecken. So besehen, bekommt auch Lessings Kritik an der beschreibenden Poesie ihre historische Berechtigung: so wenig Lessing einzelnen Autoren ie Kleist und Haller gerecht werden kann, so sehr wird seine Haltung von der Notwendigkeit diktiert, Stellung zu beziehen gegen überwundene Phasen bürgerlicher Emanzipation, die zugleich überwundene Tendenzen seiner eigenen Person darstellen – Lessing hatte sich in seiner Jugend selbst in der beschreibenden Poesie versucht.[73] Was er unter dem Stichwort »Beschreibung« angreift, ist die durch die realen Verhältnisse erzwungene Passivität des bürgerlichen Individuums, sei sie nun mystisch-kontemplativer (Brockes), utopisch-kritischer (Haller) oder melancholisch-resignativer Natur (Kleist). Mit seiner Forderung nach aktiver Veränderung der versteinerten Verhältnisse, zunächst noch beschränkt auf den ästhetischen Überbau der Gesellschaft, wird Lessing so, gegen seinen Willen, zum Vorkämpfer des *Sturm und Drang* und zum Wegbereiter historischer Prozesse, die letztlich in der Französischen Revolution gipfelten.

II. Hebbels *Nachsommer*-Kritik und Stifters *Nachsommer*

Hebbels *Nachsommer*-Kritik

1. Hebbels Thesen

Hebbels kritische Abrechnung mit der Beschreibungsliteratur seiner Zeit unterscheidet sich schon nach Anlaß und Ausdehnung beträchtlich von den Arbeiten seines Vorgängers Lessing und seines Nachfolgers Lukács. Während die beiden Letztgenannten in ihren Aufsätzen, ausgehend von einer Reihe von Erscheinungen aus verschiedenen literarischen Epochen, zu grundsätzlichen Überlegungen zum Thema »Beschreibung« gelangen, reagiert Hebbel im wesentlichen nur auf einen Autor und ein einziges Buch dieses Autors: Stifters ›Nachsommer‹. Im Gegensatz zu den umfangreichen, weitausholenden Essays von Lessing und Lukács umfaßt Hebbels ›Nachsommer‹-Kritik nur wenige Seiten. Es handelt sich um zwei polemisch zugespitzte Rezensionen, besser gesagt: Verrisse von Stifters Roman, die an satirischer Schärfe, ja Boshaftigkeit Lessing und Lukács weit übertreffen – die reizbare Aggressivität, gekoppelt mit einem nach außen unerschütterlichen, in Wahrheit aber höchst empfindlichen Selbstbewußtsein, gehört zu den beherrschenden Charakterzügen des Autors Hebbel. Es wäre jedoch falsch, aufgrund ihrer polemischen Form, Hebbels Kritik als persönliche Abrechnung mit seinem Antipoden Stifter, als eine Art privaten Racheakts, aus welchen Motiven auch immer, zu klassifizieren. Hinter der überspitzten Polemik verbergen sich grundsätzlichere Motive, wurzelnd in Hebbels gesamter Kunst- und Weltanschauung, die seine ablehnende Haltung gegenüber Stifters Roman begründen. Sie lassen sich nur unter Hinzuziehung seines ästhetischen und kritischen Werks, insbesondere seiner Aufsätze zur Theorie des Dramas, der Epigramme und der an ästhetischen Reflexionen reichen Tagebücher voll erschließen. Zunächst aber ist es notwendig, den Gang von Hebbels Argumentation in seiner Kritik an Stifter kurz zu skizzieren.

Die erste Rezension des ›Nachsommer‹ aus der Feder Hebbels erschien am 4. September 1858 in der Leipziger ›Illustrierte(n) Zeitung‹ im Rahmen einer Sammelbesprechung verschiedener literarischer Neuerscheinungen.[1] Unter den drei kurzen Anzeigen, die Hebbel für das Blatt schrieb, ist die kaum eine Druckseite umfassende

Nachsommer‹-Rezension noch die ausführlichste. Die zweite, etwas
mfangreichere Kritik erschien im darauffolgenden Monat in der von
\. Kolatschek in Gotha herausgegebenen Zeitschrift ›Stimmen der
eit‹, unter der Überschrift: ›Das Komma im Frack‹.[2] Schon
rüher, im Jahre 1849, hatte Hebbel Stifter zur Zielscheibe eines sati-
ischen Epigramms gemacht, in dem er ihn als beschränkten Kleinma-
er verspottete:

> »Die alten Naturdichter und die neuen.
> (Brockes und Geßner, Stifter, Kompert u.s.w.)
> Wißt ihr, warum euch die Käfer, die Butterblumen so glücken?
> Weil ihr die Menschen nicht kennt, weil ihr die Sterne nicht seht!
> Schautet ihr tief in die Herzen, wie könntet ihr schwärmen für Käfer?
> Säht ihr das Sonnensystem, sagt doch, was wär' euch ein Strauß?
> Aber das mußte so sein; damit ihr das Kleine vortrefflich
> Liefertet, hat die Natur klug euch das Große entrückt.«[3]

Das Epigramm, das Stifter zu einer ausführlichen Rechtfertigung
veranlaßte (in der berühmten Vorrede zu den ›Bunten Steinen‹
. u. S. 188 ff.), nimmt Gedanken vorweg, die später in den ›Nach-
ommer‹-Rezensionen genauer ausgeführt werden. Hebbel nennt
Stifter in einem Atemzug mit den älteren »Naturdichter(n)« Brockes
und Geßner, sowie, als Vertreter der neueren Richtung, Leopold
Kompert (1822–1886), einem jüdischen Dichter aus Böhmen, der
durch seine Geschichten ›Aus dem Ghetto‹ (1848) bekannt wurde.
Er reiht Stifter damit ein in die Tradition der Idylle, oder, wie es in
der ›Nachsommer‹-Kritik heißt, des »Genres« – eine Zuordnung,
die Stifter schwerlich gerecht wird. Auch der Hauptgedanke des Gedichts, die hierarchische Gegenüberstellung von Groß und Klein, die
Hebbel von der Natur auf die Gesellschaft überträgt, um ihr damit
eine höhere Legitimation zu geben (Käfer, Butterblumen – Menschen,
Sterne; Strauß – Sonnensystem), wird in der ›Nachsommer‹-Kri-
tik wieder aufgegriffen.

Der Satz, mit dem Hebbel seine erste, kurze Besprechung von Stifters Roman eröffnet, ist mehr als nur eine polemische Ouvertüre; er
enthält implizit den ältesten und zugleich hartnäckigsten Vorwurf,
der der Beschreibungsliteratur gemacht zu werden pflegt: daß sie
langweilig sei.

> »Drei starke Bände! Wir glauben Nichts zu riskieren, wenn wir Demjeni-
> gen, der beweisen kann, daß er sie ausgelesen hat, ohne als Kunstrichter dazu
> verpflichtet zu sein, die Krone von Polen versprechen.«[4]

Im folgenden knüpft Hebbel an Lessing an, auf dessen ›Laokoon‹ er sich zur Rechtfertigung seines negativen Urteils über Stifter beruft

»Anfangs schüchtern und durch die Erinnerung an Lessings Laokoon i der behäbigen Entfaltung seiner auf's Breite und Breiteste angelegten Be schreibungsnatur vielleicht noch ein wenig gestört, machte er (Stifter – Anm des Verf.) bald die Erfahrung, daß dieser einst so gefährliche Laokoon i unseren Tagen Niemand mehr schadet, und faßte Muth.«[4]

Er nennt Lessing den »deutschen Zwillingsbruder des Aristoteles und den ›Laokoon‹ das »Hauptwerk seines Lebens«, das zwische Dichtung und bildender Kunst »für alle Zeiten (. . .) den unverrückba ren Markstein« gesetzt habe. Lessing ist ihm also hier, auf dem Gebie der literarischen Kritik, ungefragte Norm – ganz im Gegensatz z Lessings Dramen, die Hebbel weit weniger günstig beurteilte.[5] E geht noch über Lessing hinaus, wenn er Stifter vorwirft, daß er nich einmal mehr male, sondern nur noch Farben reibe, ja oft sogar nu Farbstoffe zusammentrage:

»Man braucht die Ideen nur zu erlassen, wenn man den Zustand herbei führen will, in dem die Palette selbst für ein Bild ausgegeben wird.«[6]

Der Satz variiert einen Gedanken, den Hebbel in seinem program matischen Vorwort zu dem Drama ›Maria Magdalene‹ (1844) aus geführt hatte. Der Maler braucht sich nicht dafür zu entschuldigen heißt es hier,

»daß er auf die Composition seines Gemäldes Mühe und Fleiß verwendet daß er die Farben, die ja doch auch schon an sich dem Auge schmeicheln, zu Gestalten, und die Gestalten wieder auf einen inneren, für den bloßen Gaffe nicht vorhandenen Mittelpunckt bezieht, statt das Farbenbrett selbst mit der eingerührten Blau, Gelb und Roth, für das Gemälde zu geben, (. . .) daß si (die Kunst – Anm. d. Verf.) ihre einzige, ihre erste und letzte Aufgabe, in Auge behält, statt es sich bequem zu machen und für den *Karfunkel* de *Kiesel* zu bieten, für ein tiefsinniges und unergründliches *Lebens-Symbol* ei gemeines *Lebens-Räthsel*.«[7]

Auch hier erscheint wieder die hierarchische Gegenüberstellung vo Groß und Klein (Karfunkel – Kiesel); zugleich wird die innere Öko nomie von Hebbels Werk sichtbar, das wiederholte Aufgreifen un Weiterspinnen ein- und desselben Gedankens, dem wir noch öfter be gegnen werden.

Die Bemerkung, mit der Hebbel seine kurze Kritik schließt, mute an wie die Vorwegnahme eines literarischen Verfahrens, das hunder Jahre später, im französischen ›nouveau roman‹, bei Butor, Robbe

Grillet und anderen, wiederkehrt – wobei man Hebbels negative Beurteilung des Phänomens nicht gleich zu teilen braucht:

>»Was wird hier nicht Alles weitläufig betrachtet und geschildert; es fehlt nur noch die Betrachtung der Wörter, womit man schildert, und die Schilderung der Hand, womit man diese Betrachtung niederschreibt, so ist der Kreis vollendet.«[8]

Hebbels zweite Rezension des ›Nachsommer‹, ›Das Komma im Frack‹, stellt die hier nur *en passant* erhobenen Vorwürfe in einen historischen und systematischen Kontext. Sie beginnt, ohne sogleich Stifter zu nennen, mit einer Klage über das »Genre«, das »mehr und mehr aus dem ihm angewiesenen Kreise in die höheren Sphären« der Kunst hinübergreife – die Bemerkung bezieht sich ebenso auf die Malerei wie auf die Literatur. An anderer Stelle rechnet Hebbel die Beschreibung zu den »Unter-Schönheiten, an denen arm zu sein, die erste Folge des Reichthums ist.«[9] Die Hierarchie der Natur wird so auf die Formen und Gattungen der Kunst übertragen, die analog dem starren ständischen Aufbau der Gesellschaft der Restaurationsperiode gedacht wird. Daß Hebbel mit seiner säuberlichen Trennung von Groß und Klein, Hoch und Niedrig, gesellschaftliche Normen verteidigt, die in der Praxis längst ins Wanken geraten waren, zeigt deutlich das folgende Gedicht mit seinem abstrakten Geniekult:

> »*Das Genie und die Talente*
>
> An der höheren Stufe vermißt ihr gewöhnlich die nied're,
> Lernt's doch endlich, sie wird eben mit dieser erkauft.
> Daß ein Ganzes werde, muß jeglicher Theil sich bescheiden,
> Tritt er einzeln hervor, wuchert er, wie er nur kann,
> Und er wird, wo er herrscht, sich freilich stärker erweisen,
> Als er thut, wo er dient, aber ein Thor nur vergleicht.«[10]

Hebbel koppelt solche Wertvorstellungen mit einem scheinbar objektiven historischen Entwicklungsschema, das, wie schon das Vokabular zeigt, eindeutig Hegel verpflichtet ist:

»Die Kunst drängt nach ihrem ewigen Entwicklungs-Prinzip zunächst unaufhaltsam zur Spitze und verweilt auf den untergeordneten Stufen nicht länger, als sie durchaus muß, um ihre Kräfte zu erproben und auszubilden. Wenn sie aber auf der Höhe angelangt ist, steht sie eben so wenig still, um nun fort und fort Universal-Schöpfungen zu produciren (...), sondern sie mißt den ganzen Weg zurück und vertieft sich, in treuem Ernst nachholend, was sie in der ersten Begeisterung übersprang, bei jedem Schritt inniger in's Detail. So entspringt der Genre und mit ihm die einzige Quelle aesthetischen

Genusses für alle diejenigen, die nicht im Stande sind, ein Ganzes aufzufassen und in sich aufzunehmen, wohl aber, sich am Einzelnen zu erfreuen.«[11]

Trotz der äußerlichen Anknüpfung an Hegel, dessen Ästhetik Hebbel während seines Kopenhagener Aufenthalts studierte, können solche Gedankengänge sich nur schwer auf den Tübinger Philosophen berufen, der die Genremalerei, in Kunst und Poesie, sehr viel günstiger beurteilte als Hebbel.[12] Eher schon ließe sich eine Parallele ziehen zu Hegels Ablehnung der Idylle, ja des Idyllischen überhaupt, das ihm zu wenig Interesse abnötigt, »um als der eigentlichste Grund und Boden des Ideals gelten zu können. Denn die wichtigsten Motive des heroischen Charakters, Vaterland, Sittlichkeit, Familie usf. und deren Entwicklung trägt dieser Boden nicht in sich, wogegen sich etwa der ganze Kern des Inhalts darauf beschränkt, daß ein Schaf sich verloren oder ein Mädchen sich verliebt hat.«[13] Mit seiner Bevorzugung des Heroischen gegenüber dem Idyllischen meint Hegel jedoch primär die gekünstelte Naivität der Anakreontik – er nennt als negatives Beispiel Geßner, während ihm Goethes ›Hermann und Dorothea‹ als Muster der Gattung gilt, weil sich hier das Ideal gegen die Fährnisse der Geschichte, in Gestalt der Französischen Revolution, behaupten muß.[14] Stifters ›Nachsommer‹ ist, zumindest von der Intention her, ähnlich angelegt: auch hier erwächst das Ideal auf dem Boden der gesellschaftlichen Realität – wenn auch in anderem Sinne als bei Goethe. Zudem ist Hegels Ablehnung der Idylle gänzlich anders begründet als bei Hebbel: nicht unter Berufung auf eine wie auch immer geartete Hierarchie, die von der Natur auf die Kunst übertragen wird, sondern gemessen am objektiven Entwicklungsstand der Gesellschaft, an der »Prosa des Alltags« die, nach Hegel, die Idylle nicht mehr zuläßt:

»Der lange weitläufige Zusammenhang der Bedürfnisse und Arbeit, der Interessen und deren Befriedigung ist seiner ganzen Breite nach vollständig entwickelt und jedes Individuum aus seiner Selbständigkeit heraus in eine unendliche Reihe der Abhängigkeiten von anderen verschränkt. Was es für sich selber braucht, ist entweder gar nicht oder nur einem sehr geringen Teile nach seine eigene Arbeit, und außerdem geht jede dieser Tätigkeiten statt in individuell lebendiger Weise mehr und mehr nur maschinenmäßig nach allgemeinen Normen vor sich.«[15]

Die Entwicklung der Produktivkräfte (Technik, Industrie) und der Produktionsverhältnisse (bürgerlich-kapitalistische Gesellschaft) läßt so die Selbstgenügsamkeit der Idylle hinfällig werden – nicht die von Hebbel postulierte unveränderliche Hierarchie der Kunstformen.

Mit welcher Beharrlichkeit Hebbel auf seinem Thema insistiert, zeigt der folgende Abschnitt seiner ›Nachsommer‹-Kritik, in dem er die angeblich »natürliche« Ordnung von Groß und Klein noch einmal, auf Stifter gemünzt, beschwört:

»Weil das Moos sich viel ansehnlicher ausnimmt, wenn der Maler sich um den Baum nicht bekümmert, und der Baum ganz anders hervortritt, wenn der Wald verschwindet, so entsteht ein allgemeiner Jubel, und Kräfte, die eben für das Kleinleben der Natur ausreichen und sich auch instinctiv nicht höher stellen, werden weit über andere erhoben, die den Mückentanz schon darum nicht schildern, weil er neben dem Planetentanz gar nicht sichtbar ist.«[16]

Der Gedanke wird weiter exemplifiziert an einer Reihe von Beispielen, die Hebbel in schroffer Antithetik einander gegenüberstellt: ›Der Koth auf Napoleons Stiefeln« und der »Seelenkampf auf seinem Gesicht«; der »Jambus der Tragödie« und die »Wucht des Gedankens« in der Tragödie; die Statue und die »Nips-Figur«; das Komma und der Satz, »dem es doch allein seine Existenz verdankt« – eine rhetorische Hyperbel, die Hebbel in den Titel seiner Kritik gerückt hat (›Das Komma im Frack‹). Die polemische Übertreibung enthält zugleich eine richtige Beobachtung: die Aufwertung des banalen, alltäglichen Details in der Beschreibung – ein Moment, das sich schon bei Brockes findet und das Stifter in der Vorrede zu den ›Bunten Steinen‹ auch theoretisch zu rechtfertigen versucht hat.

Die »Selbstaufhebung der ganzen Richtung« (auch dies wieder eine Formulierung, die an Hegel erinnert), will sagen: des idyllischen Genres, sieht Hebbel in dem »behäbigen Adalbert Stifter« erreicht, dem es vorbehalten blieb, »den Menschen ganz aus dem Auge zu verlieren«.

»Es ist aber durchaus kein Zufall, daß ein Stifter kam, und daß dieser Stifter einen ›Nachsommer‹ schrieb, bei dem er offenbar Adam und Eva als Leser voraussetzte, weil nur diese mit den Dingen unbekannt sein können, die er breit und weitläufig beschreibt.«[17]

Der Satz enthält, wiederum in polemischer Zuspitzung, einen im Kern richtigen Gedanken: Stifters Bildungsprogramm, ähnlich wie das von Brockes, setzt in der Tat »Adam und Eva« als Leser voraus, d. h. einen unverstellten Blick, der den Automatismus der gewöhnlichen Wahrnehmung durchbricht.

»Unterstützt wird sie (die literarische Genremalerei – Anm. d. Verf.) durch eine Theorie, die das Ideal und das Abstracte mit einander verwechselt und dem stumpfen Realismus, der die Warze eben so wichtig nimmt, wie die Nase, auf der sie sitzt, eifrig das Wort redet, weil sie nicht ahnt, daß jedes Bild ohne Ausnahme ein hieroglyphisches Element in sich aufnehmen muß, welche nach allen Seiten die Gränzen zieht.«[18]

Diese Passage, die ich mit Absicht bis hierher ausgespart habe, i von zentraler Bedeutung, und zwar in mehrfacher Hinsicht. Zunäch einmal paraphrasiert der Satz, in fast wörtlicher Anlehnung, eine Ta gebuchnotiz Hebbels vom 1. Januar 1857 und belegt so noch einma die innere Ökonomie seines Werks:

> »Wahrheit in Kunst und Poesie! Gewiß. Aber hoffentlich zum weinende Auge doch nicht auch die fließende Nase? Dennoch hat noch Keiner Thräne vergossen, ohne den Schnupfen zu bekommen. Also die Gränzen respectir Gevatter Dorfgeschichten-Mann!«[19]

Zu dem inhaltlichen, genauer gesagt: quantitativen Argument, da die Genrekunst die Hierarchie von Groß und Klein, Bedeutendem un Unbedeutendem mißachte, tritt nun auch ein qualitativer, d. h. for maler Vorwurf, der in diesem Zusammenhang neu ist. Es handelt sic um die Darstellungsmethode des *Realismus,* die Hebbel hier angreif indem er sie mit »Dorfgeschichten-Schwindel«, d. h. mit literarische Kleinmalerei identifiziert. Realismus, Genre, Idylle und der Rückzu ins ländliche Milieu werden so unterschiedslos in einen Topf geworfe ein kritisches Verfahren, das den disparaten literarischen Erscheinun gen der Epoche – von Spielhagen und Otto Ludwig bis zu Dicken und Flaubert – sicher nicht gerecht wird. Hebbels Gereiztheit rühr vielleicht auch daher, daß er zur gleichen Zeit sich selbst im Genre de Idylle versucht hatte: 1859 veröffentlichte er das Epos ›Mutter un Kind‹, in dem er die Einheit von Detailschilderung und einer alle durchdringenden Idee praktisch demonstrieren wollte. Indes, Hebbel Ablehnung des gerade aufkeimenden Realismus – der Begriff stamm bekanntlich von Otto Ludwig[20] – hat noch tiefere Gründe, die ir Zentrum von Hebbels Kunstanschauung wurzeln. Daß er Realismu mit platter Oberflächenschilderung, mit bloßer Tatsächlichkeit als gleichsetzt, hat Hebbel zu wiederholten Malen ausgesprochen, ar deutlichsten in einem Brief an Sigmund Engländer vom 1. Mai 1863

> »Die künstlerische Phantasie ist eben das Organ, welches diejenigen Tiefe der Welt erschöpft, die den übrigen Facultäten unzugänglich sind, und meine Anschauungsweise setzt demnach an die Stelle eines falschen Realismus, de den Theil für das Ganze nimmt, nur den wahren, der auch das mit umfaß was nicht auf der Oberfläche liegt. Uebrigens wird auch dieser falsche nich dadurch verkürzt, denn wenn man sich auch so wenig auf's Dichten, wie auf Träumen, vorbereiten kann, so werden die Träume doch immer die Tags und Jahres-Eindrücke und die Poesieen nicht minder, die Sympathieen un Antipathieen des Schöpfers abspiegeln.«[21]

Der zweite Teil der zitierten Passage enthält eine tiefenpsychologische Erkenntnis, die auf Freud vorauszuweisen scheint: in Wahrheit handelt es sich hierbei – ebenso wie bei dem oben zitierten Satz, daß jedes Bild ein geheimnisvolles »hieroglyphisches Element« in sich aufnehmen müsse – um Nachwirkungen der romantischen Philosophie des Unbewußten. Auf die Quelle, aus der Hebbel solche Anschauungen bezog, hat zuerst Wolfgang Liepe hingewiesen:[22] es ist der romantische Naturphilosoph Gotthilf Heinrich Schubert, dessen Werke (›Ahndungen einer allgemeinen Geschichte des Lebens‹, 1806; ›Ansichten von der Nachtseite der Naturwissenschaft‹, 1808; ›Symbolik des Traumes‹, 1814) Hebbel in früher Jugend studierte, lange bevor er Feuerbach, Schelling, Kant und Hegel kennenlernte. Es handelt sich hier um die tiefste und früheste Schicht von Hebbels Denken, die für seine spätere Entwicklung stets konstitutiv blieb. So erklärt sich der scheinbare Widerspruch zwischen Elementen der Hegelschen Geschichtsphilosophie, die Hebbel äußerlich übernahm, und den metaphysischen Grundanschauungen, die sein gesamtes Werk durchziehen. Schuberts mythische Naturphilosophie, die an die Tradition der neuplatonischen Mystik anknüpft, ist gekennzeichnet durch eine dualistische Weltsicht, die auch Hebbel eigen ist, und die letztlich seine Ablehnung des Realismus als Prinzip der Kunst motiviert:

»der erste Act der Kunst ist eben die vollständige Negation der realen Welt, in dem Sinne nämlich, daß sie sich von der jetzt zufällig vorhandenen Erscheinungsreihe, worin das Universum hervortritt, trennt und auf den Urgrund, aus dem sich eine ganz andere Kette hervorspinnen kann, wie sie sich historisch nachweisbar schon daraus hervorgesponnen hat, zurückgeht.«[23]

Die Beschreibung der Erscheinungswelt kann also für Hebbel niemals Aufgabe der Kunst sein, weil sie über dem isolierten Einzelnen den gemeinsamen »Urgrund« der Dinge vergißt, aus dem diese, durch die tragische Schuld der Individuation, erst hervorgegangen sind. Aus diesem Grunde muß Hebbel Stifter ablehnen.[24] Der Dualismus bildet so die Grundstruktur von Hebbels Denken; er tritt, als unaufgelöster Widerspruch, unter den verschiedensten Formen und Namen auf: Teil – Ganzes, Mensch – Welt, Individuum – Gesellschaft, Held – Schicksal, Mann – Frau, Idee – Gestalt usw. Zwar versucht Hebbel Idee und Gestalt im Begriff der Anschauung miteinander zu verbinden,[25] aber er ist unfähig, die Vermittlung der Widersprüche konkret zu leisten; der Konflikt endet stets mit der Unterordnung bzw. Aufopferung der einen Seite unter die andere, der Frau unter den Mann (Genoveva, Judith, Maria Magdalene), des Individuums unter die Gesellschaft (Agnes Bernauer), des Helden unter das Schicksal (Nibelungen), der Realität unter das Ideal (Hebbels Kunsttheorie). Hier drückt sich eine pessimistische Grunderfahrung aus – die Forschung nennt sie gern tragisch –, die ebensosehr Hebbels persönliches Schicksal: den teuer erkauften sozialen Aufstieg vom Kirchspielschreiber zum berühmten Schriftsteller, widerspiegelt wie gesamtgesellschaftliche Prozesse: das Scheitern der Revolution von 1848 und die darauffolgende Restauration. Historische Erfahrungen wirken so bis in das relativ abseits gelegene Gebiet von Hebbels Kritik an Stifter hinein. Von hier, d. h. von der veränderten historischen Situation aus, muß auch das Verhältnis von Hebbels ›Nachsommer‹-Rezension zu Lessings ›Laokoon‹, dessen Tradition er fortzusetzen glaubt, neu bestimmt werden. Eine Übereinstimmung läßt sich noch am ehesten in der äußerlichen Tatsache finden, daß beide, Lessing wie Hebbel, Dramatiker waren und schon von daher die Passivität des epischen Beschreibens kritisieren mußten. Ihre Motive sind jedoch grundverschieden: Lessing steht auf dem Boden der aristotelischen Nachahmungstheorie, die klassische Antike ist für ihn verbindliche Norm; Hebbel lehnt das Prinzip der Naturnachahmung, ebenso wie sein modernes Pendant, das Programm des Realismus, ab;[26] er fußt auf der Dichtung und Philosophie des deutschen Idealismus: Schelling und Hegel, Goethe und Schiller sind ihm wichtiger als Horaz und Aristoteles; Lessing ist Rationalist, Hebbel, vereinfacht ausgedrückt, Irrationalist. Auch der Mensch, den beide in den Mittelpunkt ihres Werks stellen, ist je verschieden geprägt: bei Lessing ist es der aufstrebende Bürger, der seine Emanzipation mit der Emanzipation der ganzen Gesellschaft gleichsetzt; bei Hebbel ist es ein isoliertes Individuum, das nur noch leidend, als Opfer die Welt erfährt, und seine subjektive Ohnmacht gegenüber den Mächten der Gesellschaft zum tragischen Weltgesetz erklärt. Der Satz des jungen Marx, die Deutschen hätten die Restaurationen der modernen Völker geteilt, ohne ihre Revolutionen zu teilen, wird so, im Werk von Hebbel, unfreiwillig bestätigt.[27]

2. Stifters Entgegnung: Die Vorrede zu den ›Bunten Steinen‹

»Es ist einmal gegen mich bemerkt worden, daß ich nur das Kleine bilde, und daß meine Menschen stets gewöhnliche Menschen seien.«[28] Mit diesem Satz eröffnet Stifter die »Vorrede« zu seinem Erzählungsband ›Bunte Steine‹ (1852). Er bezieht sich nicht nur auf Hebbel, dessen Epigramm ›Die alten Naturdichter und die neuen‹ Stifter chmerzlich getroffen hatte – die Kontroverse um den ›Nachsommer‹ gehört einer späteren Zeit an –, sondern auf den Tenor der zeitgenössischen Kritik überhaupt, die, nach anfänglichem Enthusiasmus für Stifters ›Studien‹ (erschienen 1844–50 in 6 Bänden), das allzu starke Hervortreten der Landschaftsschilderung bemängelt und den Autor zum Manieristen abgestempelt hatte (Levin Schücking, Hieronymus Lorm).[29] Der Eingangssatz schlägt sogleich das Thema an, um das Stifters Rechtfertigung kreist und das auch Hebbel in den Mittelpunkt der Diskussion stellt: das Verhältnis von Groß und Klein als Gegenständen der Dichtung. Stifter verknüpft den Hinweis auf die gegen ihn erhobenen Vorwürfe mit einer ironischen Ankündigung der unter dem Titel ›Bunte Steine‹ erschienenen Erzählungen, die er als etwas »noch Kleineres und Unbedeutenderes« bezeichnet, »nämlich allerlei Spielereien für junge Herzen«. Das ist mehr als nur biedermeierliche Verspieltheit, literarische Pose oder rhetorisches ›Understatement‹, dahinter verbirgt sich vielmehr eine ernste pädagogische Absicht: Stifter schrieb seine Erzählungen für die Jugend, ursprünglich sollte der Band »Kindergeschichten« heißen.[30] Im übrigen gehört die affektierte Bescheidenheit und gespielte Naivität ebenso zum Wesen Stifters wie das aggressive, dabei nicht minder affektierte Selbstbewußtsein zum literarischen Temperament Hebbels. Zunächst versucht Stifter, sich der Alternative Groß oder Klein zu entziehen:

»Großes oder Kleines zu bilden, hatte ich bei meinen Schriften überhaupt nie im Sinne, ich wurde von ganz anderen Gesetzen geleitet. Die Kunst ist mir ein so Hohes und Erhabenes, sie ist mir, wie ich schon einmal an anderer Stelle gesagt habe, nach der Religion das Höchste auf Erden, so daß ich meine Schriften nie für Dichtungen gehalten habe, noch mich je vermessen werde, sie für Dichtungen zu halten. (...) Gleichgestimmten Freunden eine vergnügte Stunde zu machen, ihnen allen bekannten wie unbekannten einen Gruß zu schicken und ein Körnlein Gutes zu dem Baue des Ewigen beizutragen, das war die Absicht bei meinen Schriften und wird auch die Absicht bleiben.«[31]

Das Selbstverständnis, das sich in diesen Sätzen ausspricht, hatte Stifter schon früher bei verschiedenen Gelegenheiten zu formulieren versucht, z. B. in dem Aufsatz ›Über Stand und Würde des Schriftstellers‹ (1848) und in einem Brief an seinen Verleger, wo er sich von der Tendenzpoesie des ›Jungen Deutschland‹ absetzt mit der programmatischen Forderung, »daß das Schöne gar keinen andern Zweck habe, als schön zu sein«.[32] Die Absicht, die ihn bei seiner Arbeit leitete, hat er im Vorwort zum ersten Band der ›Studien‹ (1843) fast mit den gleichen Worten ausgedrückt wie in der späteren Vorrede zu den ›Bunten Steinen‹:

> »Auf Schriftstellertum macht das Vorliegende keinen Anspruch, sondern sein Wunsch ist nur, einzelnen Menschen, die ungefähr so denken und fühlen wie ich, eine heitere Stunde zu machen, die dann vielleicht weiterwirkt und irgendein sittlich Schönes fördern hilft. Ist dies gelungen, dann ist der Zweck dieser Blätter erreicht, und sie mögen vergessen werden.«[33]

Obwohl Stifter die Alternative, ob die Dichtung Großes oder Kleines darzustellen habe, anfangs als unwesentlich abgetan hatte, übernimmt er im folgenden die von Hebbel postulierte Hierarchie der Natur, nur unter entgegengesetzten Vorzeichen, mit einer gänzlich anderen Bewertung als bei Hebbel. Indem er jene Hierarchie einfach umkehrt – anstelle des Großen, Gewalttätigen, Eruptiven gibt er dem Kleinen, Unscheinbaren, Sanften den Vorzug – begibt sich Stifter, ohne es zu merken, auf den Boden von Hebbels Argumentation, der er, noch in der Negation, verpflichtet bleibt. Die vielzitierte Passage gilt, trotz ihrer logischen Schwächen, als fundamentales Credo von Stifters Kunst- und Weltanschauung – eine weitverbreitete Meinung, die der kritischen Überprüfung bedarf.

> »Das Wehen der Luft, das Rieseln des Wassers, das Wachsen der Getreide, das Wogen des Meeres, das Grünen der Erde, das Glänzen des Himmels, das Schimmern der Gestirne halte ich für groß: das prächtig einherziehende Gewitter, den Blitz, welcher Häuser spaltet, den Sturm, der die Brandung treibt, den feuerspeienden Berg, das Erdbeben, welches Länder verschüttet, halte ich nicht für größer als obige Erscheinungen, ja ich halte sie für kleiner, weil sie nur Wirkungen viel höherer Gesetze sind. Sie kommen auf einzelnen Stellen vor und sind die Ergebnisse einseitiger Ursachen.«[34]

Die Beweisführung, die auf den ersten Blick bestechend anmutet, ist in Wahrheit alles andere als folgerichtig: physikalisch gesehen – und Stifter beruft sich hier auf die Naturwissenschaft – ist das Wehen der Luft, das Rieseln des Wassers genauso »Wirkung viel höherer Gesetze«, »Ergebnis einseitiger Ursachen« wie das Gewitter, der Blitz, der Sturm usw. Der einzige Unterschied, der sich zwischen den genannten Naturvorgängen konstruieren läßt, ist der zwischen quantitativem Wachstum und qualitativem Sprung: das Gewitter zeigt den Umschlag von Quantität – elektrische Spannung in der Atmosphäre – in Qualität: Donner, Blitz usw. Die Wertung, die Stifter hier vollzieht, ist nicht objektiv, sondern subjektiv begründet: die einzelnen Naturerscheinungen sind Metaphern für Gefühlswerte, die sich nur schwer in eine rationale Sprache übersetzen lassen: die kaum spürbare, stetige Veränderung wird als positiv, der gewaltsame Umschlag als negativ hingestellt – Stifter übersieht dabei, daß beides zwei Seiten desselben Prozesses sind. Stifters literarische Theorie ist hier nicht auf der Höhe seiner literarischen Praxis, in der solche katastrophalen Naturerscheinungen durchaus ihren Platz haben: man denke an die verdorrende Heide in der Erzählung ›Heidedorf‹, an die Wüste in ›Abdias,‹ die ungarische Steppe in ›Brigitta‹, den Eisbruch in ›Die Mappe meines Urgroßvaters‹, den Schneefall in ›Bergkristall‹ usw.

Ähnlich wie sein Vorläufer Brockes beruft sich Stifter, zur Rechtfertigung seines literarischen Programms, auf die neuesten Erkenntnisse der Naturwissenschaft: Elektrizitätslehre und Magnetismus, deren Methoden: wissenschaftlich instrumentierte Beobachtung, Messen und Registrieren, er auf die Dichtung zu übertragen versucht. Die Arbeit des Schriftstellers erhebt so, jenseits der bloß subjektiven Phantasie, den Anspruch auf Objektivität. Die Analogie zwischen Dichtung und Wissenschaft wird von Stifter gekoppelt mit einem historischen Entwicklungsschema: dem höheren Stand der Produktivkräfte – wissenschaftliche Erkenntnis und technische Beherrschung der Natur – entspricht deren Entmythologisierung durch die Literatur, die sich durch exakte Beschreibung dem Verfahren des Naturforschers annähert:

»Weil aber die Wissenschaft nur Körnchen nach Körnchen erringt, nur Beobachtung nach Beobachtung macht, nur aus Einzelnem das Allgemeine zusammenträgt (...), so ist auch die Geschichte des in der Natur Großen in einer immerwährenden Umwandlung der Ansichten über dieses Große bestanden. Da die Menschen in der Kindheit waren, ihr geistiges Auge von der Wissenschaft noch nicht berührt war, wurden sie von dem Nahestehenden und Auffälligen ergriffen und zu Furcht und Bewunderung hingerissen; aber als ihr Sinn geöffnet wurde, da der Blick sich auf den Zusammenhang zu richten begann, so sanken die einzelnen Erscheinungen immer tiefer, und es erhob sich das Gesetz immer höher, die Wunderbarkeiten hörten auf, das Wunder nahm zu.«[35]

Was Stifter hier über die »Kindheit« der Menschen sagt, bezieht sich nicht allein auf eine prähistorische Vergangenheit, sondern zugleich auf eine gerade verflossene Epoche: die Kritik gilt dem mythischen Naturbegriff der Romantik, der Stifter in seinem von Jean Paul beeinflußten Frühwerk noch selbst verpflichtet war. Der Wandel in Stifters Naturverständnis läßt sich am Beispiel des Waldes, einem der häufigsten Schauplätze seiner Erzählungen (vgl. die Titel: ›Hochwald‹, ›Waldsteig‹, ›Waldbrunnen‹, ›Waldgänger‹, ›Aus dem bairischen Walde‹ usw.), am besten demonstrieren: ursprünglich ein Bezirk dämonischer Mächte, Residuum des Unbewußten, ähnlich wie bei Eichendorff, erscheint der Wald später als Wirkungsfeld rationaler, aber deshalb nicht minder wunderbarer Naturgesetze. »Ich wußte (...) sehr gut«, heißt es an einer programmatischen Stelle der Erzählung ›Hochwald‹, »daß der Wald keine frevlen Wunder wirke, wie es gehässige und gallige Menschen gern täten, (...) sondern lauter stille und unscheinbare, aber darum doch viel ungeheurere, als die Menschen begreifen, die ihm deshalb ihre ungeschlachten andichten. Er wirkt sie mit ein wenig Wasser und Erde und mit Luft und Sonnenschein.«[36] Ebenso wie sein Kontrahent Hebbel, nur mit anderer Bewertung, überträgt auch Stifter die Hierarchie von Groß und Klein, die er in der Natur entdeckt zu haben glaubt, auf das gesellschaftliche Leben der Menschen. Mit diesem Schritt, der mehr bedeutet als nur eine rhetorische Analogie, wie Hermann Blumenthal meint,[37] setzt Stifter historische Entwicklung mit organischem Wachstum gleich und öffnet so der Mythisierung der Geschichte Tür und Tor:

> »So wie es in der äußeren Natur ist, so ist es auch in der inneren, in der des menschlichen Geschlechtes. Ein ganzes Leben voll Gerechtigkeit, Einfachheit, Bezwingung seiner selbst, Verstandesgemäßigkeit, Wirksamkeit in seinem Kreise, Bewunderung des Schönen, verbunden mit einem heiteren gelassenen Sterben, halte ich für groß: mächtige Bewegungen des Gemütes, furchtbar einherrollenden Zorn, die Begier nach Rache, den entzündeten Geist, der nach Tätigkeit strebt, umreißt, ändert, zerstört und in der Erregung oft das eigene Leben hinwirft, halte ich nicht für größer, sondern für kleiner, da diese Dinge so gut nur Hervorbringungen einzelner und einseitiger Kräfte sind, wie Stürme, feuerspeiende Berge, Erdbeben.«[38]

Aus der Gleichsetzung von Natur und Geschichte leitet Stifter, ebenso wie Hebbel das tragische Weltgesetz, das die Unterwerfung des Schwächeren unter die Stärkeren sanktioniert, sein »sanftes Gesetz« ab,[39] dessen allgemeine Gültigkeit er durch die Erfahrung bestätigt glaubt. Symptomatisch sind die Beispiele, an denen Stifter die Wirkung dieses Gesetzes demonstriert: sie kreisen um die Begriffe Familie und Staat, die als naturwüchsige Ordnungen ausgegeben werden; ihr Verbindendes, den gesellschaftlichen Kitt gleichsam, bildet die Liebe, ihr ökonomisches Fundament die zur ethischen Pflicht erhobene Arbeit:

> »Dieses Gesetz liegt überall, wo Menschen neben Menschen wohnen, und es zeigt sich, wenn Menschen gegen Menschen wirken. Es liegt in der Liebe der Ehegatten zueinander, in der Liebe der Eltern zu den Kindern, der Kinder zu den Eltern, in der Liebe der Geschwister, der Freunde zu einander, in

der süßen Neigung beider Geschlechter, in der Arbeitsamkeit, wodurch wir erhalten werden, in der Tätigkeit, wodurch man für seinen Kreis, für die Ferne, für die Menschheit wirkt, und endlich in der Ordnung und Gestalt, womit ganze Gesellschaften und Staaten ihr Dasein umgeben und zum Abschlusse bringen.«[40]

Grundlage dieser Weltsicht ist eine prästabilierte Harmonie, die alle Widersprüche zudeckt. Zwar deutet Stifter einen möglichen Konflikt an, indem er zwischen Kräften unterscheidet, »die nach dem Bestehen des Einzelnen zielen«, und solchen, »die nach dem Bestehen der gesamten Menschheit hinwirken«,[41] aber er entschärft den Widerspruch, indem er, ganz im Sinne Hebbels, die Vorherrschaft des Ganzen über die Teile sicherstellt. Hinter Stifters unscharfen begrifflichen Formulierungen verbirgt sich die klassische Staatstheorie Kants, die er an der Universtät studierte und in einer Reihe von Aufsätzen popularisierte.[42] Daß seine Theorie vom Staat als freiwilligem Zusammenschluß von Individuen, der die partikularen Einzelinteressen mit den Interessen der Allgemeinheit vermittelt, in Wahrheit die ideologische Projektion ökonomischer Verhältnisse, des liberalen Konkurrenzkapitalismus, ist, war Stifter nicht bewußt;[43] daß sein restauratives Staatsideal der historischen Erfahrungen der 48er Revolution entsprang, war ihm dagegen in frischer Erinnerung. Sein Verhältnis zur Revolution, das von anfänglicher Zustimmung zu enttäuschter Abwendung und schließlich zum krampfhaften Festklammern an überholten ständestaatlichen Normen führte, und das letztlich auch seine Kunstanschauung bestimmte, beschreibt Stifter im folgenden Abschnitt:

»Es hat Bewegungen in dem menschlichen Geschlechte gegeben, wodurch den Gemütern eine Richtung nach einem Ziele hin eingeprägt worden ist, wodurch ganze Zeiträume auf die Dauer eine andere Gestalt gewonnen haben. Wenn in diesen Bewegungen das Gesetz der Gerechtigkeit und Sitte erkennbar ist, wenn sie von demselben eingeleitet und fortgeführt worden sind, so fühlen wir uns in der ganzen Menschheit erhoben. (...) Wenn aber in diesen Bewegungen das Gesetz des Rechtes und der Sitte nicht ersichtlich ist, wenn sie nach einseitigen und selbstsüchtigen Zwecken ringen, dann wendet sich der Menschenforscher, wie gewaltig und furchtbar sie auch sein mögen, mit Ekel von ihnen ab und betrachtet sie als ein Kleines, als ein des Menschen Unwürdiges.«[44]

Ausschlaggebend für Stifters restaurative Haltung, seinen Rückzug in die Innerlichkeit, der anstelle der revolutionären Änderung der Verhältnisse Bildung, anstelle der politischen Macht Sittlichkeit forderte, war die traumatische Erfahrung der Gewalt. Stifter war un-

fähig, hinter den Exzessen der aufständischen Wiener Massen das
historische Prinzip zu sehen, das sie verwirklichten: daß aus Bösem
Gutes kommen kann, daß die Gewalt eine »ökonomische Potenz« ist,
»der Geburtshelfer einer alten Gesellschaft, die mit einer neuen
schwanger geht«,[45] diese Erkenntnis von Marx war mit Stifters
ethischem Idealismus unvereinbar. Die »tigerartige Anlage« im Menschen,[46] deren Existenz Stifter nicht leugnete, mußte verdrängt bleiben, anstatt gesellschaftlicher Emanzipation dienstbar gemacht zu
werden. Nur so ist Stifters Resignation verständlich, die sich in einem
Brief an seinen Verleger Heckenast vom 6. März 1849 ausdrückt:

> »Das Ideal der Freiheit ist auf lange vernichtet; wer sittlich frei ist, kann
> es staatlich sein, ja ist es immer; den anderen können alle Mächte der Erde
> nicht dazu machen. Es gibt nur eine Macht, die es kann: Bildung.«[47]

Stifter steht mit seiner Haltung nicht allein; Grillparzer und Hebbel, die ebenfalls die Ereignisse des Jahres 1848 in Wien erlebten,
reagierten ähnlich, wie auch schon Goethe und Schiller angesichts des
Terrors der französischen Revolution. Hier zeigt sich nicht nur das
Scheitern der deutschen Bildungsidee, »die bei dem ersten Versuch,
sich ein angemessenes Dasein in der politischen Wirklichkeit zu ver-
schaffen, ihrer Ohnmacht inne wird« (Blumenthal),[48] sondern, darüber
hinaus, das Versagen des deutschen Bürgertums und seiner intellektuellen Avantgarde vor der ihm gestellten historischen Aufgabe.

Daß Stifter, trotz äußerlicher Meinungsverschiedenheiten, in den
entscheidenden Punkten mit seinem Gegenspieler Hebbel überein-
stimmt, zeigt seine Definition des Tragischen und des Epischen, die
ebensogut von Hebbel stammen könnte. Nur die Konsequenzen, die
Stifter aus der Gegenüberstellung zieht, sind verschieden.

> »Wenn wir die Menschheit in der Geschichte wie einen ruhigen Silber-
> strom einem großen ewigen Ziele entgegen gehen sehen, so empfinden wir das
> Erhabene, das vorzugsweise Epische. Aber wie gewaltig und in großen Zügen
> auch das Tragische und Epische wirken, wie ausgezeichnete Hebel sie auch in
> der Kunst sind, so sind es hauptsächlich doch immer die gewöhnlichen, all-
> täglichen, in Unzahl wiederkehrenden Handlungen der Menschen, in denen
> dieses Gesetz am sichersten als Schwerpunkt liegt, weil diese Handlungen die
> dauernden, die gründenden sind, gleichsam die Millionen Wurzelfasern des
> Baumes des Lebens.«[49]

Hier wird noch einmal Stifters Bevorzugung des quantitativen
Wachstums vor dem qualitativen Sprung, der Evolution vor der Revolution sichtbar: die »alltäglichen, in Unzahl wiederkehrenden Handlungen der Menschen«, die Stifter in seiner Prosa so beharrlich schil-

lert, verlieren so die Banalität, die Hebbel an ihnen kritisiert – sie werden eingebettet in einen übergreifenden Sinnzusammenhang. Es ist der optimistische Fortschrittsglaube der Aufklärung, der in der Metapher vom »ruhigen Silberstrom« der Geschichte anklingt. Stifters Glaube an die geistige Vervollkommnung des Menschen erinnert an Lessings Humanitätsidee, die dieser in seinem Aufsatz ›Die Erziehung des Menschengeschlechts‹ (1780) entwickelt hat. Während ein solches Humanitätsideal zu Lessings Zeiten noch zukunftsweisend war – das Bürgertum setzte sein Klasseninteresse mit dem der ganzen Menschheit gleich, die innere Emanzipation wurde zur Vorstufe der äußeren –, offenbart derselbe Bildungsgedanke nach 1848 seinen rückwärtsgewandten, restaurativen Charakter: er führte zur Abwendung von der gesellschaftlichen Realität. Das zeigt deutlich Stifters ohnmächtige Klage über den Verfall der sittlichen Werte, die allgemeine Dekadenz – ein Thema, das Stifter, außer in der Vorrede zu den ›Bunten Steinen‹, auch in verschiedenen Aufsätzen beschäftigt hat:

»Untergehenden Völkern verschwindet zuerst das Maß. Sie gehen nach Einzelnem aus, sie werfen sich mit kurzem Blicke auf das Beschränkte und Unbedeutende, sie setzen das Bedingte über das Allgemeine; dann suchen sie den Genuß und das Sinnliche, sie suchen Befriedigung ihres Hasses und Neides gegen den Nachbar, in ihrer Kunst wird das Einseitige geschildert, das nur von einem Standpunkt Gültige, dann das Zerfahrene, Umstimmende, Abenteuerliche, endlich das Sinnenreizende, Aufregende und zuletzt die Unsitte und das Laster, in der Religion sinkt das Innere zur bloßen Gestalt oder zur üppigen Schwärmerei herab« usw.[50]

Daß diese Sätze nicht nur auf die Vergangenheit gemünzt sind, etwa auf das untergehende Rom, dessen Lage Stifter einmal mit der der Gegenwart verglich,[51] zeigen seine Bemerkungen über den Niedergang in der Kunst, die direkt auf Hebbel gemünzt sein könnten. Daß er sich »mit kurzem Blicke auf das Beschränkte und Unbedeutende« werfe, daß er »das Bedingte über das Allgemeine« setze, diesen Vorwurf hatte Stifter, mit ganz ähnlichen Worten, von Hebbel zu hören bekommen; daß Hebbels Dramen nur »das Einseitige«, »von einem Standpunkt Gültige«, »Zerfahrene, Umstimmende, Abenteuerliche« darstellten, diesen Vorwurf hat er selbst gegen Hebbel erhoben in einem Brief an Buddeus vom 21. August 1847, aus dem ich hier nur die wichtigsten Sätze zitiere:

»In diese rohe und ungeklärte, auch niemals gemäßigte und gebändigte Last ist nicht der schwächste Strahl des Schönen gedrungen, daher dies Ergehen im Ungeheuerlichen, im Absonderlichen, im ganz von jedem Maß Abweichenden, was wie Kraft aussehen soll, aber in der Tat Schwäche ist: denn

das Merkmal jeder Kraft ist Maß, Beherrschung, sittliche Organisierung. (...)
Als ich Hebbels Sachen zuerst las, legte ich sie als unbedeutendes schwaches
Gemache von Seite einer Urkraft, die sich nur bläht und sittlich widerwärtig
tut, um groß zu scheinen, bei Seite; aber in welches Erstaunen geriet ich, als
ich hörte, daß man ihn einen Dichter nannte, ja als man Größe in ihm fand.
Es kam mir ein Wehe an um meine Landsleute. –«[52]

Aus der Vehemenz von Stifters Verdammungsurteil spricht die tiefe
Betroffenheit, die Hebbels boshaftes Epigramm in ihm auslöste (die
›Nachsommer‹-Rezension entstammt einer späteren Zeit), und die
auch am Schluß der Vorrede noch einmal durchbricht. Stifter spricht
davon, daß er »in der Geschichte des menschlichen Geschlechtes manche
Erfahrungen« gesammelt und diese »zu dichtenden Versuchen zusam-
mengestellt« habe.[53] Dieser Hinweis bezieht sich auf Stifters staats-
rechtliche Studien und seine publizistischen Arbeiten in der ›Augs-
burger Allgemeinen Zeitung‹; zugleich dient er der Ankündigung des
geplanten Romans, mit dem Stifter den Vorwurf widerlegen will, daß
er nur ein beschränkter Kleinmaler sei – was er seinen Erzählungen
allein nicht zuzutrauen scheint. In einem Brief an Heckenast gibt er,
wenn auch indirekt, Hebbel darin recht, »daß nicht immer so idyllische Sachen kommen sollen«; zugleich kündigt er dem Verleger an, er
werde einen Roman schreiben, »der des Tragischen, das die Gegner
fordern, schon genug enthalten und eine Antwort auf die Anschuldi-
gung sein wird.«[54]

3. Zusammenfassung

Stifter ist der begrifflichen Schärfe und dialektischen Brillanz von
Hebbels Kritik nicht gewachsen. Was er ihr entgegensetzt, ist eine gespielte Unschuld und Naivität – die Vorrede enthält, Stifters Bildungsprogramm entsprechend, kein einziges Fremdwort –, die ebensowenig »natürlich« ist wie Hebbels oft sophistische Polemik. Bei
aller Divergenz ihrer schriftstellerischen Temperamente sind beide
jedoch, ohne es zu wissen, in den entscheidenden Fragen einer Meinung. Stifter übernimmt Hebbels Hierarchie von Groß und Klein
und kehrt sie lediglich in ihr Gegenteil um: das quantitative Wachstum, verkörpert durch das »sanfte Gesetz«, das in den »gewöhnlichen,
alltäglichen« Handlungen der Menschen begründet liegt, ist ihm wichtiger als der qualitative Sprung, der tragische Konflikt, der dramatisch zugespitzte Widerspruch. Die undialektische Negation von Hebbels Anschauungen über Groß und Klein läßt jedoch die Basis von

essen Argumentation unangetastet. Der Analogieschluß von der Natur auf das gesellschaftliche Leben der Menschen ist für Stifter ebenso charakteristisch wie für Hebbel: er bildet das Fundament, auf dem die Kontrahenten ihre Widersprüche austragen. Auch die unterschiedliche Akzentuierung einzelner Begriffe ist nur akzidentell, nicht substantiell; das Gemeinsame tritt in der historischen Distanz stärker hervor als das Trennende. Hebbel stempelt Stifter zum Manieristen, der alles Maß verloren habe und einem »stumpfen Realismus« huldige, welcher über dem idyllischen Kleinleben der Natur das menschlich bedeutsame Ideal vergesse; Stifter nennt Hebbel einseitig, abenteuerlich und zerfahren; ihm fehle »Maß, Beherrschung, sittliche Organisierung«; und er macht ihn für die Dekadenz der Kunst und den Zerfall der gesellschaftlichen Ideale verantwortlich. Graduelle Unterschiede ergeben sich lediglich aus dem verschiedenen geistesgeschichtlichen Hintergrund: Stifter knüpft an die philosophische Tradition des 18. Jahrhunderts an – Kant und Lessing, die er durch Vermittlung der josephinischen Aufklärung kennenlernte; Hebbel ist der Spätphase des deutschen Idealismus verpflichtet (Schubert, Schelling, Hegel): beide berufen sich außerdem auf Goethe. Die entscheidende Gemeinsamkeit aber liegt in der analogen Reaktion auf das wichtigste historische Ereignis der Epoche, die Revolution von 1848, vor deren Imperativen sich die Schriftsteller, wie ein Großteil des Bürgertums, in die Innerlichkeit zurückziehen. Das historische Versagen wird durch Schuldgefühle verinnerlicht, die durch idealistische Forderungen nach Bildung und sittlicher Vervollkommung kompensiert werden.

Die Ohnmacht der Protagonisten wird von dem Gros der Forschung geteilt. Die wenigen germanistischen Arbeiten, die sich mit der Kontroverse Stifter-Hebbel beschäftigen, ergreifen in manchmal rührender Weise Partei – zumeist für Stifter, ohne die zugrunde liegenden Übereinkünfte sichtbar zu machen, bzw. die Notwendigkeit der gegensätzlichen Positionen aufzuzeigen.[55] Zwar deutet F. E. Peters am Schluß seiner Untersuchung eine mögliche Übereinstimmung an, wenn er schreibt: »Und wenn wir uns jetzt noch einmal Friedrich Hebbel und Adalbert Stifter vor Augen stellen, so fügen sich uns diese Männer, die im Leben nicht zueinander gelangen konnten, zu einer Gestalt zusammen«;[56] im übrigen aber beschränkt er sich darauf, wie es in der Stifter-Forschung seit langem Brauch ist,[57] die Weltanschauung seines Helden ins Mythische zu überhöhen:

»Während Adalbert Stifter auf der erkalteten Kruste seines Wesens im Angesichte der Menschen und der Sonne dem Werke bauender Ordnung nachgeht, weiß er das Innere ausgefüllt vom wogenden Chaos glühflüssiger Massen, die hervorbrechen möchten, um das Erkaltet-Gestaltete aufs neue in glühende Formlosigkeit hinabzureißen. Er kennt die gefährlichen, die dünnen Stellen, an denen dem Hall seiner Schritte von unten ein dumpfes Pochen und Poltern antwortet. Wie sollte es auch anders sein? (...) Schöpfertum is der heldische Wille, der Lähmung, die aus den Abgründen der Gefahr eiskal heraufweht, im Schaffen auf Leben und Tod Herr zu werden« usw.[58]

Nicht viel anders verfährt der Jenaer Germanist Joachim Müller der Stifter paraphrasiert, indem er seine zentralen Begriffe durch einanderwirft:

»Das Sein von Größe und Kraft ist Sanftheit und Maß, und so ist da jeweilige Dasein nichts anderes. Das Sein als Sanftheit und Maß ist schon Wirken, und Wirken ist Sein in Sanftheit und Maß, wie man auch umkehren sagen kann: Sanftheit und Maß sind als Sein schon wirkend –« usw.[59]

Was bei solchen Wortspielen am Ende herauskommt, ist eine Tau tologie, in der alles mit jedem identisch ist. Um so überraschender is es, wenn Müller den Versuch macht, Stifter und Hebbel, aufgrund ihrer skeptischen Haltung zur Revolution von 1848, für den Marxis mus in Anspruch zu nehmen. Er unterschlägt dabei, daß zwar Marx Engels sich ebenfalls skeptisch zur 48er Revolution verhielten, aber aus konkreter Einsicht in die historischen Grenzen der Bewegung nicht aus enttäuschtem Idealismus heraus.[60] Es genügt, Stifter und Hebbel zu zitieren, um das Unhaltbare, ja Groteske von Müller Behauptung zu sehen: Stifter, der eine aufsässige Magd der Obhut de Polizei anempfahl mit der Begründung: »Es drohen von dieser Klass künftige Übel für die Gesellschaft«, sah im Proletariat einen apoka lyptischen Hunnenzug, der »über den Trümmern der Museen und Gottheitstempel in trauriger Entmenschung prangen« würde; Hebbe beschränkte sich auf die zynische Feststellung, die Ausbeutung der Ar beiter lasse sich ebensowenig abschaffen wie Typhus und Schwind sucht, »und nur die vollkommene Unfähigkeit, bis zum Nerv de Dinge durch zu dringen, kann das bestreiten.«[61] Vier Jahrzehnte nachdem Hebbel diese Zeilen schrieb, war der Typhus abgeschafft.[62]

Stifters *Nachsommer*

1. Der ›Nachsommer‹ als beschreibender Roman

Die Vorwürfe, die Hebbel gegen Stifter erhebt (Ausarten des »Genres«, falsche Optik von Groß und Klein, Banalität der Detailschilderung) kreisen, ob ausgesprochen oder unausgesprochen, alle um ein Stichwort, das Hebbel von Lessing übernimmt: es heißt Beschreibungsliteratur. Dieses Stichwort hat, zumindest äußerlich, einige Berechtigung für sich.

Es ist öfters konstatiert worden, daß die Natur- und Landschaftsschilderung bei Stifter nicht mehr nur Mittel ist, um den Hintergrund zu schaffen, vor dem die Personen agieren, sondern daß sie zum Selbstzweck wird: »Häufig scheint der Gang der Handlung ganz vergessen, als habe Stifters übergroße Liebe zur Natur ihn völlig in die Irre gelockt«, schreibt Günter Weydt in seiner vergleichenden Untersuchung der Naturschilderung bei Stifter und Annette von Droste-Hülshoff.[1] Dieser Befund wird bestätigt durch den Bericht eines Zeitgenossen, der Stifters Schwierigkeiten beim Konzipieren einer Handlung für seinen Roman hervorhebt:

»Er kam zu mir manchmal, besonders als er am ›Nachsommer‹ schrieb, um eine Episode, die ihm für seine Dichtung notwendig erschien, mündlich zu Leben zu bringen; denn so reich ihm Empfindung und Beschreibung floß, so mühsam war ihm die Erfindung einer Handlung.«[2]

Die Handlungsarmut gehört zu den hervorstechenden Kennzeichen des ›Nachsommer‹; an die Stelle real erlebter Zeit, die Möglichkeiten zu neuen Erfahrungen bereithält, tritt eine Wiederholung des Immergleichen; an die Stelle konkreter Auseinandersetzung mit der Umwelt tritt »widerstandslos gleitendes Geschehen« (Glaser).[3] Genauer wäre es, von naturhaftem Wachstum zu sprechen: der Lebensweg des Helden, Heinrich Drendorf, ist von Anfang an vorgezeichnet; seine Stationen folgen aufeinander wie die Jahresringe eines Baums, dem Rhythmus der Jahreszeiten gehorchend, die der Held mit jeweils »passenden« Beschäftigungen ausfüllt: Reisen im Sommer, Arbeit und Studium im Winter. Die jahreszeitliche Metapher im Titel des Romans[4] ist in diesem Sinne ebenso charakteristisch wie die eigentümlichen, abstrakt verdinglichten Kapitelüberschriften, die den graduellen Erfahrungszuwachs des Helden bezeichnen: »Die Häuslichkeit«, »Der Wanderer«, »Die Einkehr«, »Die Beherbergung«, »Der Abschied« usw. Stifter selbst hat das Geschehen in seinem Roman im Bild biologischen Wachstums zu verdeutlichen gesucht:

»Die Gliederung soll organisch sein, nicht daß Handlungen im Buche nebeneinander liegen, deren einmal eine die letzte ist. (...) Der erste Band rundet die Lage ab und säet das Samenkorn, das bereits sproßt, und zwar mit den Blättern vorwärts in die Zukunft des jungen Mannes und Nataliens – und mit der Wurzel rückwärts in die Vergangenheit des alten Mannes und Mathildens. (...) Daß in beiden Richtungen in den folgenden Bänden wärmere Gefühle und tiefere Handlungen kommen müssen, liegt im Haushalte des Buches, welches wie ein Organismus erst das schlanke Blättergerüste aufbauen muß, ehe die Blüthe und die Frucht erfolgen kann.« (Brief an Heckenast vom 29. Februar 1856)[5]

Hier zeigt sich einmal mehr die für Stifter charakteristische Gleichsetzung menschlicher Tätigkeit mit Naturprozessen, der wir in anderem Zusammenhang schon einmal begegnet sind.

2. Das Bildungsprogramm von Stifters ›Nachsommer‹

Wenn der ›Nachsommer‹ im vorigen Abschnitt als »beschreibender Roman« charakterisiert wurde, so ist damit noch nichts über die spezifischen Intentionen gesagt, die Stifter mit der Beschreibung als formaler Methode verbindet. Sie sollen im folgenden kurz beleuchtet werden.

Es ist schwer, die Eigenart von Stifters Roman auf eine gängige Formel zu bringen. Die Forschung hat den ›Nachsommer‹ nacheinander als realistische Wirklichkeitsschilderung, als klassischen Bildungsroman oder als idealistische Utopie charakterisiert, deren Ort überall und nirgends ist: »Die Welt, wie Stifter sie entwirft, war nie, ist nie, wird nie sein« (Staiger).[6] All diese Prädikate enthalten ein richtiges Moment, sind aber, für sich genommen, unzureichend. Realistisch ist der Roman aufgrund seiner genauen Detailschilderung, dessen also, was Stifter seine »heiligste Scheu gegen die Wirklichkeit der Tatsachen« genannt hat.[7] Es ist aber nicht die ganze Realität, die Stifter gibt: wesentliche Teile der zeitgenössischen Wirklichkeit – die beginnende Industrialisierung, die mit dem Aufstieg des Kapitalismus zusammenfällt, das Elend des Proletariats und die Entfremdung und Atomisierung der menschlichen Beziehungen in der Großstadt – fallen aus dem Roman heraus. Eher handelt es sich um einen Idealrealismus: die Tendenz zur genauen Tatsachenschilderung geht mit einer Verklärung und vorschnellen Versöhnung der gesellschaftlichen

Widersprüche Hand in Hand. Stifter hat dies in einem Brief an den Freiherrn von Handel aus dem Jahre 1865 selbst ausgesprochen:

»Wieweit die sachliche Wirklichkeit in einem Kunstwerke zu geben ist, hat die Wissenschaft noch nicht ermittelt. Ganz darf sie gar nicht gegeben werden, sonst entstünde ein mathematischer Satz und kein sinnlich hervorspringendes Kunstwerk, (...). Ganz darf sie nicht fehlen, sonst malt man, wie (...) Jean Paul sagt, den Äther mit Äther in Äther.«[8]

Stifters ›Nachsommer,‹ das ist häufig bemerkt worden, knüpft an die Tradition des klassischen Bildungsromans an. Ähnlich wie der Wilhelm Meister‹ trägt der Roman autobiographische Züge, die in idealtypischer Brechung und Stilisierung wiederkehren. Der Held, Heinrich Drendorf, mit seinen künstlerischen und wissenschaftlichen Bestrebungen (Malerei, Literatur, Botanik, Geologie usw.) erinnert ebenso an den Autor Stifter wie der alternde Risach und seine tragisch-abgeklärte Liebe zu Mathilde; beide tragen außerdem Züge von Personen aus Stifters Bekanntschaft, ebenso wie der Salon einer Wiener Fürstin, in dem der junge Heinrich verkehrt, dem literarischen Zirkel der Fürstin von Schwarzenberg nachempfunden ist.[9] Einzelne Motive wie Risachs antiker Schreibtisch, seine Kakteenzucht, die griechische Marmorstatue, die Restaurierung eines mittelalterlichen Altars, ja sogar die Aufführung des ›König Lear‹ sind direkt aus Stifters Umgebung in den Roman eingeflossen; auch für das Rosenhaus, den Wohnsitz Risachs, glaubt die Forschung ein reales Vorbild ermittelt zu haben.[10] Der Roman ist, so besehen, eine private Utopie seines Autors, ästhetische Kompensierung für den als unwürdig empfundenen Alltag des k. u. k. Schulrats Stifter in Linz.[11] Mit Recht hat Curt Hohoff auf das geheime Zentrum des Romans hingewiesen, wenn er schreibt: »Alle Personen sind gleichsam nur Teile einer einzigen, so daß die ganze Erzählung im Grunde ein Monolog ist, den der Dichter selber spricht.«[12]

Zugleich aber ist der ›Nachsommer‹ mehr als eine Projektion autobiographischer Zwänge und unerfüllter Wünsche seines Verfassers: er erhebt den objektiven Anspruch jeder Utopie: die Welt darzustellen, nicht wie sie ist, sondern wie sie sein soll. Stifters Absicht ist eindeutig pädagogisch; er habe, so schreibt er einmal, das Buch »der Schlechtigkeit willen gemacht, die im allgemeinen mit einigen Ausnahmen in den Staatsverhältnissen der Welt (...) herrscht.«[13] Diese didaktische Intention kehrt auf vielerlei Weise im Roman wieder. Das Bildungsprogramm, das Stifter seinen Helden absolvieren läßt, ist das eines »Wissenschaftlers im Allgemeinen« (S. 13) – zu diesem Beruf wird

Heinrich von seinem Vater bestimmt. Das Feld seiner wissenschaftlichen Bestrebungen ist der gesamte Kosmos, die ganze belebte und unbelebte Natur: vom Anorganischen, den Formationen der Erde Steinen und Mineralien, über die Pflanzen- und Tierwelt aufsteigend bis zum Menschen und seinen geistigen Schöpfungen: Staat, Kunst, Religion usw. Die Universalität von Stifters Utopie wird erkauft mit einem Verzicht auf ihre konkrete Verbindlichkeit. Die scheinbar wissenschaftlich-exakte Terminologie täuscht: was Stifter seinen Helden betreiben läßt, ist ein gehobener Dilettantismus, der sich aufs Sammeln und Hegen beschränkt, auf die Reproduktion der Natur in der Studierstube; »das Gebirge im Kleinen auf einer Wiese oder einem Felde aufstellen« (S. 226) – so lautet eine bezeichnende Formulierung im ›Nachsommer‹. Daß es sich dabei nicht um Wissenschaft, sondern höchstens um eine Vorstufe der wissenschaftlichen Arbeit handelt, hat Stifter im Roman selbst ausgesprochen:

»›Ich glaube‹, entgegnete mein Begleiter, ›daß in der gegenwärtigen Zeit der Standpunkt der Wissenschaft, von welcher wir sprechen, der des Sammelns ist. Entfernte Zeiten werden aus dem Stoffe etwas bauen, das wir noch nicht kennen. Das Sammeln geht der Wissenschaft immer voraus; das ist nicht merkwürdig; aber das ist merkwürdig, daß der Drang des Sammelns in die Geister kömmt, wenn eine Wissenschaft erscheinen soll, wenn sie auch noch nicht wissen, was diese Wissenschaft enthalten wird. (...) Aber selbst ohne diesen Reiz hat das Sammeln etwas sehr Einnehmendes.‹« (S. 122)

Was dieses »sehr Einnehmende« ist, das den Reiz des Sammelns, auch ohne wissenschaftlichen Anspruch, ausmacht, erklärt Risach, von dem auch die oben zitierten Sätze stammen, an anderer Stelle im ›Nachsommer‹. Er spricht von der Liebe; ausgehend von ihren höchsten Formen, der Liebe zu Gott und den Menschen, gelangt er schließlich zu »Beschäftigungen mit einzelnen, gleichsam kleinlichen Gegenständen, denen sich oft der Mensch am Abende seines Lebens wie kindlichen Notbehelfen hingibt, Blumenpflege, Zucht einer einzigen Gewächsart, einer Tierart, und so weiter, was wir mit dem Namen Liebhaberei belegen« (S. 619).

Die erotische Bedeutung des Sammelns als Ersatzbefriedigung für höhere Formen der Liebe wird hier, in Übereinstimmung mit der modernen Psychologie, klar ausgesprochen. Freud hat das Sammeln als neurotische Fixierung auf einen Partialtrieb, der an die Stelle der genitalen Triebbefriedigung tritt, mit der Analphase der kindlichen Entwicklung in Verbindung gebracht.[14]

Das Bildungsprogramm von Stifters ›Nachsommer‹ offenbart, außer diesem psychologischen, auch noch einen soziologischen Aspekt,

Bildung kostet Geld: um sich, wie Heinrich Drendorf, als dilettierender Wissenschaftler zu betätigen, braucht man ein Vermögen. Stifter hat diese Tatsache keineswegs verschwiegen: die materiellen Voraussetzungen zur Befriedigung seines Sammeltriebs werden Heinrich von seiner bürgerlichen Familie zur Verfügung gestellt. Der erste Satz des Romans »Mein Vater war ein Kaufmann«, gibt so die notwendige ökonomische Bedingung von Stifters Utopie an: das Privateigentum. Daß dies kein nebensächlicher Aspekt ist, sondern das reale Fundament seiner Welt- und Kunstanschauung, hat Stifter in einem Aufsatz, in dem er den hohen Wahlzensus der kaiserlichen Verfassung verteidigt, deutlich ausgesprochen:

> »man geht von der Erfahrung aus, daß der das Meiste wissen könne, der durch sein Geschäft oder durch seine Mittel am meisten in die Lage kömmt, sich Kopf und Herzen ausbilden zu können, und der auch Ursache hat, jede Umstürzung und Zertrümmerung im Vaterland zu scheuen.«[15]

Hier offenbart sich der rückwärtsgewandte, restaurative Charakter von Stifters Utopie, die in der ästhetischen Negation des Bestehenden unfreiwillig dessen soziale und politische Voraussetzungen rechtfertigt.

3. Die Schule des Sehens

Im Bildungsprogramm des ›Nachsommer‹, ebenso wie in Stifters übrigem Werk, spielt die visuelle Sphäre eine zentrale Rolle. Die übrigen Sinneswahrnehmungen, insbesondere die akustische Sphäre, sind dagegen relativ unentwickelt – eine Tatsache, auf die Walter Benjamin hingewiesen hat.[16] Die Bedeutung, die Stifter der Erziehung zum bewußten Sehen beimißt, zeigt sich gleich zu Anfang des Romans, wo Heinrich von seinem Vater in die Mechanismen der optischen Wahrnehmung eingeführt wird:

> »Er zeigte uns, wenn wir spazieren gingen, die Wirkungen von Licht und Schatten, er nannte uns die Farben, welche sich an den Gegenständen befanden, und erklärte uns die Linien, welche Bewegung verursachten, in welcher Bewegung doch wieder eine Ruhe herrsche, und Ruhe in Bewegung sei die Bedingung eines jeden Kunstwerkes.« (S. 12)

Stifter legt hier dem Vater sein eigenes Kunstideal in den Mund, das auch später, in den Gesprächen Risachs über antike Kunst, wiederkehrt: Ruhe in Bewegung. Die Formulierung erinnert an die klassizistische Ästhetik Winckelmanns und Lessings, die Reiz als »Schönheit in Bewegung« definiert hatten – an anderer Stelle nennt Stifter das

Schöne »das Göttliche im Kleide des Reizes«.[17] Um seinen Blick für die »Wirklichkeit der Dinge« zu schärfen, beginnt Heinrich – und das ist wiederum charakteristisch für Stifters eigene Ästhetik – mit dem Anfertigen von Beschreibungen. Von seinen botanischen und geologischen Exkursionen bringt er Pflanzen und Gesteinsproben mit nach Hause: »von solchen, die ich nicht von dem Orte bringen konnte«, heißt es dann, »(...) machte ich mir Beschreibungen« (S. 28). Hierbei wird ein eigentümlicher Umkehrungsprozeß sichtbar: die Reproduktion der Wirklichkeit durch die Beschreibung verdrängt die primäre Wahrnehmung, die Kopie wird wichtiger als das Original:

> »Bisher hatte ich keine Tiere zu meinen Bestrebungen in der Naturgeschichte aufgesucht, obwohl ich die Beschreibungen derselben eifrig gelesen und gelernt hatte. Diese Vernachlässigung der leiblichen wirklichen Gestalt war bei mir so weit gegangen, daß ich, selbst da ich einen Teil des Sommers schon auf dem Lande zubrachte, noch immer die Merkmale von Ziegen, Schafen, Kühen aus meinen Abbildungen nicht nach den Gestalten suchte, die vor mir wandelten.« (S. 34)

Hier drückt sich nicht nur die Entfremdung des Städters im Verhältnis zur Natur aus, deren Gestalten er erst aus Büchern kennenlernt, ehe er sie in der Realität aufsucht: die »Vernachlässigung der leiblichen wirklichen Gestalt«, von der hier die Rede ist, ist nicht nur Zufall, sondern Methode. Nachdem ihm seine Beschreibungen allein nicht mehr genügen, beginnt Heinrich zu zeichnen; Stifter hat in diesem Zusammenhang den Vorzug der sprachlichen oder graphischen Reproduktion vor der spontan erlebten Wirklichkeit theoretisch begründet:

> »Ich betrachtete wieder überall die Bauwerke, wo sie mir als betrachtenswert aufstießen. Ich habe einmal irgendwo gelesen, daß der Mensch leichter und klarer zur Kenntnis und Liebe der Gegenstände gelangt, wenn er Zeichnungen und Gemälde von ihnen sieht, als wenn er sie selber betrachtet, weil ihm die Beschränktheit der Zeichnung alles kleiner und vereinzelter zusammen faßt, was er in der Wirklichkeit groß und mit Genossen vereint erblickt. Bei mir schien sich dieser Ausspruch zu bestätigen.« (S. 204)

Die Reproduktion durch Beschreibung oder Zeichnung hat also nicht nur den Vorteil, daß sie die vergängliche Wirklichkeit konserviert, indem sie die der Zeit enthebt: zugleich macht sie die Dinge erst sichtbar, indem sie den Automatismus der Wahrnehmung durchbricht und sie aus dem gewöhnlichen Wirklichkeitszusammenhang isoliert. Es handelt sich um den bekannten Kunstgriff der Verfremdung, dem wir, in ähnlichem Sinn, schon bei Brockes begegnet sind.

Die nächsthöhere Stufe der ästhetischen Reproduktion, nach Beschreibung und Zeichnung, ist die Entdeckung der Farbe. Erst das »natürliche« Kolorit verleiht der Kopie die Qualität des Originals:

>»Die bloßen Zeichnungen aber genügten mir nach und nach auch nicht mehr, weil die Farbe fehlte, die bei den Pflanzen, besonders bei den Blüten, eine Hauptsache ist. Ich begann daher, meine Abbildungen mit Farben zu versehen und nicht eher zu ruhen, als bis die Ähnlichkeit mit den Urbildern erschien und immer größer zu werden versprach.« (S. 38)

Die Farbe erscheint hier als feststehende, unveränderliche Qualität des jeweiligen Gegenstandes. Heinrich versucht sich zunächst an Objekten, »deren Farbe etwas Auffallendes und Faßliches hatte«, wie z. B. Schmetterlingen, erst später beginnt er Gegenstände abzubilden, deren Farben »zwar unscheinbar, aber doch bedeutsam sind, wie die der Gesteine« (ibid.). Es handelt sich hier um kolorierte Zeichnungen, wie man sie in Naturkundebüchern findet, nicht etwa um Gemälde: die Farbe bleibt der Linie untergeordnet, die flächenhafte Dimension überwiegt – nicht von ungefähr vergleicht Heinrich auf dieser Stufe der optischen Wahrnehmung das Panorama einer Landschaft mit den Eisblumen auf einer gefrorenen Fensterscheibe (S. 39). Erst später beginnt er, Schritt für Schritt, sein Farbempfinden zu differenzieren und zu nuancieren. Den entscheidenden Durchbruch von der Zeichnung zum Gemälde bildet die Entdeckung des Raumes:

>»Da geriet auch ich auf das Malen. Die Gebirge standen im Reize und im Ganzen vor mir, wie ich sie früher nie gesehen hatte. Sie waren meinen Forschungen stets Teile gewesen. Sie waren jetzt Bilder, so wie früher bloß Gegenstände. In die Bilder konnte man sich versenken, weil sie eine Tiefe hatten, die Gegenstände lagen stets ausgebreitet zur Betrachtung da. So wie ich früher Gegenstände der Natur für wissenschaftliche Zwecke gezeichnet hatte, wie ich bei diesen Zeichnungen zur Anwendung von Farben gekommen war (...): so versuchte ich jetzt auch, den ganzen Blick, in dem ein Hintereinanderstehendes, im Dufte Schwebendes, vom Himmel sich Abhebendes enthalten war, auf Papier oder Leinwand zu zeichnen und mit Ölfarben zu malen.« (S. 329 f.)

Aber auch damit ist Heinrichs Ausbildung zum bewußten Sehen noch nicht beendet. Das Entscheidende fehlt noch: Licht und Atmosphäre, die der Landschaft und den Realien der Natur ihr unverwechselbares Gepräge geben. Stifter nimmt hier eine wichtige Erkenntnis des Impressionismus vorweg; mit Recht hat die Forschung ihn deshalb als den »ersten plein-air-Maler der Literatur« bezeichnet:[18]

»Durch das Urteil meiner Freunde wurde mir der Verstand plötzlich ge-öffnet, daß ich das, was mir bisher immer als wesenlos erschienen war, be-trachten und kennen lernen müsse. Durch Luft, Licht, Dünste, Wolken, durch nahe stehende andere Körper gewinnen die Gegenstände ein anderes Aus-sehen, dieses müsse ich ergründen, und die veranlassenden Dinge müsse ich, wenn es mir möglich wäre, so sehr zum Gegenstande meiner Wissenschaft machen, wie ich früher die unmittelbar in die Augen springenden Merkmale gemacht hatte. Auf diese Weise dürfte es zu erreichen sein, daß die Darstel-lung von Körpern gelänge, die in einem Mittel und in einer Umgebung von anderen Körpern schwimmen.« (S. 333 f.)

Heinrich hat damit, in idealtypischer Verkürzung und Abstraktion, die Entwicklung der Kunst, von der Zeichnung zum Gemälde, nach-vollzogen. An anderer Stelle, in seiner Beschreibung der Sonnenfin-sternis von 1842, hat Stifter sogar die Möglichkeiten einer abstrakten, gegenstandslosen Malerei theoretisch vorweggenommen.[19] Es wäre jedoch ein Mißverständnis, die Anleitung zum bewußten Sehen, die Stifter hier gibt, mit einer photographischen Wiedergabe der Wirk-lichkeit zu verwechseln. »Das Auge soll nur geübt und unterrichtet werden, die Seele müsse schaffen, das Auge soll ihr dienen«, heißt es im Zusammenhang mit der oben zitierten Stelle (S. 332).

Es versteht sich, daß Stifters Ausführungen über Malerei – er ver-suchte sich bekanntlich selbst als Maler, ebenso wie sich fast alle wich-tigen Personen im Roman (Heinrich, seine Schwester Klotilde, Risach, Eustach, Natalie usw.) mit bildender Kunst beschäftigen – exempla-rische Bedeutung auch für seine literarische Darstellungsmethode be-sitzen. Ebenso wie Heinrich Drendorf, der Held des ›Nachsommer‹, mit jungfräulichem Blick vor die Welt hintritt, um ihre Gegenstände, aufsteigend von einfachen zu komplexeren Formen, abzubilden, ver-sucht auch Stifter, im sprachlichen Gefüge des Romans, die Welt noch einmal zu schaffen – nichts anderes beinhaltet das zugleich universale und utopische Bildungsprogramm des ›Nachsommer‹.

4. Die Hierarchie der Dinge

a) Verdinglichung als Ideologie und Darstellungsmethode

Es ist häufig bemerkt worden, daß der Begriff »Ding« (seltener auch »Gegenstand«) in Stifters Werk eine zentrale Rolle spielt.[20] Stifter bezeichnet mit diesem Wort, anders als in der gewöhnlichen Sprache, nicht nur Konkreta, die Realien der Natur oder Produkte mensch-licher Arbeit, sondern auch abstrakte Verhältnisse, Funktionen und

Beziehungen.[21] »Ich war schon als Knabe ein großer Freund der Wirklichkeit der Dinge gewesen ...«, heißt es im zweiten Kapitel des ›Nachsommer‹: »Ich fragte unaufhörlich um die Namen der Dinge, um ihr Herkommen und ihren Gebrauch und konnte mich nicht beruhigen, wenn die Antwort eine hinausschiebende war« (S. 25). Stifter läßt seinen Helden gleichsam am Nullpunkt beginnen: mit dem staunenden Blick eines Kindes versucht Heinrich, in das Wesen der Wirklichkeit einzudringen, möglichst unberührt von allen fertigen Interpretationsmustern, die die Wahrnehmung in vorgezeichnete Bahnen lenken. Der Eindruck täuscht jedoch: es geht Stifter keineswegs um eine getreue, ungetrübte Wiedergabe der Außenwelt im Sinne eines photographischen Abbilds: die »Dinge« haben von Anfang an zugleich eine metaphysische Dimension. Stifter spricht einmal von der »Unschuld der Dinge« (S. 213), ein andermal von dem »Unnennbare(n), was in den Dingen vor mir lag« (S. 330), oder von der »Schönheit und Zusammenstimmigkeit« der Dinge, die er mit Worten nicht so gut ausdrücken könne wie in Farbe und Zeichnung (S. 343). Die quasi religiöse ›Aura‹ der Dinge – der Begriff stammt von Walter Benjamin,[22] Stifter selbst nennt die Dinge »heilig« (S. 329) – steht jedoch nicht im Widerspruch zu ihrer wissenschaftlich exakten Beschreibung: das eine ergibt sich aus dem anderen, und vice versa. »Wem das nicht heilig ist, was ist, wie wird der Besseres erschaffen können, als was Gott erschaffen hat?«, heißt es an einer Stelle im ›Nachsommer‹, die das Ineinander von Wissenschaft und Metaphysik näher erläutert: »In der Naturwissenschaft war ich gewohnt worden, auf die Merkmale der Dinge zu achten, diese Merkmale zu lieben und die Wesenheit der Dinge zu verehren« (S. 329).

In einem späteren, »Die Mitteilung« überschriebenen Kapitel, das für den Roman von zentraler Bedeutung ist, gibt Risach den Ursprung seiner Verehrung für die Dinge an: sie entspringt seinem Unvermögen, abstrakt, d. h. begrifflich zu denken. Daß dieses Geständnis auch für Stifter selbst Gültigkeit hat, zeigen seine Aufsätze zur Politik, Ästhetik usw. zur Genüge:

»Von Kindheit an hatte ich einen Trieb zur Hervorbringung von Dingen, die sinnlich wahrnehmbar sind. Bloße Beziehungen und Verhältnisse sowie die Abziehung von Begriffen hatten für mich wenig Wert, ich konnte sie in die Versammlung der Wesen meines Hauptes nicht einreihen. Da ich noch klein war, legte ich allerlei Dinge aneinander und gab dem so Entstandenen den Namen einer Ortschaft, den ich etwa zufällig öfter gehört hatte, oder ich bog eine Gerte, einen Blumenstengel und dergleichen zu einer Gestalt und gab ihr einen Namen, oder ich machte aus einem Fleckchen Tuch den

Vetter, die Muhme; ja sogar jenen abgezogenen Begriffen und Verhältnissen, von denen ich sprach, gab ich Gestalten und konnte sie mir merken (...) Ich hatte Freude an allem, was als Wahrnehmbares hervorgebracht wurde, an dem Keimen des ersten Gräsleins, an dem Knospen der Gesträuche, an dem Blühen der Gewächse (...) Ja, die Worte, die einen Gegenstand sinnlich vorstellbar bezeichneten, waren mir weit lieber als die, welche ihn nur allgemein angaben.« (S. 698 f.)

An die Stelle der Dialektik von Wesen und Erscheinung als Modus der Erkenntnis tritt hier die einseitig verabsolutierte sinnliche Erfahrung, die in Wahrheit ebenso abstrakt ist, wie sie konkret zu sein glaubt: indem sie das einzelne »Ding« aus seinem Kontext isoliert, wird sie blind für den Prozeß des Werdens und Vergehens, dem dieses erst seine Existenz verdankt. Was unsichtbar unter der Oberfläche der Dinge wirkt, die Gesetze von Natur und Geschichte, entzieht sich dem Zugriff dieser scheinbar spontanen Sinnlichkeit. Risachs Scheitern im Staatsdienst ist hierfür ebenso Symptom wie das Versagen Stifters vor den Erfordernissen seiner Zeit. Die extreme Verdinglichung des Bewußtseins ist Ausdruck derselben falschen Unmittelbarkeit, die im Fetischismus des Sammelns und Hegens bei Stifter hervortritt. Die zum Fetisch erhobenen Dinge schießen zu einem neuen Sinnzusammenhang, einer neuen Ordnung zusammen, die das Stigma der gesellschaftlichen Ordnung trägt, der Stifters Utopie entfliehen wollte. Die Darstellung der Dinge als unveränderbar schließt den historischen Verzicht auf Veränderung der versteinerten Verhältnisse mit ein. Auf die ökonomische Basis dieser Art von »Verdinglichung« hat Marx im ›Kapital‹ hingewiesen: »Das Geheimnisvolle der Warenform besteht also einfach darin, daß sie den Menschen die gesellschaftlichen Charaktere ihrer eignen Arbeit als gegenständliche Charaktere der Arbeitsprodukte selbst, als gesellschaftliche Natureigenschaften dieser Dinge zurückspiegelt, daher auch das gesellschaftliche Verhältnis der Poduzenten zur Gesamtarbeit als ein außer ihnen existierendes Verhältnis von Gegenständen. (...) Es ist nur das bestimmte gesellschaftliche Verhältnis der Menschen selbst, welches hier für sie die phantasmagorische Form eines Verhältnisses von Dingen annimmt. (...) Dies nenne ich den Fetischismus, der den Arbeitsprodukten anklebt, sobald sie als Waren produziert werden, und daher von der Warenproduktion unzertrennlich ist.«[23]

Dieser »Fetischismus« liegt auch Stifters Sehweise zugrunde, die ebenfalls gesellschaftliche Verhältnisse als »Natureigenschaften« der Dinge zurückspiegelt.

b) Stadt und Land

Es ist unmöglich, den hierarchisch gegliederten Kosmos von Stifters
›Nachsommer‹, in dem jedes Detail auf alle übrigen verweist, hier
im Ganzen nachzuzeichnen. Statt dessen sollen repräsentative Erfah-
rungsräume aus dem Roman herausgegriffen und in ihrer Wechselbeziehung analysiert werden. Der Raum, als konstituierendes Element
von Stifters Dichtung, ist in den letzten Jahren häufig untersucht
worden, ohne daß die dabei gewonnenen Ergebnisse mit der gesellschaftlichen Wirklichkeit der Zeit konfrontiert worden wären.[24] Die
Wahl dieses oder jenes Schauplatzes, in dem der Autor seine Handlung ansiedelt, bedeutet nämlich mehr als eine wertfreie Entscheidung:
Stifter verbindet, wie häufig bemerkt worden ist, mit den hierarchisch angeordneten Räumen seiner Dichtung bestimmte Wertvorstellungen, die der systematischen Ordnung seiner Kunst- und Weltanschauung entsprechen. Besonders wichtig ist in diesem Zusammenhang
das Verhältnis von Stadt und Land. Während die großen Roman-
ciers der Epoche – Balzac und Dickens, Flaubert und später Tolstoj
und Zola – die Großstadt, den Schauplatz der sich entfaltenden
Klassenkämpfe, konsequent ins Zentrum ihrer Werke rücken, zieht
sich die deutsche Literatur aufs Land zurück (eine Ausnahme bildet
der späte Fontane).[25] Das gilt auch für Stifter, wie schon ein flüch-
tiger Überblick über sein erzählerisches Werk beweist. Nur zweimal
hat Stifter die Großstadt – in seinem Falle ist das immer Wien – zum
Thema literarischer Darstellung erhoben: in seiner berühmten Schilderung der ›Sonnenfinsternis am 8. Juli 1842‹ und in der Skizzenreihe
›Wien und die Wiener‹ von 1844. Beide Male handelt es sich nicht
um erzählerische Prosa im engeren Sinn, beide Texte, und das erscheint
mir noch wichtiger, entstanden vor 1848. Wo in seinen Romanen und
Erzählungen sonst die Stadt auftaucht, »wirkt sie nicht als ein solch
darstellbares Milieu, wie es die freie Natur ist, sie dient als Requisit
und Hintergrund für die Handlung, nie ist sie Selbstzweck der Beschreibung« (Weydt).[26] Das gilt auch für den ›Nachsommer‹, wo die
Stadt, im Vergleich zu den ausführlichen Natur- und Landschaftsschil-
derungen, blaß und schemenhaft bleibt. Als Wohnort Heinrichs und
seiner Familie wird sie dem Landsitz Risachs und der freien Natur
des Gebirges gegenübergestellt. Von hier aus beginnt Heinrich im
Frühjahr seine Wanderungen, hierher kehrt er, in regelmäßigem Tur-
nus, im Herbst wieder zurück, um das auf der Reise gewonnene und
gesammelte Erfahrungsmaterial den Winter über aufzuarbeiten. Die
Veränderungen im Haus der Eltern, das Aus- und Einpacken der

Koffer, die Übergabe der mitgebrachten Geschenke werden dabei jedesmal sehr viel weitläufiger geschildert als das Leben und Treiben der Großstadt, das Heinrich, wenn er es überhaupt wahrnimmt, als befremdend und beengend empfindet.

»Das Gewimmel der Leute in den Gassen, das Herumgehen geputzter Menschen in den Baumgärten des grünen Platzes zwischen der Stadt und den Vorstädten, das Fahren der Wägen und ihr Rollen auf den mit Steinwürfeln gepflasterten Straßen und endlich, als ich in die Stadt kam, die schönen Warenauslagen und das Ansehnliche der Gebäude befremdeten und beengten mich beinahe als ein Gegensatz zu meinem Landaufenthalte; aber ich fand mich nach und nach wieder hinein, und es stellte sich als das Langgewohnte und Allbekannte wieder dar.« (S. 177 f.)

Daß die Unlust, die das Stadtleben dem Helden einflößt, nicht nur eine vorübergehende Anwandlung ist, sondern daß dahinter grundsätzliche Überlegungen stehen, geht aus einem Gespräch zwischen Heinrich und Risach hervor, in dem dieser den Getreideanbau und die damit verbundene Lebensform zur Grundlage aller staatlichen und kulturellen Ordnung erklärt (S. 66 f.). Heinrich antwortet ihm folgendermaßen:

»›Ich teile eure Ansicht über das Getreide vollkommen, wenn ich auch ein Kind der großen Stadt bin. Ich habe diese Gewächse viel beachtet, habe darüber gelesen, freilich mehr von dem Standpunkt der Pflanzenkunde, und habe, seit ich einen großen Teil des Jahres in der freien Natur zubringe, ihre Wichtigkeit mehr und mehr einsehen gelernt!‹

›Ihr würdet es erst recht‹, sagte er, ›wenn ihr Besitztümer hättet oder auf euren Besitztümern euch mit der Pflege dieser Pflanzen besonders abgäbet.‹

›Meine Eltern sind in der Stadt‹, antwortete ich, ›mein Vater treibt die Kaufmannschaft, und außer einem Garten besitzt weder er noch ich einen liegenden Grund.‹

›Das ist von großer Bedeutung‹, erwiderte er, ›den Wert dieser Pflanzen kann keiner vollständig ermessen, als der sie pflegt.‹« (S. 67)

Hier wird das materielle Fundament von Stifters ländlichem Ideal sichtbar: der Grundbesitz. Die Natur ist nicht mehr, wie im 18. Jahrhundert, ein demokratischer Freiraum, in dem die Gesetze des Feudalabsolutismus nicht mehr gelten (Haller, Ewald v. Kleist) – im Gegenteil: sie konserviert die feudale Lebensform, die in den Städten längst ausgestorben ist. Risach und fast alle seine Bekannten sind Adlige. Die Heirat Heinrichs mit Natalie, ebenso wie die Verlobung seiner Schwester Klotilde mit Gustav, dem Pflegesohn Risachs, verkörpert so das Klassenbündnis zwischen Aristokratie und Kapital, das für die Restaurationsepoche charakteristisch ist. Zwar setzt Stifter anstelle des

Geburtsadels den Adel durch Verdienst und Bildung, aber das ändert wenig an der restaurativen Tendenz seiner Utopie: nur »Erwählte« haben die Möglichkeit, das »Einerlei« des Stadtlebens mit dem angenehmeren Einerlei des Landlebens zu vertauschen:

> »Das gesellschaftliche Leben in den Städten, wenn man es in dem Sinne nimmt, daß man immer mit fremden Personen zusammen ist, (...) ist nicht ersprießlich. Es ist das nehmliche Einerlei wie das Leben in Orten, die den großen Städten nahe sind. Man sehnt sich, ein anderes Einerlei aufzusuchen; denn wohl ist jedes Leben und jede Äußerung einer Gegend ein Einerlei (...) Aber es gibt auch ein Einerlei, welches so erhaben ist, daß es als Fülle die ganze Seele ergreift und als Einfachheit das All umschließt. Es sind erwählte Menschen, die zu diesem kommen und es zur Fassung ihres Lebens machen können.« (S. 517 f.)[27]

Der ästhetische Ennui, der in dem Wort Einerlei anklingt, weist auf eine wichtige Tatsache hin: Stifters Gutsherren brauchen nicht zu arbeiten – das besorgen andere für sie. Statt dessen pflegen sie vornehme und kostspielige Hobbies: Kakteenzucht, Naturalien- und Kunstsammlungen sowie die bauliche Umgestaltung und Verschönerung ihrer Umgebung.

Die Natur ist im ›Nachsommer‹ nur selten ungezügelte Wildnis, zumeist Kulturlandschaft. Im Landgut Risachs erscheint sie pedantisch konserviert und klassifiziert wie in einem Museum – die beschrifteten Etiketten an jeder einzelnen Pflanze sind hierfür nur ein Symptom. Willkürliche Veränderung ist nicht vorgesehen, außer, wenn von Risach geplant. Die Ordnung der Natur ist die eines Polizeistaats: wer gegen die vom Besitzer oktroyierte Verfassung verstößt, wird gnadenlos ausgerottet: so ergeht es den Insekten, zu deren Vertilgung nach Risachs Worten, »von Gott das Vogelgeschlecht bestimmt worden« ist (S. 154), sowie dem Rotschwanz, einer aufsässigen Vogelrasse, deren Liquidierung Risach selbst in die Hand nimmt (S. 165 f.). Normalerweise braucht er jedoch nicht zu solchen drakonischen Maßnahmen zu greifen. Das Landvolk rund um den Asperhof ist zwar störrisch und mißtrauisch gegen alle Neuerungen, im übrigen aber »gutartig« (S. 68) – das Adjektiv könnte ebensogut die Qualitäten eines treuen Hundes bezeichnen. »Diese wissen gar nichts von dem Wetter«, sagt Risach einmal von seinen mähenden Landarbeitern, »und sie mähen das Gras nur, weil ich es so angeordnet habe« (S. 71). Stifters ländliche Utopie offenbart so ihren wahren Charakter: die ständisch-feudale Agrargesellschaft des Mittelalters. Die Pflege mittelalterlichen Handwerks, die Risach in seinen Werkstätten betreibt, weist in dieselbe Richtung: inmitten einer warenproduzierenden Gesellschaft, die serienmäßig Häßlichkeit herstellt, versucht Risach, den ästhetischen Schein der manuellen Produktion zu retten – ein elitäres Unternehmen, das historisch von vornherein zum Scheitern verurteilt ist.

c) Das Gebirge

Stifters Naturschilderung soll hier an einem Einzelbeispiel, das stellvertretend steht für das Ganze seines literarischen Kosmos, genauer untersucht werden. Es geht dabei um die Darstellung des Gebirges, das, in der Topographie von Stifters Werk, einen wichtigen Platz einnimmt. Zwar sind seine Romane und Erzählungen zumeist im Umkreis seiner engeren Heimat angesiedelt, zwischen Böhmerwald und den österreichischen Alpen – »wenn er die Alpennatur schildert, so ist es doch fast stets die verwandte Natur der Voralpen mit ihren noch überwiegend ernstfreundlichen Mittelgebirgszügen« (Bertram) –,[2] aber das Hochgebirge ist als lockende Ferne, oder, seltener, als Schauplatz der Handlung (z. B. in ›Bergkristall‹), immer gegenwärtig. Die frühe Erzählung ›Kondor‹ endet in den »Urgebirgen der Kordilleren«, die ›Narrenburg‹ spielt streckenweise sogar im Himalaja, und an einer Stelle im ›Nachsommer‹ nennt Stifter die Namen der Gebirge als Metonymie (so wie man sonst »Paris« für »Frankreich« sagt), stellvertretend für die fremden Länder, die Heinrich bereist hat:

»Wieder war es Frühling, als ich zurückkehrte, die mächtige Welt der Alpen, die Feuerberge Neapels und Siciliens, der Schneeberge des südlichen Spaniens, der Pyrenäen und der Nebelberge Schottlands hatten auf mich gewirkt.« (S. 811)

In den folgenden Sätzen versammelt der Erzähler um sich all jene »Dinge«, die ihn, wann immer er das Gebirge bereist, beschäftigen; der Abschnitt sei hier vollständig zitiert, da er, für die Wahrnehmung der Bergwelt innerhalb des Romans, exemplarische Bedeutung besitzt:

»Ich saß auf einem Steine und sah die breiten Schattenflächen und die scharfen, oft gleichsam mit einem Messer in sie geschnittenen Lichter. Ich dachte nach, weshalb die Schatten hier so blau seien und die Lichter so kräftig und das Grün so feurig und die Wässer so blitzend. Mir fielen die Bilder meines Vaters ein, auf denen Berge gemalt waren, und mir wurde es, als hätte ich sie mitnehmen sollen, um vergleichen zu können. Ich blieb in kleinen Ortschaften zuweilen länger und betrachtete die Menschen, ihr tägliches Ge-

verbe, ihr Fühlen, ihr Reden, Denken und Singen. Ich lernte die Zither kennen, betrachtete sie, untersuchte sie und hörte auf ihr spielen und zu ihr singen. Sie erschien mir als ein Gegenstand, der nur allein in die Berge gehört
und mit den Bergen Eins ist. Die Wolken, ihre Bildung, ihr Anhängen an die
Bergwände, ihr Suchen der Bergspitzen so wie die Verhältnisse des Nebels
und seine Neigung zu den Bergen waren mir wunderbare Erscheinungen.

Ich bestieg in diesem Sommer auch einige hohe Stellen, ich ließ mich von
den Führern nicht bloß auf das Eis der Gletscher geleiten, welches mich sehr
anregte und zur Betrachtung aufforderte, sondern bestieg auch mit ihrer Hilfe
die höchsten Zinnen der Berge. Ich sah die Überreste einer alten, untergegan-
genen Welt in den Marmoren, die in den Gebirgen vorkommen und die man
in manchen Tälern zu schleifen versteht. Ich suchte besondere Arten aufzu-
finden und sendete sie nach Hause. Den schönen Enzian hatte ich im früheren
Sommer schon der Schwester in meinen Pflanzenbüchern gebracht, jetzt
brachte ich ihr auch Alpenrosen und Edelweiß. Von der Zirbelkiefer und dem
Knieholze nahm ich die zierlichen Früchte. So verging die Zeit und so kam ich
bereichert nach Hause. Ich ging von nun an jeden Sommer in das Gebirge.«
S. 35 f.)

Die Zeitform des Textes ist die Vergangenheit; es ist ein episches
Präteritum, das ich pauschal nennen möchte. Die Verben: »ich saß«,
»ich dachte nach«, »mir fielen ein«, »mir wurde es«, »ich lernte«,
»betrachtete«, »untersuchte«, »hörte«, »ich bestieg«, »ich ließ mich geleiten«, »ich sah«, »ich suchte« usw. bezeichnen keine konkreten, ein-
maligen, in der Vergangenheit bestimmbar vollzogenen Handlungen,
sie geben vielmehr ein abstraktes Resümee aus einer nicht mehr be-
stimmbaren Fülle solcher konkreten Einzelhandlungen; es sind, ihrer
syntaktischen Funktion nach, iterative Verben. Das gleiche gilt für die
Substantiva: abgesehen von dem stets gleichbleibenden Subjekt dieser
Handlungen (»ich«, »mir« usw.), stehen die weitaus meisten der im
Text vorkommenden Substantiva in einer Art von generalisierendem
Plural: »Schattenflächen«, »Lichter«, »Wässer«, »Bilder«, »Berge«,
»Ortschaften«, »Menschen«, »Wolken«, »Bergwände«, »Bergspitzen«,
»Gletscher«, »Zinnen«, »Marmore(n)«, »Gebirge«, »Täler(n)« usw.
Die restlichen Substantiva sind entweder Kollektivbegriffe (»En-
zian«, »Edelweiß«) mit Pluralbedeutung, oder Abstrakta, substanti-
vierte Infinitive (»Fühlen«, »Reden«, »Denken«, »Singen«), die keine
Numerusbildung erlauben. Der Singular »Zither« ist nur scheinbar
eine Ausnahme; es handelt sich, wie der Kontext ersichtlich macht, um
eine rhetorische Synekdoche (singularis pro plurali).
All diese Merkmale in ihrem Zusammenspiel bewirken den exemplarischen, abstrakt-allgemeinen Charakter des Textes, den die Zusammenfassung im vorletzten Satz, gleichsam die Leerform Stifter-

177

scher Prosa, noch unterstreicht: »So verging die Zeit, und so kam ich bereichert nach Hause.« Der Text ist bis auf wenige Abweichungen parataktisch gegliedert. Die Satzbewegung ist ruhig und unaufgeregt; der Rhythmus, in der Wiederholung gleichlanger Kola, stetig bis zur Monotonie. Das dem Ganzen zugrunde liegende Schema ist ein syntaktisch erweiterter Katalog. Die Realien dieses Kataloges, die »Dinge«, die im ruhigen Fluß dieser Rede eingebracht werden, lassen sich in wenigen Worten aufzählen; sie alle spielen eine mehr oder minder wichtige Rolle im späteren Verlauf des Romans. Da sind als erstes die Lichtverhältnisse im Gebirge, Schatten und Farben, die das Augenmerk des bildenden Künstlers fesseln, der Stifter selbst war; Leben und Gebräuche der Bergbewohner; dann, als überraschendes Detail, die Zither, von der es heißt, daß sie »mit den Bergen Eins ist« (Heinrich selbst, ebenso wie seine spätere Verlobte Natalie, erlernt das Zitherspiel; sein Zitherspiellehrer, eine geheimnisvoll-romantische Figur, die immer wieder spurlos im Gebirge verschwindet, begleitet ihn auf allen Stationen seines Lebensweges und findet sich schließlich am Tag seiner Hochzeit ein, um ihm ein Ständchen zu bringen); als nächstes die Witterungsverhältnisse im Gebirge, Wolken und Nebel, denen der Erzähler, das ganze Buch hindurch, ein geradezu meteorologisches Interesse entgegenbringt; das Eis der Gletscher, in das er, auf dem Höhepunkt der Handlung, hinaufsteigt; der Marmor, aus dem Heinrich, ebenso wie sein väterlicher Freund, der Freiherr von Risach, verschiedene Arbeiten fertigen läßt, und aus dem auch die Mädchenfigur im Rosenhaus, der symbolische »Falke« des Romans, gebildet ist; als letztes die Gebirgsflora (Enzian, Alpenrosen, Edelweiß usw.), die auch in unserem Text schon, wie später immer wieder, als Attribut der Schwester des Erzählers, Klotilde, fungiert.

Der Katalog ist vollständig; Wesentliches wird im Verlauf des Buches nicht hinzukommen. Als kurioses Detail am Rande sei noch das Studium der spanischen Sprache erwähnt, das, in der Handlung des Romans, eine gewisse Rolle spielt; (Heinrich, dem Vorbild Nataliens folgend, lernt spanisch und veranlaßt auch seine Schwester dazu); auch das Studium des Spanischen gehört merkwürdigerweise ebenso wie das Zitherspiel, zum Gebirge, wie das folgende Zitat zeigt:

»Sie sagte, von ihrer Mutter sei ihr das Spanische empfohlen worden. (. . .) Sie finde in dem Inhalte der spanischen Schriften, besonders in der Einsamkeit der Romanzen, in den Pfaden der Maultiertreiber und in den Schluchten und Bergen eine Ähnlichkeit mit dem Lande, in dem wir reisen. Darum gefalle ihr das Spanische, weil ihr dieses Land hier so gefalle. Sie würde am liebsten, wenn es auf sie ankäme, in diesen Bergen wohnen.« (S. 434)

Auffällig ist die willkürliche Auswahl von Einzelheiten – Gegenstände oder Erscheinungen der Natur –, die, aus ihrem organischen Zusammenhang gerissen, transponiert in die abstrakte Ordnung eines Naturalienkabinetts, dem Erzähler das Gebirge repräsentieren. Hier ist ein zum Selbstzweck gewordener Sammeleifer am Werk – die Forschung nennt ihn gern biedermeierlich –, der die Natur, in der Abgeschlossenheit der Studierstube, noch einmal schaffen will. Die Ordnung, in der die einzelnen Dinge ihren Platz zugewiesen bekommen, ist allein subjektiv begründet: was die Zither mit dem Gletschereis, das Spanische mit dem Enzian gemein haben, ist einzig die Willkür, des Subjekts, das sie zueinanderbringt. An anderer Stelle im Roman hat Stifter diese subjektive Willkür objektiv zu begründen versucht:

>»Ich bemerkte, daß von den Pflanzenlehrern die Einteilungen der Pflanzen nur nach einem oder einigen Merkmalen (...) gemacht wurden, und daß da Pflanzen in einer Gruppe beisammen stehen, welche in ihrer ganzen Gestalt (...) sehr verschieden sind. Ich behielt die herkömmlichen Einteilungen bei und hatte aber auch meine Beschreibungen daneben. In diesen Beschreibungen standen die Pflanzen nach sinnfälligen Linien und, wenn ich mich so ausdrücken darf, nach ihrer Bauführung beisammen.« (S. 28)

Das Einteilungsprinzip, das Stifter an die Stelle der gebräuchlichen naturwissenschaftlichen Klassifikationssysteme setzt, beruht auf den sinnlichen Eigenschaften der Gegenstände, so wie das Subjekt, in diesem Falle Heinrich, sie wahrnimmt. So vergleicht er z. B. Kristalle mit Blüten und baut auf dieser äußerlichen Analogie ein neues Klassifikationssystem auf (S. 29). In einem Abschnitt der ›Phänomenologie des Geistes‹, betitelt ›Beobachtung der Natur‹, hat Hegel die Stiftersche Verfahrensweise genau beschrieben und in ihrer falschen Unmittelbarkeit als pure, sich selbst aufhebende Spekulation entlarvt:

>»Im Begriffe der Säure liegt der *Begriff* der Base, wie im Begriffe der positiven die negative Elektrizität; aber so sehr auch das dickbehaarte Fell mit dem Norden, oder der Bau der Fische mit dem Wasser, der Bau der Vögel mit der Luft zusammen *angetroffen* werden mag, so liegt im Begriffe des Nordens nicht der Begriff dicker Behaarung, des Meeres nicht der des Baues der Fische, der Luft nicht der des Baus der Vögel. (...) Die Notwendigkeit, weil sie als keine innere des Wesens begriffen werden kann, hört auch auf, sinnliches Dasein zu haben, und kann nicht mehr an der Wirklichkeit beobachtet werden, sondern ist aus ihr *herausgetreten*. So an dem realen Wesen selbst sich nicht findend, ist sie das, was teleologische Beziehung genannt wird, eine Beziehung, die den Bezogenen *äußerlich* und daher vielmehr das Gegenteil eines Gesetzes ist. Sie ist der von der notwendigen Natur ganz befreite Gedanke, welcher sie verläßt und über ihr sich für sich bewegt.«[29]

179

Die subjektive Ordnung, die Stifter der Natur aufzwingt, ist nicht nur ihren Gegenständen unangemessen, indem sie deren immanente Gesetzmäßigkeit mißachtet, sie trägt zugleich deutlich den Stempel der sozialen und politischen Ordnung seiner Zeit, der zweiten Natur, vor der Stifter in die vermeintliche Unschuld der ersten hatte fliehen wollen. Das zeigt sich an dem mythischen Bezugssystem, in das der Autor das Gebirge im Roman hineinstellt:

>Man wählte den Stein als den Stoff, aus dem das Großartigste und Gewaltigste von dem, was sich erhebt, besteht, die Gebirge. Er leiht ihnen dort, wo er nicht von Wald oder Rasen überkleidet ist, sondern nackt zu Tage steht, das erhabenste Ansehen. Daher gibt er auch der Kirche die Gewalt ihres Eindruckes. Er muß dabei mit seiner einfachen Oberfläche wirken und darf nicht gemalt oder getüncht sein. Das Nächste unter dem Emporstrebenden, was sich an das Gebirge anschließt, ist der Wald. Ein Baum übt nach dem Felsen die größte Macht.« (S. 622 f.)

Stifters private Mythologie, seine Hierarchie der Dinge, tritt hier deutlich zutage. Die mythische Verbrämung des Gebirges, das mit einer Art religiöser Aura umgeben wird (Vergleich mit der Kirche), geht eine unauflösliche Verbindung ein mit den Relikten einer verdrängten Sexualität (in der Betonung des Nackten, Emporstrebenden, das unten von Wald umkleidet ist). Mit dem gleichen Recht läßt sich der Text soziologisch deuten: als Projektion der ständisch-restaurativen Gesellschaftsordnung auf die Organisation der Natur, in der man die soziale Hierarchie der Zeit auf ewig vorgebildet glaubt. Der Vergleich des Gebirges mit der Kirche, in dem die ideologische Funktion von Stifters Naturschilderung symbolisch verdichtet erscheint, taucht schon in dem frühen Text über die Sonnenfinsternis des Jahres 1842 auf: vom Wiener Stephansdom heißt es hier, daß er »aus der Stadt wie ein dunkles, ruhiges Gebirge aus Gerölle, emporstand.«[30] In der Skizzenreihe ›Wien und die Wiener‹ (1844) schildert Stifter den Rundblick über die Stadt vom Turm des Stephansdoms aus: die Metropole, das österreichisch-ungarische Imperium, ja die ganze Welt erscheint als Peripherie, die ihrem geheimen Zentrum, der St. Stephanskirche, zustrebt. Hier taucht wiederum der Vergleich mit dem Gebirge auf:

»Aber jeden Fremden (...) ergreift, wenn er zum ersten Male den Stephansplatz betritt, die höchste Verwunderung, daß die Kirche und der Turm so klein sind, die sich in der Ferne mit solcher Macht angekündigt haben. Dies hat der Bau mit großen Gebirgen gemein, und dadurch wird er wieder groß. Die hohe Gebirgskette schaut als breites, dämmeriges Band weit in die ebenen Lande hinein, wenn man sich in großen Fernen von ihr befindet, und

eht als eine Auftürmung nicht gar hoher Felsblöcke vor einem, wie man an
en Fuß einer ihrer Abteilungen getreten ist. Mit der Annäherung wird das
leine schneller groß als das Große, weil dieses als in der Ferne schon groß
ie Annäherung verträgt, und weil sich bei zu großer Nähe seine oberen
eile mehr verjüngen als bei dem Kleinen. Wenn man das Gebirge besteigt,
» gewinnt es seine Größe wieder, und drückt mit derselben auf den Bestei-
er. Und wenn man oben ist, so ist es gerechtfertigt. Alle Kleinheit, und wäre
e doch von ziemlicher Bedeutung, liegt tief unten, der Blick ist frei, und
lles ist ins Klare gebracht.«[31]

Die Beschreibung enthält, in verschlüsselter Form, ein Kernstück
on Stifters Weltanschauung: seine Ansichten über das Verhältnis von
iroß und Klein, die er später in der Vorrede zu den ›Bunten Stei-
en‹ theoretisch zu begründen versucht hat. In Stifters Hierarchie der
Jatur steht das Gebirge an erster Stelle: es ist mehr als ein beliebiger
Jaturgegenstand, es ist von menschlicher, und damit auch gesell-
chaftlich-politischer Bedeutung, ebenso wie die Kirche, mit der Stif-
er es vergleicht. Das Gebirge ist das Große, das aus der Ferne klein
rscheint: erst wenn man es bestiegen hat, »ist es gerechtfertigt«: die
Kleinheit der wirklichen Verhältnisse verschwindet, »der Blick ist
rei, und alles ist ins Klare gebracht« – scheint ins Klare gebracht,
müßte es heißen, um das Illusionäre einer solchen Ideologie, gemessen
n den realen Verhältnissen der Zeit, sichtbar zu machen.

Den Höhepunkt an Naturbeschreibung im ›Nachsommer‹ bildet
ie Schilderung des Sonnenaufgangs vom Gletschereis des Echern aus,
en Heinrich mitten im Winter, nur von einem Führer begleitet, be-
teigt (S. 654 ff.). Das wagemutige Unternehmen entspricht zeitlich
enau einem Kulminationspunkt der inneren Handlung des Romans:
ler Liebeserklärung zwischen Heinrich und Natalie. Der Ausdruck
Weihe« (S. 667), mit dem Stifter die Bergbesteigung bezeichnet, steht
ier nicht von ungefähr: tatsächlich handelt es sich um eine Art magi-
chen Initiationsritus, dem sich der zukünftige Ehemann unterzieht,
erwandt den Heiratsaufgaben der heidnischen Mythologie. Schon die
Realien der Gipfelbesteigung deuten auf diesen Zusammenhang hin:
ler schwarze Stein, an dem die Wanderer vorbeikommen, die Hütte,
art unter dem Gipfel, in der sie übernachten, der feierliche Sonnen-
ufgang, den sie von der Bergspitze aus betrachten.

»Während wir standen und sprachen, fing sich an einer Stelle der Nebel im
Osten zu lichten an, die Schneefelder verfärbten sich zu einer schöneren und
nmutigeren Farbe, als das Bleigrau war, mit dem sie bisher bedeckt gewesen
varen, und in der lichten Stelle des Nebels begann ein Punkt zu glühen, der
mmer größer wurde und endlich in der Größe eines Tellers schweben blieb,

zwar trübrot, aber so innig glühend wie der feurigste Rubin. Die Sonne w
es, die die niederen Berge überwunden hatte und den Nebel durchbrann
Immer rötlicher wurde der Schnee, immer deutlicher, fast grünlich sei
Schatten, die hohen Felsen zu unserer Rechten, die im Westen standen, spü
ten auch die sich nähernde Leuchte und röteten sich. Sonst war nichts
sehen als der ungeheure, dunkle, ganz heitere Himmel über uns, und in d
einfachen großen Fläche, die die Natur hieher gelegt hatte, standen nur d
zwei Menschen, die da winzig genug sein mußten. Der Nebel fing endlich
seiner äußersten Grenze zu leuchten an wie geschmolzenes Metall, der Himm
lichtete sich und die Sonne quoll wie blitzendes Erz aus ihrer Umhüllu
empor. Die Lichter schossen plötzlich über den Schnee zu unseren Füßen u
fingen sich an den Felsen. Der freudige Tag war da.« (S. 654 f.)

Auffällig ist zunächst die Prädominanz von Licht und Farbe, d
sich schon am Wortmaterial ablesen läßt, ein Erbe Jean Pauls (m
denke z. B. an den ›Titan‹), der Stifter in seiner Frühzeit beei
flußte. Der impressionistischen Kühnheit der Farbgebung – Stift
nennt Schnee und Felsen rötlich, die Schatten grünlich – steht ei
entgegengesetzte Tendenz gegenüber, die das Spektakuläre des Ei
drucks gleichsam zurücknimmt. Die vorsichtigte Mäßigung zeigt si
schon an der relativierenden Form der Farbadjektiva (grün*lich*, rö
lich usw.). Das Licht ist hierbei in einer Weise dominierend, daß es d
Welt nicht allein sichtbar werden läßt, sondern überhaupt erst schaff
aus dem Nichts, in dem die Menschen stehen, ruft es Schnee un
Nebel, Berge und Felsen hervor. Der Text erinnert, bis in die Wor
wahl hinein, an ein ähnliches kosmisches Erlebnis, das Stifter 15 Jah
früher beschrieben hat: die Sonnenfinsternis des Jahres 1842. D
Schilderung der Sonnenfinsternis endete mit einer Vorwegnahme de
sen, was Stifter später im ›Nachsommer‹ zu verwirklichen versucht ha

»Könnte man nicht auch durch Gleichzeitigkeit und Aufeinanderfolge v
Lichtern und Farben eben so gut eine Musik für das Auge wie durch Tö
für das Ohr ersinnen? (...) Sollte nicht durch ein Ganzes von Lichtakkord
und Melodien eben so ein Gewaltiges, Erschütterndes angeregt werden kö
nen, wie durch Töne? Wenigstens könnte ich keine Symphonie, Oratoriu
oder dergleichen nennen, das eine so hehre Musik war als jene, die währen
der zwei Minuten mit Licht und Farbe an dem Himmel war.«[32]

Stifters Forderung einer Musik für das Auge erinnert an die sy
kretistische Vermischung der Künste, der Lessing im ›Laokoon‹ en
gegengetreten war – man denke z. B. an das Farbenklavier des Pè
Castel, von dem bei Diderot die Rede ist. Das Mechanische, das de
artigen Versuchen im 18. Jahrhundert noch anhaftet, ist hier jedo
überwunden: Stifters Farbsymphonie ließe sich am ehesten mit de

Gemälden seines Zeitgenossen Turner vergleichen, in denen alles Gegenständliche – Himmel und Meer, Schiffe, Wolken etc. – zu bloßen Farbwirkungen aufgelöst wird, ohne daß Turners Kunst deshalb »abstrakt« zu nennen wäre. Ein anderer Maler, den man zum Vergleich heranziehen könnte, ist Caspar David Friedrich, auf dessen Landschaftsbildern die Natur ebenso menschenleer erscheint wie hier bei Stifter, ausgenommen den oder die, meist winzig dargestellten, Betrachter:

> »Sonst war nichts zu sehen als der ungeheure, dunkle, ganz heitere Himmel über uns, und in der einfachen großen Fläche, die die Natur hieher gelegt hatte, standen nur die zwei Menschen, die winzig genug sein mußten.« (S. 664 f.)

Der Satz gibt, wie eine Bildunterschrift, das Resümee von Stifters Schilderung. Die Perspektive des Betrachters, anfangs konzentriert in dem »wir« des ersten Satzes, ist aus den Personen herausgetreten: der Leser blickt aus astronomischer Entfernung auf den Schauplatz herab. Die Welt, nachdem sie entmaterialisiert worden ist zu einer Funktion von Licht und Farbe, erscheint entleert von allen Realien, sie wird zur Mondlandschaft. Die Erhabenheit der Natur ist die des Grauens; hier, wo das Subjekt sich Gott am nächsten glaubt, ist es mit sich allein. Das idealistische Pathos des Standhaltens gegenüber dem Unendlichen, wie es sich bei Kant noch findet,[33] hat sich zusammengezogen zu einem beschwörenden Euphemismus, der den endlosen Himmel heiter nennen muß, um ihn zu ertragen. Was hier »heiter« heißt, ist das starre Lächeln der Ewigkeit, die Impassibilität einer Schöpfung, für die die Menschheit nur eine Episode ist; ähnlich wie am Schluß der Erzählung ›Hochwald‹, wo »ein reiner Himmel mit freundlicher Novembersonne« auf die Stätte von Tod und Zerstörung herabblickt, die vorher Schauplatz der Handlung war.[34] Die Idylle schlägt so in einem unbewachten Moment um ins Chaos. »Durch die Klüfte blickt die Dichtung in das Nichts hinab, das sie doch versucht, mit jedem die Dinge beschwörenden Wort zu überbrücken, um zu sein« (Glaser).[35]

d) Der Mensch als Ding

Während Albrecht von Haller das »natürliche« Leben der Alpenbewohner der entfremdeten Gesellschaft seiner Zeit als Utopie vor Augen hielt, ist das Gebirge bei Stifter menschenleer. Seine Bewohner, ebenso wie die Bauern auf dem Landgut Risachs, fungieren lediglich als Dienstboten: Bergführer oder Kulis, die für Heinrich, ihren Herrn, Arbeiten verrichten (Marmorblöcke transportieren, Bergseen vermessen), deren Sinn ihnen verschlossen bleibt. In den wenigen Fällen, in denen Heinrich sie überhaupt wahrnimmt, werden sie beschrieben wie museale Objekte, denen er höchstens ein folkloristisches Interesse abzugewinnen vermag – symbolisiert durch die Zither, die »mit den Bergen Eins ist«. Das gilt nicht nur für die Bewohner des Gebirges: auch die Dienerschaft im Hause von Heinrichs Eltern, auf den Gütern Risachs und Mathildens, bleibt stets schattenhaft im Hintergrund. Die Rolle, die Stifter den Vertretern der unteren Stände in seiner Hierarchie zugedacht hat, wird im Roman so geschildert:

> »Es ist aber immer nur eine bestimmte Zahl von solchen, deren einzelne Anlage zu einer besonderen großen Wirksamkeit ausgeprägt ist. Ihrer können nicht viele sein, und neben ihnen werden die geboren, bei denen sich eine gewisse Richtung nicht ausspricht, die das Alltägliche tun und deren eigentümliche Anlage darin besteht, daß sie gerade keine hervorragende Anlage zu einem hervorragenden Gegenstande haben. Sie müssen in großer Menge sein, daß die Welt in ihren Angeln bleibt, daß das Stoffliche gefördert werde und alle Wege im Betriebe sind.« (S. 615)

Die Verdinglichung der menschlichen Arbeitskraft zur Ware wird so, aufgrund der je verschiedenen »Anlage« der Menschen, als naturgegeben hingestellt. Indes, die Verdinglichung macht auch vor jener privilegierten Minderheit nicht halt, die im Rampenlicht des Romans steht. Das zeigt sich besonders deutlich in der Gestalt der antiken Mädchenstatue im Hause Risachs (bzw. der Quellnymphe auf dem Landsitz Mathildens), die auf geheimnisvolle Weise mit Natalie, Heinrichs späterer Geliebten, korrespondiert. Das entscheidende Gespräch, in dem die beiden einander ihre Liebe gestehen, findet in einer Gartenlaube, im Angesicht jener Quellnymphe statt. Heinrich und Natalie unterhalten sich über griechische Kunst, Marmor, edle Steine, Luft und Wasser, bevor sie ihre wechselseitige Zuneigung entdecken (S. 547 ff.) – die unbelebten Gegenstände treten so an die Stelle der menschlichen Beziehungen. Die Menschen sind nur Funktionen jenes künstlichen Systems der Dinge, das die Grundlage von Stifters Werk bildet. Darüber hinaus finden sich zahlreiche Parallelen zwischen der Schilderung der antiken Statue im Hause Risachs und der Beschreibung Natalies, an anderer Stelle im Roman. Während die Statue wie ein lebendiger Mensch geschildert wird, der jeden Augenblick von seinem Sockel herabsteigen könnte, erscheint Natalie als fleischgewordene Verkörperung des antiken Schönheitsideals, im Sinne von Stifters Kunstprinzip der »Ruhe in Bewegung«:

»Das Haupt stand auf dem Nacken, als blühete es auf demselben. Dieser war ein wenig, aber kaum merklich vorwärts gebogen, und auf ihm lag das eigentümliche Licht, das nur der Marmor hat (...) Daß sich die Gestalt nicht regte, schien bloß in dem strengen, bedeutungsvollen Himmel zu liegen, der mit den fernen stehenden Gewittern über das Glasdach gespannt war und zur Betrachtung einlud. Edle Schatten wie schöne Hauche hoben den sanften Glanz der Brust, und dann waren Gewänder bis an die Knöchel hinunter. Ich dachte an Nausikae, wie sie an der Pforte des goldenen Saales stand und zu Odysseus die Worte sagte: ›Fremdling, wenn du in dein Land kömmst, so gedenke meiner‹.« (S. 368 f.)

»Natalie stand ganz aufrecht, ja der Oberkörper war sogar ein wenig zurückgebogen. Der linke Arm war ausgestreckt und stützte sich mittelst eines aufrecht stehenden Buches, auf das sie die Hand legte, auf das Tischchen. Die rechte Hand lag leicht auf dem linken Unterarm. Das unbeschreiblich schöne Angesicht war in Ruhe, als hätten die Augen, die jetzt von den Lidern bedeckt waren, sich gesenkt und sie dächte nach. Eine solche reine, feine Geistigkeit war in ihren Zügen, wie ich sie an ihr, die immer die tiefste Seele aussprach, doch nie gesehen hatte. Ich verstand auch, was die Gestalt sprach, ich hörte gleichsam ihre inneren Worte: ›Es ist nun eingetreten!‹« (S. 570)

Die Ähnlichkeit zwischen beiden Gestalten liegt weniger in den Details als vielmehr in der Art und Weise der Beschreibung, die langsam vom Kopf bis zu den Füßen fortschreitet und beide, die Marmorstatue ebenso wie das lebende Mädchen, mit einer geistigen Aura umgibt, wie man sie aus Winckelmanns Kunstbeschreibungen kennt. Die unausgesprochenen Sentenzen, die Stifter den beiden stummen Gestalten in den Mund legt, umschließen die Schilderung wie zwei Wappensprüche. Die Statue wird beseelt und zum Leben erweckt, während Natalie zum klassischen Kunstwerk erstarrt.[36]

Die gleiche Verdinglichung zeigt sich, wo Stifter Gruppen von Menschen beschreibt, die in ihrer hierarchischen Komposition wie Stillleben erscheinen:

»Wir standen um sie. Natalie stand zu ihrer Linken, neben dieser Gustav, mein Gastfreund stand hinter dem Stuhle, und ich stellte mich, um nicht zu nahe an Natalie zu sein, an die rechte Seite und etwas weiter zurück.« (S. 240)

In der Aufzählung solcher Details, die mit penibler Genauigkeit registriert werden, unterwirft Stifter die »gewöhnlichen, alltäglichen, in Unzahl wiederkehrenden Handlungen der Menschen« einem Zeremoniell, das an höfische Rituale erinnert – ein Verfahren, das er später im ›Witiko‹ zu epischer Monotonie weiterentwickelt hat.[37]

Auch dort, wo er Menschengruppen in Bewegung schildert, wird die

Verdinglichung nicht durchbrochen: die Personen bewegen sich wie Puppen, einer unsichtbaren Mechanik gehorchend, sie werden zu Robotern, die den Kommandos des Autors gehorchen. An die Stelle der lebendigen Kommunikation tritt die stumme Sprache gesellschaftlicher Etikette:

> »Im Garten war es so, wie es bei einer größeren Anzahl von Gästen in ähnlichen Fällen immer zu sein pflegt. Man bewegte sich langsam vorwärts, man blieb bald hier, bald da stehen, betrachtete dieses oder jenes, besprach sich, ging wieder weiter, löste sich in Teile und vereinigte sich wieder. Ich achtete auf alles, was gesprochen wurde, gar nicht. Natalie sah ich mit demselben Mädchen gehen, mit dem sie an mir in dem Gesellschaftszimmer vorüber gegangen war, dann gesellten sich noch ein paar andere hinzu. Ich sah sie mit ihrem lichtbraunen Seidenkleide zwischen anderen hervorschimmern, dann sah ich sie wieder nicht, dann sah ich sie abermals wieder, Gebüsche deckten sie dann ganz.« (S. 505)

5. Zusammenfassung

Auf den vorangegangenen Seiten sollte der Versuch unternommen werden, einen Aspekt des Stifterschen Werks in den Mittelpunkt der Betrachtung zu rücken, der bislang, von wenigen Ausnahmen abgesehen,[38] von der Forschung zumeist vernachlässigt worden ist: die gesellschaftliche Funktion von Stifters Utopie, als Negativbild der sozialen Verhältnisse einerseits, als Rechtfertigung des Bestehenden und Ventil für politische Unzufriedenheit andererseits. Als Schlüssel zum Verständnis von Stifters Ideologie und der damit verbundenen literarischen Technik dienten die Begriffe Hierarchie und Verdinglichung: der erste bezeichnet die vertikale Struktur, gleichsam die Abszisse innerhalb von Stifters Koordinatensystem, der zweite seine Grundlinie: die Isolierung und Vereinzelung der sinnlichen Wahrnehmung zum »Ding«, dem kleinsten gemeinsamen Vielfachen von Stifters Werk. Der Roman wurde so begriffen als ideologische Projektion gegebener Verhältnisse, gebrochen durch das Medium eines individuellen literarischen Temperaments. Die Gefahr einer solchen Betrachtungsweise liegt auf der Hand: wer Literatur einzig und allein als »falsches« Bewußtsein entlarvt, verliert darüber ihre Wahrheit. Sie liegt, bei Stifter, vor allem begründet in dem Zuwachs an ästhetischer Sensibilität gegenüber seinen Vorgängern, in der auf Proust vorausweisenden Delikatesse der Detailschilderung. Die ästhetische Qualität von Stifters Kunst läßt sich jedoch nicht mechanisch trennen von ihrer politischen Rückschrittlichkeit: beides bedingt einander. Die vereinerte Sensibilität wird erkauft mit einem radikalen Verzicht auf istorische Verbindlichkeit, mit solipsistischer Abkehr von den sozialen roblemen der Zeit, die im Raum der Großstadt handgreiflich gewor- en waren. Das hat nichts zu tun mit einer, wie auch immer definier- en, »richtigen« oder »falschen« politischen Einstellung des Schrift- ellers: auch Flaubert, der mit seiner ›Madame Bovary‹ vielleicht den rsten modernen Roman schrieb, war alles andere als ein Revolutionär.)aß die deutsche Literatur nach 1848 einem Flaubert nur einen Stif- er entgegenzusetzen hat,[39] ist symptomatisch für den verhängnis- ollen Rückzug in die Innerlichkeit, den nicht allein Stifter vollzog, nd dessen Folgen bis heute spürbar sind. Bei alledem ist jedoch eine otwendige Einschränkung zu machen: wann immer hier pauschal on »Stifter« die Rede ist, ist der späte Stifter gemeint, den die For- chung gern »klassisch« nennt: den Autor der ›Bunten Steine‹, des Nachsommer‹ und des ›Witiko‹. Für Stifters Frühwerk, die Erst- assung der ›Studien‹ und die viel zu wenig beachtete Skizzenfolge Wien und die Wiener‹, gelten die hier getroffenen Feststellungen icht oder nur mit Einschränkungen. Die entscheidende Zäsur bedeu- et das Jahr 1848, eine Tatsache, die selbst von Stifter-Apologeten ein- ;eräumt wird.[40] Das Problem ist nicht einfach eine »Vergreisung« les Autors, wie Arno Schmidt zu meinen scheint:[41] Stifters ästheti- che und politische Erstarrung ist vielmehr eine Folge seiner Haltung .ur 48er Revolution, die er mit einem Großteil der deutschen Intelli- ;enz teilt.

Daß Stifters literarisches Programm kein isolierter Einzelfall ist, ondern daß es einer Zeitstimmung entspringt, läßt sich an einem ›hilosophischen Werk ablesen, das, fast gleichzeitig mit dem ›Nach- ommer‹ erschienen, bisher, soweit ich sehe, noch nie im Zusammen- •ang mit Stifter erwähnt worden ist. Gemeint ist der ›Mikrokosmos‹ les Philosophen Hermann Lotze (3 Bde. 1856–64), eine populäre Anthropologie, die sich Ende der 50er Jahre des 19. Jahrhunderts ;roßer Beliebtheit erfreute. Die Intentionen Lotzes hat der Literarhi- toriker Richard M. Meyer so zusammengefaßt:

»Die möglichst klare und vollständige *Beschreibung* aller wirklicher Be- ›bachtung fähigen Phänomene erscheint ihm (...) als das Höchste, was wir •rreichen können. Aber ›die leuchtende und tönende Pracht der Sinnlichkeit‹ st ihm auch nicht mehr Symbol, sondern im Gegenteil Endzweck der ›chöpfung. (...)
Vielleicht zum erstenmal, seit Philosophen die Welt als ein Ganzes zu be- ;reifen versuchten, wird die sichtbare Fülle der Erscheinungen selbst, wird las, was Goethe ›die Natur‹ nannte, in einem philosophischen System als

letzter Zweck der Schöpfung anerkannt. Der künstlerische Wille Gottes, eine bunte Welt zu schaffen, wird zum Grundgedanken aller Existenz gemacht – nicht mehr teleologisch-pädagogische Absichten eines Erziehers der Menschheit, aber auch nicht mehr blinder Zufall der Elemente. Jene mächtige Freude an der Wirklichkeit, deren Aufsteigen wir beobachteten, hat es endlich auch zu philosophischer Anerkennung gebracht; jener feine Epikureismus des Kunstgenusses, des Sammelns und Übersetzens, der die ganze Zeit erfüllt, feiert in der möglichst vollständigen Beschreibung der wunderbaren Phänomene dieser Welt seinen höchsten Triumph.«[42]

Die Parallele liegt auf der Hand: fast alles, was der Literaturhistoriker hier an Lotzes ›Mikrokosmos‹ hervorhebt: von der möglichst vollständigen Beschreibung der Welt bis zum epikureischen Kunstgenuß des Sammelns und Hegens, kehrt in Stifters ›Nachsommer‹ wieder. Damit soll keineswegs ein wie auch immer gearteter Einfluß Lotzes auf Stifter behauptet werden – es ist unwahrscheinlich, daß Stifter, der an philosophischen Fragen nur mäßig interessiert war, Lotze überhaupt gekannt hat. Die Übereinstimmung zwischen den Werken beider Autoren ist vielmehr symptomatisch für das geistige Klima der Zeit, in dem ein Buch wie der ›Nachsommer‹ überhaupt erst gedeihen konnte.

Nach langen Jahren des ehrfürchtigen Paraphrasierens ist die Stifter-Forschung ins andere Extrem verfallen und hat, rückblickend vom tragischen Tod Stifters, das Dämonische, Zwiespältige, Zerrissene in seinem Werk über Gebühr betont. Dabei berief man sich häufig auf eine Bemerkung Thomas Manns, die einen bis dahin zumeist vernachlässigten Aspekt von Stifters Persönlichkeit hervorhebt, nämlich »daß hinter der stillen, innigen Genauigkeit gerade seiner Naturbetrachtung eine Neigung zum Exzessiven, Elementar-Katastrophalen, Pathologischen wirksam ist.«[43] So richtig dieser Hinweis ist, muß er doch, in einseitiger Verabsolutierung, die Proportionen von Stifters Werk verzerren. Zweifellos ist die »tigerartige Anlage«, wie Stifter selbst sie nennt, bei ihm vorhanden. Ebenso zweifellos aber ist, daß er sie konsequent und systematisch aus seinem Werk verdrängt hat. Der Satz, den Heinrich im ›Nachsommer‹ zu Natalie sagt, ist in diesem Sinne symptomatisch: »Ich werde suchen, jeden Fehler dir zuliebe abzulegen (...) und bis dahin werde ich jeden so verhüllen, daß er dich nicht verwunde« (S. 818). Erst die Verdrängung alles nicht Geheuren schafft ja die harmonisch-saubere Atmosphäre von Stifters Spätwerk, aus dem jeglicher Schmutz verbannt ist – die literarische Fiktion trägt die »Wundmale« der Realität (Glaser):[44] des analen Zwangscharakters, der Stifter war.[45] Genauer als Thomas Mann scheint mir

Walter Benjamin die Eigenart von Stifters Werk charakterisiert zu haben, der in einem Brief an Ernst Schön auf die seltsame Sprachlosigkeit von Stifters Gestalten hinweist, den akustischen Leerraum seiner Prosa:

»Er kann nur auf der Grundlage des Visuellen schaffen. Das bedeutet jedoch nicht, daß er nur Sichtbares wiedergibt, denn als Künstler hat er Stil. Das Problem seines Stils ist nun wie er an allem die metaphysisch visuelle Sphäre erfaßt. Zunächst hängt mit dieser Grundeigenschaft zusammen, daß ihm jeglicher Sinn für Offenbarung fehlt, die *vernommen* werden muß, d. h. in der metaphysisch akustischen Sphäre liegt. Des ferneren erklärt sich in diesem Sinne der Grundzug seiner Schriften: die Ruhe. Ruhe ist nämlich die Abwesenheit zunächst und vor allem jeglicher akustischen Sensation.

Die Sprache wie sie bei Stifter die Personen sprechen ist ostentativ. Sie ist ein zur Schaustellen von Gefühlen und Gedanken in einem tauben Raum. Die Fähigkeit irgendwie ›Erschütterung‹ darzustellen deren Ausdruck der Mensch primär in der Sprache sucht fehlt ihm absolut. (. . .) Er ist seelisch stumm, das heißt es fehlt seinem Wesen derjenige Kontakt mit dem Weltwesen, der Sprache, aus der das Sprechen hervorgeht.«[46]

III. Lukács' Essay *Erzählen oder Beschreiben?* und die Methode der Beschreibung in Kafkas *Amerika*-Roman

Georg Lukács: *Erzählen oder Beschreiben?*

1. Der literarhistorische Kontext

Georg Lukács' Aufsatz ›Erzählen oder Beschreiben?‹ aus dem Jahre 1936 wird erst aus einem doppelten Kontext heraus voll verständlich: einmal muß er gesehen werden vor dem Hintergrund der historisch-politischen Situation der 30er Jahre, genauer: im Rahmen der von Stalin proklamierten antifaschistischen Volksfrontpolitik, an deren Verwirklichung auf kulturellem Gebiet Lukács entscheidenden Anteil nahm; zum anderen ist er eingebettet in das literaturtheoretische System des marxistischen Gelehrten, das, in sich keineswegs einheitlich, gekennzeichnet ist durch eine widerspruchsvolle, zuweilen sprunghafte Entwicklung – die nachträglichen Distanzierungen und Korrekturen, die Lukács in späteren Editionen seiner Schriften vorzunehmen gezwungen ist (am deutlichsten in den Vorworten zu der bei Luchterhand erscheinenden Gesamtausgabe),[1] sind hierfür nur ein Symptom. Es wäre jedoch falsch, die allen Schwankungen und partiellen Umwertungen zugrunde liegende Kontinuität, die innere Struktur von Lukács' Denken, dabei zu übersehen.

Der Aufsatz ›Erzählen oder Beschreiben?‹ gehört schon durch Ort und Jahr seines Erscheinens (Moskau 1936) in den Umkreis der Realismus- und Expressionismus-Debatte, die sich in drei Phasen: Anfang, Mitte und Ende der 30er Jahre, in drei verschiedenen Publikationsorganen: der ›Linkskurve‹, dem von 1929–1932 in Berlin erschienenen Organ des Bundes proletarisch-revolutionärer Schriftsteller (BPRS), sowie in den Moskauer Emigrationszeitschriften ›Internationale Literatur‹ (1931–1945, deutsche Ausgabe ab 1937) und ›Das Wort‹ (1936–1939), vollzog.[2] Das kulturpolitische Programm der ›Internationalen Literatur‹, zu deren wichtigsten Mitarbeitern Georg Lukács gehörte (sein Aufsatz erschien in Heft 11/12 der Zeitschrift), hat der Herausgeber Johannes R. Becher in einem Rechenschaftsbericht an die Moskauer Zentrale so umrissen:

1. Für die Verteidigung des Geistes
2. Für die Bewahrung des großen Erbes der Literatur aller Zeiten und Völker
3. Für eine Literatur der Wahrheit, des Friedens und der Freiheit
4. Für die Macht der Literatur
5. Für die internationale Zusammenarbeit der Literaturen aller Länder (für eine Weltliteratur)
6. Für die Sammlung aller fortschrittlichen Kräfte in der Literatur«.[3]

Diese Losungen stellen eine direkte Übertragung der Volksfrontpolitik gegen den Faschismus auf das Gebiet der Literatur dar. Im Rahmen dieses taktischen Bündnisses wurde das Trennende: der Klassenkampf gegen bürgerliche Positionen im Bereich der Ideologie, zurückgestellt, und das Verbindende: der Kampf gegen den Faschismus als gemeinsamen Feind, in den Mittelpunkt gerückt. Konservative und liberale Schriftsteller wie Thomas und Heinrich Mann, Idealisten und Pazifisten wie Alfred Döblin und André Gide, die früher von kommunistischer Seite als »bürgerlich« kritisiert worden waren, wurden jetzt als willkommene Verbündete begrüßt. Die Parole der antifaschistischen Volksfront kam den Intentionen von Georg Lukács insofern entgegen und wurde von ihm mit besonderem Enthusiasmus verfochten, weil sie mit einigen seiner politischen Grundanschauungen eng zusammenhängt, von denen er sich zeitlebens nie ganz getrennt hat. Auch nach seinem Eintritt in die kommunistische Partei (1918) hatte Lukács bürgerlich-demokratische Traditionen, denen er sich in seiner Frühzeit verpflichtet fühlte, nicht völlig negiert, sondern hatte sie, in marxistischer Terminologie, auf höherer Ebene weiterentwickelt und fortgeführt. Ein vielzitiertes Beispiel für seine politische Haltung sind die unter dem Pseudonym Blum bekanntgewordenen Thesen, in denen Lukács, damals (1928) Mitglied des Zentralkomitees der (illegalen) KP Ungarns, die sofortige Machtergreifung, d. h. Diktatur des Proletariats, als verfrüht und den spezifischen ungarischen Verhältnissen unangemessen ablehnt und statt dessen die Bildung einer revolutionären Demokratie unter Einschluß der fortschrittlichen Kräfte des Bürgertums proklamiert – eine »Abweichung«, die ihm noch Jahrzehnte später von orthodox-kommunistischer Seite heftige Kritik einbrachte.[4] Erst von hier aus wird Lukács' spätere Haltung zur antifaschistischen Volksfront voll verständlich.

Die Öffnung nach »rechts«, die die Komintern auf Weisung Stalins in jener Zeit vollzog, muß wiederum gesehen werden vor dem Hintergrund der dogmatischen Konsolidierung der wirtschaftlichen und politischen Verhältnisse in der Sowjetunion Anfang der 30er Jahre, die sich auch auf kulturellem Gebiet entscheidend auswirkte. Nach einer Periode relativer künstlerischer Freiheit bis ungefähr 1928, in der so verschiedene Strömungen wie Proletkult, Futurismus und Formalismus nebeneinander existierten, ließ Stalin die verschiedenen, miteinander konkurrierenden Schriftstellerorganisationen und -zirkel auflösen und in einem einheitlichen Dachverband zusammenfassen.[5] Gleichzeitig wurde die Vielfalt der literarischen Richtungen und Ismen gleichgeschaltet im Sinne des sozialistischen Realismus, dessen endgültige Indoktrinierung auf dem Moskauer Schriftstellerkongreß 1934 erfolgte, wo Ždanov, Radek und Gorkij die westliche Avantgardeliteratur, repräsentiert durch die Namen Proust und Joyce, als reaktionär und dekadent denunzierten. Daß damit nicht allein Joyce und Proust gemeint waren, sondern vielmehr diejenigen russischen Schriftsteller, die ihr revolutionäres Engagement mit formalen Experimenten zu koppeln versuchten, zeigt symptomatisch der folgende Ausschnitt aus Karl Radeks Referat über ›Die moderne Weltliteratur und die Aufgaben der proletarischen Kunst‹:

»Ein von Würmern wimmelnder Misthaufen, mit der Filmkamera durch ein Mikroskop photographiert – das ist Joyce (...) Joyces Form entspricht Joyces Inhalt, und der Joycesche Inhalt ist eine Widerspiegelung dessen, was das Reaktionärste am Kleinbürgertum ist (...) Joyce steht auf der anderen Seite der Barrikaden (...) es gibt nichts Grundlegendes, was man bei Joyce lernen kann. Wenn Sie sagen, daß Sie von Joyce die Technik lernen, so bestreite ich das nicht. Ich habe keine Romane geschrieben, aber ich denke, daß ich – sollte ich einmal Romane schreiben – bei Tolstoj und Balzac lernen würde, wie man sie schreibt, aber nicht bei Joyce. Was ich den sowjetischen und ausländischen Schriftstellern sagen möchte, ist folgendes: ›Unser Weg führt nicht über Joyce, sondern entlang der großen Heerstraße des sozialistischen Realismus.‹«[6]

Im Zuge dieses Kampfes gegen Formalismus und westliche Avantgarde, der mit einer Aufwertung des traditionellen bürgerlichen »Erbes« Hand in Hand ging, kam Lukács, seit 1930 als Emigrant in Moskau lebend, die wichtige Aufgabe zu, den BPRS, die deutsche Sektion der internationalen Vereinigung revolutionärer Schriftsteller (IVRS), ideologisch gleichzuschalten – eine Aufgabe, der er sich mit willigem Eifer unterzog. Der Kampf galt weniger rechtsgerichteten Schriftstellern, die im Bund ohnehin nicht vertreten waren, als vielmehr proletarischen Autoren, die als »Linksabweichler« verdächtig waren. Am Beispiel des Schriftstellers Ernst Ottwalt, der in einem Roman die Klassenjustiz der Weimarer Republik zu entlarven versucht hatte, kritisierte Lukács die Techniken der literarischen Reporage und Montage als fehlerhaft und unmarxistisch und stellte ihnen die unvergängliche Methode der epischen »Gestaltung« gegenüber, wie sie Tolstoj und Balzac praktiziert hätten.[7] In seiner Abwehr der offenen Form, im Insistieren auf einem traditionellen Erzählschema mit individuellem Helden und kunstvoll konstruierter Handlung, nimmt Lukács hier entscheidende Gedankengänge seines späteren Aufsatzes ›Erzählen oder Beschreiben?‹ vorweg. Im Zentrum von Lukács' Theorie der »Gestaltung« steht die mechanisch-ausschließliche Unterscheidung von Wissenschaft und Kunst, die den Intentionen Ottwalts oder auch Brechts diametral entgegengesetzt ist; sie kehrt auch in dem späteren Aufsatz wieder:

»Die grundlegenden Darstellungsmethoden von Wissenschaft und Kunst schließen sich gegenseitig aus, so sehr ihre letzten Forschungsgrundlagen (gedankliche Reproduktion der Wirklichkeit) dieselben sind, so sehr die eine in der fruchtbarsten Weise die Elemente der anderen – der eigenen grundlegenden Methode untergeordnet und in sie organisch eingebaut – benutzen kann und unter Umständen benutzen muß. Aber eine ›künstlerische‹ Darstellung mit wissenschaftlichen Zielen wird stets sowohl eine Pseudowissenschaft wie eine Pseudokunst sein und eine ›wissenschaftliche‹ Lösung der spezifisch künstlerischen Aufgaben ergibt ebenso inhaltlich eine Pseudowissenschaft und formell eine Pseudokunst. Gerade das strebt aber – bewußt oder unbewußt – die Reportage als schöpferische Methode der Literatur an.«[8]

Lukács' Kunstbegriff – soviel läßt sich schon an diesem kurzen Zitat ablesen – hat mehr mit der idealistischen Ästhetik gemein als mit einer materialistischen Analyse der Produktionsverhältnisse und Produktivkräfte, deren Entwicklung die klassische »Aura« des Kunstwerks, im Zeitalter seiner technischen Reproduzierbarkeit (Walter Benjamin), längs zerstört hat – eine Tatsache, der Brecht oder Ottwalt, in ihrem Suchen nach neuen, der veränderten Wirklichkeit angemessenen Formen, bewußt Rechnung getragen haben. Für Lukács dagegen steht die Kunst als mehr oder weniger autonomer Bereich dem »Leben« gegenüber – ein Begriff, den er aus seinem von Bergson, Dilthey und Hegel beeinflußten Frühwerk fast unverändert in seine marxistische Periode hinübergerettet hat, wo er synonym mit »Gesellschaft« gebraucht wird – die politische Wirkung, die ihn als revolutionären Marxisten primär zu interessieren hätte, taucht dagegen nur am Rande auf. Von dieser Prämisse ausgehend, verdammt er, in einer Reihe von Aufsätzen Anfang der 30er Jahre,[9] nicht nur die Form der Reportage (und später die der Beschreibung), die er mit bloßer Oberflächenschilderung gleichsetzt, sondern auch ganze literarische Epochen wie Naturalismus und Expressionismus als dekadent

und unmenschlich. Dabei verfällt Lukács zuweilen sogar in den son
von ihm bekämpften Vulgärmarxismus, indem er beispielsweise de
Expressionismus als Ausdruck der »USP-Ideologie«, als »schriftste
lerische Ausdrucksform des entwickelten Imperialismus« und als Vo
läufer des Faschismus hinstellt;[10] die partielle Richtigkeit dieser B
obachtung ändert nichts an der grundsätzlichen Fragwürdigkeit ein
literatursoziologischen Methode, die für jede literarische Strömung ei
gesellschaftliches Äquivalent in Form einer sozialen Gruppe oder ga
einer politischen Partei auffinden zu müssen glaubt. So kommt da
groteske Ergebnis zustande, daß Lukács den revolutionären Schrif
stellern Thomas Mann als nachahmenswertes Vorbild hinstellt, wäh
rend er Brecht als dekadenten Avantgardisten abtut.[11] Lukác
frühere Arbeiten – von der ›Theorie des Romans‹ (1916) bis z
dem Aufsatz über ›Größe und Verfall des Expressionismus‹ (193
– wirken so auf vielfältige Weise nach und werden bei der folgende
Untersuchung seines Essays ›Erzählen oder Beschreiben?‹ (1936) m
berücksichtigt werden müssen.

2. Lukács' Thesen

a) Die Demonstrationsobjekte

Georg Lukács' Aufsatz ›Erzählen oder Beschreiben?‹ trägt den U
tertitel »Zur Diskussion über Naturalismus und Formalismus« un
ordnet sich dadurch schon äußerlich in den im vorigen Abschni
skizzierten Zusammenhang ein. Als Motto stellt Lukács seinem Essa
einen berühmten Satz aus Marx' Einleitung zur Kritik der Hege
schen Rechtsphilosophie voran: »Radikal sein ist die Sache an de
Wurzel fassen. Die Wurzel für den Menschen aber ist der Mensc
selbst« (S. 197). Das Zitat weist voraus auf einen zentralen Punk
den Lukács, ebenso wie seine Vorgänger Lessing und Hebbel, gege
die Beschreibungsliteratur ins Feld führt: die Beschreibung als schöp
ferische Methode verlagert das Schwergewicht vom Menschen auf d
Dinge.

»Gehen wir gleich in medias res!« (S. 197) – mit diesem Satz b
ginnt Georg Lukács seinen Aufsatz. Bevor dessen wichtigste These
den einzelnen Abschnitten folgend, näher untersucht werden solle
ist ein kurzer Blick auf die Verfahrensweise des Autors, seine krit
sche Methode, vonnöten. Lukács zieht eine Reihe von Autore
hauptsächlich aus dem 19. Jahrhundert, als Belege für seine These

194

heran: Balzac, Flaubert, Zola, Tolstoj, Walter Scott, Goethe, Stendhal, Dickens u. a. Es sind Schriftsteller, mit denen Lukács sich zeit seines Lebens, in den verschiedenen Phasen seiner Entwicklung, immer wieder auseinandergesetzt hat: Balzac und Flaubert werden bereits in der ›Theorie des Romans‹ (1916) ausführlich behandelt, sowie später in dem Aufsatz ›Balzac und der französische Realismus‹ (1952), der sich außerdem mit Stendhal und Zola auseinandersetzt; Tolstoj und Goethe, die ebenfalls in der ›Theorie des Romans‹ berücksichtigt werden, hat Lukács in zwei Studien aus den 40er Jahren, ›Goethe und seine Zeit‹ (1947) und ›Der russische Realismus in der Weltliteratur‹ (1949) gründlich untersucht; sein Buch über den historischen Roman (1955) schließlich enthält eine detaillierte Analyse der Werke von Walter Scott. Während jedoch in den genannten Schriften von Georg Lukács die jeweiligen Autoren aus einem breiten historischen Kontext heraus in ihrer Totalität sichtbar gemacht werden, dienen sie im vorliegenden Aufsatz lediglich als Demonstrationsobjekte, an denen Lukács seine Thesen über das Verhältnis von Erzählen und Beschreiben exemplifiziert. Das Verfahren ähnelt jener von Ernst Bloch kritisierten Methode in Lukács' Expressionismus-Aufsatz, der seinen Begriff des Expressionismus nicht an den Werken selber, sondern mit Hilfe von ein paar willkürlich herausgegriffenen Zitaten, meist Vorwörtern von Anthologien entstammend, entwickelte: »Es ist derart nicht die Sache selbst, mit ihrem konkreten Eindruck an Ort und Stelle, mit ihrer nachzuerfahrenden Wirklichkeit, sondern das Material ist schon selber ein indirektes, ist Literatur über den Expressionismus, die nochmals literarisiert, theoretisiert und kritisiert wird.«[12] Ähnlich verfährt Lukács auch hier: entweder er beruft sich direkt auf theoretische Äußerungen von Flaubert, Zola und der Gebrüder Goncourt, oder er resümiert beschreibende Passagen aus Romanen dieser Autoren, wobei er nur in den seltensten Fällen auf den Originaltext zurückgreift. Mit dieser Feststellung soll kein Urteil über Lukács' Thesen, ihren Wert oder Unwert betreffend, präjudiziert werden, die es ja im folgenden überhaupt erst darzustellen gilt.

b) Zufall und Notwendigkeit

Lukács beginnt seinen Aufsatz mit dem Vergleich zweier beschreibender Passagen aus zwei berühmten Romanen des 19. Jahrhunderts, die beide das gleiche Thema behandeln: die Schilderung eines Pferderennens in Zolas Roman ›Nana‹ (1879) und in Tolstojs ›Anna Karenina‹ (1876). Ohne auf den unterschiedlichen literarhistorischen Kontext beider Romane einzugehen: auf der einen Seite Zolas ›roman expérimental‹ mit seiner Mischung aus naturalistischer Milieuschilderung und utopischem Sozialismus, auf der anderen Seite der weltanschaulich neutrale, »objektive« Realismus Tolstojs (die mystisch-religiöse Wendung des Autors datiert aus späterer Zeit), stellt Lukács beide Texte einander als gleichwertig gegenüber und zieht daraus den Schluß: »Das Rennen wird bei Zola vom Standpunkt des Zuschauers beschrieben, bei Tolstoi vom Standpunkt des Teilnehmers erzählt« (S. 198). Hier taucht zum erstenmal die Unterscheidung von Erzählen und Beschreiben auf im Sinne von zwei grundlegenden, einander ausschließenden Typen literarischer Darstellung, die Lukács im folgenden, anhand von zusätzlichen Beispielen, entwickelt und vertieft. Er vergleicht die Beschreibung des Theaters im Roman Zolas mit der in Balzacs ›Verlorenen Illusionen‹ (1837–39) und die Schilderung eines schottischen Volksfestes mit Waffenschau in Scotts Roman ›Old Mortality‹ (1817) mit der einer Landwirtschaftsausstellung in Flauberts ›Madame Bovary‹ (1857). Das Resümee lautet:

> »Bei Scott, Balzac oder Tolstoi erfahren wir von Ereignissen, die als solche bedeutsam sind durch das Schicksal der an ihnen beteiligten Personen, durch das, was die Personen in der reichen Entfaltung ihres menschlichen Lebens für das Leben der Gesellschaft bedeuten. Wir sind das Publikum von Ereignissen, an denen die Personen der Romane handelnd beteiligt sind. Wir erleben diese Ereignisse.
>
> Bei Flaubert und Zola sind die Personen selbst nur mehr oder weniger interessierte Zuschauer von Begebenheiten. Diese werden deshalb für den Leser zu einem Bild, besser gesagt zu einer Reihe von Bildern. Wir beobachten diese Bilder.« (S. 202 f.)

Obwohl Lukács seine grundlegende These hier eher behauptet als beweist – die historische Begründung wird erst in den folgenden Abschnitten nachgeliefert –, nimmt er doch schon ein wichtiges Argument vorweg: das Verhältnis von Zufall und Notwendigkeit im Roman. Er kritisiert, daß die Beschreibung bei Zola und Flaubert, trotz aller faktischen Genauigkeit im Detail, nur lose mit den handelnden Personen verknüpft ist und deshalb im künstlerischen Sinne »zufällig« bleibt. Die fehlende Notwendigkeit – ein anderes Wort dafür ist »epische Bedeutsamkeit« – muß deshalb mit künstlichen Mitteln hergestellt werden: Flaubert kontrastiert die Schilderung der Landwirtschaftsausstellung ironisch mit der entscheidenden Liebesszene zwischen Rudolf und Emma Bovary; Zola überhöht die flache Milieuschilderung durch symbolische Metaphern: das siegreiche Pferd im Rennen trägt den Namen der Titelheldin des Romans, deren Wirkung auf die Pariser Gesellschaft außerdem durch das Bild der goldenen Fliege symbolisiert wird. Die Zufälligkeit der beschreibenden Einlagen wird dadurch für Lukács jedoch nicht aufgehoben, sondern nur auf eine andere Ebene verlagert; bei Balzac, Tolstoj usw. ist die künstlerische Notwendigkeit jeder Beschreibung dagegen, durch enge Verknüpfung mit der Handlung, unmittelbar gegeben. In diesem Zusammenhang stellt Lukács die programmatische Frage:

»Macht die Vollständigkeit der gegenständlichen Beschreibung etwas im künstlerischen Sinne notwendig? Oder macht das nicht vielmehr die notwendige Beziehung der gestalteten Menschen zu den Gegenständen und Ereignissen, an denen ihr Schicksal zum Ausdruck kommt, durch deren Vermittlung sie handeln und leiden?« (S. 199)

Die zugrundeliegende Dialektik von Zufall und Notwendigkeit hat Lukács an anderer Stelle theoretisch zu bestimmen versucht. In seiner Ottwalt-Kritik stellt er der rein äußerlichen Stimmigkeit der Reportage – Übereinstimmung mit realen Fakten – die innere Notwendigkeit der Tolstojschen Erzähltechnik gegenüber:

»Tolstoi will an der Hand des rein persönlichen (freilich typisch angelegten) Schicksals seiner Gestalten eine Reihe der entscheidenden Fragen seiner Zeit aufrollen. Indem er dabei die lebendige Wechselwirkung lebendiger Menschen untereinander und dadurch vermittelt mit der Gesellschaft, in der sie leben, mit der sie ihre Konflikte durchfechten, gestaltet, gestaltet er zugleich die lebendige, dialektische Zusammengehörigkeit und unlösbare Verflochtenheit von Zufall und Notwendigkeit. (...) Bei Ottwalt dagegen stehen Notwendigkeit und Zufälligkeit steif und ausschließlich einander gegenüber. Der begriffliche Inhalt des Buches ist von starrer, mechanistischer Notwendigkeit. (...) Alles Einzelne, jede Person, jedes Schicksal, jedes Geschehen ist hingegen rein zufällig.«[13]

Was Lukács hier, und ebenso in seiner Kritik an Flaubert und Zola, im Auge hat, ist die Beliebigkeit in der Auswahl des geschilderten Wirklichkeitsausschnitts; die rein empirische Faktizität: Ottwalts Justizapparat, Flauberts Landwirtschaftsausstellung, Zolas Pferderennen bzw. Theateraufführung, schlägt für ihn nirgendwo um in künstlerische Wahrheit. Umgekehrt ist in den Romanen von Tolstoj oder Balzac die empirische Genauigkeit der Schilderung nebensächlich, letzten Endes sogar überflüssig:

»Es kann alles stimmen, und die dichterische Wirklichkeit ist doch gleich Null; Es kann nichts stimmen, und diese – für die Gestaltung allein maßgebende – Wirklichkeit kann vollendet da sein.«[14]

c) Kunst und Leben

Eine Reihe von möglichen Einwänden gegen seine Unterteilung vor Romanautoren des 19. Jahrhunderts in Erzähler und Beschreiber hat Lukács im 2. Abschnitt seines Essays selbst vorweggenommen. Er weist darauf hin, daß es kein »reines Phänomen« des Erzählens oder Beschreibens gibt, daß die Beschreibung als Kunstmittel in jeder epischen Komposition eine gewisse Rolle spielt. Balzac habe ebenso »beschrieben«, wie umgekehrt Flaubert »auch erzählt« habe. Im Anschluß daran stellt Lukács die entscheidende Frage, mit der er zugleich das Grundproblem der vorliegenden Untersuchung formuliert:

> »Es kommt darauf an, wie und warum aus dem Beschreiben, das ursprünglich eines der vielen Mittel der epischen Gestaltung und zweifellos ein untergeordnetes Mittel war, das entscheidende Prinzip der Komposition wird. Denn damit ändert die Beschreibung grundlegend ihren Charakter, ihre Aufgabe in der epischen Komposition.« (S. 203)

Die Antwort, daß die veränderte gesellschaftliche Realität neue literarische Formen hervorbringt, die zu ihrer adäquaten Erfassung notwendig sind, hat Lukács selbst gegeben und, im gleichen Atemzug, wieder zurückgenommen; er relativiert den objektiven Charakter dieser Feststellung, indem er sie mit einem Werturteil verbindet, das eindeutig negativ, zuungunsten der Beschreibung ausfällt:

> »Jeder neue Stil entsteht mit gesellschaftlich-geschichtlicher Notwendigkeit aus dem Leben, ist das notwendige Ergebnis der gesellschaftlichen Entwicklung. Aber die Erkenntnis dieser Notwendigkeit, der Notwendigkeit der Entstehung der künstlerischen Stile, macht diese Stile künstlerisch noch lange nicht gleichwertig oder gleichrangig. Die Notwendigkeit kann auch eine Notwendigkeit zum künstlerisch Falschen, Verzerrten und Schlechten sein. Mitleben oder Beobachten sind also gesellschaftlich notwendige Verhaltensweisen der Schriftsteller zweier Epochen des Kapitalismus, Erzählen oder Beschreiben die beiden grundlegenden Darstellungsmethoden dieser Perioden.« (S. 205 f.)

Wie kommt Lukács zu diesem Urteil? Er verläßt an dieser Stelle die literarisch-immanente Betrachtungsweise und untersucht statt dessen die grundlegende Haltung der Schriftsteller zu ihrer Gesellschaft, bzw., wie es in Lukács' von Bergson und Dilthey beeinflußter Terminologie heißt, zum »Leben«. Dabei unterscheidet er zwei gegensätzliche gesellschaftliche Verhaltensweisen, die unterschiedlichen historischen Perioden entsprechen. Diejenigen Autoren, die vor 1848 lebten und schrieben, nahmen aktiv am gesellschaftlichen Leben ihrer Zeit teil: Goethe, Stendhal und Walter Scott waren Verwaltungsbeamte,

Balzac war kapitalistischer Spekulant, Tolstoj war Offizier und Großgrundbesitzer. Flaubert und Zola dagegen waren Berufsschriftsteller im kapitalistischen Sinn, die die gesellschaftliche Entwicklung nur passiv beobachteten und, wenn auch in kritischer Absicht, registrierten; man denke an Flauberts Ausspruch, daß ein Schriftsteller, um die Liebe zu beschreiben, nicht selbst lieben dürfe usw.[15] Lukács' Feststellung, die in der Sache unbestreitbar ist (wenn man auch mit den Schlußfolgerungen des Autors nicht einverstanden zu sein braucht), beschreibt ein soziales Faktum, mit dem Lukács sich immer wieder auseinandergesetzt hat. Schon in seinem ersten Buch, der Essaysammlung ›Die Seele und die Formen‹ (1911), hat Lukács unter dem Titel »Bürgerlichkeit und l'art pour l'art« die Wechselbeziehung von Kunst und »Leben« darzustellen versucht. Am Beispiel von Storm und Keller, die beide keine berufsmäßigen Schriftsteller waren (Storm war Richter, Keller »Staatsschreiber« von Beruf), entwirft er den Idealtyp des »Bürgers« (damals noch positiv gemeint), der aktiv am gesellschaftlichen Leben seiner Zeit teilnimmt – im Gegensatz zum professionellen Autor vom Typ Flauberts. Mit unüberhörbarer Melancholie beschwört er die verlorene Einfalt zurück, von der der »komplizierte« Mensch des 20. Jahrhunderts durch eine unüberbrückbare Kluft getrennt ist:

> »Heute blickt man mit Sehnsucht auf diese Zeit zurück, mit der hysterischen, von vornherein zur Unerfüllbarkeit verurteilten Sehnsucht der komplizierten Menschen. Mit ohnmächtiger Sehnsucht denkt man daran, daß es eine Zeit gegeben hat, da, um der Vollkommenheit auch nur von weitem nahe zu kommen, es nicht der Anstrengung eines Genies bedurfte, da die Vollkommenheit das Selbstverständliche war und an die Möglichkeit des Gegenteils gar nicht gedacht wurde; da die Vollkommenheit des Kunstwerks eine Lebensform war, und die verschiedenen Werke nur durch Gradunterschiede getrennt waren.«[16]

Die spätromantische, im Kern bürgerlich-konservative Haltung, die aus dieser Klage um ein verlorenes Ideal spricht, hat Lukács auch nach seinem Übertritt zum Marxismus nie ganz aufgegeben; in seinem Buch ›Geschichte und Klassenbewußtsein‹ (1923), von dem Lukács sich später distanziert hat, versucht er vielmehr, diese Haltung, gereinigt von den idealistischen Relikten der Frühzeit, materialistisch zu untermauern. Für den Verlust der »Totalität« macht er hier, unter Berufung auf den jungen Marx, den Kapitalismus verantwortlich, der die wissenschaftliche Erkenntnis des gesellschaftlichen Lebens in isolierte Teilgebiete aufsplittert und, anstelle des »ganzen« Menschen, ein borniertes Spezialistentum hervorbringt.[17] Und in dem vorliegenden Aufsatz vergleicht Lukács die großen Schriftsteller des 19. Jahrhunderts (Goethe, Balzac, Tolstoj) mit den Universalgelehrten der Renaissance:

>»Sie sind in dieser Hinsicht auch in ihrer Lebensführung Nachfolger der alten Schriftsteller, Künstler und Gelehrten der Renaissance und der Aufklärung: Menschen, die die großen gesellschaftlichen Kämpfe ihrer Zeit vielseitig und aktiv mitmachen, die aus den Erfahrungen eines vielseitigen und reichen Lebens heraus Schriftsteller werden. Sie sind noch keine ›Spezialisten‹ im Sinne der kapitalistischen Arbeitsteilung.« (S. 205)

Schon in der Terminologie, in der Betonung des »vielseitigen und reichen *Lebens*« wird hier die innere Kontinuität von Lukács' Denken sichtbar. Indes, so richtig, im soziologischen Sinne, Lukács hier den Wandel im Berufsbild des Schriftstellers beschreibt, so bestreitbar sind die Schlußfolgerungen und Werturteile, die er aus dieser Analyse ableitet. Sie lassen sich Punkt für Punkt in Frage stellen. Abgesehen davon, daß der Erfolgsautor Balzac durchaus ein Berufsschriftsteller im kapitalistischen Sinn war, spielt die Beschreibung in seinem Werk eine höchst wichtige Rolle, was Lukács selbst zugesteht, obwohl er ihn andererseits zum Prototyp des »Erzählers« macht. In seiner Kritik an Lukács' Aufsatz ist Brecht auf diesen Punkt näher eingegangen: er weist darauf hin, daß auch bei Balzac die »Poesie (...) zum Geschäft« wurde, daß die Sammlerleidenschaft, der »Fetischismus des Dinges« zu den Charakteristika des Erzählers Balzac gehört: »Diesen Fetischismus des Dinges finden wir auch in seinen Romanen, auf Hunderten, ja Tausenden von Seiten. Das sollen wir allerdings wohl weglassen (...). Aber eben dieser Fetischismus macht die Figuren des Balzac zu Individuen (...). Nein, Balzac montiert nicht. Aber er schreibt gigantische Genealogien, er verheiratet die Geschöpfe seiner Phantasie wie Napoleon seine Marschälle und Brüder, er folgt den Vermögen (Fetischismus des Dings) durch Generationen von Familien, ihr Überwechseln von einer zur andern.«[18] Brecht beruft sich hier u. a. auf Taine, der auf die zentrale Bedeutung der gegenständlichen Beschreibung im Werk Balzacs hingewiesen hat.[19]

Umgekehrt ist auch Zola keineswegs nur der »Beschreiber«, als den Lukács ihn hinstellt. In seiner Untersuchung eines Romanzyklus von Zola kommt Volker Klotz zu dem Schluß, daß hier zwar die »Realien (...) in unbeschränkter, einläßlicher Breite – von den Pflastersteinen bis zu den wirtschaftlichen und politischen Hintergründen – vorgeführt« werden, andererseits aber »diese Sachbreite (...) in einem ungewohnten Ausmaß in Handlung umgesetzt« wird.[20] Klotz zitiert in diesem Zusammenhang einen Satz von Zola, der das theoretische

Programm seiner Romane nicht im Sinne bloßer Faktenschilderung, sondern als lebendige Wechselwirkung von Mensch und Umwelt formuliert: »montrer l'homme vivant dans le milieu social qu'il a produit lui-même, qu'il modifie tous les jours, et au sein duquel il éprouve à son tour une transformation continue.«[21] Wenn Lukács der literarischen Methode Zolas einen Ausspruch Goethes gegenüberstellt, er habe »niemals die Natur poetischer Zwecke wegen betrachtet«, sondern sei erst durch sein Naturforschen zu einer richtigen Anschauung der Dinge gelangt (S. 206), so ist diese Arbeitsweise von Zolas »Milieustudien« keineswegs so weit entfernt, wie Lukács glauben machen möchte.

Ähnliches gilt für Tolstoj, in dessen Romanen die Beschreibung eine ebenso große Rolle spielt wie bei Balzac und Zola, wenn auch in anderem Sinne – man denke an ›Krieg und Frieden‹, ein Buch, das wegen seiner umfangreichen Orts- und Personenschilderungen geradezu berüchtigt ist. Der russische Literaturkritiker Viktor Šklovskij hat gezeigt, daß die Detailschilderungen in ›Krieg und Frieden‹ zwar nicht in historischem Sinne »echt« sind – Tolstoj bedient sich des Kunstgriffs der »Verfremdung«, um historische Authentizität vorzutäuschen –, aber die ausführlichen Beschreibungen von Menschen, Schauplätzen, Interieurs etc. bilden nichtsdestoweniger das epische Fleisch des Romans.[22]

Am ehesten trifft das Prädikat des Beschreibers noch auf Flaubert zu, der von der zeitgenössischen Kritik seiner »exzessiven Beschreibungsmanie« wegen gerügt wurde, und der sich selbst in Briefen darüber beklagte, daß seinen Romanen das dramatische Element fehle.[23] Die Anerkennung dieser Tatsache bedeutet aber noch nicht die Bestätigung des negativen Urteils, das Lukács über Flaubert fällt. Im Gegenteil: Lukács selbst hat in der ›Theorie des Romans‹, in seiner Analyse der Zeit in der ›Education Sentimentale‹, die auf Proust vorausweist, den konsequent modernen Charakter dieses Romans entdeckt; gerade das Fehlen jeglicher dramatischer Spannung, der Verzicht auf jede vorschnelle Sinngebung erhebt den Roman, durch die ihm innewohnende Dialektik, zur »Erfülltheit einer wirklichen Lebenstotalität«:[24]

»Von allen großen Werken dieses Typus (des Desillusionsromans, Anm. d. Verf.) ist die ›Education Sentimentale‹ scheinbar am wenigsten komponiert, es wird hier gar kein Versuch gemacht, das Zerfallen der äußeren Wirklichkeit in heterogene, morsche und fragmentarische Teile durch irgendeinen Prozeß der Vereinheitlichung zu überwinden, noch die fehlende Verbindung und sinnliche Valenz durch lyrische Stimmungsmalerei zu ersetzen:

hart, abgebrochen und isoliert stehen die einzelnen Bruchstücke der Wirklichkeit nebeneinander da. (...) Und dennoch ist dieser für alle Problematik der Romanform typischste Roman des neunzehnten Jahrhunderts, in der durch nichts gemilderten Trostlosigkeit seines Stoffes, der einzige, der die wahre epische Objektivität und durch sie die Positivität und bejahende Energie einer geleisteten Form erreicht hat.«[25]

Es gehört zu den geistesgeschichtlichen Paradoxien in der Entwicklung von Georg Lukács, daß er das, was er hier als positiv am Werk Flauberts hervorhebt: den Verzicht auf geschlossene Form, später wortwörtlich gegen Flaubert, und mit ihm gegen die gesamte moderne Literatur ausspielt: als Theoretiker des sozialistischen Realismus fordert er nunmehr straffe Komposition, dramatische Handlung und epische Gestaltung im Sinne der Erzähltradition des 19. Jahrhunderts. Trotz solcher unterschiedlichen, ja diametral entgegengesetzten Wertakzente hat sich Lukács' geistige Grundhaltung, auch nach seiner Konversion zum Marxismus, kaum geändert. Wollte man seine Entwicklung auf eine einfache Formel bringen, könnte man sagen, daß er die transzendentale Orientierung, deren Verlust er in der ›Theorie des Romans‹ beklagte, im Bündnis mit der kommunistischen Partei wiedergefunden zu haben glaubt. Der Desillusionsroman eines Flaubert oder, in seinem Gefolge, Proust, Joyce und Kafka, den Lukács früher als einzige, dem modernen Realitätsbewußtsein wirklich angemessene Form erkannte, wird konsequent als spätbürgerliche Dekadenz abgewertet.[26] Aber auch in den Schriften des marxistischen Theoretikers schwingt die Sehnsucht nach der organischen Mitte als idealistischer Unterton unüberhörbar mit – eine notwendige Folge von Lukács' philosophisch-ästhetischen Grundanschauungen, die es im folgenden darzustellen gilt.

d) Handlung, Praxis, Wirklichkeit

Der Angelpunkt, um den sich Lukács' Unterscheidung von Erzählen und Beschreiben dreht, ist der Begriff der Handlung (ähnlich wie schon bei Lessing und Hebbel). So kritisiert er an Zola insbesondere das Schematische, Triviale seiner Romanhandlungen und hebt in diesem Zusammenhang die folgende Äußerung des französischen Schriftstellers, als Beispiel für die falsche Konzeption einer Fabel, hervor: »Das Interesse konzentriert sich nicht mehr auf die Merkwürdigkeit der Fabel; im Gegenteil, je banaler und allgemeiner sie ist, desto typischer wird sie« (S. 206). Im Sinne der Leninschen Widerspiegelungstheorie, die Lukács sich nach anfänglichem Schwanken (in ›Geschichte und Klassenbewußtsein‹) zu eigen gemacht hat, erklärt er die dramatische Handlung zum einzig richtigen Ausdruck der realen Bewegung des gesellschaftlichen Lebens, dem Grundgesetz des dialektischen Materialismus:

»Die wirkliche Erkenntnis der treibenden Kräfte der gesellschaftlichen Entwicklung, die unbefangene, richtige, tiefe und umfassende dichterische Widerspiegelung ihrer Wirksamkeit im menschlichen Leben muß in der Form der Bewegung erscheinen, einer Bewegung, die die gesetzmäßige Einheit des Normalfalls und des Ausnahmefalls verdeutlicht.« (S. 209)

Diese reale Bewegung findet ihren Ausdruck in der Praxis, mit der sich der Mensch erst als gesellschaftliches Wesen konstituiert. Die Vermittlung dieser objektiven Basis mit den Formen des kulturellen Überbaus sieht Lukács jedoch bloß in passivem Sinne, als mechanisch-kausale Abhängigkeit, die die materielle Grundlage unmittelbar »widerspiegelt« – seine Argumentation verliert dadurch an Stringenz. Archaische Literaturformen wie Märchen, Epos, Sage erscheinen in dieser Betrachtungsweise »realistischer« durch getreue Widerspiegelung der Praxis (Fabel, Handlung usw.) als die exakte Beschreibung der kapitalistischen Gesellschaft bei Flaubert oder Zola:

»Die ursprüngliche Poesie – handle es sich um Märchen, Balladen oder Sagen oder um die spätere spontane Form von erzählenden Anekdoten – geht immer von dem grundlegenden Tatbestand der Bedeutung der Praxis aus. Diese Poesie hatte darum stets Bedeutsamkeit, weil sie die grundlegende Tatsache der Bewährung oder des Versagens der menschlichen Absichten in der Praxis gestaltet hat. Sie bleibt darum lebendig und noch heute interessant, weil sie, trotz ihrer oft phantastischen, naiven und für den heutigen Menschen unannehmbaren Voraussetzungen diese ewige Grundtatsache des menschlichen Lebens in den Mittelpunkt der Gestaltung rückt.« (S. 210)

Diesem Werturteil, das zuweilen einem Vorurteil ähnlich sieht, liegt eine prinzipielle Unterscheidung zugrunde, die im vorliegenden Text nur am Rande auftaucht, als unausgesprochene philosophische Voraussetzung jedoch stets präsent ist: der dialektische Widerspruch von Wesen und Erscheinung. Lukács zitiert einen Satz von Flaubert, in dem dieser kritisiert, daß in der ›Education Sentimentale‹ der künstlerische Höhepunkt, die Konzentration des Lichts auf einen Punkt der Kugel, fehle (S. 207 f.). Er sieht in diesem Geständnis Flauberts mehr als nur ein Indiz für die künstlerischen Schwächen seiner Romankonzeption (die in Wahrheit vielleicht gerade seine Stärken sind), nämlich einen Beweis für die falsche Wirklichkeitsauffassung des Autors, die notwendig aus seiner historischen und sozialen Situation erwachse. Die Beschreibung als künstlerische Methode, so argumentiert Lukács, bleibt zwangsläufig der Oberfläche der Erscheinungswelt verhaftet, ohne deren treibende Kräfte sichtbar machen zu können; nur scheinbar objektiv, reproduziert sie in Wahrheit nur die subjektiven Vorurteile des Autors und führt so notwendig zu einer Entstellung und Verzerrung der Wirklichkeit:

> »Seine (Flauberts, Anm. d. Verf.) Auffassung, daß es ›Gipfelpunkte‹ nur in der Kunst gibt, daß sie also vom Künstler geschaffen werden und es von seinem Belieben abhängt, ob er solche Gipfelpunkte schafft oder nicht, ist ein rein subjektives Vorurteil. Ein Vorurteil, entstanden aus der äußerlichen und oberflächlichen Beobachtung der Symptome des bürgerlichen Lebens, der Erscheinungsweise des Lebens in der bürgerlichen Gesellschaft, abstrahiert von den treibenden Kräften der gesellschaftlichen Entwicklung und ihrer ständigen Wirkung auch auf die Oberfläche des Lebens.« (S. 208)

Man machte es sich zu einfach, wollte man Lukács auf eine mechanische Trennung von Wesen und Erscheinung festlegen. Die bloße, nackte Darstellung des »Wesens«, die er am Expressionismus oder an Ottwalts Justizroman kritisiert, hält Lukács für ebenso falsch und abstrakt wie die rein empirische Schilderung von Oberflächensymptomen. In beiden Fällen handelt es sich um Formen einer falschen »Unmittelbarkeit«, die Lukács in einem Brief an Anna Seghers so erklärt hat:

> »Ich habe in meinem Aufsatz oft von einem Steckenbleiben der Schriftsteller auf dem Niveau der Unmittelbarkeit gesprochen (...) Unmittelbarkeit bedeutet dort ein bestimmtes *Niveau* der inhaltlichen Aufnahme der Außenwelt, ganz einerlei, ob dieses Aufnehmen mit viel oder wenig Bewußtheit geschieht (...) Wenn also jemand das Wesen des Kapitalismus in der Geldzirkulation erblickt, so ist das Niveau seiner Anschauungsweise unmittelbar (...) Wenn dagegen ein Arbeiter das Mehrwertproblem instinktiv erfaßt hat, so ist er über diese Unmittelbarkeit hinaus (...) Die Überwindung *dieser* Unmittelbarkeit habe ich von den Schriftstellern verlangt.«[27]

Einzig der Rekurs auf die »klassische« Erzähltechnik eines Tolstoj oder Balzac garantiert für Lukács die Überwindung dieser falschen Unmittelbarkeit und damit die – bewußt oder unbewußt – richtige Widerspiegelung der Wirklichkeit als dialektische Einheit von Wesen und Erscheinung. Über der Einheit der Realität vergißt Lukács jedoch deren widersprüchlichen Charakter; er fordert konsequent vom Kunstwerk Harmonie statt Dissonanz, Illusion statt Desillusion, Einfühlung statt Verfremdung, Unterhaltung statt Belehrung, geschlos-

sene statt offene Form usw. Zugrunde liegt all dem letztlich eine idealistische Auffassung der Realität, die mehr mit Hegel als mit Marx
gemein hat; auf die Konsequenzen eines solchen Wirklichkeitsver-
ständnisses hat zuerst Ernst Bloch, in seiner Kritik an Lukács' Expressionismus-Aufsatz, hingewiesen:

> »Lukács setzt überall eine geschlossen zusammenhängende Wirklichkeit
> voraus, dazu eine, in der zwar der subjektive Faktor des Idealismus keinen
> Platz hat, dafür aber die ununterbrochene »Totalität«, die in idealistischen
> Systemen, und so auch in denen der klassischen deutschen Philosophie, am be-
> sten gediehen ist (...) Weil Lukács einen objektivistisch-geschlossenen Rea-
> litätsbegriff hat, darum wendet er sich, bei Gelegenheit des Expressionismus,
> gegen jeden künstlerischen Versuch, ein Weltbild zu zerfällen (auch wenn das
> Weltbild das des Kapitalismus ist). Darum sieht er in einer Kunst, die *reale*
> Zersetzungen des Oberflächenzusammenhangs auswertet und Neues in den
> Hohlräumen zu entdecken versucht, selbst nur subjektivistische Zersetzung;
> darum setzt er das Experiment des Zerfällens mit dem Zustand des Verfalls
> gleich.«[28]

Die ästhetischen Folgerungen, die Lukács aus diesem idealistischen
Realitätsbegriff ableitet, bestätigen die Richtigkeit von Ernst Blochs
Kritik. So beklagt er das Abwandern von Spannung und Unterhaltung aus der »hohen« in die Trivialliteratur als Folge der Beschreibung, die er mit Langeweile gleichsetzt; mit erhobenem Zeigefinger
rügt er die Intellektuellen, die zu ihrer Entspannung Kriminalromane
lesen, anstatt dies den »Ungebildeten« zu überlassen; die »modernen
Klassiker«, meint Lukács, würden dagegen nur aus »Pflichtgefühl«
gelesen, und projiziert so unbewußt sein eigenes Vorurteil gegen
Flaubert, Proust und Joyce auf alle übrigen Leser dieser Autoren
(S. 211). Daß die Ausbreitung der Trivialliteratur nicht ein ästhetisches, sondern primär ein soziologisches und ökonomisches Faktum ist,
übersieht Lukács: seit dem Ende des 18. Jahrhunderts, also nicht erst
seit Flaubert und Zola, datiert die industrielle Massenproduktion von
Ritter- und Räuberromanen (später Kriminal- und Abenteuerliteratur)
für den Konsum der unteren Schichten, die auf diese Weise von der
kapitalistischen Bourgeoisie ideologisch manipuliert werden.[29] Den
Verlust der »epischen Bedeutsamkeit« lastet Lukács einseitig den
Autoren an: »Flaubert verwechselt das Leben mit dem durchschnitt-
lichen Alltagsleben des Bourgeois« (S. 212) – so, als habe Flaubert
mehrere »Leben« zur Auswahl gehabt. Statt dessen fordert er vom
Schriftsteller die Gestaltung der »inneren Poesie des Lebens« – auch
unter kapitalistischen Verhältnissen. Der idealistische Charakter von
Lukács' Ästhetik wird hier, in der Betonung einer naturhaften Or-

ganik, in seiner Ablehnung der Künstlichkeit (an anderer Stelle spricht Lukács geringschätzig von den »Atelierproblemen« der modernen Schriftsteller)[30] besonders deutlich:

> »Der Mensch will sein eigenes deutlicheres, gesteigertes Spiegelbild, das Spiegelbild seiner gesellschaftlichen Praxis in der epischen Poesie erhalten. Die Kunst des Epikers besteht gerade in der richtigen Verteilung der Gewichte, in der rechten Betonung des Wesentlichen. Er wirkt desto hinreißender und allgemeiner, je mehr bei ihm dieses Wesentliche (...) nicht als ausgeklügeltes Kunstprodukt, als Ergebnis einer Virtuosität erscheint, sondern als etwas naturhaft Gewachsenes, als etwas nicht Erfundenes, sondern bloß Entdecktes.« (S. 213)

Zwar weiß auch Lukács, daß der beschreibende Stil eine Antwort auf gesellschaftliche Verhältnisse ist, in denen die »innere Poesie des Lebens« und die »kampfvollen Wechselbeziehungen der Menschen zueinander« (S. 212) nur noch als falscher ästhetischer Schein existieren, aber nichtsdestoweniger macht er die Literatur für die Verhältnisse verantwortlich, die sie beschreibt. Die komplizierte Wechselwirkug von Basis und Überbau läßt sich so auf die einfache Formel bringen: »Das dichterische Niveau des Lebens sinkt – aber die Literatur überbetont dieses Sinken« (S. 213). Was Lukács von der Literatur fordert, ist also nicht das Aufzeigen der realen Widersprüche der Gesellschaft, als Vorstufe zu ihrer praktischen Aufhebung, sondern die vorschnelle Versöhnung dieser Widersprüche.

e) Vergangenheit, Auswahl, Perspektive

»Das Erzählen gliedert, die Beschreibung nivelliert« (S. 214). Mit diesem Satz beginnt der 4. Abschnitt von Lukács' Essay. Er enthält, in apodiktischer Verkürzung, bereits alle Argumente, die Lukács im folgenden gegen die beschreibende Literatur anführt. Sie lassen sich im wesentlichen in drei Punkten zusammenfassen:

1. »Die Beschreibung macht alles gegenwärtig.« (S. 216)
2. »Das natürliche Prinzip der epischen Auswahl geht verloren.« (S. 217)
3. »Die Beschreibung zieht die Menschen auf das Niveau der toten Gegenstände herab.« (S. 220)

Alle drei Punkte gehören eng miteinander zusammen; sie ergeben sich aus dem, was Lukács in den früheren Abschnitten seines Aufsatzes entwickelt hatte. Lukács beruft sich auf Goethe, der den Vergangenheitscharakter als notwendige Bedingung der Epik hinstellt, m Unterschied zum Drama, das stets in der Gegenwart spielt. Trotzdem sieht er eine wichtige Parallele zwischen beiden Gattungen: zwar ei die Epik »weitherziger« als das Drama, das alles Nebensächliche, iicht zum Konflikt Gehörige ausmerze (als Beweis nennt Lukács ausgerechnet Shakespeare, dessen Dramen reich an Nebenhandlungen und arabeskem Beiwerk sind), die Epik müsse auch »verschlungene, indirekte Zusammenhänge« berücksichtigen, aber: »Das nicht zur Sache gehörige ist hier ebenso ein Ballast, ein Hemmnis der Wirkung wie im Drama« (S. 214). Aus dieser Analogie, die den dramatischen Konflikt in den Mittelpunkt auch des epischen Werks rückt, leitet Lukács eine Reihe von theoretischen Postulaten ab im Sinne einer normativen Poetik, die für jede literarische Gattung einen Katalog von feststehenden, unveränderlichen Geboten parat hat. Dazu gehört die »Auswahl des Wesentlichen«, die im Drama unmittelbar, in der Epik, und ebenso im wirklichen Leben, aber erst aus rückblickender Distanz möglich ist. »Der Vergangenheitscharakter der Epik ist also ein grundlegendes, von der Wirklichkeit selbst vorgeschriebenes Mittel der künstlerischen Gliederung« (S. 215). Daraus folgt für Lukács unmittelbar ein zweites Postulat, da nur der allwissende Erzähler die Verschlungenheit des Lebens überblickt: »Die Allwissenheit des Autors macht den Leser sicher, beheimatet ihn in der Welt der Dichtung« (ibid.). In diesem Zusammenhang beklagt Lukács den Verlust an dramatischer Spannung, der den modernen, beschreibenden Roman kennzeichne: ob die Dramatik äußerer Geschehnisse der Struktur der spätbürgerlichen Gesellschaft noch angemessen ist, ob es sich hier nicht vielmehr um ein Relikt feudaler Epochen handelt, in denen der frei schaltende Held, Fürst oder Ritter, die Welt nach seinem Bilde formte, fragt Lukács nicht – schon im ›Don Quichotte‹ jedenfalls erscheint diese »Spannung« nur noch als Parodie.

Im Anschluß daran kritisiert Lukács die der Beschreibung innewohnende Tendenz zum »Genre«. Er beruft sich dabei auf Hebbels ›Nachsommer‹-Rezension, ohne deren geschichtsphilosophische Voraussetzungen mitzureflektieren, die mit einer materialistischen Gesellschaftskritik wenig oder gar nichts gemein haben. Im gleichen Atemzug zitiert er den Stifter-Verehrer Nietzsche, der als Kronzeuge gegen die Beschreibung herhalten muß, derselbe Nietzsche, den Lukács an anderer Stelle als Hauptvertreter der Dekadenz und als Wegbereiter des Faschismus »entlarvt«.[31] Dabei zeigt Lukács, im einzelnen durchaus zutreffend, wie aus der nivellierenden Tendenz der Beschreibung eine Hierarchie der Dinge entsteht, eine »Rangordnung mit verkehrten Vorzeichen« (S. 217), die ihrerseits wieder zur Symbolik oder Metaphorik tendiert (vgl. das Kapitel über Stifter, S. 200 ff.). Indem er die Allwissenheit des Erzählers, eine von vielen historisch entstandenen Möglichkeiten epischer Perspektive, zur alleingültigen Norm erhebt, verwirft Lukács eine Methode, nach der fast alle wichtigen Romane der Moderne (Flaubert, Kafka, Joyce) konzipiert sind: die perspektivische Einheit von Held und Erzähler, die die Gewißheiten der alten Epik abbaut und die Entschlüsselung der erzählten Vorgänge dem Leser überläßt – ein Verfahren, das mit Brechts Verfremdungseffekt nah verwandt ist:

»Wird aber eine Beziehung auf der Grundlage der Beschreibung hergestellt, so wird die Sache noch schlimmer. Dann beschreibt der Autor von der Psychologie seiner Gestalten aus (...) Der Blickpunkt des Autors hüpft unruhig umher. Es entsteht ein ununterbrochenes Flimmern der wechselnden Perspektiven. Der Autor verliert seine Übersicht, die Allwissenheit des alten Epikers. Er sinkt dabei absichtlich auf das Niveau seiner Gestalten: er weiß über die Zusammenhänge nur so viel, wie die einzelnen Gestalten jeweils wissen. Die falsche Gegenwärtigkeit des Beschreibens verwandelt den Roman in ein schillerndes Chaos.« (S. 219)

Die Desillusionierung des Lesers wird von Lukács prinzipiell für verwerflich erklärt, ohne die Frage zu stellen, was hier enttäuscht wird: eingeübte Leseerwartungen, die mit eingeübten Verhaltensweisen identisch sind. Am Beispiel von Zola kritisiert Lukács die der Beschreibung innewohnende Tendenz zur »falschen Objektivität«, der eine ebenso falsche Subjektivität entspreche: er meint damit, daß die Deskription eines Sachkomplexes (Börse, Theater, Rennbahn), den Zola in den Mittelpunkt seiner Romane rückt, aufgrund der fehlenden Handlung notwendig abstrakt bleibe; umgekehrt diene das Schicksal des Helden nur noch als Faden, um einzelne Zustandsschilderungen aneinanderzureihen. Daraus leitet Lukács wiederum das Primat der dramatischen Handlung ab:

»Die Aufeinanderfolge von subjektiven Stimmungen ergibt ebensowenig einen epischen Zusammenhang wie die Aufeinanderfolge von fetischisierten Gegenstandskomplexen – mögen sie noch so sehr zu Symbolen aufgebauscht werden. In beiden Fällen entstehen einzelne Bilder, die im künstlerischen Sinne so unverbunden nebeneinander hängen wie die Bilder in einem Museum.

Ohne kampfvolle Wechselbeziehungen der Menschen zueinander, ohne Erprobung der Menschen in wirklichen Handlungen ist in der epischen Komposition alles der Willkür, dem Zufall preisgegeben. Kein noch so verfeinerter Psychologismus, keine noch so pseudowissenschaftlich aufgeputzte Soziologie kann in diesem Chaos einen wirklich epischen Zusammenhang schaffen.« (S. 220)

Lukács zitiert als negatives Beispiel den amerikanischen Schrift-
teller Sinclair Lewis, der die Dos Passos'sche Montagetechnik gegenüber der »klassischen« Erzählweise eines Dickens als »natürlicher«,
d. h. der Wirklichkeit angemessener, rechtfertigte. Aus der Tatsache,
daß Dos Passos, wie Sinclair Lewis selbst zugibt, nicht so viele »bleibende Gestalten« geschaffen habe wie Dickens, leitet Lukács sein
Verdikt der Montagetechnik ab, die die einzelnen Personen im Roman
unverbunden nebeneinanderstellt, um so die Entfremdung der menschlichen Beziehungen sichtbar zu machen. Lukács' Konzeption der
»bleibenden Gestalten«, »kampfvollen Wechselbeziehungen« usw.
liegt ein Begriff des Individuums zugrunde, der wesentlich der bürgerlichen Gesellschaft des 19. Jahrhunderts verpflichtet ist. Brecht hat,
in seiner Kritik an Lukács' Aufsatz, auf diese Tatsache polemisch
hingewiesen:

»Ich habe keinen Grund, auf Gedeih und Verderb die Dos Passos'sche
Montagetechnik zu propagieren; als ich einen Roman schrieb, habe ich selber
so etwas wie »kampfvolle und verschlungene Wechselbeziehungen« zu gestalten versucht. (...) Aber ich möchte eine Verurteilung dieser Technik lediglich
zugunsten der Schaffung bleibender Gestalten doch nicht zulassen. Erstens
hat gerade Dos Passos ›kampfvolle und verschlungene Wechselbeziehungen
von Menschen‹ ausgezeichnet dargestellt, wenn auch seine Kämpfe nicht die
der Tolstoischen Gestalten und seine Verschlingungen nicht die der Balzac-
schen Fabeln waren. Zweitens steht und fällt der Roman durchaus nicht mit
der ›Gestalt‹, und besonders nicht mit der Gestalt der Art, wie sie im vorigen Jahrhundert existierte. Man sollte nicht die Vorstellung nähren von einer
Art Walhalla der bleibenden Gestalten der Literatur, einer Art von Madame
Tussaudschen Panoptikums, in dem von der Antigone bis zur Nana und von
Äneas bis Nechljudow (wer ist das übrigens?) lauter bleibende Gestalten stehen. In einem Lachen über eine solche Vorstellung sehe ich nichts Despek-
tierliches.«[32]

f) Verdinglichung

Ausgehend von seiner Feststellung, daß die Beschreibung die Menschen auf das Niveau toter Gegenstände herabziehe, untersucht Lukács im folgenden Abschnitt die Verdinglichung der Wirklichkeit als
Konsequenz der beschreibenden Methode. Er spricht von der »Poesie
der Dinge«, so als wollten Flaubert und Zola eine imaginäre »Poesie
des Theaters oder der Börse« (S. 222) schaffen, indem sie diese Schauplätze nicht als Knotenpunkt menschlicher Beziehungen, sondern als
leere Kulissen darstellen – das Gegenteil ist der Fall. Lukács' Fest-

stellung: »Logen und Orchester, Bühne und Parterre, Kulissen und
Garderoben sind an sich tote, uninteressante, vollkommen unpoetisch
Gegenstände« (ibid.), ist insofern irrelevant, als auch Flaubert und
Zola diese Gegenstände nicht »an sich« schildern, sondern vermittel
mit den Gestalten ihrer Romane, wenn auch nicht im Sinne von
»kampfvollen Wechselbeziehungen«. Darüber hinaus muß man sich
fragen, wie überhaupt ein »Ding an sich«, außerhalb des Verwer
tungsprozesses der Literatur, poetisch oder nicht poetisch sein kann
Aufgrund dieser zweifelhaften Hypothese kommt Lukács zu dem
Schluß:

> »Eine vom Menschen, von den menschlichen Schicksalen unabhängig
> ›Poesie der Dinge‹ gibt es in der Literatur nicht. Und es ist mehr als frag
> lich, ob die so hochgepriesene Vollständigkeit der Beschreibung, die Echthei
> ihrer technischen Einzelheiten auch nur eine wirkliche Vorstellung des be
> schriebenen Gegenstandes zu vermitteln vermag.« (S. 222)

Die Beschreibung, die sich bemüht, die Details der äußeren Wirk
lichkeit exakt wiederzugeben, hört, nach Lukács' Ansicht, gerad
dadurch auf, realistisch zu sein, und wird zum *l'art pour l'ar*
Die ästhetisierenden Dinggedichte eines Rilke oder Conrad Ferdinan
Meyer werden so gleichgesetzt mit der Beschreibung einer Landwirt
schaftsausstellung bei Flaubert, der Milieuschilderung bei Zola ode
der Darstellung des Justizapparates bei Ottwalt, einzig aufgrun
oberflächlich-formaler Übereinstimmungen:

> »Es entsteht eine Literatur für den Sachkenner, für den Literaten, der di
> mühsame literarische Erarbeitung dieser Sachkenntnisse, die Aufnahme de
> Jargonausdrücke in die Literatursprache kennerisch zu würdigen versteht.
> (S. 223)

Lukács beruft sich in diesem Zusammenhang auf Lessings Analys
der homerischen Beschreibungstechnik, in der alles Statische in Hand
lung und Bewegung verwandelt werde. Ebenso wie im Fall Hebbe
übernimmt Lukács auch hier, ohne die historischen Voraussetzunge
von Lessings Kritik zu prüfen, deren idealistische Ausgangspositior
er fordert, wie Lessing, das menschlich bedeutsame Ideal anstelle de
Deskription von Sachen. Daß Lessings Idealismus der revolutionäre
(bzw. vorrevolutionären) Phase des deutschen Bürgertums entsprich
im Zeitalter des Imperialismus aber zur verlogenen Ideologie gewor
den ist, läßt Lukács hier außer acht. Statt dessen lastet er die »Un
menschlichkeit« des Kapitalismus den Künstlern an, die diese Un
menschlichkeit adäquat schildern:

»Wir wissen, daß die Unterstreichung des Animalischen bei Zola ein Protest gegen die von ihm nicht verstandene Bestialität des Kapitalismus gewesen ist. Aber der verständnislose Protest schlägt in der Gestaltung in eine Fixierung des Unmenschlichen, des Animalischen um.« (S. 226)

Ebenso wie Lukács die Wirklichkeit abwechselnd für »poetisch« oder »unpoetisch« erklärt, verleiht er literarischen Formen das Prädikat »menschlich« bzw. »unmenschlich«. In diesem Sinne hat er sein Urteil über die Beschreibung in einem kurzen Satz zusammengefaßt, der zugleich den Inhalt seines Aufsatzes auf den kleinstmöglichen Nenner bringt:

»Die beschreibende Methode ist unmenschlich« (ibid.).

g) Weltanschauung

Im 6. Abschnitt seines Essays demonstriert Lukács, am Beispiel von Walter Scott, Flaubert und Zola, den Zusammenhang der »richtigen« und »falschen« Kompositionsweise mit einer »richtigen« bzw. »falschen« Weltanschauung der Schriftsteller. Die richtige Weltanschauung ist aber nicht etwa die des Sozialismus, den der »Beschreiber« Zola, wenn auch in abstrakt-utopischer Form, propagierte, sie liegt vielmehr in der »mittleren« Position z. B. von Walter Scott, die literarisch fruchtbarer ist, da sich in ihr »alle wesentlichen Extreme der dargestellten Welt kreuzen, um die herum sich also eine totale Welt mit ihren lebendigen Widersprüchen aufbauen läßt« (S. 228). Auf diese Weise erklärt Lukács das Paradox, daß seine Lieblingsschriftsteller Balzac und Tolstoj keineswegs einer fortschrittlichen Ideologie anhingen. Da er andererseits im stalinistischen Rußland schlecht einer falschen Weltanschauung das Wort reden kann, bloß weil diese literarisch fruchtbarer ist (böswillige marxistische Kritiker haben ihm diesen Vorwurf gemacht),[33] begnügt er sich damit, die Notwendigkeit einer »festen« Weltanschauung überhaupt zu dekretieren: »der Dichter muß eine feste und lebendige Weltanschauung haben«, denn »ohne Weltanschauung gibt es keine Komposition« (ibid.):

»Man kann ohne Weltanschauung nicht richtig erzählen, keine richtige, gegliederte, abwechslungsreiche und vollständige epische Komposition aufbauen. Die Beobachtung, das Beschreiben ist aber gerade ein Ersatzmittel für die fehlende bewegte Ordnung des Lebens im Kopfe des Schriftstellers.« (S. 229)

Auf dem Umweg über die Methode der Beschreibung wird so für den »falschen« Objektivismus eines Zola, bzw. den »falschen« Subjektivismus eines Joyce, letztlich doch wieder die zugrunde liegende »falsche« Weltanschauung verantwortlich gemacht.

Der Begriff der Weltanschauung, wie Lukács ihn hier gebraucht, geht zurück auf die dogmatische Verflachung des Marxismus durch Stalin, die in Ansätzen auch schon bei Engels und Lenin nachzuweisen ist. Während der junge Marx die praktische Aufhebung der Philosophie fordert, die in den Händen der Arbeiterklasse zur materiellen Gewalt wird und damit zur Umwälzung der Verhältnisse dient, deren ideologisches Substrat sie ist (vgl. die Thesen über Feuerbach), wird die revolutionäre Theorie von Marx hier zurückverwandelt in eine philosophische Interpretation der Wirklichkeit, die sich von anderen Ideologien (Religion, Philosophie etc.) nur noch durch ihren dogmatischen Anspruch unterscheidet. Die »richtige« Weltanschauung wird so, in Übereinstimmung mit der jeweiligen Parteilinie, zum schematischen Ersatz für die richtige (revolutionäre) Praxis, auf dem Gebiet der Kunst ebenso wie in Politik und Ökonomie.[34]

Lukács setzt sich im folgenden mit dem wichtigsten Argument auseinander, das seiner Verurteilung der Beschreibung und anderer »avantgardistischer« Techniken im Wege steht: daß diese Methoden die Parzellierung des Bewußtseins, die Isolierung der Individuen, kurz die Entfremdung der Menschen im Kapitalismus adäquat sichtbar machen. Dieser These hält Lukács ein Zitat von Marx entgegen, aus dem hervorgeht, daß die Reaktion des Einzelnen auf die Entfremdung klassenspezifisch verschieden ist: während sich der Bourgeois in der Entfremdung »wohl und bestätigt« fühle, fühle sich der Proletarier in ihr »vernichtet« und empöre sich gegen die Unmenschlichkeit seiner Existenz. Lukács leitet daraus folgenden Schluß ab:

»Wird aber diese Empörung dichterisch gestaltet, so ist das Stilleben der beschreibenden Manier in die Luft gesprengt, die Notwendigkeit der Fabel, der erzählenden Methode entsteht von selbst. Man kann sich hier nicht nur auf Gorkis Meisterwerk ›Die Mutter‹ berufen; auch Romane wie ›Pelle der Eroberer‹ von Andersen Nexö zeigen einen solchen Bruch mit der modernen Beschreibungsmanier. (Selbstverständlich entspringt diese Darstellungsart aus der nichtisolierten Lebensweise der mit dem Klassenkampf de Proletariats verbundenen Schriftsteller.)« (S. 231)

Lukács geht noch einen Schritt weiter. Selbst dort, wo die Beschreibung in kritischer Absicht erfolgt, mit dem Ziel, die Unmenschlichkeit des Kapitalismus schonungslos aufzudecken, kapitulieren die Schriftsteller in Wahrheit vor dem Kapitalismus, da sie »nur das Er-

ebnis, nicht aber den Kampf entgegengesetzter Kräfte« darstellen
S. 232). Nach Lukács' Ansicht »spiegelt« die Beschreibung die
Wirklichkeit des Kapitalismus nicht nur unangemessen wider, sie
schwächt dessen Unmenschlichkeit sogar unfreiwillig ab:

> »Denn das traurige Schicksal, daß die Menschen ohne bewegtes Innenle-
> ben, ohne lebendige Menschlichkeit und menschliche Entwicklung existieren,
> ist weit weniger empörend und aufreizend als die Tatsache, daß vom Kapi-
> talismus täglich und stündlich Tausende von lebendigen Menschen mit un-
> endlichen menschlichen Möglichkeiten in ›lebende Leichname‹ verwandelt
> werden.« (S. 232)

Die mannigfachen Verbindungen, die die Worte »Mensch« und »Leben« in diesem kurzen Abschnitt eingehen, sind kaum noch zu ent-
wirren; jedenfalls ist mir unklar, auf welche Gruppen oder Klassen
von Menschen Lukács in dieser Unterteilung anspielt: auch nach
Marx' Ansicht ist ja das Proletariat, selbst wenn es anders auf die
Entfremdung reagiert als die Bourgeoisie, von dieser keineswegs ausgenommen. Darüber hinaus fordert Lukács' Argumentation an dieser Stelle prinzipiell zum Widerspruch heraus. Es ist sicher richtig, daß
die bloße Deskription, die allerdings, wie Lukács an anderer Stelle
zugibt, in dieser reinen Form gar nicht existiert (S. 203), die Tendenz
hat, das Beschriebene in seinem bloßen Sosein, als unveränderbar, zu
fixieren (vgl. Stifter). Auf der anderen Seite ist die Beschreibung des
Elends, wie sie Kafka oder Joyce bieten, zugleich seine Bewußt-
machung, und damit der erste Schritt zu seiner Aufhebung. Es wäre
unsinnig, Kafka oder Joyce deshalb zu Revolutionären erklären zu
wollen; ihre Methoden (Beschreibung und Bewegungsmontage bei
Kafka, innerer Monolog bei Joyce) sind jedoch auch von sozialistischen Autoren (Brecht, Ottwalt, Tretjakov) übernommen und in den
Dienst politischer Aufklärung gestellt worden. Lukács, der selbst das
Primat der »Weltanschauung« verficht, will solche Autoren, aufgrund ihrer »avantgardistischen« Technik, als Vertreter einer bloß
subjektiven, kleinbürgerlichen Revolte abstempeln, während er »hu-
manistische«, bürgerliche Schriftsteller wie Thomas Mann oder Ro-
main Rolland als fortschrittlich *par excellence* hinstellt. Gerade
die literarische Praxis eines Brecht beweist jedoch, daß die Empörung
des Proletariats keineswegs nur mit einer epischen Technik à la Tolstoj oder Balzac »gestaltet« werden kann – man denke an Brechts
Roman ›Die Geschäfte des Herrn Julius Caesar‹.

h) Die Zielgruppe

Daß Lukács mit seiner Kritik primär nicht Flaubert, Zola oder sons
einen Schriftsteller des 19. Jahrhunderts meint, sondern aktuelle Ten
denzen der sowjetischen Literatur seiner Zeit, spricht er im letzte
Abschnitt seines Essays offen aus. Zugleich wird Lukács' kritisch
Haltung hier, wo er von der theoretischen Analyse zu den praktische
Konsequenzen übergeht, in ihrer Fragwürdigkeit sichtbar. Seine apo
diktischen Thesen, die stets zum Widerspruch herausfordern und som
eine brauchbare Diskussionsgrundlage bilden, schlagen um in eine un
fruchtbare Besserwisserei, die dem Schriftsteller die Mittel seiner Dar
stellung bis ins Detail hinein vorschreibt, ohne die eigenen Forderun
gen praktisch einlösen zu können. Dabei weiß er mächtige Instanze
der Partei und des Staatsapparates hinter sich, so daß seine Kriti
einen offiziösen Charakter erhält, der durch das Forum, in dem sie er
schien, noch unterstrichen wird – die ›Internationale Literatur‹ gal
als kulturpolitisches Sprachrohr der Komintern im Ausland. So ist e
kaum noch als taktische Vorsicht zu verstehen, wenn Lukács di
Schriftsteller auf die »große(n) Klarheit der Artikel der ›Prawda‹
hinweist und in schulmeisterlichem Ton rügt, daß »Olescha Joyce for
mal interessanter gefunden hat als Maxim Gorki« (S. 234). Lukác
konstatiert hier eine Ungleichzeitigkeit zwischen ökonomischer un
kultureller Entwicklung in der Sowjetunion der 30er Jahre: auf de
einen Seite der »ungeheure Aufschwung« der sozialistischen Wirt
schaft, verbunden mit politischem und sozialem Fortschritt, auf de
anderen Seite »hemmende Reste« bürgerlicher Weltanschauung im Be
wußtsein der Intellektuellen, die es zu überwinden gilt (ibid.). Sein
Ausführungen stellen eine wortgetreue Paraphrase der Stalinschen Par
teilinie dar, die, im Hinblick auf die Aufgaben der Literatur, vo
Ždanov auf dem sowjetischen Schriftstellerkongreß (1934) so formu
liert wurde:

»Unsere Literatur entspricht den Anforderungen unserer Epoche noc
nicht. Die Schwächen unserer Literatur bringen das Zurückbleiben des Be
wußtseins hinter der ökonomischen Entwicklung zum Ausdruck, wovo
selbstverständlich auch unsere Schriftsteller nicht frei sind. (...) Die Überwin
dung der Überreste des Kapitalismus im Bewußtsein der Menschen bedeute
den Kampf gegen jegliche Reste bürgerlichen Einflusses auf das Proletaria
gegen Faulenzerei, kleinbürgerliche Undiszipliniertheit und Individualismu
gegen habgieriges und gewissenloses Verhalten gegenüber dem gesellschaft
lichen Eigentum.«[35]

Zu den schädlichsten Resten bürgerlicher Weltanschauung gehört
nach Lukács, das Weiterleben der Beschreibung in vielen sowjetische

Romanen, die, in der Manier Zolas, eine Fabrik, eine Kolchose usw. schildern. In sein Verdikt der naturalistischen Deskription schließt Lukács gleich alle avantgardistischen Literaturströmungen der 20er Jahre mit ein, auch wenn diese in offener Opposition zu den Zielen und Methoden des Naturalismus standen:

»Die Beziehung von Mensch und Gesellschaft, von Individuum und Kollektiv ist im Expressionismus und im Futurismus mindestens ebenso verzerrt, abstrakt, fetischistisch wie im Naturalismus selbst. Und die pseudo-realistische Strömung des Nachkriegsimperialismus, die ›neue Sachlichkeit‹ mit ihrer verarmten Erneuerung der Dokumentenliteratur bildet vielleicht ein noch schädlicheres Erbe als der alte Naturalismus selbst. Denn die Herrschaft der Dinge über den Menschen in der Gestaltung prägt sich in diesen neueren formalistischen und pseudorealistischen Richtungen womöglich noch schärfer, noch seelenloser, noch unmenschlicher aus.« (S. 235)

Als negatives Beispiel für das Nachleben der beschreibenden Methode in der Sowjetliteratur zitiert Lukács ausgerechnet Brechts Freund und Lehrer Tretjakov, der die »Biographie eines Dinges«, dem man während seiner Reise durch die Hände der Menschen folgt, für interessanter erklärt als einen psychologischen Roman (ibid.). Schon aus der Formulierung geht hervor, daß Tretjakov mit »Ding« keineswegs einen isolierten Gegenstand, sondern ein Objekt menschlicher Tätigkeit, ein Produkt gesellschaftlicher Beziehungen meint. Darüber hinaus ist Lukács' Tadel insofern absurd, als gerade Tretjakov von der beobachtenden Haltung des Beschreibers weit entfernt ist, wie Walter Benjamin in seinem Aufsatz ›Der Autor als Produzent‹ gezeigt hat:

»Tretjakow unterscheidet den operierenden Schriftsteller vom informierenden. Seine Mission ist nicht zu berichten, sondern zu kämpfen; nicht den Zuschauer zu spielen, sondern aktiv einzugreifen. Er bestimmt sie durch die Angaben, die er über seine Tätigkeit macht. Als 1928, in der Epoche der totalen Kollektivisierung der Landwirtschaft, die Parole: ›Schriftsteller in die Kolchose!‹ ausgegeben wurde, fuhr Tretjakow nach der Kommune ›Kommunistischer Leuchtturm‹ (...) Es ist nicht erstaunlich, daß das Buch ›Feld-Herrn‹, das Tretjakow im Anschluß an diesen Aufenthalt verfaßt hat, von erheblichem Einfluß auf die weitere Durchbildung der Kollektivwirtschaften gewesen sein soll.«[36]

Dem Einwand, Tretjakov sei mehr Journalist und Propagandist als Dichter, begegnet Walter Benjamin mit dem Hinweis auf die Auflösung der überlieferten Gattungen, den Wandel in der gesellschaftlichen Rolle des Schriftstellers und die Aufhebung der traditionellen Scheidung von Autor und Publikum.[37]

Lukács argumentiert im genau entgegengesetzten Sinn, aus der Position eines akademischen Klassizismus heraus, der die überlieferten literarischen Gattungen in möglichst reiner Form wiederherstellen will und die moderne Kunst seit dem Naturalismus unter das Schlagwort der »Dekadenz« subsumiert – eine Theorie, die sich nur noch durch ihre marxistische Begründung von konservativer Kulturkritik unterscheidet. Für die praktischen Folgen eines solchen Schematismus, die mißglückten Werke des sozialistischen Realismus, die die Anweisungen der offiziellen Kritik genau befolgen, macht Lukács nicht etwa die Schwächen seiner eigenen Theorie verantwortlich, sondern lastet sie wiederum, in einer dialektischen Volte, dem verderblichen Einfluß des Naturalismus an. Wenn in einem Roman die Entlarvung von Schädlingen, die den sozialistischen Aufbau sabotieren, mit Hilfe eines aus Moskau angereisten Parteifunktionärs gelingt, so ist die Dürftigkeit dieser Fabel für Lukács nur eine Konsequenz der beschreibenden Methode:

»Diese *Verwechslung des Themas mit der Fabel,* besser gesagt, dieser *Ersatz der Fabel durch die stofflich vollständige Beschreibung aller Dinge, die zum Thema gehören,* ist ein wesentliches Erbstück des Naturalismus.« (S. 236)

Die Analogie mit den Romanen der Zolaschule sieht Lukács auch darin, daß hier die Schändlichkeit des Kapitalismus, dort der Triumph des Sozialismus auf die gleiche mechanische Weise dargestellt werde. Dabei wirft Lukács den politischen Kolportageroman sowjetischer Prägung mit der westlichen »Dekadenz«, mit Naturalismus, Expressionismus usw. in einen Topf. Zugleich macht er keinen Unterschied zwischen den schematischen Vertretern des sozialistischen Realismus, die in ihren Werken lediglich ihre loyale Gesinnung unter Beweis stellen, und sozialistischen Schriftstellern wie Tretjakov und Ehrenburg, die ihrem revolutionären Engagement durch adäquate literarische Formen Ausdruck zu geben versuchen:

»Ilja Ehrenburg verteidigt die Auflösung der wirklichen epischen Form mit fast genau denselben Argumenten, die die modernen westlichen Formalisten anzuführen pflegen. Die alte klassische Form entspräche nicht mehr der ›Dynamik‹ des neuen Lebens. Dabei ist es für den Formalismus der Konzeption und der Argumentation bezeichnend, daß in dem einen Fall die ›Dynamik‹ des Lebens das Chaos des verfaulenden Kapitalismus, im anderen Fall dieselbe ›Dynamik‹ den Aufbau des Sozialismus, die Entstehung des neuen Menschen bedeuten soll.« (S. 237 f.)

Lukács kritisiert, am Beispiel zweier sowjetischer Romane (Šaginjans ›Wasserkraftwerk‹ und Gladkovs ›Energie‹), das Auseinanderfallen der epischen Totalität, der dialektischen Einheit von Subjekt und Objekt, in ein minuziös geschildertes Innenleben auf der einen Seite, das in keinem Zusammenhang mehr zur Handlung stehe, und die Hypertrophie der äußeren Beschreibung auf der anderen Seite, die die handelnden Figuren auf das Niveau des Episodischen herabziehe (S. 239). Diese Darstellungsmethode, so argumentiert Lukács, entspricht in keiner Weise der sowjetischen Wirklichkeit, in der Entfremdung und Verdinglichung des Menschen längst aufgehoben sind; die Beschreibung verharmlost also nicht nur das unmenschliche Wesen des Kapitalismus, sie verleugnet noch dazu die unbestreitbaren Erfolge des Sozialismus:

»So erscheint der neue Mensch in solchen Romanen nicht als der Beherrscher der Dinge, sondern als ihr Zubehör, als menschlicher Bestandteil eines monumentalisierten Stillebens. Hier widerspricht die herrschende Methode der Beschreibung der historischen Grundtatsache unserer großen Epoche. Selbstverständlich wird in all diesen Büchern behauptet, daß der Mensch zum Beherrscher der Dinge geworden ist, und er wird auch als solcher beschrieben. Das nützt aber künstlerisch nichts. Das Verhältnis von Mensch und Außenwelt (...) kann eben nur im wirklich gestalteten Kampf Ausdruck finden.« (S. 240)

Was Lukács hier der literarischen Darstellung als Schwäche ankreidet, ist in Wahrheit gerade ihre Stärke: sie ist ein unbestechlicher Gradmesser für die realen gesellschaftlichen Widersprüche in der Sowjetunion der 30er Jahre, die die stalinistische Bürokratie, und ebenso Lukács mit seiner Forderung nach ästhetischer Harmonie, zu verkleistern suchen. Das Weiterbestehen von Entfremdung und Verdinglichung des Menschen – unter der Herrschaft des Kapitals ebenso wie im Sozialismus der Stalinära – wird durch die Beschreibung konsequent sichtbar gemacht. Lukács vertritt hier, trotz aller persönlichen Vorbehalte, objektiv die Interessen des bürokratischen Parteiapparats gegen die revolutionären Schriftsteller, von denen viele im Zuge der »großen Säuberung« von 1936–38 mit dem Leben bezahlen mußten – unter ihnen einige der von Lukács kritisierten Autoren (Ottwalt, Tretjakov, Isaak Babel, Olescha). Zwar wäre es ungerecht, Lukács für die Liquidierungen verantwortlich zu machen, aber der denunziatorische Ton seiner Kritik hat, wenn auch nur indirekt, zu solchen Konsequenzen beigetragen, wie aus dem folgenden Zitat deutlich wird:

»Alle diese Darstellungsweisen sind Überreste des Kapitalismus. Aber Überreste im Bewußtsein deuten immer auf solche im Sein. Schon auf dem Kongreß der Komsomolzen wurde die Lebensweise der Schriftsteller einer ernsten Kritik unterworfen. Hier kann nur die Frage aufgeworfen werden, ob nicht die so beharrliche Remanenz des Typus des ›Beobachters‹ in unserem Schrifttum tiefe Wurzeln im Leben der Schriftsteller selbst haben muß. Und es handelt sich dabei nur um den einfachen, sich direkt anarchistisch äußernden Individualismus, der die Vereinzelung bezweckt. Auch das ad hoc studierte Dokument, das reportagehafte Verhalten zu den Problemen der Epik, die nach Zolascher Manier ›steckbriefmäßige‹ Beschreibung der Figuren gehören hierher.« (S. 241)

3. Zusammenfassung

Auf den vorangegangenen Seiten habe ich versucht, zwei wesentliche Aspekte von Lukács' Aufsatz sichtbar zu machen, die darüber hinaus, wie mir scheint, auch für sein übriges Werk prinzipielle Bedeutung besitzen. Einmal die subjektive Komponente: die innere Kontinuität in Lukács' Entwicklung vom Lebensphilosophen zum marxistischen Theoretiker, der seine idealistische Ausgangsposition auf höherer Stufe dialektisch fortführt, zugleich aber einige im Kern materialistische Erkenntnisse seiner Frühzeit (insbesondere aus der ›Theorie des Romans‹ und ›Geschichte und Klassenbewußtsein‹) über Bord wirft; zum anderen die objektiven Konsequenzen, die sich aus dieser Entwicklung ergeben: die dogmatische Indoktrinierung eines im wesentlichen klassizistischen Kunstbegriffs, der, unter der Bezeichnung ›sozialistischer Realismus‹, die literarische Praxis Sowjetrußlands auf Jahrzehnte hinaus geprägt hat. Wenn ich dabei auf die polemische Form von Lukács' Thesen zuweilen selbst mit Polemik reagiert habe, so liegt das nicht allein an dem provozierenden Anspruch seiner literarischen Theorie, sondern vielmehr an der unverminderten Aktualität der zugrunde liegenden Probleme, die, im Falle Lessing und Hebbel, in sehr viel geringerem Maße gegeben war. Meine Kritik gilt nicht etwa dem marxistischen Anspruch von Lukács' Theorie – das wäre ein Mißverständnis –, sondern der unmarxistischen, letztlich bürgerlich-konservativen Haltung, die sich hinter der dogmatischen Fassade verbirgt. Ich meine damit die ahistorische, normative Bewertung einer literarischen Technik als »falsch« oder »richtig«, unabhängig von dem jeweiligen Verwendungszweck und dem spezifischen literarhistorischen Kontext. Es geht also nicht darum, sich für oder gegen die Beschreibung zu entscheiden – auch wenn ich mich zuweilen in die Rolle eines Verteidigers der beschreibenden Methode habe drängen lassen –, sondern vielmehr darum, den Schematismus einer mechanischen Gegenüberstellung von Erzählen und Beschreiben überhaupt zu kritisieren. Diese Tendenz von Lukács' Aufsätzen meinte Brecht, als er seiner Kritik an Lukács den Titel: ›Über den formalistischen Charakter der Realismustheorie‹ gab.[38] Abgesehen davon, daß Brecht sich über Lukács' Angriffe auf verdiente sozialistische Autoren wie Ottwalt und Tretjakov ärgerte, fühlte er sich durch Art und Tenor von Lukács' Aufsätzen selbst in seiner Arbeit gehemmt, wie er Walter Benjamin gegenüber erklärte.[39] In diesem Zusammenhang kritisiert er die Impraktibilität von Lukács' Vorschlägen, das Versagen seiner Theorie vor den Fragen der literarischen Praxis:

»Die Schriftsteller finden einen entmenschten Menschen vor? Sein Innenleben ist verwüstet? Er wird im Hetztempo durch sein Leben gehetzt? Seine logischen Fähigkeiten sind geschwächt (...)? So müssen die Schriftsteller eben doch sich an die alten Meister halten, reiches Seelenleben produzieren, dem Tempo der Ereignisse in den Arm fallen durch langsames Erzählen, den einzelnen Menschen wieder in den Mittelpunkt der Ereignisse stoßen durch ihre Kunst und so weiter und so weiter. Und die Ausführungsbestimmungen gehen in ein Murmeln über. Daß die Vorschläge nicht zu praktizieren sind, ist offenbar. Kein Mensch, der die Grundkonzeption Lukács' für richtig hält, kann sich darüber wundern.«[40]

In ähnlichem Sinn wie Brecht äußerten sich, aus Anlaß von Lukács' Expressionismus-Aufsatz, Ernst Bloch und Hanns Eisler; in der anschließenden Debatte meldeten sich eine Reihe weiterer Autoren zu Wort (Franz Leschnitzer, Herwarth Walden, Klaus Berger u. a.), die Lukács' Kritik am Expressionismus mit unterschiedlichen Argumenten zurückwiesen.[41] Während die spätere bürgerliche Kritik an Lukács (vor allem Adorno und Althaus)[42] zumeist in mechanischer Weise das vormarxistische Frühwerk des ungarischen Philosophen gegen sein späteres Werk ausspielte und seinen Übertritt zur kommunistischen Partei für den »Verfall« seines Denkens verantwortlich machte, sind die entscheidenden Argumente gegen Lukács in den letzten Jahrzehnten von marxistischer Seite wiederholt und präzisiert worden. Dies geschah in Verbindung mit parteioffizieller Kritik an Lukács' politischer Haltung in den ersten Jahren der ungarischen Volksrepublik und im ungarischen Aufstand von 1956. So warf der ungarische Marxist Jozsef Révai Lukács vor, er habe »über dem Kampf gegen den Faschismus den Kampf gegen den Kapitalismus vergessen« und stellte die programmatische Frage:

»Was konnte schon die ungarische Literatur mit der von Lukács im Jahre 1945 ausgegebenen Losung ›Nicht Zola, sondern Balzac!‹ anfangen? Und was konnte sie mit Lukács' Losung von 1948 anfangen: ›Nicht Pirandello und Priestley, sondern Shakespeare und Molière!‹«[43]

Der SED-Parteitheoretiker Hans Koch kritisierte, daß in Lukács' Werk »die Kategorien der Ästhetik ihren konkreten gesellschaftlich-historischen Inhalt verlieren« und wies Lukács' Angriffe auf sozialistische Schriftsteller wie Gladkov und Willi Bredel scharf zurück.[44] So richtig diese Argumente im einzelnen sind, werden sie doch durch den spezifischen parteipolitischen Kontext – es ging, Ende der 50er Jahre, um die ideologische Diffamierung von Georg Lukács als »Revisionist« – suspekt. Es dauerte bis Mitte der 60er Jahre, bis Günter Fröschner in einer vom ZK der SED in Auftrag gegebenen Dissertation eine Analyse des Gesamtwerks von Georg Lukács vorlegte, die sowohl die Verdienste als auch die »Fehler« des marxistischen Theoretikers, Philosophen und Literaturkritikers Georg Lukács berücksichtigt.[45] Auf dieser Arbeit, die mir leider nicht zugänglich war, fußt der 1967 in der Zeitschrift ›Sinn und Form‹ erschienene Aufsatz von Werner Mittenzwei über ›Die Brecht-Lukács-Debatte‹, in dem die unterschiedlichen Positionen des marxistischen Theoretikers Lukács und des sozialistischen Autors Brecht von ihren philosophischen Grundanschauungen über ihre politische Haltung bis hin zu den ästhetischen Schlußfolgerungen dargestellt werden.[46] Mittenzwei weiß sich mit Brecht einig in der Forderung, daß über literarische Formen die Realität, nicht die Ästhetik befragt werden muß; was er über die Montagetechnik sagt, gilt in diesem Sinne auch für die Beschreibung: »Die Montagetechnik, der innere Monolog und andere Techniken können sehr verschiedenen Zwecken dienen: sie können so eingesetzt werden, daß sie nur die Sinnlosigkeit der menschlichen Existenz demonstrieren, aber auch so, daß sichtbar wird, wie das Leben sinnvoll zu ändern ist.«[47] In jüngster Zeit haben Klaus Völker und Helga Gallas, in ähnlichem Sinne wie Mittenzwei und ebenfalls unter Berufung auf Brecht, Beispiele einer undogmatischen marxistischen Kritik an Lukács geliefert.[48]

Lukács selbst hat sich von seinen Kritikern kaum beirren lassen. Zwar hat er sein ursprüngliches Urteil über Brecht in der Form modifiziert, im Kern aber unverändert beibehalten: Brecht sei gleichsam wider Willen, *trotz* seiner »falschen« Theorie der Verfremdung, des epischen Theaters usw. zum Schöpfer bleibender Werke, zum großen Realisten geworden.[49] Wenn Lukács seine Haltung in den 30er Jahren später als eine Art innerer Opposition gegen den Stalinismus gerechtfertigt hat mit dem Ziel, Schlimmeres zu verhüten, so gehört er nichtsdestoweniger objektiv zu den Wegbereitern des sozialistischen Realismus und zu den unnachsichtigsten Feinden der »Dekadenz«. »Ich glaube aber, daß unsere heutige Lage noch so beschaffen ist, daß wir lange nicht genug und genügend treffende Hiebe gegen die Dekadenz ausgeteilt haben«, schreibt er noch 1938 an Anna Seghers, und sein vernichtendes Urteil über alles, was er mit Dekadenz identifiziert – vom Naturalismus bis zur neuen Sachlichkeit, von Flaubert bis zu Joyce und Kafka, von der Beschreibung bis zum inneren Monolog –, ist unverändert in seine spätere Ästhetik eingegangen.[50]

Entfremdung und Verfremdung in Kafkas
Amerika-Roman

1. Kafka als »beschreibender« Autor

Der im folgenden unternommene Versuch, die Thesen von Georg Lukács' Aufsatz ›Erzählen oder Beschreiben‹ anhand eines Romans von Franz Kafka kritisch zu überprüfen, bedarf vorab einer methodischen Rechtfertigung. Der Name Kafkas wird in Lukács' Essay an keiner Stelle erwähnt; an zeitgenössischen Autoren werden, abgesehen von weniger bekannten sowjetischen Schriftstellern der 30er Jahre, einzig Joyce, Dos Passos und Sinclair Lewis behandelt, und auch diese nur höchst summarisch; der Schwerpunkt von Lukács' Argumentation liegt hier, ebenso wie in seinem übrigen Werk, bei den großen Realisten des 19. Jahrhunderts, Tolstoj und Balzac, Flaubert und Zola, mit denen er sich immer wieder auseinandergesetzt hat. Andererseits jedoch ist klar, daß Lukács, am Beispiel der Romantradition des 19. Jahrhunderts, aktuelle Richtungskämpfe gegen bestimmte Tendenzen der Avantgardeliteratur seiner Zeit ausficht, die er unter dem Stichwort »Beschreibung« bzw. »Reportage« zusammenfaßt. Daß diese »avantgardistischen« Tendenzen gerade im Werk Kafkas exemplarisch, und mit großer künstlerischer Meisterschaft, verwirklicht worden sind, hat Lukács an anderer Stelle, in seinem 1958 erschienenen Pamphlet ›Wider den mißverstandenen Realismus‹, selbst ausgesprochen:

> »Denn es ballen sich jene Tendenzen, die sonst artistisch oder denkerisch zur Form werden, hier zu einem von Panik erfüllten, elementaren platonischen Staunen über die dem Menschen ewig fremde und feindliche Wirklichkeit zusammen, und das mit einer Intensität der Verwunderung, der Ratlosigkeit und der Ergriffenheit, die ihresgleichen in der Literatur sucht. So erscheint das Grunderlebnis Kafkas: die Angst als Konzentrat der ganzen modernen dekadenten Kunst.«[1]

Es ist bezeichnend, daß Lukács' polemische Auseinandersetzung mit Kafka erst Ende der 50er Jahre erschien, zu einem Zeitpunkt also, da Kafkas Einfluß auf die westliche Avantgardeliteratur seinen Höhepunkt erreicht hatte, während sein Werk in den 30er Jahren nur einem kleinen Kreis von Eingeweihten bekannt war. Wenn Lukács in der erwähnten Schrift Kafka mit Thomas Mann vergleicht und ihn als zwar subjektiv ehrlichen, objektiv aber höchst gefährlichen Vertreter der Dekadenz bezeichnet, als »faszinierendes Irrlicht«,[2] so ist es ihm

vor allem um die Eindämmung jenes Einflusses zu tun. So besehen ergibt sich ein wenn auch indirekter Zusammenhang zwischen Lukács'
Thesen aus den 30er Jahren und seiner späteren Kafka-Kritik, der die
Gegenüberstellung von Lukács' Literaturtheorie mit der literarischen Praxis Franz Kafkas nachträglich rechtfertigen mag.

Daß die Beschreibung als Kunstmittel in Kafkas Prosa eine zentrale
Rolle spielt, ist von der Forschung häufig konstatiert worden. Dieser
Hinweis wird jedoch von den meisten Interpreten im gleichen Atemzug relativiert. So hebt Wagenbach das »Interesse für das Detail«, für
»genaue Registration« hervor, will den »Vorrang« der Beschreibung
allerdings nur für den jungen Kafka gelten lassen.[3] Emrich dagegen
nennt die »Exaktheit solcher Beschreibungen (...) ein viel bewunder-
tes Kennzeichen auch der späteren Prosa Kafkas« und fügt hinzu:
»Aber die Exaktheit solcher Beschreibungen steht in einem erstaunli-
chen Mißverhältnis zur Sinngebung des Beschriebenen«.[4] Jahn spricht
von der »Auflösung des Berichts« in »szenische Gegenwart«, meint
aber zugleich, »daß Kafkas erzählende Prosa mehr ist als ›Beschreibung‹ und ›Ausdruck menschlicher Verstandestätigkeit‹«,[5] während es
bei Sokel nur heißt: »Beschreibung als Selbstzweck existiert für ihn
(Kafka, Anm. d. Verf.) nicht«.[6] Am präzisesten hat Walter Benjamin diesen Widerspruch zu fassen versucht; er schreibt (in einer postum
veröffentlichten Rezension von Kafkas Erzählungsband ›Beim Bau
der Chinesischen Mauer‹): »Kafka ist davon (von den ›Entstellungen des Daseins‹, Anm. d. Verf.) so erfüllt, daß überhaupt kein Vorgang denkbar ist, der unter seiner Beschreibung – d. h. hier aber nichts
anderes als Untersuchung – sich nicht entstellt. Mit anderen Worten
alles, was er beschreibt, macht Aussagen über etwas anderes als sich
selbst.«[7] Es geht hier um die Dialektik von Entfremdung und Verfremdung: die Verfremdung der Kunst (u. a. mit dem Mittel der
Beschreibung) macht die reale Entfremdung, die »Entstellungen des
Daseins« sichtbar. Fast alle zitierten Autoren stimmen darin überein,
daß die Beschreibung in Kafkas Prosa zwar von zentraler Bedeutung
ist – die visuelle Sphäre steht im Mittelpunkt der literarischen Darstellung –,[8] daß sie aber nicht länger, wie im Roman des 19. Jahrhunderts, der Wiedergabe einer »breiten« Welt dient (Martin Walser).[9] Sie hat eine neue, andersartige Funktion, die sich erst in der
Analyse konkreter Werke voll erschließen läßt. Zuvor aber ist ein Rekurs auf Kafkas Poetik, sein Selbstverständnis als Schriftsteller, nötig.

Direkte Äußerungen über Wesen und Aufgabe der Literatur sind
bei Kafka selten. Gewöhnlich kleidet er seine diesbezüglichen Ansichten in aphoristische Metaphern, in denen jedes formale Problem un-

mittelbar als inhaltliches erscheint, das, in einem existentiellen Sinn den ganzen Menschen angeht, wie in Kafkas berühmter Formulierung: »ein Buch muß die Axt sein für das gefrorene Meer in uns« (Brief an Oskar Pollack vom 27. Januar 1904, B 28). Solche Aphorismen erhalten ihren bestürzenden Sinn gerade dadurch, daß sie eine Erfahrung direkt, ohne Umweg über den Begriff, zum Bild verdichten. Die gleiche Struktur kehrt in Kafkas Prosatexten wieder, die er gleichfalls als »Bilder« verstanden wissen wollte; so sagt er, im Gespräch mit Gustav Janouch, über seine Erzählung ›Der Heizer‹: »Ich zeichnete keine Menschen. Ich erzählte eine Geschichte. Das sind Bilder, nur Bilder.«[10] Und auf Janouchs Frage nach der realen Vorlage dieser »Bilder« erwidert er: »Man photographiert Dinge, um sie aus dem Sinn zu verscheuchen. Meine Geschichten sind eine Art von Augenschließen.«[11] Dem scheint es zu widersprechen, wenn Kafka, wiederum im Gespräch mit Janouch, sich selbst als »mittelmäßigen, stümperhaften Abzeichner« der Wirklichkeit bezeichnet, um damit den Vorwurf eines Kritikers zurückzuweisen, er projiziere Wunder in gewöhnliche Vorgänge hinein:

»Das Gewöhnliche selbst ist ja schon ein Wunder! Ich zeichne es nur auf. Möglich, daß ich die Dinge auch ein wenig beleuchte, wie der Beleuchter auf einer halbverdunkelten Bühne. Das ist aber nicht richtig! In Wirklichkeit ist die Bühne gar nicht verdunkelt. Sie ist voller Tageslicht. Darum schließen die Menschen die Augen und sehen so wenig.«[12]

Der Widerspruch klärt sich auf, wenn man Kafkas Bemerkung über Picasso heranzieht, den Janouch einen »mutwilligen Deformator« genannt hatte:

»›Das glaube ich nicht‹, sagte Kafka. ›Er notiert bloß die Verunstaltungen, die noch nicht in unser Bewußtsein eingedrungen sind. Kunst ist ein Spiegel, der ›vorausgeht‹, wie eine Uhr – manchmal.‹«[13]

Die Kunst als »Spiegel« – dieses Programm enthält einen wörtlichen Anklang an die Poetik von Brockes, in der die Spiegel-Metapher zentrale Bedeutung besaß. Anders aber als bei seinen Vorgängern »spiegelt« die Kunst für Kafka nicht bloß die Wirklichkeit wider »wie sie ist« – sie hat vorausschauenden Charakter: der Spiegel ist zugleich ein Seismograph, der anhand von winzigen Entstellungen, vor denen die meisten Menschen die Augen verschließen, kommende Erschütterungen ankündigt. Das Paradox, daß auch der Künstler vor den Dingen, die er photographiert, die Augen verschließen muß, erhält so nachträglich seinen Sinn; über seine Erzählung ›Das Urteil‹ sagte Kafka: »Das ist nur die Feststellung und dadurch vollbrachte Abwehr des Gespenstes.«[14]

In Kafkas Konzeption der Kunst als Spiegel kommt der Beschreibung, als Mittel der Spiegelung, eine wichtige Funktion zu. Sie taucht schon im Titel von Kafkas frühester erhaltener Prosaarbeit auf: »Beschreibung eines Kampfes« (1904/05). Der Vorrang der Beschreibung beim jungen Kafka, von dem Wagenbach spricht, hat nicht zuletzt autobiographische Gründe: auf dem Gymnasium übte Kafka die »Beschreibung (...) eines Gegenstandes oder Ereignisses nach seinen Merkmalen oder Theilen« als Aufsatzthema[15] – eine späte Nachwirkung der rhetorischen Progymnasmata der Antike, die im 19. Jahrhundert im Deutschunterricht wiederbelebt wurden; Kafkas Naturkundelehrer war ein Anhänger der neopositivistischen Philosophie Ernst Machs, der die exakte Beschreibung der Tatsachen zum Endzweck der Wissenschaft erhob.[16] Klaus Wagenbach, der in seiner Kafka-Biographie auf diese Zusammenhänge hingewiesen hat, berichtet, daß in der Familie Kafkas die umständliche Schilderung alltäglicher Zufälle und Begebenheiten mit einer gewissen Selbstironie gepflegt wurde – vielleicht hat Kafkas Hang zu ständiger Selbstbespiegelung hier seine familiäre Wurzel.[17] Das Vorherrschen der Beschreibung im Werk Kafkas ist aber nicht nur aus äußeren Bedingungen erklärbar: vielmehr entspricht diese Form in einem fundamentalen Sinne Kafkas Selbstverständnis als Schriftsteller, das von seinem Vorbild Flaubert entscheidend mitgeprägt wurde: er sah sich vorzugsweise in der Rolle des beobachtenden »Beschreibers« im Lukács'schen Sinne, was die großen politischen und sozialen Fragen seiner Zeit betrifft ebenso wie in seinem Privatleben: die gescheiterten Heiratsversuche sind nur ein Symptom seiner Weigerung, aktiv am gesellschaftlichen Leben seiner bürgerlichen Umwelt teilzunehmen.[18] Diese distanzierende Haltung zeigt sich besonders deutlich in Kafkas Tagebüchern, die mit einer Fülle von fragmentarischen Beobachtungen, Skizzen und Entwürfen geradezu eine Art literarischer Werkstatt für die späteren Romane und Erzählungen darstellen, in der das Erfahrungsmaterial in Rohform vor dem Leser ausgebreitet wird. Charakteristisch in diesem Sinne ist der von Kafka und Max Brod gemeinsam gefaßte Plan, ein Reisetagebuch zu führen: »Gleichzeitig Beschreibung der Reise und der innerlichen Stellungnahme zueinander die Reise betreffend« (T 597), anläßlich einer Fahrt nach Lugano und Paris im Herbst 1911. Dieses Journal besteht aus einer ununterbrochenen Aneinanderreihung mosaikartiger Bildeindrücke, isolierter Detailschilderungen, wobei Kafka die beschreibende Methode zuweilen ironisch bloßlegt; so heißt es über die Begegnung mit einer jungen Dame im Eisenbahncoupé: »Max zerstört wahrscheinlich die Möglichkeit einer späteren Beschreibung, indem er als Ehemann, um der Erscheinung die Gefährlichkeit zu nehmen, etwas sagen muß« (T 597); oder, bei der Beschreibung eines Verkehrsunfalls: »Es ist geschehen und das still dastehende ver- krümmte Tricycle kann schon bei der weiteren Beschreibung mithel- fen« (T 646). Die Schilderungssucht, die Kafka hier feuilletonistisch parodiert, kehrt auch in seiner Korrespondenz mit Felice Bauer wie- der, wo er winzige Alltagsdetails mit penibler Genauigkeit registriert. In diesen Zusammenhang gehört auch die ausführliche Beschreibung von Photographien, die die Geliebte ihm zugeschickt hat – ein Motiv, das, in gewandelter Form, in Kafkas Werk wieder auftaucht. So las- sen sich Übereinstimmungen feststellen zwischen Bildern von Felice Bauer, die Kafka in seinen Briefen erwähnt, und Photographien, die im ›Amerika‹-Roman beschrieben werden. Karl Roßmann, der fik- tive Held des Romans, betrachtet an einer Stelle ein Bild seiner in Europa zurückgelassenen Eltern und versucht, »von verschiedenen Sei- ten den Blick des Vaters aufzufangen. Aber der Vater wollte, wie er auch den Anblick durch verschiedene Kerzenstellungen änderte, nicht lebendig werden« (A 117). Parallel dazu heißt es in einem Brief an Felice (vom 25./26. Dez. 1912):

> »Dein Blick will mich nicht treffen, immer geht er über mich hinweg, ich drehe das Bild nach allen Seiten, immer aber findest du eine Möglichkeit weg- zusehen und ruhig und wie mit durchdachter Absicht wegzusehen.« (BF 208)

Als Karl Roßmann das Bild der Eltern noch einmal betrachtet, fällt ihm die Hand der Mutter auf, »die ganz vorne an der Lehne des Fau- teuils herabhing, zum Küssen nahe« (A 118); in einem anderen Brief an Felice (vom 3. Dez. 1912) schreibt Kafka über eine Photographie der Geliebten, »daß man die Hand am Bootsrand küssen möchte und es auch tut« (BF 150). Darüber hinaus erinnert die Beschreibung des Bildes im Roman in vielen Einzelheiten an eine tatsächlich existieren- de Photographie von Kafkas Großeltern, wie Thalmann gezeigt hat.[19] Auffällig ist in diesem Zusammenhang das Gefühl der Unsicherheit gegenüber der äußeren Welt, das Kafka empfindet, und das durch minuziöse Beschreibung aller Details noch gesteigert wird. So heißt es an der oben zitierten Stelle im ›Amerika‹-Roman, »die Deutlichkeit dieses Eindruckes sei zu stark und fast widersinnig. Wie könne man von einem Bild so sehr die unumstößliche Überzeugung eines verbor- genen Gefühls des Abgebildeten erhalten!« (A 118). Und in einem Brief an Felice schreibt Kafka: »Liebste, wie mächtig ist man gegen- über Bildern und wie ohnmächtig in Wirklichkeit!« (6./7. Dez. 1912; BF 164). Diese Ohnmacht gegenüber der Wirklichkeit gehört zu

den wichtigsten Erfahrungen Kafkas, die er in seinem Frühwerk
›Beschreibung eines Kampfes‹ (1904/05) in die metaphorische Frage
gekleidet hat:

> »Und ich hoffe von Ihnen zu erfahren, wie es sich mit den Dingen eigent-
> lich verhält, die um mich wie ein Schneefall versinken, während vor andern
> schon ein kleines Schnapsglas auf dem Tisch fest wie ein Denkmal steht.«
> (BK 43)

2. Amerika – Utopie und Realität

Wenn hier, stellvertretend für das übrige Werk, Kafkas erster, unvollendet gebliebener Roman ›Amerika‹ (›Der Verschollene‹)[20] in den
Mittelpunkt der Untersuchung gerückt wird, so hat dies mehrere
Gründe. Einmal ist das Buch noch nicht, wie die beiden späteren Romane, unter einem Wust von metaphysischen Interpretationen verschüttet; zum andern ist der ›Amerika‹-Roman vergleichsweise
»realistisch« im Unterschied zu der immer düsterer werdenden Welt
des Spätwerks, die solche Interpretationen geradezu provoziert. Eine
Untersuchung von Kafkas Beschreibungstechnik muß sinnvollerweise
hier ansetzen, wo die äußere Wirklichkeit noch in relativ breiter Entfaltung dargestellt wird. »In ›Amerika‹ überwiegt noch das Sehen,
das zur Beschreibung führt;« schreibt Martin Walser: »(...) Das Licht
nimmt immer mehr ab in den Werken Kafkas, die Entfernung der
Helden von ihren Zielen wird größer; notwendig wird durch diese
Veränderungen die sichtbare Gegenständlichkeit der Kafkaschen Welt
reduziert.«[21] Diese Gegenständlichkeit ist in ›Amerika‹ noch in
extensiver Fülle vorhanden; Kafka selbst soll den Roman hoffnungs-
freudiger und »lichter« genannt haben als alles, was er sonst geschrieben hat, wie Max Brod überliefert (A 356). Hermsdorf sieht in ihm
Ansätze eines kritischen Realismus, Thalmann weist auf die naturalistischen Züge des ›Amerika‹-Romans hin, und Emrich rechnet ihn
»zu den hellsichtigsten dichterischen Enthüllungen der modernen Industriegesellschaft, die die Weltliteratur kennt.«[22] Zugleich betont die
Forschung übereinstimmend den seltsam phantastischen Charakter
von Kafkas ›Amerika‹, manifestiert in einer Reihe von »unwahrscheinlichen« Details, die mit der Präsumption des Realismus nur schwer in
Einklang zu bringen sind. So trägt die Freiheitsstatue, gleich am Anfang des Romans, statt einer Fackel ein Schwert in der Hand (A 9),
das Hotel Occidental hat abwechselnd fünf und sieben Stockwerke
(A 139, 183), und die Korridore im »Landhaus bei New York« er-

scheinen einmal endlos (A 86), dann werden sie jedoch in einem Augenblick durchquert (A 106).[23] Sicherlich handelt es sich hierbei nicht bloß um Versehen, wenn auch Kafka bei genauerer Durchsicht des Manuskripts vielleicht das eine oder andere Detail korrigiert hätte. Die Phantastik ist vielmehr genau geplant, sie gehört zum Kerngehalt des Romans und bildet dessen konstituierendes Element – in der märchenhaften Geschwindigkeit, mit der alle Tätigkeiten – vom Autoverkehr bis zur Arbeit im Geschäft des Onkels und im Hotel Occidental – vor sich gehen ebenso wie in den gigantischen Dimensionen von Kafkas Amerika: die Dusche im Haus des Onkels überspannt die ganze Badewanne, und im Möbelaufzug hat ein ganzer Möbelwagen Platz (A 55, 52.)[24] Die scheinbar unmotivierte Wendung im fragmentarischen Schlußkapitel des Romans ›Das Naturtheater von Oklahoma‹, wo der Bereich des konkret Vorstellbaren vollends verlassen wird, kündigt sich in solchen Details bereits an. Der Widerspruch zwischen Realismus und Phantastik, der Kafkas ›Amerika‹ charakterisiert, läßt sich nur anhand der Entstehungsgeschichte des Romans genauer fassen; erst hier, in der genetischen Analyse, läßt sich die spezifische Kunstform Kafkas, die Einheit von Traum und Wirklichkeit, auf ihre konstituierenden Elemente zurückführen.

Äußerungen über Amerika, das er, wie in einem Gespräch mit Janouch, als »Zauberland unbeschränkter Möglichkeiten« Europa, dem »Land der unmöglichen Beschränktheit«, gegenüberstellt,[25] sind bei Kafka schon relativ früh anzutreffen. Das Stichwort Amerika signalisiert dabei den Traum von einer besseren Welt, der sich seiner Unerfüllbarkeit stets bewußt bleibt, wie in dem frühen Text »Wunsch, Indianer zu werden«:

»Wenn man doch ein Indianer wäre, gleich bereit, und auf dem rennenden Pferde, schief in der Luft, immer wieder kurz erzitterte über dem zitternden Boden, bis man die Sporen ließ, denn es gab keine Sporen, bis man die Zügel wegwarf, denn es gab keine Zügel, und kaum das Land vor sich als glattgemähte Heide sah, schon ohne Pferdehals und Pferdekopf.« (E 44, vgl. auch E 41 f.)

Diese zugleich utopische und irreale Perspektive kehrt in einem Brief an Max Brod aus dem Sanatorium Jungborn im Harz wieder (vom 10. Juli 1912), wo Kafka schreibt: »Es gefällt mir hier ganz gut, die Selbständigkeit ist so hübsch und eine Ahnung von Amerika wird diesen armen Leibern eingeblasen« (B 85)[26]. Der imaginäre Grundton dieser Äußerungen durchzieht auch den Roman: Kafkas Amerika ist die Projektion eines unerfüllbaren Wunschtraums, Metaher für ein utopisches Glücksversprechen, das sich seiner Unrealisierbarkeit bewußt ist. Zu dieser älteren Schicht des Werkes tritt eine realistische Komponente, die jüngeren Datums ist. Sie speist sich hauptsächlich aus zwei Quellen: einmal aus Reiseberichten und Vorträgen, denen Kafka seine Kenntnis des »wirklichen« Amerika verdankt – man hat hier vor allem an Arthur Holitschers Buch ›Amerika heute und morgen‹ (1912) zu denken, das sich in Kafkas Bibliothek fand, sowie an den im Tagebuch erwähnten Vortrag des tschechischen Sozialdemokraten Soukup über das amerikanische Wahlsystem (T 279); zum anderen aus Kafkas direkten Erfahrungen mit seiner sozialen Umwelt, die er in ein imaginäres Amerika hinein verlängerte: als Angestellter der Arbeiter-Unfall-Versicherung und, zeitweilig, als Inspizient einer im Familienbesitz befindlichen Fabrik, der ›Ersten Prager Asbest-Werke‹, wurde er täglich in den verschiedensten Formen mit dem Elend und der Ausbeutung der Arbeiterklasse konfrontiert.[27]

So entsteht jenes eigentümliche Zwittergebilde des »allermodernsten« Amerika (Kafka in einem Brief an Kurt Wolff, B 117), das zugleich realistisch-präzise und phantastisch-utopische Züge trägt.

Daß der Roman unvollendet blieb, ist kein Zufall. In seine Entstehungszeit fällt eine wichtige Zäsur in Kafkas Leben, die Bekanntschaft mit Felice Bauer (August 1912), die zwei Jahre später zur Verlobung (Mai 1914) und kurz darauf wieder zur Entlobung führte (Juli 1914 – die endgültige Trennung erfolgte erst 1917). In seinen Briefen an Felice Bauer hat Kafka die Arbeit an seinem Roman häufig kommentiert, wobei Klagen und Unzufriedenheit mit dem Erreichten überwiegen; aus den diesbezüglichen Hinweisen läßt sich die Entstehungsgeschichte des Romans recht zuverlässig rekonstruieren.[28] Parallel zur ersten Phase der Bekanntschaft mit Felice Bauer (Herbst 1912) erlebte Kafka, nach einer langen Zeit tastender Versuche, eine Periode erhöhter literarischer Produktivität, die, in der Nacht vom 22. auf den 23. September, mit der Niederschrift der Erzählung ›Das Urteil‹ den langersehnten Durchbruch brachte. Damit, und mit der kurz darauf entstandenen Erzählung ›Die Verwandlung‹, hatte Kafka seinen charakteristischen Stil gefunden, jenes Ineinander von Traum und Wirklichkeit, das später mit seinem Namen identifiziert wurde. Gemessen an der sparsamen, fast klassisch strengen Form beider Erzählungen, erschien ihm das Formlose, Zerfließende seines Romans, das, was er in einer späteren Tagebuchnotiz als »Dickensnachahmung«[29] bezeichnete (T 535 f.), problematisch: »Die bestätigte Überzeugung, daß ich mich mit meinem Romanschreiben in schändlichen Niederungen des Schreibens befinde« (T 294), schreib Kafka nach Beendigung der Erzählung ›Das Urteil‹ in sein Tage buch. Daß zwischen dem ›Amerika‹-Roman und den erwähnten Er zählungen ein enger Zusammenhang besteht, zeigt sich auch darar daß Kafka das ›Heizer‹-Kapitel, zusammen mit dem ›Urteil‹ un der ›Verwandlung‹, unter dem Titel ›Söhne‹ als selbständiges Buc herausgeben wollte – die restlichen 500 Seiten des Romans hielt e für »vollständig mißlungen« (Brief an Kurt Wolff vom 4. April 191; B 115). Diese Überzeugung, verstärkt durch die persönliche Krise, di sich an das Scheitern der Verlobung mit Felice Bauer anschloß, bewo Kafka schließlich, die Arbeit am ›Verschollenen‹ abzubrechen. Wa aus späterer Zeit überliefert ist, sind lediglich fragmentarische Skizze für den geplanten Schlußteil des Romans.[30] Trotzdem, oder gerad weil Kafka seinem selbstauferlegten rigiden Anspruch hier nicht ge nügte, ist ›Amerika‹ vielleicht das heiterste und entspannteste vo allen seinen Büchern.

3. Natur und Technik

An die Stelle der Natur, die für Stifter den bevorzugten Gegen stand der Beschreibung darstellte, tritt bei Kafka die Großstadt Naturbilder sind im ›Amerika‹-Roman, wie auch im übrigen Werl Kafkas, nur selten anzutreffen; wo sie auftauchen, hat die Natur ihr Frische, das utopische Glücksversprechen, das sie im 18. und 19. Jahr hundert noch zu enthalten schien, verloren. Es ist eine tote Natur *natura denaturata,* wie Bezzel sie nennt;[31] die erste Natur wir verdrängt von der zweiten, der vom Menschen geschaffenen Umwelt die gesellschaftlichen Mächte der Entfremdung wirken auch in jene scheinbar autonomen Bezirk hinein, der früheren Epochen da Wunschbild einer besseren Welt verkörperte. Natur und Technik, di Stifter mechanisch einander entgegensetzt, bilden bei Kafka eine un trennbare Einheit. Das wird deutlich an einer relativ breit ausgeführ ten Naturschilderung, die, im letzten, unvollendet gebliebenen Kapitel den Roman beschließt:

> »Am ersten Tag fuhren sie durch ein hohes Gebirge. Bläulich-schwarz Steinmassen gingen in spitzen Keilen bis an den Zug heran, man beugte sic aus dem Fenster und suchte vergebens ihre Gipfel, dunkle, schmale, zerrissen Täler öffneten sich, man beschrieb mit dem Finger die Richtung, in der si sich verloren, breite Bergströme kamen, als große Wellen auf dem hügelige Untergrund eilend und in sich tausend kleine Schaumwellen treibend, si

stürzten sich unter die Brücken, über die der Zug fuhr, und sie waren so nah, daß der Hauch ihrer Kühle das Gesicht erschauern machte.« (A 331)

Die Landschaft, die hier wie ein Film vor den Augen des Lesers abrollt, gewinnt ihre spezifische Dynamik erst durch den Standpunkt des Erzählers, der in einem Zug die Vereinigten Staaten durchreist. Es ist gleichsam eine Eisenbahnnatur, deren menschenfeindliche Öde schon allein durch ihre gigantischen Dimensionen bedingt ist: »Jetzt erst begriff Karl die Größe Amerikas« (A 331), heißt es zu Beginn der Schilderung. Die Realien dieser Mondlandschaft – Fels und Wasser – erscheinen als tote Materie, deren kühler Hauch das Gesicht erschauern läßt. An die Stelle einer organisch gegliederten Natur treten beziehungslose Bildausschnitte, deren Sinn dem Betrachter verschlossen bleibt, ebenso wie der Verlauf der Täler und Flüsse, die Gipfel der Berge, die sich dem Blick entziehen. Es gibt keinen prinzipiellen Unterschied mehr zwischen solchen Naturbildern und dem Panorama von New York, das Kafka an anderer Stelle im Roman schildert:

»Sie kamen in eine ansteigende Gegend und, wenn sie hie und da stehenblieben, konnten sie beim Rückblick das Panorama New Yorks und seines Hafens immer ausgedehnter sich entwickeln sehen. Die Brücke, die New York mit Brooklyn verbindet, hing zart über dem East River, und sie erzitterte, wenn man die Augen klein machte. Sie schien ganz ohne Verkehr zu sein, und unter ihr spannte sich das unbelebte, glatte Wasserband. Alles in beiden Riesenstädten schien leer und nutzlos aufgestellt. Unter den Häusern gab es kaum einen Unterschied zwischen den großen und den kleinen. In der unsichtbaren Tiefe der Straßen ging wahrscheinlich das Leben fort nach seiner Art, aber über ihnen war nichts zu sehen als leichter Dunst, der sich zwar nicht bewegte, aber ohne Mühe verjagbar zu sein schien. Selbst in den Hafen, den größten der Welt, war Ruhe eingekehrt, und nur hie und da glaubte man, wohl beeinflußt von der Erinnerung an einen früheren Anblick aus der Nähe, ein Schiff zu sehen, das eine kurze Strecke sich fortschob. Aber man konnte ihm auch nicht lange folgen, es entging den Augen und war nicht mehr zu finden.« (A 125)

Während im ersten Text die Natur aus nächster Nähe geschildert wurde, ist die Perspektive hier in die Ferne gerückt; Karl Roßmann sieht New York von einem erhöhten Blickpunkt aus, im Sinne der klassischen »Vogelschau«. Aber der souveräne Überblick des allwissenden Epikers will sich nicht einstellen, seine Aussagen sind diktiert vom Modus des Zweifelns, der sich schon in der Häufigkeit des Wortes »schien« ausdrückt. Die Großstadt wirkt ebenso sinnlos wie die Natur: »Alles (...) schien leer und nutzlos aufgestellt« – dieser Satz faßt Kafkas Wirklichkeitserfahrung paradigmatisch zusammen. Die

Gegenstände verlieren ihren funktionellen Zusammenhang, die Grenze zwischen Subjekt und Objekt verschwimmt, und die Außenwelt bekommt den Charakter einer Sinnestäuschung: der Dunst über New York scheint ohne Mühe verjagbar, die Brücke »erzittert«, wenn Karl die Augen zusammenkneift. Die in den Text eingestreuten Realitätspartikel – Signalworte wie New York, Brooklyn, East River – scheinen diesem extremen Subjektivismus zu widersprechen, in Wahrheit bestätigen sie ihn: schon die »ansteigende Gegend«, von der aus der Erzähler die Stadt erblickt, hat mit dem wirklichen New York nichts mehr gemein; es ist ein in überseeische Ferne transponiertes Prag, das wie ein traumhaftes *déjà vu* hinter der amerikanischen Kulisse aufscheint.[32]

Die wechselseitige Durchdringung von Natur und Technik wird besonders deutlich in der Beschreibung einer nächtlichen Szene im Landhaus bei New York, wo die romantische Stimmung – Mondschein, ein Baum, Vogelgesang – durch Reflexionen über Taschenlampen und das Pfeifen eines Vorortzuges gestört wird:

> »Ein überraschendes Dunkel vor dem Fenster erklärte sich durch einen Baumwipfel, der sich dort in seinem vollen Umfang wiegte. Man hörte Vogelgesang. Im Zimmer selbst, das vom Mondlicht noch nicht erreicht war, konnte man allerdings fast gar nichts unterscheiden. Karl bedauerte, die elektrische Taschenlampe, die er vom Onkel geschenkt bekommen hatte, nicht mitgenommen zu haben. (...) Er setzte sich aufs Fensterbrett und sah und horchte hinaus. Ein aufgestörter Vogel schien sich durch das Laubwerk des alten Baumes zu drängen. Die Pfeife eines New Yorker Vorortzuges erklang irgendwo im Land. Sonst war es still.« (A 78 f.)

Anstelle des Gefühls von Glück und Geborgenheit, das die Natur früher vermittelte, geht von ihr hier eine unbestimmte Drohung aus, ein Unbehagen, ähnlich jenem »Hauch von Kühle« im anfangs zitierten Text. Die fehlende Taschenlampe dagegen, im Jahre 1912 eine der neuesten Errungenschaften moderner Technik,[33] verspricht Sicherheit gegen mögliche Gefahren, ebenso wie der pfeifende Zug, der auf den geheimnisvollen Vogelgesang antwortet. In der gleichen Funktion, als Hinweis auf die rastlose menschliche Tätigkeit, die sich die Natur unterwirft, taucht die Eisenbahn an anderer Stelle im Roman wieder auf, ebenfalls im Kontext einer Naturschilderung, wo es heißt: »und viele Male hörten sie über sich die Eisenbahnzüge auf den hoch sich schwingenden Viadukten donnern« (A 131). Während Kafka die Natur nur noch mit halbem Blick wahrnimmt, spricht aus der Beschreibung der technisierten Umwelt zuweilen eine Faszination, die ihn in die Nähe des Futurismus rückt. Dem liegt eine veränderte

Wirklichkeitserfahrung zugrunde, die zum gemeinsamen Bestand fast aller Kunst des frühen 20. Jahrhunderts gehört, vom Film bis zur Malerei. Nicht von ungefähr erinnert die folgende Beschreibung des New Yorker Straßenverkehrs schon in ihrem hektischen Rhythmus, der sich bemüht, die Simultaneität aller Vorgänge adäquat sprachlich widerzuspiegeln, an ein futuristisches Bild von Boccioni oder Carrà:

> »Und morgens wie abends und in den Träumen der Nacht vollzog sich auf dieser Straße ein immer drängender Verkehr, der, von oben gesehen, sich als eine aus immer neuen Anfängen ineinandergestreute Mischung von verzerrten menschlichen Figuren und von Dächern der Fuhrwerke aller Art darstellte, von der aus sich noch eine neue, vervielfältigte, wildere Mischung von Lärm, Staub und Gerüchen erhob, und alles dieses wurde erfaßt und durchdrungen von einem mächtigen Licht, das immer wieder von der Menge der Gegenstände verstreut, fortgetragen und wieder eifrig herbeigebracht wurde und das dem betörten Auge so körperlich erschien, als werde über dieser Straße eine alles bedeckende Glasscheibe jeden Augenblick immer wieder mit aller Kraft zerschlagen.« (A 49)[34]

4. Erzählperspektive

Kafkas beobachtende Distanz zur gesellschaftlichen Wirklichkeit seiner Zeit spiegelt sich in der Kompositionsweise seiner Romane und Erzählungen wider. Friedrich Beißner hat als erster auf die »Einsinnigkeit« der Erzählperspektive hingewiesen, die sich im Zusammenfall der Optik von Held und Erzähler äußert: »Es geschieht nichts ohne K., nichts ohne Beziehung auf ihn und nichts in seiner Abwesenheit. Alles geschieht, indem es ihm widerfährt. Und alles wird so erzählt, so klar und so undeutlich, so verzerrt und so genau, wie er es in seiner Enttäuschung, seinem Verdruß, seiner Müdigkeit wahrnimmt. Der ›Schriftsteller‹ steht nicht erläuternd, dozierend, reflektierend neben ihm.«[35] Was Beißner hier über den ›Schloß‹-Roman sagt, hat ebenso für ›Amerika‹ und das übrige Werk Gültigkeit: bei Kafka gibt es keinen »allwissenden« Erzähler, der souverän über den Figuren thront und ihre Handlungen ironisch kommentiert, wie etwa bei Thomas Mann. Der Chronist des ›Amerika‹-Romans weiß und sieht nicht mehr als sein Held, Karl Roßmann, der charakteristischerweise nicht einmal von außen beschrieben wird; er teilt selbst die subjektiven Irrtümer Karls, seine falsche Einschätzung der im Roman geschilderten Ereignisse, ohne sie zu korrigieren. Diese Tendenz, die sich nicht allein bei Kafka findet, meint Lukács in seinem Essay

›Erzählen oder Beschreiben?‹, wo er vom »Verlust der epischen Perspektive« spricht, der den Roman in ein »schillerndes Chaos« verwandle.[36] In seiner Erwiderung auf Lukács' Thesen hat Brecht, ebenfalls von einem marxistischen Standpunkt aus, die negative Beurteilung dieses Phänomens, als Symptom spätbürgerlicher Dekadenz, verworfen. Er schreibt: »Sie (die modernen Romanautoren, Anm. d. Verf.) nehmen dem Beobachter die Autorität und den Kredit und mobilisieren den Leser gegen sich selber, nur noch subjektive Aussagen vorlegend, die eigentlich bloß den Aussagenden charakterisieren (Gide, Joyce, Döblin).«[37] Das Verfahren, nur noch relative Aussagen zu machen, die Einschätzung der »objektiven« Geschehnisse dem Leser zu überlassen, ist von Brechts Konzeption des epischen Theaters, das ebenfalls auf die aktive Mitarbeit des Publikums baut, gar nicht so weit entfernt – nur mit dem wichtigen Unterschied, daß Brecht diese Technik in den Dienst politischer Aufklärung stellt. Eine unmittelbare Konsequenz dieser Methode, auf die schon Lukács hinweist,[38] ist die Vergegenwärtigung der erzählten Vorgänge, die aus der Distanz des Vergangenen, ein für alle Mal Abgeschlossenen, wie Goethe sie vom Epiker fordert, in eine neue Unmittelbarkeit gerückt werden – unabhängig davon, in welchem historischen Tempus erzählt wird. Diese »szenische Gegenwart« (Jahn)[39] ist auch für Kafka charakteristisch: mit dem ersten Satz wird der Leser in ein Geschehen hineingezogen, das sich mit logischer Konsequenz, parallel zum Fortschreiten des Textes, vor seinen Augen entwickelt. Die Anfangssätze von Kafkas Romanen und Erzählungen, die, in ihrer spezifischen Gedrängtheit, das spätere Geschehen bereits *in nuce* enthalten, sind in diesem Sinne symptomatisch: »Als der sechzehnjährige Karl Roßmann (...) in den Hafen von New York einfuhr« (A 9); »Als Gregor Samsa eines Morgens aus unruhigen Träumen erwachte, fand er sich (...) zu einem ungeheueren Ungeziefer verwandelt« (E 71); »Jemand mußte Josef K. verleumdet haben, denn ohne daß er etwas Böses getan hätte, wurde er eines Morgens verhaftet« (P 9); »Es war spätabends, als K. ankam« (S 5). Es gibt keine »objektive« Wirklichkeit mehr, außerhalb der des Textes, auf die sich der Erzähler berufen könnte; Subjekt und Objekt des Romans fallen in eins zusammen. Martin Walser geht deshalb so weit, Kafkas Prosa jeden Bezug zu einer »natürlichen« Zeit, jenseits der des Textes, abzusprechen: »Im Werk selbst fehlt ferner jeder Hinweis, der das Aufkommen einer qualitativen Differenz zwischen dem ›Damals‹ der Erzählung und dem ›Jetzt‹ eines nachträglichen Erzählens oder Lesens begünstigen könnte; das heißt, Kafkas Werk ›spielt‹ außerhalb jeder bekannten historischen

Vergangenheit oder Gegenwart.«[40] Was sich in Kafkas Romanen ereignet, hat sich nicht »wirklich« ereignet und erhebt keinen Anspruch darauf – es ereignet sich nur im Leser während der Lektüre; die belegbare Authentizität, die der realistische Roman mit einer Reihe von Kunstgriffen (Zitieren aus angeblichen Dokumenten, Briefen, Tagebüchern etc.) herzustellen versucht, fehlt bei Kafka völlig. So sehr der ›Amerika‹-Roman mit Realitätspartikeln gesättigt ist – Hermsdorf will die Handlung, aufgrund eines Hinweises im Text, ins Jahr 1911 verlegen –,[41] durch die spezifische Erzählperspektive Kafkas werden solche Momente hinfällig. Die äußere Wirklichkeit ist von der inneren des Helden, die ihrerseits das Bewußtsein des Autors widerspiegelt, nicht mehr zu trennen. Diese Tatsache hat wichtige Folgen für die Beschreibung, die ihre selbstverständliche Voraussetzung: die Existenz einer Welt außerhalb des beobachtenden Subjekts, über die sich gesicherte Aussagen machen lassen, verliert. Martin Walser hat die Auswirkungen dieser Sehweise auf die dargestellte Objektivwelt so beschrieben:

»Es gibt bei ihm (Kafka, Anm. d. Verf.) kein ›Sehen‹, das im Sehenden eine dem Gegenstand adäquate Vorstellung vermittelt. Den Gegenstand, der um seiner selbst willen erscheint, um die Mannigfaltigkeit einer beschreibbaren Welt zu demonstrieren, diesen Gegenstand gibt es bei Kafka nicht. Je mehr das physikalisch faßbare Sehen vom Standpunkt des Helden aus reduziert wird, desto mehr werden die fragmentarischen Reste der Erscheinungen in ihrer zwielichtigen Befindlichkeit zum Anstoß von Überlegungen, die sich von ihrer Ursache allmählich befreien, um sich endlich ganz zu verselbständigen ... Die geometrisch physikalische Quantität des Sehens, seine materiellste Form, ist hier in Qualität verwandelt; der ›modo recto‹, das direkte Sehen, ist zu einem ›modo obliquo‹, zu einem bedingten, nur noch dem Subjekt verpflichteten Sehen geworden.«[42]

5. Momentaufnahmen

a) Details

In den folgenden Abschnitten soll versucht werden, die Funktion der Beschreibung im ›Amerika‹-Roman, aufsteigend von einfachen zu komplexeren Formen, anhand bestimmter thematischer Motive zu analysieren. Kafkas extremem Subjektivismus, der sich im Zusammenfall der Optik von Held und Erzähler äußert, entspricht die Reduktion der sichtbaren Welt auf eng begrenzte Wirklichkeitsausschnitte, in denen ein scheinbar nebensächliches Detail aus seinem Kontext isoliert und mit einer metaphorischen Aura umgeben wird, die in keinem Verhältnis zu seiner tatsächlichen Bedeutung steht. Martin Walser spricht in diesem Zusammenhang von einer »Verdinglichung« des Sehens bei Kafka; Bezzel will die so entstehenden Detailaufnahmen als Zeichen oder »Signale« verstanden wissen, die über sich selbst hinausweisen. Klaus Hermsdorf wertet die »Auflösung der künstlerischen Umwelt zur Atmosphäre« betont negativ, als Verlust der epischen Objektivität, und sieht darin eine »allgemeine Tendenz der spätbürgerlichen Kunst« seit dem Impressionismus, wobei er auf Stifter und Flaubert verweist.[43] Er kann sich dabei nur bedingt auf Lukács berufen, der, gerade im Hinblick auf Kafka, diesen Vorgang differenzierter beurteilt hat:

> »Es genügt, an Kafka zu denken, bei dem das Unwahrscheinlichste, das Irreellste wegen der suggestiven Wahrheitskraft der Details als real erscheint. Und man muß sich darüber im klaren sein, daß die permanente Evokation des Gespenstischen, herauswachsend aus unserem gesamten Dasein, ohne diese Evidenz der Allgegenwart des Realismus gerade in den nebensächlich scheinenden Details, den Alpdruck zu einer Predigt herabdrücken würde. Der Umschlag ins Paradox-Absurde der Totalität des Kafkaschen Werks setzt also eine realistische Basis in der Einzelgestaltung voraus.«[44]

Freilich will auch Lukács, aufgrund solcher Momente, Kafka noch nicht als realistischen Autor gelten lassen. Wie sehr indes diese Sehweise gerade bei Kafka aus der Realität erwächst, zeigt eine von Hermsdorf zitierte Äußerung Kafkas in einem Brief an Max Brod:

> »Ich werde das Ganze nur beschreiben, mehr als das, was man sieht, kann ich nicht sagen. Man sieht aber nur allerkleinste Kleinigkeiten und das allerdings ist bezeichnend, meiner Meinung nach. Es spricht für Wahrhaftigkeit auch gegenüber dem Blödesten. Mehr als Kleinigkeiten kann man mit bloßem Auge dort, wo Wahrheit ist, nicht sehn.« (B 141 f.)

Diese »Wahrhaftigkeit auch gegenüber dem Blödesten« zeigt sich vor allem in Kafkas Tagebüchern, wo er winzige Detailbeobachtungen aus dem Alltag mit mikroskopischer Genauigkeit registriert; Kafkas private Notizen stellen in diesem Sinne eine unmittelbare Vorstufe des späteren Werks dar. Die Fixierung aufs Detail ist nicht allein für Kafka charakteristisch; ähnliche Bestrebungen gibt es bei Joyce und Proust – man denke an die Joyceschen »Epiphanien« oder an die berühmte Szene bei Proust, wo eine in eine Teetasse getauchte »Madeleine« die Erinnerung an die verlorene Kindheit heraufbeschwört. Auch die Augenblicksbilder im modernen Roman gehören hierher, auf deren Bedeutung Walter Höllerer hingewiesen hat.[45] In

Kafkas Frühwerk: ›Beschreibung eines Kampfes‹, ›Hochzeitsvorbereitungen auf dem Lande‹, erscheint diese Technik noch unentwickelt, im experimentellen Stadium: die Außenwelt verschwimmt zu einem flimmernden Chaos impressionistischer Detailbeobachtungen, die nur mühsam von der Person des Ich-Erzählers zusammengehalten werden. Im ›Amerika‹-Roman dagegen ist das Verfahren bereits voll ausgebildet: die Auswahl der Details vollzieht sich nach Maßgabe des für die innere Ökonomie des Romans Notwendigen. Gleich der erste Satz des Buches beginnt mit einem solchen Detailbild, das wie eine metaphorische Verdichtung des späteren Romangeschehens wirkt:

»Als der sechzehnjährige Karl Roßmann (...) in den Hafen von New York einfuhr, erblickte er die schon längst beobachtete Statue der Freiheitsgöttin wie in einem plötzlich stärker gewordenen Sonnenlicht. Ihr Arm mit dem Schwert ragte wie neuerdings empor, und um ihre Gestalt wehten die freien Lüfte.« (A 9)

Nicht nur das Schwert in der Hand der Freiheitsstatue, das offensichtlich gegen die Realität verstößt, auch ihre Bezeichnung als »Göttin« umgibt die Gestalt mit einer mythischen Aura, die durch den Kontext: das plötzlich stärker werdende Sonnenlicht und die »freien Lüfte«, noch unterstrichen wird: die Personifikation der Freiheit wird zum Symbol der strafenden Gerechtigkeit, zum Erzengel, der mit drohendem Schwert die Pforten der neuen Welt bewacht. Diese, über das bloß Sichtbare hinausgehende Bedeutung wird durch den Kommentar des Helden noch hervorgehoben: »›So hoch!‹ sagte er sich und wurde (...) von der immer mehr anschwellenden Menge der Gepäckträger (...) allmählich bis an das Bordgeländer geschoben« (ibid.). Auf den verborgenen Sinn des Romans, der in dieser metaphorischen Vorausdeutung sichtbar wird, hat Kafka in einer späteren Tagebuchnotiz selbst hingewiesen: »Roßmann und K., der Schuldlose und der Schuldige, schließlich beide unterschiedslos strafweise umgebracht, der Schuldlose mit leichterer Hand, mehr zur Seite geschoben als niedergeschlagen« (T 481). Hier wird der thematische Zusammenhang des ›Verschollenen‹ mit den beiden späteren Romanen deutlich sichtbar. Die Technik der Beschreibung, die ein scheinbar unwichtiges Detail aus seinem Kontext herauslöst und diesem, durch kaum merkliche Entstellungen, einen geheimen Sinn unterschiebt, den erst die weitere Entwicklung des Romans bestätigt – diese Technik kehrt auch an anderen Stellen wieder.

Am Anfang des 2. Kapitels wird das sich anbahnende Verhängnis – Karls Verstoßung durch den Onkel – schon in der Beschreibung des Landhauses mit seinen unüberschaubaren Dimensionen vorweggenommen:

»Das Automobil stand vor einem Landhaus, das, nach der Art von Landhäusern reicher Leute in der Umgebung New Yorks, umfangreicher und höher war, als es sonst für ein Landhaus nötig ist, das bloß einer Familie dienen soll. Da nur der untere Teil des Hauses beleuchtet war, konnte man gar nicht bemessen, wie weit es in die Höhe reichte.« (A 67)

Ein ähnlich vieldeutiges Bild, aus dem eine nicht näher faßbare Drohung spricht, findet sich am Schluß des 4. Kapitels und wird durch das Abbrechen des Textes noch verstärkt:

»Zweimal rief er in Abständen: ›Ich bin noch immer da!‹ Aber kein Laut antwortete, nur einmal rollte ein Stein den Abhang herab, vielleicht durch Zufall, vielleicht in einem verfehlten Wurf.« (A 147)

Die dunkle Suggestion, die in diesen Sätzen anklingt, wird am Ende des 5. Kapitels noch weiter getrieben, in eine kaum mehr enträtselbare Bedeutung hinein; das aufs Äußerste reduzierte Bild enthält eine schwer entzifferbare Mitteilung an den Leser, deren Sinn über das bloß Faktische hinausgeht und sich auch in simpler Vorausdeutung auf Kommendes – Karls schimpfliche Entlassung aus dem Hotel – nicht erschöpft:

»Er lehnte schwer am Geländer neben seinem Aufzug, aß langsam den Apfel, aus dem schon nach dem ersten Biß ein starker Duft strömte, und sah in einen Lichtschacht hinunter, der von den großen Fenstern der Vorratskammern umgeben war, hinter denen hängende Massen von Bananen im Dunkel gerade noch schimmerten.« (A 181)

Das Verfahren, unbewußte Empfindungen in blitzartige Augenblicksbilder zu verdichten, ließ Kafka später als Vorläufer des Surrealismus erscheinen; »surrealistische« Motive wie wehende Vorhänge, geheimnisvolle Licht- oder Tonsignale sind in Kafkas Werk häufig anzutreffen.[46] Eine Reihe von ausgeführten Beschreibungen im ›Amerika‹-Roman besteht aus solchen aneinandergefügten Momentaufnahmen, die wie symbolische Chiffren auf einen jenseits des Textes liegenden verborgenen Sinn zu verweisen scheinen:

»In den wahllos hingestellten einzelnen Mietskasernen zitterten die vielen Fenster in der mannigfaltigsten Bewegung und Beleuchtung, und auf all den kleinen, schwachen Balkonen hatten Frauen und Kinder vielerlei zu tun, während um sie herum, sie verdeckend und enthüllend, aufgehängte und hingelegte Tücher und Wäschestücke im Morgenwind flatterten und mächtig sich bauschten.« (A 124)

Es wäre jedoch falsch, solche Bilder einseitig als Chiffren einer universellen »Angst« zu interpretieren, wie es die Forschung in einer an Kierkegaard und dem Existentialismus geschulten Begrifflichkeit häufig getan hat;[47] dem widerspricht eine andere Seite der Kafkaschen Dichtung, die mit dem Stichwort Humor nur unzureichend charakterisiert ist; eher könnte man von zweckfreiem Spiel sprechen.[48] Solche Momente, in denen eine groteske, an Chaplinfilme erinnernde Komik zum Ausdruck kommt, sind im ›Amerika‹-Roman häufig anzutreffen:

»Die meisten wollten etwas aus der Portierloge holen oder etwas dort abgeben, so sah man immer auch ungeduldig fuchtelnde Hände aus dem Gedränge ragen. Einmal hatte einer ein Begehren wegen irgendeiner Zeitung, die sich unversehens von der Höhe aus entfaltete und für einen Augenblick alle Gesichter verhüllte.« (A 221)

Eindeutig positive Bilder sind im Roman selten; sie kreisen meist um die in Europa zurückgelassene Familie, deren durch die Erinnerung verklärtes Glück Karl, als Gegenbild gegen die hektische Betriebsamkeit Amerikas, heraufbeschwört; die Schilderung enthält wörtliche Anklänge an eine ähnliche Familienszene in der Erzählung ›Die Verwandlung‹:

»Nicht viel anders – jetzt war es schon lange her – war Karl zu Hause am Tisch der Eltern gesessen und hatte seine Aufgaben geschrieben, während der Vater die Zeitung las oder Bucheintragungen und Korrespondenzen für einen Verein erledigte und die Mutter mit einer Näharbeit beschäftigt war und hoch den Faden aus dem Stoffe zog. (...) Wie still war es dort gewesen!« (A 294 f., vgl. E 119)

b) Personenschilderung

Auffallend ist zunächst, daß der Leser von den Protagonisten des Romans kein genaues Bild erhält. Karl Roßmann wird, wie bereits erwähnt, an keiner Stelle von außen beschrieben. Er wird lediglich indirekt, z. B. in der Bemerkung eines Küchenmädchens, als »schöner Knabe« charakterisiert (A 18). Vom Heizer heißt es nur, daß er ein »riesiger Mann« ist (A 10); später, während er in der Kapitänskajüte seine Beschwerden vorbringt, kommen ein paar isolierte Details hinzu: sein »Hosengürtel, der durch seine aufgeregten Bewegungen mit dem Streifen eines gemusterten Hemdes zum Vorschein gekommen war« (A 41) und die »rissige, fast leblose Hand« (A 44), die Karl zum Abschied küßt. Auch die übrigen in der Kapitänskajüte versammelten Personen werden durch ein solches, aus dem Zusammenhang gelöstes Detail charakterisiert: der Zollbeamte, »der fast ununterbrochen ein kleines Geräusch mit den Zähnen vollführte« (A 20), der Kapitän, der mit dem Griff seines Degens spielt (ibid.), und der Onkel, der mit seinem dünnen Bambusstöckchen die Vorgänge in der Kajüte stumm kommentiert (ibid.). Diese Reduzierung der Person zu einem einzigen charakteristischen Merkmal läßt sich durch den ganzen Roman verfolgen. Auf der Fahrt zum Landhaus bei New York sieht Karl »nichts anderes als Herrn Pollunders dunkle Weste, über die quer eine dunkle Kette ruhig hing« (A 65); später, während des Essens, bedeckt Herr Pollunder »den größeren Teil seines Gesichtes mit der Serviette« (A 72); Brunelda wird durch ihr Doppelkinn (A 252), ein nicht näher bezeichneter »Bursche« durch seine zerfressene Nase charakterisiert (A 235, 249). Auffallend ist in diesem Zusammenhang die Häufigkeit der Bärte, auf die schon Martin Walser hingewiesen hat:[49] Robinson und Delamarche haben »unordentliche Bärte« (A 115), der Student hat einen Spitzbart (A 293), der Oberkellner einen glänzenden, schwarzen Schnurrbart, »weit in Spitzen ausgezogen, so wie ihn Ungarn tragen« (A 192). Einen besonders prächtigen Bart trägt der Diener im Landhaus Pollunders:

»Sein Gesicht erschien etwas steif durch einen großen, weißen Vollbart, der erst auf der Brust in seidenartige Ringel ausging. ›Es muß ein treuer Diener sein, dem man das Tragen eines solchen Bartes erlaubt‹, dachte Karl und sah diesen Bart unverwandt der Länge und Breite nach an.« (A 87)

Charakteristisch ist die verbale Dynamik, mit der solche Details ins Bild gebracht werden; sie werden in ihrer Bewegung festgehalten wie auf einem erstarrten Filmbild. »Karl sah nur ihr Doppelkinn an, das bei der Wendung des Kopfes auch mitrollte«, heißt es bei der Beschreibung Bruneldas (A 252); »man sah im Lichte der Automobillaternen den Mund jedes einzelnen weit geöffnet« (A 282); »in einem (...) Wutanfall sprang Delamarche – sein gelöstes Schlafrockseil beschrieb eine große Figur in der Luft – auf Karl los« (A 290).[50] Während in solchen Details die exakte Wiedergabe bis an die Grenze des Sichtbaren getrieben wird, wirken die wenigen ausführlicheren Personenschilderungen, die sich im Roman finden, merkwürdig verschwommen und abstrakt. Sie geben eher, in metaphorischer Verdichtung, den Gesamteindruck der betreffenden Person, als ein nachprüfbares Bild ihrer äußeren Erscheinung:

»Übrigens hatte man, wenn er so neben Herrn Green stand, den deutlichen Eindruck, daß es bei Herrn Pollunder keine gesunde Dicke war; der Rücken

war in seiner ganzen Masse etwas gekrümmt, der Bauch sah weich und unhaltbar aus, eine wahre Last, und das Gesicht erschien weich und geplagt.
Dagegen stand hier Herr Green, vielleicht noch etwas dicker als Herr Pollunder, aber es war eine zusammenhängende, sich gegenseitig tragende Dicke, die
Füße waren soldatisch zusammengeklappt, den Kopf trug er aufrecht und
schaukelnd; er schien ein großer Turner, ein Vorturner, zu sein.« (A 98)

Hier wird, mit dem Wort »Vorturner«, Greens gesellschaftliche
Stellung, sein Verhältnis zu Pollunder und zu Karls Onkel, direkt an-
gegeben. Normalerweise bedient sich Kafka zumeist der indirekten
Charakterisierung, indem er, Lessings Rezept folgend, das Koexisti-
rende in Konsekutives, Beschreibung in Handlung auflöst. So wird,
während des Abendessens im Landhaus Pollunders, Herr Green durch
den Widerspruch zwischen seinen Reden und den Tischmanieren, die
diese Reden begleiten, charakterisiert:

»›Ja, es gibt noch Treue auf der Welt‹, sagte Herr Green und führte
einen Bissen in den Mund, wo die Zunge, wie Karl zufällig bemerkte, mit
einem Schwunge die Speise ergriff. Ihm wurde fast übel und er stand auf.«
(A 72)

Das Essen dient als ständiges Mittel der Charakterisierung von
Karls Gefährten Robinson und Delamarche, die, ähnlich wie die drei
Bankbeamten im ›Prozeß‹ und die beiden Gehilfen im ›Schloß‹,
stets als Einheit auftreten. Gleich am ersten Tag der Bekanntschaft
macht sich Delamarche über die »Veroneser Salami« her, die Karl als
Reiseproviant mit sich führt:

»Karl mußte sie auspacken, der Franzose nahm sie zu sich, um sie mit seinem dolchartigen Messer zu behandeln und fast ganz allein aufzuessen.«
(A 123)

Das Martialische des Vorgangs, das in dem »dolchartigen Messer«
bildhaft zum Ausdruck kommt, charakterisiert zugleich die aggressive
Brutalität von Karls Gefährten. Unterwegs machen sie in einem
Wirtshaus halt und verzehren

»an einem, wie es Karl schien, eisernen Tisch fast rohes Fleisch, das man
mit Messer und Gabel nicht zerschneiden, sondern nur zerreißen konnte. Das
Brot hatte eine walzenartige Form, und in jedem Brotlaib steckte ein langes
Messer. Zu diesem Essen wurde eine schwarze Flüssigkeit gereicht, die im
Halse brannte. Delamarche und Robinson schmeckte sie aber, sie erhoben oft
auf die Erfüllung verschiedener Wünsche ihre Gläser und stießen miteinander
an, wobei sie ein Weilchen lang in der Höhe Glas an Glas hielten.« (A 127 f.)

Fast alles in dieser Beschreibung drückt Karls Abscheu vor dem Essen aus; zugleich läßt sich an diesem Abschnitt Kafkas Verfrem-

dungstechnik genau studieren. Die Speisen werden nicht mit ihren ge
wöhnlichen Namen benannt, sondern mit Worten, die andere Gegen
stände bezeichnen: das »walzenartige« Brot, das »fast rohe« Fleisch
das eher für eine Raubtierfütterung bestimmt scheint als für Menschen
(gemeint ist wohl Beefsteak), und die schwarze, brennende Flüssig
keit – vielleicht Whisky oder Coca-Cola; selbst der Tisch *scheint* nu
eisern zu sein. An anderer Stelle im Roman ist von einer »goldfarbi
gen Suppe« die Rede, die Karl nur mit Widerwillen hinunterbring
(A 71). Solche Momente muß man vor dem Hintergrund von Kafka
Leben sehen, in dem – wie die Tagebücher bezeugen – die Abnei
gung gegen gewisse Speisen fast pathologischen Charakter trägt (Kaf
ka war Vegetarier).[51] Von hier aus wird die ekelerregende Genauig
keit, mit der Kafka die physiologischen Vorgänge des Essens und
Trinkens schildert, erst voll verständlich:

»›So‹, sagte Karl, starrte in den rasch sich leerenden Korb und horcht
auf das eigentümliche Geräusch, das Robinson beim Trinken hervorbrachte
da ihm die Flüssigkeit zuerst weit in die Gurgel eindrang, dann aber mit ei
ner Art Pfeifen wieder zurückschnellte, um erst dann in großem Erguß in di
Tiefe zu rollen.« (A 140)

Ein Musterbeispiel dieser Art findet sich im 7. Kapitel des ›Ameri
ka‹-Romans, wo Robinson, während eines längeren Gesprächs mi
Karl, sein Abendbrot zu sich nimmt: der minuziös geschilderte Eßvor
gang zieht sich wie ein Leitmotiv durch das ganze Kapitel. Er dien
nicht allein zur indirekten Charakterisierung Robinsons, sondern be
zeichnet zugleich den Ekel, den Karl beim Zuschauen empfindet, ob
wohl seine Reaktion mit keinem Wort erwähnt wird:

»›Wie willst du denn zum Beispiel das anstellen, heute abend wegzuge
hen?‹ fragte Robinson, der das Weiche aus dem Brot herausgeschnitten hatt
und sorgfältig in dem Öl der Sardinenbüchse tränkte.« (A 260)
»›Nun, solange es nicht geläutet hat, dürfen wir nicht hineingehen‹, sagt
Robinson, der mit möglichst weit geöffnetem Mund das fette Brot verspeiste
während er mit einer Hand das vom Brot herabtropfende Öl auffing, un
von Zeit zu Zeit das noch übrige Brot in diese, als Reservoir dienende, hohl
Hand zu tauchen.« (ibid.)
»›Freilich ist sie eine Sängerin, und eine große Sängerin‹, antwortete Ro
binson, der eine große Bonbonmasse auf der Zunge wälzte und hie und d
ein Stück, das aus dem Mund gedrängt wurde, mit dem Finger wieder zu
rückdrückte.« (A 263)

Kafkas Speisenabscheu hat seine Wurzeln in der frühen Kindhei
des Dichters, in der autoritären Erziehung durch den Vater, der be
Tisch streng über die Eßmanieren seiner Kinder wachte, während e

selbst sich die Nägel schnitt oder mit einem Zahnstocher die Ohren reinigte.[52] Freud, der die nachhaltigen Folgen solcher Kindheitserlebnisse für die spätere Entwicklung aufgedeckt hat,[53] verweist gleichzeitig auf die sexualmetaphorische Bedeutung des Essens, als Ersatz für Sexualbetätigung, die auf die frühkindlich-orale Stufe fixiert bleibt: aus Kafkas Speisenabscheu wäre demnach auf ein gestörtes Verhältnis zur Sexualität zu schließen. Dieser Befund läßt sich überprüfen an einer anderen Szene aus dem ›Amerika‹-Roman, die Karls Verführung durch das Dienstmädchen schildert. Auch hier kehrt die gleiche auf Abscheu beruhende Distanz wie bei der Beschreibung des Essens wieder; im Gegensatz aber zur ekelerregenden Genauigkeit der Eßszenen fallen die physischen Details des Sexualaktes der Verdrängung anheim:

> »Einmal aber sagte sie ›Karl‹ und führte ihn, der noch über die unerwartete Ansprache staunte, unter Grimassen seufzend in ihr Zimmerchen, das sie zusperrte. Würgend umarmte sie seinen Hals, und während sie ihn bat, sie zu entkleiden, entkleidete sie in Wirklichkeit ihn und legte ihn in ihr Bett, als wolle sie ihn von jetzt niemandem mehr lassen und ihn streicheln und pflegen bis zum Ende der Welt. (...) Dann legte sie sich auch zu ihm und wollte irgendwelche Geheimnisse von ihm erfahren, aber er konnte ihr keine sagen, und sie ärgerte sich im Scherz oder Ernst, schüttelte ihn, horchte sein Herz ab, bot ihre Brust zum gleichen Abhorchen hin, wozu sie aber Karl nicht bringen konnte, drückte ihren nackten Bauch an seinen Leib, suchte mit der Hand, so widerlich, daß Karl Kopf und Hals aus den Kissen herausschüttelte, zwischen seinen Beinen, stieß dann den Bauch einige Male gegen ihn, – ihm war, als sei sie ein Teil seiner selbst, und vielleicht aus diesem Grunde hatte ihn eine entsetzliche Hilfsbedürftigkeit ergriffen. Weinend kam er endlich nach vielen Wiedersehenswünschen ihrerseits in sein Bett.« (A 38)[54]

c) Licht und Dunkel

Kafkas Welt ist manichäisch. Licht und Dunkel sind in ihr streng geschieden; sie dienen nicht allein zur Schaffung eines atmosphärischen Hintergrunds, sondern sie umgeben, ähnlich wie die Beleuchtungseffekte eines Bühnenscheinwerfers, Dinge und Menschen mit einer symbolischen Aura, die, je nachdem, Gutes oder Böses verheißt.[55] Gleich im ersten Satz des Romans erscheint die Freiheitsstatue im Hafen von New York, ohne erkennbaren äußeren Anlaß, »wie in einem plötzlich stärker gewordenen Sonnenlicht« (A 9). Parallel dazu ist die Loge des Präsidenten der Vereinigten Staaten, deren Bild Karl Roßmann im ›Naturtheater von Oklahoma‹ betrachtet, erfüllt von Strahlen eines »weißen und doch milden Lichts« (A 327). Während die pompöse Beleuchtung hier fast überirdisch erscheint, ist das Licht im Hause des Onkels mehr irdischer Natur; es drückt das gesteigerte Lebensgefühl aus, das Karl in der neuen Umgebung empfindet:

> »Das Licht, das in sein Zimmer durch zwei Fenster und eine Balkontüre eindrang, brachte Karl immer wieder zum Staunen, wenn er des Morgens aus seiner kleinen Schlafkammer hier eintrat.« (A 48)

Weniger behaglich erscheint Karl das »sprühende(n) elektrische(n) Licht« im Telegraphensaal des Onkels (A 58), wenn auch in der Beschreibung die Faszination vor dieser Errungenschaft des allermodernsten Amerika mitschwingt. Es ist verwandt mit jenem »mächtigen Licht« einer New Yorker Straße, »das dem betörten Auge so körperlich erschien, als werde über dieser Straße eine alles bedeckende Glasscheibe jeden Augenblick immer wieder mit aller Kraft zerschlagen« (A 49). Im Landhaus Pollunders herrscht Finsternis; die Elektrizität ist noch nicht bis hierher vorgedrungen. Der verwinkelte Bau, der sogar eine Kapelle mit einschließt, erinnert an eine mittelalterliche Burg; in den Gängen sieht Karl »alle zwanzig Schritte einen reich livrierten Diener mit einem Armleuchter stehen« (A 77), ein seltsamer Anachronismus im »allermodernsten« Amerika. Später, als er sich allein durch die Finsternis tastet, stößt er mit einem solchen Diener zusammen und führt mit ihm das folgende, doppelsinnige Gespräch:

> »›Ach so‹, sagte der Diener, ›wir haben das elektrische Licht noch nicht eingeführt.‹
> ›Ich weiß‹, sagte Karl.
> ›Wollen Sie nicht Ihre Kerze an meiner Lampe anzünden?‹ fragte der Diener.
> ›Bitte‹, sagte Karl und tat es.
> ›Es zieht hier so auf den Gängen‹, sagte der Diener, ›die Kerze löscht leicht aus, darum habe ich eine Laterne.‹
> ›Ja, eine Laterne ist viel praktischer‹, sagte Karl.
> ›Sie sind auch schon von der Kerze ganz betropft‹, sagte der Diener und leuchtete mit der Kerze Karls Anzug ab.
> ›Das habe ich ja gar nicht bemerkt!‹ rief Karl.« usf. (A 87 f. vgl. auch die Erörterungen über Taschenlampen A 78)

Zwielicht herrscht vor in den sozialen Niederungen von Kafkas Amerika. Es ist jenes »trübe(s) (...) längst abgebrauchte(s) Licht«, das die Kabine des Heizers erfüllt (A 10); die Konturen New Yorks verschwimmen im Dunst (A 49, 125), und die Zeiger der Uhr im Restaurant des Hotels Occidental sind durch den Rauch hindurch kaum zu erkennen (A 134). Das diffuse Licht wirkt wie ein Schleier, der die Gegenstände mehr verhüllt als freigibt: der Tag wird zur Nacht, und die Nacht zum Tage.

»Die klare Nacht mit dem ihm zugeneigten vollen Mond stand frei für jedermann, und draußen im Freien vielleicht Furcht zu haben schien Karl sinnlos.« (A 75)[56]

Der Mondschein wirkt als Zauber, der die Zwänge des Alltags aufhebt. Das zeigt sich deutlich in der Wahlszene im 7. Kapitel des Romans: während die Scheinwerfer, die das nächtliche Spektakel erhellen, die allgemeine Verwirrung nur vergrößern, indem sie die Zuschauer blenden oder hie und da ein sinnverwirrendes Detail – eine Glatze, einen Zylinder – hervorheben (A 278 f., vgl. auch A 288; »unsichere Beleuchtung, die ... wie völlige Finsternis wirkte«), bereitet der Mond dem Spuk ein Ende:

»Es war eine ganz andere Welt, in der er sich nun, außerhalb des Vorhangs, schnell erhob. In der frischen Nachtluft, im vollen Schein des Mondes ging er einigemal auf dem Balkon auf und ab. Er sah auf die Straße, sie war ganz still (...) in der Gasse, in der am Abend innerhalb des wüsten allgemeinen Lärms das Schreien eines Wahlkandidaten von tausend anderen Stimmen nicht hatte unterschieden werden können, hörte man nun deutlich das Kratzen des Besens auf dem Pflaster.« (A 293)

Die Nacht, in der Kafka seine Romane und Erzählungen schrieb, ist seine bevorzugte Sphäre; sie bringt, wenigstens vorübergehend, Ruhe ins Chaos der Wirklichkeit.[57]

6. Bewegung

In Kafkas Tagebuch findet sich unter dem Datum des 11. September 1912 die folgende Eintragung:

»Ein Traum: Ich befand mich auf einer aus Quadern weit ins Meer hineingebauten Landzunge. (...) Ich wußte zuerst nicht eigentlich, wo ich war, erst als ich mich einmal zufällig erhob, sah ich links von mir und rechts hinter mir das weite, klar umschriebene Meer, mit vielen reihenweise aufgestellten, fest verankerten Kriegsschiffen. Rechts sah man New York, wir waren im Hafen von New York. Der Himmel war grau, aber gleichmäßig hell. Ich drehte mich, frei der Luft von allen Seiten ausgesetzt, auf meinem Platze hin und her, um alles sehn zu können. Gegen New York zu ging der Blick ein wenig in die Tiefe, gegen das Meer zu ging er empor. Nun bemerkte ich auch,

daß das Wasser neben uns hohe Wellen schlug und ein ungeheuer fremdlän
discher Verkehr sich auf ihm abwickelte. In Erinnerung ist mir nur, daß stat
unserer Flöße lange Stämme zu einem riesigen runden Bündel zusammenge
schnürt waren, das in der Fahrt immer wieder mit der Schnittfläche je nac
der Höhe der Wellen mehr oder weniger auftauchte und dabei auch noch de
Länge nach sich in dem Wasser wälzte. Ich setzte mich, zog die Füße an mich
zuckte vor Vergnügen, grub mich vor Behagen förmlich in den Boden ein un
sagte: Das ist ja noch interessanter als der Verkehr auf dem Pariser Boule
vard.« (T 288 f.)

Zwischen diesem Text und der Beschreibung des Verkehrs im Hafe
von New York (A 19, 25) besteht ein direkter Zusammenhang, wen
auch die chronologische Reihenfolge nicht eindeutig geklärt ist; wahr
scheinlich fällt die Tagebuchnotiz in die Zeit der Niederschrift de
›Heizer‹-Kapitels, das Kafka am 6. Oktober Max Brod vorlas.[5]
Eine Reihe von Einzelheiten des Traumbilds kehren, geringfügig ab
gewandelt, in der Hafenszene wieder, die Wellen, die Kriegsschiff
(A 19), die zusammengeschnürten Baumstämme, die zu »eigentümli
che(n) Schwimmkörpern« werden (A 25: »Eigentümliche Schwimm
körper tauchten hie und da selbständig aus dem ruhelosen Wasser
wurden gleich wieder überschwemmt und versanken vor dem erstaun
ten Blick;«), die Betonung des Vergnügens, das der Anblick bereite
(A 19: »Vor den drei Fenstern sah er die Wellen des Meeres, und be
Betrachtung ihrer fröhlichen Bewegung schlug ihm das Herz, als hätt
er nicht fünf Tage lang das Meer ununterbrochen gesehen«), un
schließlich der resümierende Kommentar: »Eine Bewegung ohne Ende
eine Unruhe, übertragen von dem unruhigen Element auf die hilflose
Menschen und ihre Werke!« (A 25). Diese »Bewegung ohne Ende
kehrt im Schlußsatz der wenige Tage später entstandenen Erzählun
›Das Urteil‹ wieder, wo es heißt: »In diesem Augenblick ging übe
die Brücke ein geradezu unendlicher Verkehr« (E 68). Kafka hat, Ma
Brod gegenüber, einen Hinweis zur Entschlüsselung dieses Bildes gege
ben, der auch die zuvor zitierten Passagen in neuem Licht erscheine
läßt: »Ich habe dabei an eine starke Ejakulation gedacht.«[59] Ohn
hier tiefenpsychologisch deuten zu wollen, läßt sich doch so viel sa
gen: das lustbetonte Moment spielt bei der Schilderung des »unge
heuer fremdländische(n) Verkehr(s)« (T 289; vgl. auch die Assoziatio
»Pariser Boulevard«, ibid.), im Hafen von New York eine zentral
Rolle, die durch die Reaktion des Betrachters noch unterstrichen wird
»zuckte vor Vergnügen, grub mich vor Behagen förmlich in den Bode
ein« (T 289). Daß es sich hierbei nicht um literarische Fiktion handel
sondern um die authentische Niederschrift eines Traums, erhöht noc

die Beweiskraft solcher Assoziationen. Aber nicht nur in subjektiver, auch in objektiver Hinsicht besteht ein Zusammenhang zwischen dem Gegenstand der Schilderung: dem Schiffsverkehr im Hafen von New York und sexuellen Lustempfindungen; Freud hat auf die Bedeutung von schneller, insbesondere schaukelnder Bewegung als Quelle von Lustgewinn hingewiesen: das Schaukeln der Kinder ist hierfür ebenso ein Symptom wie, im Zeitalter des Automobils, die Faszination durch »schnelle Wagen«.[60] Von hier aus führt ein direkter Weg zu einem zentralen Motiv des ›Amerika‹-Romans, das in der Hafenszene im ersten Kapitel keimhaft vorweggenommen wird: gemeint ist der »immer drängende(r) Verkehr« auf den Straßen von New York (A 49), dessen Schilderung sich wie ein enigmatisches Symbol durch den ganzen Roman hindurchzieht. Der Bildkomplex der rasenden Automobile vereinigt auf vielschichtige Weise drei Komponenten von Kafkas Werk, die mit den Begriffen Naturalismus, Futurismus und Symbolismus nur behelfsmäßig umschrieben sind, und die im folgenden genauer untersucht werden sollen.

Am Anfang des 2. Kapitels, das Karls erste Eindrücke in der neuen Welt schildert, steht das Panorama einer New Yorker Straße, das gleichsam mit einem lauten Fortissimo einsetzt:

»Ein schmaler Balkon zog sich vor dem Zimmer seiner ganzen Länge nach hin. Was aber in der Heimatstadt Karls wohl der höchste Aussichtspunkt gewesen wäre, gestattete hier nicht viel mehr als den Überblick über eine Straße, die zwischen zwei Reihen förmlich abgehackter Häuser gerade, und darum wie fliehend, in die Ferne sich verlief, wo aus vielem Dunst die Formen einer Kathedrale ungeheuer sich erhoben. Und morgens wie abends und in den Träumen der Nacht vollzog sich auf dieser Straße ein immer drängender Verkehr, der, von oben gesehen, sich als eine aus immer neuen Anfängen ineinandergestreute Mischung von verzerrten menschlichen Figuren und von Dächern der Fuhrwerke aller Art darstellte.« (A 48 f.)

Auf den literarhistorischen Kontext dieser Passage: die Erfahrung der technisierten Umwelt, verdichtet im Bild des rasenden Verkehrs, habe ich an anderer Stelle hingewiesen (vgl. S. 285). Unmittelbare Anregung zu dieser Szene könnte Kafka aus Arthur Holitschers Buch ›Amerika heute und morgen‹ geschöpft haben, wo es bei der Schilderung des Straßenverkehrs in Chicago heißt: »Die zappelnden Bewegungen, die die Menschen in Kinematographenaufnahmen bekommen, das Dahinfegen der Filmautomobile sehe ich hier in Natur übertragen.«[61] Auf die Ähnlichkeit von Kafkas Beschreibungstechnik mit der Bewegungsmontage im Stummfilm ist verschiedentlich hingewiesen worden;[62] auch die überdimensional vergrößerten Details in Kafkas Prosa gehören in diesen Zusammenhang (vgl. den vorigen Abschnitt). Daß diese Sehweise nicht erst mit der Erfindung des Films geboren wurde, sondern daß sie untrennbar mit dem Gegenstand der Schilderung: der Großstadt, verknüpft ist, zeigt der Vergleich mit einem fast anderthalb Jahrhunderte früher entstandenen Text, Lichtenbergs Beschreibung von London (in einem Brief an Baldinger vom 10. Januar 1775):

> »In der Mitte der Straße rollt Chaise hinter Chaise, Wagen hinter Wagen und Karrn hinter Karrn. Durch dieses Getöße, und das Sumsen und Geräusch von tausenden von Zungen und Füßen, hören Sie das Geläute von Kirchthürmen, die Glocken der Postbedienten, die Orgeln, Geigen, Leyern und Tambourinen englischer Savoyarden, und das Heulen derer, die an den Ecken der Gasse unter freyem Himmel kaltes und warmes feil haben (...) Wo es breiter wird, da läuft alles, niemand sieht aus, als wenn er spazieren gienge oder observirte, sondern alles scheint zu einem Sterbenden gerufen.«[63]

Die Aktualität dieser Schilderung, »für die es im Genre der Stadtbeschreibung bis zur Jahrhundertwende, im Roman bis zur Mitte des 19. Jahrhunderts keine auch nur annähernd gleichrangige Entsprechung gibt« (Riha),[64] läßt sich anhand eines Textes von Robert Walser überprüfen, der zu Kafkas Lieblingsautoren zählte. In seinem Roman ›Jakob von Gunten‹ (1909) beschreibt Walser die Eindrücke des Helden auf einem Spaziergang durch Berlin, den Lärm und das Gedränge der Großstadt, mit fast den gleichen Wendungen, wie Lichtenberg sie benutzte:

> »Oft gehe ich aus, auf die Straße, und da meine ich, in einem ganz wild anmutenden Märchen zu leben. Welch ein Geschiebe und Gedränge, welch ein Rasseln und Prasseln! Welch ein Geschrei, Gestampf, Gesurr und Gesumme! Und alles so eng zusammengepfercht. Dicht neben den Rädern der Wagen gehen die Menschen, die Kinder, Mädchen, Männer und elegante Frauen; Greise und Krüppel, und solche, die den Kopf verbunden haben, sieht man in der Menge. Und immer neue Züge von Menschen und Fuhrwerken. Die Wagen der elektrischen Trambahn sehen wie figurenvoll-gepfropfte Schachteln aus. Die Omnibusse humpeln wie große, ungeschlachte Käfer vorüber. Dann sind Wagen da, die wie fahrende Aussichtstürme aussehen. Menschen sitzen auf den hocherhobenen Sitzplätzen und fahren allem, was unten geht, springt und läuft, über den Kopf weg. In die vorhandenen Mengen schieben sich neue, und es geht, kommt, erscheint und verläuft sich in einem fort.«[65]

Bei Kafka gewinnt die Darstellung der Großstadt, potenziert durch die Erfahrung der modernen Technik, eine neue Dimension: an die Stelle des pittoresken Nebeneinander, das bei Lichtenberg, aber auch noch bei Robert Walser vorherrscht, tritt die Simultaneität aller Erscheinungen, eine in flirrende Einzelheiten zerspellte Bewegung, die Raum und Zeit sprengt. Ausdrücklich heißt es, daß der immer drängende Verkehr sich nicht nur am Tage, sondern auch »in den Träumen der Nacht« vollzieht – parallel zu Kafkas Bemerkung, daß der Kapitalismus »ein Zustand der Welt *und der Seele*« ist (Hervorhebung von mir, H. C. B.).[66] Daß es sich hierbei nicht um eine Originalschöpfung Kafkas handelt, sondern daß die veränderte Wahrnehmung auf einer veränderten Wirklichkeit beruht, zeigt die folgende Passage aus Rilkes, ungefähr gleichzeitig entstandenem Roman ›Die Aufzeichnungen des Malte Laurids, Brigge‹ (1910). Der Erzähler registriert, im Halbschlaf liegend, die Geräusche einer Pariser Straße:

> »Daß ich es nicht lassen kann, bei offenem Fenster zu schlafen. Elektrische Bahnen rasen läutend durch meine Stube. Automobile gehen über mich hin. (...) Die Elektrische rennt ganz erregt heran, darüber fort, fort über alles. Jemand ruft. Leute laufen, überholen sich. Ein Hund bellt. Was für eine Erleichterung: ein Hund.«[67]

Die Flucht aus der Wirklichkeit der Großstadt in eine vermeintlich unberührte Natur, die Rilke in dem sentimentalen Stoßseufzer der letzten Zeile vollzieht (»Was für eine Erleichterung: ein Hund«), ist für Kafka nicht mehr möglich; er versenkt sich rückhaltlos in den Taumel der technisierten Umwelt, ebenso wie sein Held Karl Roßmann, der deshalb vom Onkel zur Vorsicht gemahnt wird:

> »Er sollte wohl alles prüfen und anschauen, aber sich nicht gefangennehmen lassen. (...) Er selbst habe Neuankömmlinge gekannt, die zum Beispiel statt nach diesen guten Grundsätzen sich zu verhalten, tagelang auf ihrem Balkon gestanden und wie verlorene Schafe auf die Straße hinuntergesehen hätten. Das müsse unbedingt verwirren! Diese einsame Untätigkeit, die sich in einem arbeitsreichen New Yorker Tag verschaut, könne einem Vergnügungsreisenden gestattet und vielleicht, wenn auch nicht vorbehaltlos, angeraten werden, für einen, der hierbleiben wird, sei sie ein Verderben.« (A 50)

Der Onkel tadelt hier, mit fast den gleichen Argumenten wie Georg Lukács, die Haltung des passiven Beobachters und Beschreibers, der nicht nur Karl Roßmann, sondern auch Kafka selbst war. Die Intentionen beider, des Onkels und Georg Lukács' – um die absurde Parallele fortzuführen – sind jedoch diametral einander entgegengesetzt: Lukács kritisiert die kontemplative Beschreibung, weil sie nicht zu den Wurzeln der versteinerten Verhältnisse vorstößt; der Onkel dagegen hat Angst, daß Karl, mit dem fremden Blick des Europäers, die ökonomischen Grundlagen der unmenschlichen amerikanischen

Wirklichkeit erkennen könnte, die für den, der bereits in das System integriert ist, nicht mehr wahrnehmbar sind. Die Zwänge des »arbeitsreichen New Yorker Tag(s)« werden sinnlich anschaubar in dem ungeheuren Tempo, mit dem die Arbeit im allermodernsten Amerika vonstatten geht, wobei Kafka die reale Dynamik des kapitalistischen Alltags noch satirisch überspitzt wie in einem zu schnell laufenden Film:

> »Manchmal begleitete er sie auch auf ihren Besorgungen in der Stadt, die alle höchst eilig ausgeführt werden mußten. Dann liefen sie fast, Karl mit ihrer Tasche in der Hand, zur nächsten Station der Untergrundbahn, die Fahrt verging im Nu, als werde der Zug ohne jeden Widerstand nur hingerissen, schon waren sie ihm entstiegen, klapperten, statt auf den Aufzug zu warten, der ihnen zu langsam war, die Stufen hinauf, die großen Plätze, von denen sternförmig die Straßen auseinanderflogen, erschienen und brachten ein Getümmel in den von allen Seiten geradlinig strömenden Verkehr, aber Karl und Therese eilten eng beisammen in die verschiedenen Büros, Waschanstalten, Lagerhäuser und Geschäfte.« (A 169)

Die Geschwindigkeit teilt sich hier auch den ruhenden Objekten mit: die Straße wird von der bloßen Bühne zum Agens des Geschehens, sie scheint zu fliegen wie die auf ihr dahinjagenden Automobile – eine perspektivische Verzerrung, die jedem Autofahrer geläufig ist. Während Kafka hier die subjektive Sicht seines Helden verallgemeinernd auf die Realität überträgt, verläßt er bei der Schilderung der rasenden Automobile, die, wie in einer modernen Version des fliegenden Holländers, an allen Ecken und Enden des Romans auftauchen, vollends den Rahmen des real Vorstellbaren. Diese Automobile, »die so auffällig in ihrem Bau und so kurz in ihrer Erscheinung waren, daß man nicht Zeit hatte, auch nur das Vorhandensein von Insassen zu bemerken« (A 121), erscheinen dem Betrachter

> »als würden sie in genauer Anzahl immer wieder von der Ferne abgeschickt und in der gleichen Anzahl in der Ferne erwartet. Während des ganzen Tages seit dem frühesten Morgen hatte Karl kein Automobil halten, keinen Passagier aussteigen gesehen.« (A 131)

Hiermit ist der Punkt angezeigt, wo die futuristische Vision von Amerika zu einem symbolischen Bild erstarrt, das ebenso vieldeutig ist, wie es, im gleichen Atemzug, sich gegen jede Deutung sperrt. Die Automobile erscheinen als dinggewordene Kommunikation, die zwischen zwei einander entgegengesetzten »Fernen« vermittelt – ein Motiv, das im lyrischen Motto der ›Beschreibung eines Kampfes‹, einem Jugendgedicht Kafkas, bereits auftaucht:

»Und die Menschen gehn in Kleidern / Schwankend auf dem Kies spazieren / Unter diesem großen Himmel, / Der von *Hügeln in der Ferne* / Sich zu *fernen Hügeln* breitet.« (BK 7; Hervorhebung von mir, H. C. B.)

Die Automobile sind, so besehen, von der gleichen Art wie die Boten und Kuriere, die in Kafkas Schriften eine wichtige Rolle spielen; ihre dinggewordene Funktionalität kehrt, aufs äußerste reduziert, in der Erzählung ›Blumfeld, ein älterer Junggeselle‹ wieder, im Motiv der beiden Pingpongbälle, deren einzige Aufgabe darin besteht, auf und nieder zu hüpfen. Die groteske Komik, die sich im zweckfreien Spiel der Dinge manifestiert, bestimmt auch die Schilderung der Automobile im ›Amerika‹-Roman und steht mit ihrem »metaphysischen« Charakter durchaus nicht im Widerspruch:

»Diese Automobile waren, um nur so bald als möglich zu ihrer Herrschaft zu kommen, geradezu ineinandergefahren, jedes wurde vom nachfolgenden vorwärtsgeschoben. Fußgänger, die es besonders eilig hatten, auf die Straße zu gelangen, stiegen zwar hie und da durch die einzelnen Automobile hindurch, als sei dort ein öffentlicher Durchgang, und es war ihnen ganz gleichgültig, ob im Automobil nur der Chauffeur und die Dienerschaft saß oder auch die vornehmsten Leute. Ein solches Benehmen schien aber Karl doch übertrieben, und man mußte sich wohl in den Verhältnissen schon auskennen, um das zu wagen;« (A 230 f.)

7. Vorgänge

Jeder formalen Technik entspricht bei Kafka eine bestimmte inhaltliche Schicht der Wirklichkeitsdarstellung. Die Beschreibung von Bewegungsabläufen macht die technisierte Umwelt im allermodernsten Amerika sichtbar und liefert zugleich Metaphern für Kafkas spezifische Wirklichkeitserfahrung (Beispiel: Autoverkehr); die Schilderung komplexer Vorgänge schließlich bringt die soziale und politische Wirklichkeit der modernen Industriegesellschaft in den Roman ein – wobei die Ohnmacht, die Karl Roßmann angesichts dieser Verhältnisse empfindet, in der naiven Hoffnung zum Ausdruck kommt, er könne sie durch sein Klavierspiel beeinflussen:

»Karl erhoffte in der ersten Zeit viel von seinem Klavierspiel und schämte sich nicht, wenigstens vor dem Einschlafen an die Möglichkeit einer unmittelbaren Beeinflussung der amerikanischen Verhältnisse durch dieses Klavierspiel zu denken. (...) – aber sah er dann auf die Straße, so war sie unverändert und nur ein kleines Stück eines großen Kreislaufes, das man nicht an und für sich anhalten konnte, ohne alle Kräfte zu kennen, die in der Runde wirkten.« (A 53)[68]

Der große Kreislauf, den man nicht verändern kann, ohne alle Kräfte zu kennen, die in ihm wirken, ist die soziale und politische Hierarchie, deren Entscheidungen Karl schon im ›Heizer‹-Kapitel vergeblich zu beeinflussen suchte, um der »Gerechtigkeit« zum Sieg zu verhelfen. Die Antwort, die ihm der Onkel erteilt, ist symptomatisch und nimmt ein Stück amerikanischer Wirklichkeit im Roman vorweg:

> »›Mißverstehe die Sachlage nicht‹, sagte der Senator zu Karl, ›es handelt sich vielleicht um eine Sache der Gerechtigkeit, aber gleichzeitig um eine Sache der Disziplin. Beides und ganz besonders das letztere unterliegt hier der Beurteilung des Herrn Kapitäns.‹« (A 42)

Bereits hier wird sichtbar, wie es mit der Freiheit im Land der »unbegrenzten Möglichkeiten« wirklich steht. An anderer Stelle lobt der Onkel den Eifer, mit dem Karl sich für die Sache des Heizers einsetzt, und fügt hinzu: »Treibe das aber, schon mir zuliebe, nicht zu weit und lerne deine Stellung begreifen« (A 44). Seine Stellung begreift Karl erst allmählich, indem er die Gesetze kennenlernt, die den großen Kreislauf der amerikanischen Ökonomie regieren. Einen ersten Einblick in das System des amerikanischen Kapitalismus erhält er bei seinem Besuch im Geschäft des Onkels, dessen Funktionsweise Kafka höchst genau beschreibt:

> »Es war eine Art Kommissions- und Speditionsgeschäftes, wie sie, soweit sich Karl erinnern konnte, in Europa vielleicht gar nicht zu finden war. Das Geschäft bestand nämlich in einem Zwischenhandel, der aber die Waren nicht etwa von den Produzenten zu den Konsumenten oder vielleicht zu den Händlern vermittelte, sondern welcher die Vermittlung aller Waren und Urprodukte für die großen Fabrikskartelle und zwischen ihnen besorgte. Es war daher ein Geschäft, welches in einem Käufe, Lagerungen, Transporte und Verkäufe riesenhaften Umfangs umfaßte und ganz genaue, unaufhörliche telephonische und telegraphische Verbindungen mit den Klienten unterhalten mußte.« (A 58)

In seiner Interpretation dieses Abschnitts spricht Emrich von den »modernen Vermittlungsorganen«,[69] die in der verwalteten Welt des Spätkapitalismus ähnlich strukturiert sind wie in einem bürokratischen Staat, der die Massen auf andere Weise entmündigt – ein Motiv, das im ›Prozeß‹ und im ›Schloß‹-Roman weiter entwickelt wird. Der »prophetische« Charakter von Kafkas Werk, der in solchen Details sichtbar wird, entspringt nicht metaphysischer Spekulation, sondern, im Gegenteil, genauer Wirklichkeitsschilderung. Die entscheidenden Anregungen schöpfte Kafka nicht aus literarischen Dokumenten (Holitscher, Soukup), sondern aus seinen Berufserfahrungen als Angestellter der Arbeiter-Unfall-Versicherung – eine Stellung, die ihn täglich mit den Folgen der kapitalistischen Ausbeutung konfrontierte. Auf welche Weise diese Erfahrungen in den Roman eingegangen sind, zeigt ein Vergleich der folgenden Tagebuchnotiz mit der Beschreibung der Arbeit im Telegraphensaal des Onkels, im 2. Kapitel des ›Amerika‹-Romans:

»Gestern in der Fabrik. Die Mädchen in ihren an und für sich unerträglich schmutzigen und gelösten Kleidern, mit den wie beim Erwachen zerworfenen Frisuren, mit dem vom unaufhörlichen Lärm der Transmissionen und von der einzelnen, zwar automatischen, aber unberechenbar stockenden Maschine festgehaltenen Gesichtsausdruck, sind nicht Menschen, man grüßt sie nicht, man entschuldigt sich nicht, wenn man sie stößt, ruft man sie zu einer kleinen Arbeit, so führen sie sie aus, kehren aber gleich zur Maschine zurück, mit einer Kopfbewegung zeigt man ihnen, wo sie eingreifen sollen, sie stehn in Unterröcken da, der kleinsten Macht sind sie überliefert und haben nicht einmal genug ruhigen Verstand, um diese Macht mit ihren Blicken und Verbeugungen anzuerkennen und sich geneigt zu machen.« (T 247 f.)

Eine Reihe von Einzelheiten aus dieser Schilderung kehren im Roman wieder: auch hier werden die Menschen durch die entfremdete Arbeit degradiert zu Anhängseln der Maschinen, die sie bedienen; jede menschliche Regung – das Grüßen, das Sprechen – ist abgeschafft, die Bewegungen werden diktiert vom Rhythmus der Maschinen, vom unmenschlichen Tempo der verschärften Ausbeutung im allermodernsten Amerika:

»Der Onkel öffnete die nächste dieser Türen, und man sah dort im sprühenden elektrischen Licht einen Angestellten, gleichgültig gegen jedes Geräusch der Türe, den Kopf eingespannt in ein Stahlband, das ihm die Hörmuschel an die Ohren drückte. Der rechte Arm lag auf einem Tischchen, als wäre er besonders schwer, und nur die Finger, welche den Bleistift hielten, zuckten unmenschlich gleichmäßig und rasch. In den Worten, die er in den Sprechtrichter sagte, war er sehr sparsam, und oft sah man sogar, daß er vielleicht gegen den Sprecher etwas einzuwenden hatte, ihn etwas genauer fragen wollte, aber gewisse Worte, die er hörte, zwangen ihn, ehe er seine Absicht ausführen konnte, die Augen zu senken und zu schreiben. Er mußte auch nicht reden, wie der Onkel Karl leise erklärte, denn die gleichen Meldungen, wie sie dieser Mann aufnahm, wurden noch von zwei anderen Angestellten gleichzeitig aufgenommen und dann verglichen, so daß Irrtümer möglichst ausgeschlossen waren. (...) Mitten durch den Saal war ein beständiger Verkehr von hin- und hergejagten Leuten. Keiner grüßte, das Grüßen war abgeschafft, jeder schloß sich den Schritten des ihm Vorhergehenden an und sah auf den Boden, auf dem er möglichst rasch vorwärtskommen wollte, oder fing mit den Blicken wohl nur einzelne Worte oder Zahlen von Papie-

ren ab, die er in der Hand hielt und die bei seinem Laufschritt flatterten.«
(A 58 f.)

Die Aktualität dieser Schilderung läßt sich an einem mehr als 50 Jahre später entstandenen Text ablesen, der das gleiche Thema, die Arbeit in der New Yorker Telephongesellschaft, beschreibt; die Verfasserin dieses Berichts hat selbst, von Oktober bis Dezember 1969, bei der New Yorker Bell Telephone-Company gearbeitet, ihre Erfahrungen sind authentisch. Sie spiegeln eine amerikanische Wirklichkeit wider, die den Kafkaschen Text längst eingeholt hat; zugleich zeigt sich, daß gerade die scheinbar übertriebenen, unwahrscheinlichen Details von Kafkas Schilderung der Realität der entfremdeten Arbeit am nächsten kommen; Kafkas Realismus wurzelt direkt in seiner Phantastik. Phantastisch anmutende Einzelbeobachtungen Kafkas: das unmenschliche Arbeitstempo, die Unterdrückung jeder spontanen Äußerung, die Erledigung ein- und derselben Arbeit durch drei Angestellte gleichzeitig, kehren fast wörtlich in dem 1970 veröffentlichten Report wieder:

»Das System läuft auf folgendes heraus: wenn man Aufsichtspersonen und Überwacher mit einrechnet, gibt es mindestens drei Verantwortliche für je eine Arbeit, und zwar deshalb, weil das System darauf beruht, Leute aus der niedrigsten Gehaltsgruppe einzustellen, Intelligenz zu unterdrücken und in idiotischen Bahnen zu kanalisieren. Der Vorgang ist genau abgezirkelt: man stellt Frauen ein, die nicht sehr befähigt sind (...), degradiert sie weiter durch die ›wissenschaftliche‹ Auflösung der Arbeit in banale Bestandteile, die keine Initiative und keinen Gebrauch von Intelligenz mehr zulassen; durch permanenten Druck und institutionalisierte Spionage hält man sie in ihrer geduckten, unterdrückten Lage fest.
Das tägliche Leben einer Angestellten der New Yorker Telefon-Gesellschaft besteht aus ständiger Hetze, unter massivem Druck.
Jeder Kontakt mit einem Kunden erfordert einen ungeheuren Aufwand an Schreibarbeit: ein einziges Gespräch, und man hat drei, vier oder sogar fünf verschiedene Formulare auszufüllen. Kein Problem ist auf einfache Weise zu erledigen. Und wenn man nur einen Kunden an die Verkehrs- oder Reparaturabteilung weiterverbindet, muß man dennoch ein CF-1 Formular ausfüllen und abheften. Am Ende des Tages muß man alle Arbeiten, die man erledigt hat, auf einem kleinen Papierstreifen, nach Kategorien getrennt, zusammenstellen und der Aufsicht übergeben (...)«[70]

Als die Autorin des Berichts sich in einem Gespräch mit Kolleginnen darüber beschwert, es sei ungerecht, alten Menschen, Blinden und Kriegsversehrten das Telefon zu sperren, weil sie ihre Rechnungen nicht mehr bezahlen können, erhält sie dieselbe Antwort wie Karl

Roßmann, als er sich für die Rechte des Heizers einsetzte: »Die Frauen fanden meine Einstellung ganz normal, aber sie erzählten mir, daß jede neue Angestellte so denke, daß sie selbst auch einmal so gedacht, diese Einstellung aber überwunden hätten.«[71] Um weitere Parallelen aufzuzeigen, müßte man den gesamten Text zitieren.

Ähnlich unmenschlich wie die Arbeitsbedingungen im Geschäft des Onkels sind die Verhältnisse im Hotel Occidental; auch hier gibt es eine bürokratische Hierarchie: von den Liftjungen bis zum allmächtigen Oberportier, in der jeder jeden bespitzelt; aufgrund einer Denunziation wird Karl am Ende schimpflich entlassen. Die Tätigkeit der Auskunftserteiler im Hotel Occidental erscheint noch entfremdeter als die Arbeit im Telegraphensaal des Onkels: sie reden so schnell, in verschiedenen Sprachen gleichzeitig, »daß oft noch ein Frager mit gespanntem Gesicht zuhorchte, da er glaubte, es gehe noch um seine Sache, um erst nach einem Weilchen zu merken, daß er schon erledigt war« (A 222). Das Wort »erledigt« hat hier einen deutlichen Doppelsinn. Zwischenfragen zu stellen, ist bei dem Tempo der Arbeit unmöglich. Die Analogie der Menschen mit Maschinen geht so weit, daß die Auskunftserteiler, nach der Ablösung, ihre heißgelaufenen Köpfe mit kaltem Wasser übergießen (A 223). Ähnlich wie im Geschäft des Onkels, das die Vermittlung von Waren zwischen den großen Fabrikskartellen besorgt, besteht die Arbeit im Hotel Occidental hauptsächlich in der Kommunikation von Bestellungen, Beschwerden etc.; die Laufburschen, die die Nachrichten überbringen, sind ständig »in gestrecktem Lauf« unterwegs (A 222 f.).

Kafka schildert die amerikanischen Lebens- und Arbeitsverhältnisse nicht einfach »wertfrei«; seine Beschreibung ist parteilich, der Roman enthält eine, wenn auch versteckte, sozialkritische Tendenz. »Die Arbeiter halten es nicht mit den Behörden«, heißt es an einer Stelle (A 245), und eine geschäftliche Besprechung im Landhaus bei New York wird kommentiert mit den Worten: »wenn man Herrn Pollunder nicht gekannt hätte, hätte man ganz gut annehmen können, es werde hier etwas Verbrecherisches besprochen und kein Geschäft« (A 77). Karls Reaktion, nachdem er das Geschäft des Onkels besichtigt hat, ist in diesem Sinne zweideutig: »›Du hast es wirklich weit gebracht‹, sagte Karl (...) ›Das grenzt ja ans Wunderbare‹« (A 59). Der Gedanke organisierter Auflehnung oder gar revolutionärer Veränderung der unmenschlichen Verhältnisse liegt Kafka jedoch ebenso fern wie den Protagonisten seines Romans. Die Demonstrationen streikender Arbeiter, die Kafkas Amerika durchziehen, dienen lediglich als Kulisse; es sind ritualisierte Formen des Protests, der allgemeinen Unzufriedenheit, die längst ins System integriert sind, ebenso wie die Gewerkschaften, die zu Instrumenten der Herrschenden geworden sind: der Oberkellner, der Karl entläßt, einer der Mächtigen in der Hierarchie des Hotels, hat in seiner Jugend selbst die Liftjungen organisiert (A 194). Die von der Gewerkschaft organisierten Demonstrationen laufen genauso mechanisch ab wie die Arbeit im Telegraphensaal oder im Hotel Occidental und sind nicht weniger »entfremdet«: der Gesang der »in winzigen Schritten sich bewegenden Masse« klingt »einheitlicher (...) als der einer einzigen Menschenstimme« (A 65). Bezeichnend ist, daß die Zuschauer auf der Straße »über die eigentlichen Ereignisse im Unklaren« bleiben (ibid.). Diese Perspektive kehrt in der Wahlszene im vorletzten Kapitel des Romans wieder, wo Kafka den Manipulationsmechanismus darstellt, der die politischen Verhältnisse im kapitalistischen Amerika auf scheinbar demokratische Weise regelt. Auch hier bleibt Karl Roßmann als Zuschauer »über die eigentlichen Ereignisse im Unklaren«:

»Unten war hinter den Musikanten der Hauptteil des Aufzuges erschienen. Auf den Schultern eines riesenhaften Mannes saß ein Herr, von dem man in dieser Höhe nichts anderes sah als seine matt schimmernde Glatze, über die er seinen Zylinderhut ständig grüßend hoch erhoben hielt. Rings um ihn wurden offenbar Holztafeln getragen, die, vom Balkon aus gesehen, ganz weiß erschienen; die Anordnung war derartig getroffen, daß diese Plakate von allen Seiten sich förmlich an den Herrn anlehnten, der aus ihrer Mitte hoch hervorragte. Da alles im Gange war, lockerte sich diese Mauer von Plakaten immerfort und ordnete sich immerfort von neuem. Im weiteren Umkreis war um den Herrn die ganze Breite der Gasse, wenn auch, soweit man im Dunkel schätzen konnte, auf eine unbedeutende Länge hin, von Anhängern des Herrn angefüllt, die sämtlich in die Hände klatschten und wahrscheinlich den Namen des Herrn, einen ganz kurzen, aber unverständlichen Namen, in einem getragenen Gesange verkündeten. Einzelne, die geschickt in der Menge verteilt waren, hatten Automobillaternen mit äußerst starkem Licht, das sie die Häuser auf beiden Seiten der Straße langsam auf- und abwärts führten. In Karls Höhe störte das Licht nicht mehr, aber auf den unteren Balkonen sah man die Leute, die davon bestrichen wurden eiligst die Hände an die Augen führen.« (A 278 f.)

Der Subjektivismus der Perspektive ist hier bis ins Äußerste getrieben, bis zu jenem extremen Punkt, wo die sichtbare Außenwelt zum blinden Fleck erstarrt. Der Name des Wahlkandidaten ist ebenso unverständlich wie die Aufschrift der Plakate und Transparente, die als leere, weiße Tafeln erscheinen – ein sarkastischer Hinweis auf die Auswechselbarkeit der politischen Parolen, die längst aufgehört haben, eine Alternative zum bestehenden System zu bieten. Die Wirklichkeit zerfällt in beziehungslose Einzelheiten; die Automobillaternen blenden mehr als sie erhellen, und das einzige, was konkret sichtbar wird, ist die Glatze und der Zylinder des »Herrn« – ein lächerliches Detail, das Kafkas Verständnis von Politik und Geschichte exakt bezeichnet.[72] Karl muß mehrmals nachfragen, ehe er den Sinn der Veranstaltung erfährt: es handelt sich um die Vorstellung eines Wahlkandidaten für das Amt des Bezirksrichters (A 279). Die Situation, in der sich Karl befindet, während er die Wahlversammlung beobachtet, ist nicht weniger verwirrend als die Vorgänge auf der Straße; Brunelda, die einen erotischen Anschlag auf ihn vorhat, hält ihn zwischen ihren Brüsten gefangen und nestelt mit ihren »fetten Händchen« an Karls Hemd (A 280). Der Dialog, der sich zwischen beiden entspinnt, ist doppelbödig; er enthält deutliche sexuelle Anspielungen von seiten Bruneldas, auf die Karl nicht eingeht; zugleich kreist er um ein zentrales Motiv von Kafkas Werk, die Undurchschaubarkeit der äußeren Wirklichkeit:

> »›Willst du nicht durch den Gucker schauen?‹ fragte Brunelda und klopfte auf Karls Brust, um zu zeigen, daß sie ihn meine. ›Ich sehe genug‹, sagte Karl.
>
> ›Versuch es doch‹, sagte sie, ›du wirst besser sehen.‹ ›Ich habe gute Augen‹, antwortete Karl, ›ich sehe alles.‹ Er empfand es nicht als Liebenswürdigkeit, sondern als Störung, als sie den Gucker seinen Augen näherte, und tatsächlich sagte sie nun nichts als das eine Wort ›Du!‹, melodisch, aber drohend. Und schon hatte Karl den Gucker an seinen Augen und sah nun tatsächlich nichts.
>
> ›Ich sehe ja nichts‹, sagte er und wollte den Gucker loswerden, aber den Gucker hielt sie fest, und den auf ihrer Brust eingebetteten Kopf konnte er weder zurück noch seitwärts schieben.
>
> ›Jetzt siehst du aber schon‹, sagte sie und drehte an der Schraube des Guckers.
>
> ›Nein, ich sehe noch immer nichts‹, sagte Karl (...)
>
> ›Wann wirst du denn endlich sehen?‹ sagte sie und drehte – Karl hatte nun sein ganzes Gesicht in ihrem schweren Atem – weiter an der Schraube.
>
> ›Jetzt?‹ fragte sie.
>
> ›Nein, nein, nein!‹ rief Karl, obwohl er nun tatsächlich, wenn auch nur sehr undeutlich, alles unterscheiden konnte.« (A 282 f.)

Diese Passage ist von zentraler Bedeutung nicht allein für die Prosa Kafkas, sondern für die Problematik der Beschreibungsliteratur überhaupt. Während für Brockes noch das Fernrohr ein Mittel zur genaueren Erkenntnis der Wirklichkeit darstellte, wird bei Kafka der Operngucker zu einem Instrument, das die Undurchdringlichkeit der Wirklichkeit noch vergrößert. Der Optimismus der frühen Aufklärung (Brockes) schlägt so, im Laufe einer komplizierten Entwicklung, in sein dialektisches Gegenteil um, einen spätbürgerlichen Skeptizismus, der die Erkennbarkeit der objektiven Welt radikal in Frage stellt.

Das heißt nicht, daß Kafkas Schilderung nur auf subjektiver Phantasie beruht. Die Quelle der Wahlszene im ›Amerika‹-Roman war ein Vortrag des tschechischen Sozialdemokraten Soukup, den Kafka am 2. Juni 1912 in seinem Tagebuch erwähnt:

> »Gestern Vortrag Dr. Soukup im Repräsentationshaus über Amerika. (Die Tschechen in Nebraska, alle Beamten in Amerika werden gewählt, jeder muß einer der drei Parteien – republikanisch, demokratisch, sozialistisch – angehören, Wahlversammlung Roosevelts, der einen Farmer, welcher einen Einwand macht, mit seinem Glas bedroht, Straßenredner, die als Podium eine kleine Kiste mit sich tragen.)« (T 279)

Hier zeigt sich einmal mehr, daß gerade die phantastischen Einzelheiten von Kafkas Schilderung unmittelbar aus der Realität erwachsen; durch die literarische Verfremdung gewinnen sie eine neue Dimension, in der diese Realität gleichsam potenziert erscheint: das Glas, mit dem Roosevelt einen Farmer bedroht, wird bei Kafka zu einer Batterie von Gläsern, die Wahlversammlung wird zum Gelage. Statt eines einzigen Redners gibt es schließlich eine unübersehbare Schar miteinander konkurrierender Redner; das Klatschen der Hände ist »maschinenmäßig« (A 281), der Parteigesang wird emporgebrüllt (A 282), die politische Auseinandersetzung wird von derjenigen Partei entschieden, deren Anhänger am lautesten schreien. Am Ende der Szene herrscht völliges Chaos:

> »Die Menge flutete ohne Plan, einer lag am anderen, keiner stand mehr aufrecht, die Gegner schienen sich durch neues Publikum sehr vermehrt zu haben, (...) der Kandidat redete immerfort, aber es war nicht mehr ganz klar, ob er sein Programm auseinanderlegte oder um Hilfe rief; wenn nicht alles täuschte, hatte sich auch ein Gegenkandidat eingefunden, oder gar mehrere, denn hie und da sah man in irgendeinem plötzlich aufflammenden Licht einen von der Menge emporgehobenen Mann mit bleichem Gesicht und geballten Fäusten eine von vielstimmigen Rufen begrüßte Rede halten.« (A 286 f.)

Daß sich schließlich vollständige Finsternis ausbreitet, nachdem die Gegner des Wahlkandidaten die Automobillaternen seiner Anhänger zertrümmert haben, ist ebenso symptomatisch für Kafkas Weltsicht wie der nachträgliche Kommentar des Studenten, der Karl erklärt, daß der Kandidat keinerlei Chance hat, gewählt zu werden – obwohl er »kein unfähiger Mensch« und sogar »der passende Richter für den Bezirk« ist (A 302). Die Desillusion ist vollkommen; ein Ausweg aus der Entfremdung ist für Kafka nicht denkbar, auch die revolutionäre Umwälzung ändert lediglich »die Zusammenstellung der Glassplitter im Kaleidoskop. Nur sehr kleine Kinder denken, daß sie das Spielzeug umgebaut haben.«[73]

8. Zusammenfassung

Auf den vorangegangenen Seiten sind des öfteren Begriffe wie Bild, Symbol, Metapher aufgetaucht, über deren Anwendbarkeit auf Kafka in der Forschung ein gelehrter Streit entbrannt ist.[74] Kafka selbst hat bekanntlich seine Erzählungen als »Bilder« verstanden wissen wollen; dieser eher vage Begriff bezeichnet in seiner neutralen Offenheit die Eigenart von Kafkas Texten, d. h. die Beziehung von Bedeutendem und Bedeutetem, die ihnen zugrunde liegt, recht genau. Kafkas Bilder bedeuten zunächst einmal nur sich selbst, will sagen: die Summe von Bedeutungen, die ihnen im Kontext des jeweiligen Werks, im Gefüge der Handlung, zukommt. Zu diesen vom Autor »geplanten« Bedeutungen gesellen sich solche privater oder autobiographischer Natur (z. B. die Namen Karl Roßmann, Josef K. oder einfach K., die Anspielungen auf den Namen des Autors enthalten), die oft nur schwer zu entschlüsseln sind, deshalb aber nicht überbewertet werden sollten.[75] Eine weitere Ebene von möglichen Bedeutungen ergibt sich aus der historischen Dimension des Textes, die eng mit seiner Wirkungsgeschichte verknüpft ist: hierher gehören die »prophetischen« Momente von Kafkas Dichtung, die auf bürokratische Gesellschaftsformationen wie Faschismus oder Stalinismus vorauszuweisen scheinen, ebenso wie die philosophischen und theologischen Spekulationen, die sich an Kafkas Werk anschließen. Alle diese Interpretationen sind legitim, solange sie nachprüfbar bleiben. Die Forschung ist zumeist den umgekehrten Weg gegangen: nach den ersten Rezensionen von Kafkas Schriften, noch zu Lebzeiten des Autors oder in den späten 20er Jahren erschienen, die sein Werk konsequent als diesseitig begriffen (vgl. die Kritiken von Robert Musil, Siegfried Kracauer und Walter Benjamin),[76] setzte eine breite Flut metaphysischer Spekulationen ein, die bald jeglicher Grundlage entbehrten. Sie wurden ausgelöst durch Kafkas Freund und literarischen Mentor Max Brod, der den Autor zum »Gottsucher« erklärte, so als habe Kafka religiöse Fragen in dichterischer Verkleidung abhandeln wollen.[77] In der Folgezeit, den 30er und 40er Jahren, wurde Kafka nacheinander mit Ausschließlichkeitsanspruch von den verschiedensten Ideologien reklamiert: Zionismus, Christentum, Existentialismus, Psychoanalyse, Marxismus usw.[78] Anfang der 5oer Jahre setzte eine gegenläufige Entwicklung ein: Kafka wurde zum reinen Dichter erklärt, seine Werke wurden nurmehr »wertfrei«, unter literarisch-immanenten Gesichtspunkten betrachtet.[79] Versuche einer Synthese, wie in dem großen Kafka-Buch von Wilhelm Emrich, das das Fazit aus der bisherigen Forschung zieht, blieben, trotz brauchbarer Einzelergebnisse, unbefriedigend; ähnlich wie viele seiner Vorgänger betrachtet Emrich die ästhetische Form des Kafkaschen Werks als *quantité négligeable,* als literarische Vermummung existentieller Inhalte.[80] Wie sehr auch die formimmanente Betrachtungsweise noch in spekulativer Mystik befangen bleibt, zeigt die ansonsten nüchterne Arbeit von Bezzel über ›Natur bei Kafka‹, in der Sätze auftauchen wie: »das neue Dasein ist das Sein beim Bewußtsein des Funktionalseins, des Immer-in-Relation-Seins. (. . .) Der vom Künstler angestrebte Prozeß ist also die Entsubstanzialisierung der Welt als die Entlarvung ihrer Substanzlosigkeit« usf.[81] Untersuchungen, die sich auf gesichertem Terrain bewegen und nachprüfbare Ergebnisse zeitigen, sind bis heute Ausnahme geblieben. Hier ist einmal die Biographie des jungen Kafka von Klaus Wagenbach zu nennen, die eine Fülle von neuem Material zutage förderte und damit das Fundament für eine vertiefte Kenntnis von Kafkas Leben und Werk legte, zum anderen die Monographie von Klaus Hermsdorf, 1961 in Ostberlin erschienen, die sich auf den ›Amerika‹-Roman konzentriert.[82] Dieser vereinzelt dastehende Versuch einer gründlichen marxistischen Analyse erscheint mir um so wichtiger, weil er die Ansätze einer Kafka-Kritik von Georg Lukács konsequent weiterentwickelt, wenn auch ohne ausdrückliche Berufung auf den ungarischen Philosophen, der seit 1956 in der DDR *persona non grata* ist.[83] Die Auseinandersetzung mit Hermsdorf schließt also zugleich eine Antwort auf die Thesen von Georg Lukács mit ein.

Mit scheint, daß Hermsdorfs wissenschaftlicher Ansatz eine Fülle von neuen Erkenntnismöglichkeiten erschließt, deren konsequente Ausformulierung ihm jedoch aufgrund seiner dogmatischen Realismusauffassung unmöglich gemacht wird. Hermsdorf begreift den ›Amerika‹-Roman als Projektion gegebener sozialer und politischer Verhältnisse, die, gebrochen durch Kafkas individuelle Optik, in verzerrter und entstellter Form im Roman wiederkehren. Die vielfältigen Wechselbeziehungen zur historischen Realität der Zeit: zum »wirklichen« Amerika ebenso wie zu Kafkas Prager Umwelt, erlauben es Hermsdorf, den Roman einzureihen in die Tradition der kritischen Realisten des 19. Jahrhunderts, die er zugleich fortsetzt und transzendiert im Sinne der »spätbürgerlichen Dekadenzliteratur«. Bis hierhin würde ich Hermsdorfs Argumentation, wenn auch mit Vorbehalt, zustimmen; die Koppelung der Realismustheorie mit der normativen Poetik des »sozialistischen Realismus« wird jedoch Kafka an einem entscheidenden Punkt nicht mehr gerecht. Es ist sicher richtig, daß Kafkas extrem subjektivistische Perspektive mit der Forderung des Realismus nach epischer Objektivität, nach Darstellung einer »breiten« Welt mit der Totalität ihrer gesellschaftlichen Widersprüche unvereinbar ist.[84] Hermsdorf übersieht jedoch, daß Kafkas Subjektivismus die Voraussetzung ist für seine Objektivität, daß der begrenzte Wirklichkeitsausschnitt, den Kafka schildert, aufgrund der kompromißlosen Wahrhaftigkeit und Intensität seiner Schilderung, zum Spiegel wird, der Gegenwärtiges und Zukünftiges mit einschließt. Das Zukunftsweisende von Kafkas Werk erwächst aus der exakten Beschreibung eines relativ rückständigen Sektors kapitalistischer Wirklichkeit zu Anfang des 20. Jahrhunderts: Kafkas Prager Umwelt, die der Autor in ein imaginäres Amerika hinein projiziert und die so zugleich utopische und monströse Züge gewinnt: man denke an die Beschreibung der technisierten Umwelt, den »immer drängenden Verkehr« einer New Yorker Straße, an die Schilderung der entfremdeten Arbeit im Telegraphensaal des Onkels oder an die Manipulation der Massen in der Wahlszene (vgl. die entsprechenden Abschnitte des vorliegenden Kapitels). Kafkas Kunst, die eine Kunst des Details ist, macht so am belanglosesten Detail übergreifende Zusammenhänge sichtbar, die sich der präformierten Optik des sozialistischen Realismus entziehen – entsprechend Kafkas Wort, daß wirkliche Realität immer unrealistisch ist.[85] Ihre wichtigste Qualität ist das Staunen, die immer neue Fremdheit gegenüber der Wirklichkeit.[86] Das hat nichts mit einer Überbewertung Kafkas zu tun: die Perspektive der Veränderung, die Möglichkeit einer kollektiven Umwälzung der bestehenden Verhältnisse liegt außerhalb seiner Sicht. In einer Rezension des ›Amerika‹-Romans aus dem Jahre 1927 hat Siegfried Kracauer auf die Grenze von Kafkas Kunst aufmerksam gemacht, ohne deshalb ihre historische Bedeutung zu verneinen:

»Es ließen sich hier und dort Einwände erheben: zu gewichtig werden die Dinge des Alltags genommen, zu wenig ausgesponnen sind gewiß die sozialen Motive und Proteste, die gerade in diesem Roman mehr als in den anderen anklingen. Aber Kafka ist jung gestorben, und seine Werke entziehen sich von einer gewissen Grenze an der Diskussion. Sie sind Dokumente, die gedeutet zu werden verlangen. In einer Sphäre, die kaum jemand außer Kafka auch nur betreten hat, sind sie zu Hause.«[87]

9. Zur Nachwirkung Kafkas auf die spätere Beschreibungsliteratur

Die Geschichte der literarischen Beschreibung endet nicht bei Kafka. Sie hat hier eine äußerste Grenze erreicht, die den Ausgangspunkt der weiteren Entwicklung markiert, so daß Kafka gleichsam als Stammvater der modernen Beschreibungsliteratur erscheint. Gemeint ist die doppelte Bewegung von Kafkas Beschreibung, die, je näher sie im Detail der Wirklichkeit zu Leibe rückt, die Undurchdringlichkeit dieser Wirklichkeit desto evidenter werden läßt. Die äußerste Präzision der Detailschilderung schlägt so im Laufe eines komplizierten Prozesses, der zugleich ein Stück Ideologiegeschichte des Bürgertums ist, um in einen radikalen Zweifel an der objektiven Erkennbarkeit der Wirklichkeit. Die ursprüngliche Funktion der literarischen Beschreibung, eine breite Welt in ihrer bunten Fülle widerzuspiegeln, hat sich in ihr Gegenteil verkehrt: die isolierten Details der Beschreibung sagen mehr aus über das beobachtende Subjekt als über die Wirklichkeit, die es schildert.

Daß diese subjektive Perspektive, die nur noch begrenzte Aussagen zuläßt, nicht eine Erfindung Kafkas ist, sondern Gemeingut seiner literarischen Epoche, zeigt das Beispiel seiner Zeitgenossen Rilke und Robert Walser, die ähnliche Beschreibungstechniken benutzen (vgl. hierzu das vorliegende Kapitel, S. 248), wenn auch nicht in der gleichen paradigmatischen Zuspitzung wie Kafka. In den 20er Jahren ist dieses gebrochene Verhältnis zur Wirklichkeit bereits selbstverständliche Voraussetzung, von der die ästhetisch progressive Literatur ausgeht, ohne daß man daraus auf einen direkten Einfluß Kafkas zu schließen braucht. So benutzt Alfred Döblin, am Anfang seines Romans ›Berlin Alexanderplatz‹ (1929), eine ähnliche Verfremdungstechnik bei der Beschreibung des Essens wie Kafka:

> »Schreck fuhr in ihn, als er die Rosenthaler Straße herunterging und in einer kleinen Kneipe ein Mann und eine Frau dicht am Fenster saßen: die gossen sich Bier aus Seideln in den Hals, ja was war dabei, sie tranken eben, sie hatten Gabeln und stachen sich damit Fleischstücke in den Mund, dann zogen sie die Gabeln wieder heraus und bluteten nicht.«[88]

Die Fremdheit des Blicks, bei Kafka noch eine existentielle Erfahrung, ist hier bereits literarisch vermittelt; sie ergibt sich aus der Situation des Romanhelden, Franz Biberkopf, der soeben aus dem Gefängnis entlassen wurde: er sieht die Welt mit den staunenden Augen eines Kindes. Auch der sentimentale Jargon (»und bluteten nicht«) geht auf sein Konto; der Erzähler übernimmt die Seh- und Redeweise seines Helden, die er, zuweilen parodistisch, zitiert. Von Beschreibung im engeren Sinne kann man hier kaum noch sprechen; an die Stelle der direkten Schilderung tritt das Zitat, die Montage von Realitätspartikeln: Werbetexte, Jargonfetzen, Zeitungsschlagzeilen, Erlebtes und Gedachtes schießen zu einem inneren Monolog zusammen, der die Wirklichkeit nicht mehr nachbuchstabiert, sondern gleichsam beim Wort nimmt.

In der deutschen Nachkriegsliteratur seit 1945 läßt sich der Einfluß Kafkas direkter fassen. Das hängt eng mit der Wirkungsgeschichte seines Werks zusammen, das erst in den 50er Jahren breitere Leserschichten erreichte. Die erste Generation der Kafka-Nachfolger (Hermann Kasack, Hans Erich Nossack u. a.) knüpfte an die metaphysische Komponente seines Werks an, das, im Zeitalter der Ost-West-Spaltung und der atomaren Bedrohung, als rätselhafte Chiffre einer universellen »Angst« interpretiert wurde. Konsequent verlegten diese Autoren die Schauplätze ihrer Romane und Erzählungen in ein imaginäres Niemandsland, dessen Modellcharakter so allgemein und abstrakt konzipiert war, daß es überall und nirgends zugleich bedeuten konnte: der konkrete Realitätsbezug, der bei Kafka stets sichtbar bleibt, verflüchtigte sich bis zur Unkenntlichkeit.[89]

Als Reaktion auf die metaphysische Phase der Kafka-Rezeption betonte die nachfolgende Autorengeneration (Martin Walser, Peter Weiss, Ror Wolf u. a.) konsequent den diesseitigen Charakter von Kafkas Werk. Der entschlossene Materialismus dieser Autoren war zugleich eine Antwort auf die Restaurationsepoche in Westdeutschland und ihre verlogene Wohlstandsideologie. Es ist wiederum kein Zufall, daß sich solche gesellschaftskritischen Tendenzen, unter formaler Anknüpfung an Kafka, vorzugsweise in der Beschreibung monströßer Eßszenen manifestierten. Aus einer Reihe von Beispielen sei hier nur, stellvertretend für vieles, eine Passage aus Peter Weiss' Erzählung ›Der Schatten des Körpers des Kutschers‹ (1960) zitiert:

»Die Löffel heben sich jetzt, gefüllt mit Kartoffelbrocken und Rübenstükken, zu den Mündern empor, die Münder öffnen sich, der Mund der Haushälterin wie zu einem saugenden Kuß, indem sie den Atem schnaufend durch die Nase stößt, der Mund des Hauptmann vorsichtig am künstlichen Gebiß manövrierend, Schnees Mund mit breit aufgezogenen, weißlich entblößten Lippen, der Mund des Doktors, zu einem mühsamen Spalt aufklaffend, der Mund des Hausknechts, vorstoßend wie ein Schnabel, die Zunge lang herausgestreckt und den Löffel erwartend, der Mund des Schneiders, gewählt aufklappend und sich erweiternd zur Maulstarre, mein eigener Mund, mein eigener Mund; und dann der leere Raum für einen neuen, noch unbekannten Mund.«[90]

Die Ungeheuerlichkeit des Gewöhnlichen, Alltäglichen ist hier ebenso Thema wie bei Kafka; zugleich löst sich jedoch die Beschreibung von ihren Gegenständen, sie wird, in der formalen Virtuosität des Textes, zum *l'art pour l'art*. Eine andere Komponente des Kafkaschen Werks hat Reinhard Lettau aufgegriffen, der die gestische Komik von Kafkas Figuren, das zweckfreie Spiel der Bewegungen und Dinge zu einer Art von groteskem Ballett weiterentwickelt hat. Als Beispiel ein kurzer Text aus Lettaus Prosaband ›Auftritt Manigs‹ (1963):

»Manig findet die Straße, er kommt beim Haus an. Die Fenster sind erleuchtet, er sieht die Gesellschaft. Dort stehen zwei Herren im hellen Licht. Einer spricht, dann spricht der andere, dann sprechen beide auf einmal, dann sprechen beide nicht, dann lacht, dann nickt, dann schüttelt den Kopf der eine Herr und dann der andere, dann beide, dann zeigt dieser hierhin, jener hierin, beide dorthin, beide aufeinander, dann tritt einer vor, der andere zurück, beide vor, beide zurück, einer zeigt dem andern eine Hand, der andere diesem beide, Manig weiß es, er kehrt lieber um, soweit die Gesellschaft.«[91]

Der Einfluß Kafkas läßt sich nicht nur an Gegenstand und Art der Schilderung ablesen; auch die rhythmische Struktur, die spezifische Atemlosigkeit des Textes, die sich ähnlich auch bei Peter Weiss findet, geht auf Kafka zurück (vgl. z. B. seine Erzählung ›Auf der Galerie‹, E 154 f.).

Einen vorläufigen Endpunkt in der Entwicklung der modernen Beschreibungsliteratur, die ohnehin nur eine kurze Episode in der westdeutschen Nachkriegsliteratur darstellte, markierte der Auftritt Peter Handkes auf der Tagung der Gruppe 47 im Frühjahr 1966; Handke, der selbst als Verfasser deskriptiver Prosa debütierte (vgl. seinen Roman ›Die Hornissen‹, 1966), erregte hier Aufsehen, indem er das Stichwort »Beschreibungsliteratur« polemisch gegen nicht näher bezeichnete Tendenzen der westdeutschen Gegenwartsliteratur ausspielte.[92]

Einen anderen Weg als im deutschen Sprachraum ging die Kafka-Rezeption in Frankreich, wobei auch hier die Rückbesinnung auf Kafka mit der Entwicklung neuer Deskriptionsformen Hand in Hand ging. Die Surrealisten, die sich später selbst auf Kafka beriefen, wollten in ihrem ersten, 1924 erschienenen Manifest die verbrauchte Form der Beschreibung, zusammen mit dem Ballast des psychologisch-realistischen Romans, kurzerhand über Bord werfen. André Breton schreibt in diesem Zusammenhang:

»Und die Beschreibungen erst! Nichts kann nichtssagender sein als sie; übereinandergeschichtete Katalogbilder sind das, der Verfasser macht es sich immer leichter, er ergreift die Gelegenheit, mir seine Ansichtskarten zuzuschieben, versucht mein Einverständnis zu gewinnen mit seinen Gemeinplätzen (...) Ich bin nicht bereit, gelten zu lassen, daß sich der Geist, selbst für einen Moment nur, solcher Motive annimmt (...) Diese Beschreibung eines Zimmers – man erlaube mir, darüber wie über vieles andere *hinwegzugehen*.«[93]

Beschreibung wird hier, im bilderstürmerischen Elan der Surrealisten, gleichgesetzt mit bürgerlicher Literaturtradition, kultivierter Langeweile. Der Existentialismus, der, noch vor der Wiederentdeckung Kafkas in Deutschland, den Autor für sich reklamierte, betonte den metaphysischen Charakter seines Werks als adäquaten Ausdruck der eigenen »absurden« Welterfahrung (Camus).[94] Im Gegenschlag dazu entstand Mitte der 50er Jahre in Frankreich eine neue Spielart der Beschreibungsliteratur, der *nouveau roman* bzw. »Dingroman« (Lukács)[95] von Robbe-Grillet und Butor, der wiederum direkt an Kafka anknüpfte. In den Romanen dieser Autoren wird die Außenwelt, durch die bis an die Grenze der Sichtbarkeit getriebene Präzision der Beschreibung, in atomisierte Details aufgelöst, die in keinem erkennbaren Sinneszusammenhang mehr stehen und dadurch die Gewißheiten des Lesers, seine eingeübten Lesegewohnheiten, in Frage stellen. Diese neue Sehweise hängt eng zusammen mit der Entwicklung des Films, die schon Kafkas Optik beeinflußte; Robbe-Grillet hat selbst Filme gedreht.[96] In seinem programmatischen Essay ›Zeit und Beschreibung im heutigen Roman‹ (1963) hat er den Funktionswandel der Beschreibung theoretisch zu fassen versucht:

»Während die Bemühungen um Beschreibung den ganzen Roman ergriffen, verloren diese gleichzeitig ihre traditionelle Bedeutung. Es geht für sie nicht mehr um einleitende Festlegung des Rahmens. Früher diente die Beschreibung dazu, die großen Linien eines Dekors nachzuzeichnen, sodann ein paar besonders aufschlußreiche Elemente zu beleuchten; jetzt spricht sie nur noch von Objekten, die nichts bedeuten oder die sie zumindest bedeutungslos zu machen sucht. Früher erhob sie den Anspruch, eine schon vorher existierende Wirklichkeit zu reproduzieren; jetzt bekräftigt sie ihre eigene schöpferische Funktion. Und schließlich zeigte sie früher die Dinge, während sie jetzt diese zu zerstören scheint, als ob ihre Besessenheit, von ihnen zu sprechen, nur zum Ziele hätte, die Linien zu verwirren, sie unverständlich zu machen oder sie gar vollkommen zum Verschwinden zu bringen.«[97]

Die Kritik hat, gegen die Theorie und Praxis des *nouveau roman* die klassischen Argumente der Gegner der Beschreibungsliteratur in vergröberter, vulgarisierter Form wiederholt, gipfelnd im Vorwurf der Langeweile:

»Hier liegt der Hund begraben: Robbe-Grillet hat nichts zu sagen. Deswegen sind seine Bücher steril und im Grunde meist langweilig. Er verfügt – kein Zweifel – über ein gutes Instrument. Aber er kann auf diesem Instrument nicht spielen. Das ist bedauerlich für seine Leser und für ihn selber wohl qualvoll.« (Marcel Reich-Ranicki)[98]

Genauer als solche Invektiven, die hinter das Reflexionsniveau des angegriffenen Autors zurückfallen, hat der französische Kritiker Roland Barthes die Eigenart und damit zugleich auch die Grenzen des *nouveau roman* charakterisiert. Er hat hingewiesen auf die ontologischen Grundlagen von Robbe-Grillets Beschreibungstechnik, die das einzelne Objekt aus seinem Funktionszusammenhang isoliert und in seinem bloßen Sosein fixiert. Die Gefahren einer solchen Sehweise, die über dem starren Sein die Bewegung, über dem Bestehenden die Möglichkeit der Veränderung vergißt, liegen auf der Hand (vgl. Stifter). Sie ist Ausdruck einer restaurativen Ideologie, die in der Existenzphilosophie Heideggers ihre ontologische Entsprechung findet:

»Die von einem Automaten auf ein Sandwich gelegte Tomatenscheibe, die nach der Methode Robbe-Grillets beschrieben wird, bildet ein Objekt ohne Erbe, ohne Verbindung und ohne Beziehungen, ein hartnäckiges, streng in seine Partikel eingeschlossenes Objekt, das nichts anderes suggeriert als sich selbst, und das den Leser nicht in ein funktionales oder substantielles ›Anderes‹ hineinzieht. ›Die conditio des Menschen besteht darin, *da* zu sein.‹ Robbe-Grillet hat anläßlich von ›Warten auf Godot‹ an dieses Wort Heideggers erinnert. Auch die Objekte Robbe-Grillets sind dazu geschaffen, *da* zu sein. Die ganze Kunst des Autors besteht darin, dem Objekt sein Da-sein zu geben und ihm das Etwas-sein zu nehmen.«[99]

10. Fazit

Was »Beschreibungsliteratur« konkret bedeutet, erscheint am Ende der vorliegenden Arbeit nicht viel klarer als an ihrem Anfang. Es handelt sich dabei um ein von der Kritik geprägtes Schlagwort, unter das die verschiedensten literarhistorischen Erscheinungen – von der »malenden Poesie« des 18. Jahrhunderts über die Naturschilderung bei Stifter bis hin zum französischen *nouveau roman* – unterschiedslos subsumiert wurden, um sie als banal und langweilig abzuqualifizieren zu können. Dadurch wird der irreführende Eindruck erweckt, die Beschreibungsliteratur sei ein selbständiges Genre oder eine einheitliche Literaturform, deren Merkmale sich im Lauf der Jahrhunderte kaum geändert hätten. Genauer wäre es, von einer beschreibenden Technik oder Methode zu sprechen, die von Haus aus in allen Gattungen anzutreffen ist, unter bestimmten Umständen – im Lehrgedicht des 18. und in gewissen Romanen des 19. und 20. Jahrhunderts – aber dominierend wird. Die Hauptkennzeichen dieser Art von Literatur sind von ihren Kritikern übereinstimmend so charakterisiert worden: 1. ihre Handlungsarmut, die sich »der Fiktion pausenlos-aufgeregter Ereignisse verweigert« (Arno Schmidt)[100]; 2. der Fetischismus des Dings (Lukács)[101], der die natürliche oder selbstgeschaffene Umwelt des Menschen wichtiger erscheinen läßt als den Menschen selbst. Damit ist jedoch nur der äußere Rahmen abgesteckt, in dem sich die Beschreibungsliteratur bewegt; die konkreten Intentionen, die mit Hilfe dieser Methode verwirklicht werden, sind von Epoche zu Epoche und von Autor zu Autor verschieden. Im 18. Jahrhundert dient die beschreibende Poesie zunächst der Popularisierung neuer naturwissenschaftlicher Erkenntnisse (Brockes); die Natur wird als utopischer Freiraum der ständischen Hierarchie der Feudalgesellschaft gegenübergestellt (Haller); die ästhetische Emanzipation des Bürgertums, seine gesteigerte Wahrnehmungs- und Erlebnisfähigkeit, wird zur Vorstufe der politischen Emanzipation (Kleist). Stifter will dem Subjektivismus der Romantik die strenge Objektivität wissenschaftlicher Tatsachenbeschreibung entgegensetzen, gerät dabei jedoch, bewußt oder unbewußt, in den Sog der politischen Restauration nach 1848; seine Naturschilderung trägt den Stempel der gesellschaftlichen Verhältnisse, denen er entfliehen wollte. Kafka drückt die Erfahrung der menschlichen Entfremdung, die atomisierte Existenz des einzelnen in der Großstadt, in blitzartig verdichteten Augenblicksbildern aus, die wie Filmaufnahmen aneinandermontiert werden; ohne die Triebkräfte der Gesellschaft aufzudecken, und ohne den Ausweg aus der Entfremdung zeigen zu können, gewinnt sein Werk doch eine politische Dimension, die auf Faschismus und Stalinismus vorausweist. Gemeinsam ist all diesen Formen beschreibender Literatur eine doppelte Bewegung: auf der einen Seite die Tendenz zur »Verwissenschaftlichung« der Literatur, gegen die schon Lessing polemisierte (er wollte deshalb die Lehrdichtung aus der Poesie verbannen)[102], auf der anderen Seite eine »metaphysische« Dimension: je näher die Beschreibung im Detail der Wirklichkeit zu Leibe rückt, desto evidenter macht sie deren Undurchdringlichkeit. Beide Tendenzen sind nicht mechanisch voneinander zu trennen, sie gehen miteinander Hand in Hand. Der Anspruch auf größtmögliche Detailgenauigkeit, der die literarische

Beschreibung der wissenschaftlichen annähert, ist nicht denkbar ohne neue technische Erfindungen (Mikroskop und Fernrohr, Photographie und Film), die die literarische Optik, von Brockes bis Kafka, beeinflussen. Hier wird der Zusammenhang zwischen der Entwicklung der wissenschaftlichen Produktivkräfte und der Entstehung neuer literarischer Techniken deutlich: die rhetorisch-topische Kunst des Barock wird im 18. Jahrhundert durch empirische Beobachtung verdrängt, so wie Theologie durch Physik. Das Verdrängte kehrt jedoch auf höherer Stufe wieder: als mystische Vereinigung mit der Natur bei Brockes, als Ehrfurcht und heilige Scheu vor den Dingen bei Stifter, als Erfahrung ihrer »zwielichtigen Befindlichkeit« bei Kafka.[103] Die exakte Metaphysik, die die Beschreibung auf diese Weise erreicht, hat Robert Musil im folgenden Text veranschaulicht, indem er für den veränderten Wahrnehmungsprozeß Regel und Beispiel zugleich gibt. Ausgangspunkt ist wiederum ein Blick durchs Fernrohr, ein zentrales Motiv der Beschreibungsliteratur von Brockes bis Kafka:

»Man sieht Dinge immer mitsamt ihrer Umgebung an und hält sie gewohnheitsmäßig für das, was sie darin bedeuten. Treten sie aber einmal heraus, so sind sie unverständlich und schrecklich, wie es der erste Tag nach der Weltschöpfung gewesen sein mag, ehe sich die Erscheinungen aneinander und an uns gewöhnt hatten. So wird auch in der glashellen Einsamkeit alles deutlicher und größer, aber vor allem wird es ursprünglicher und dämonischer. Ein Hut, der eine männliche Gestalt nach schöner Sitte krönt, eins mit dem Ganzen des Mannes von Welt und Macht, durchaus ein nervöses Gebilde, ein Körper-, ja sogar ein Seelenteil, entartet augenblicklich zu etwas Wahnsinnähnlichem, wenn das Trièder seine romantischen Beziehungen zur Umwelt unterbricht und die richtigen optischen herstellt. Die Anmut einer Frau ist tödlich durchschnitten, sobald sie das Glas vom Rocksaum aufwärts als einen sackartigen Raum erfaßt, aus dem zwei geknickte kurze Stelzchen hervorkommen. Und wie beängstigend wird das Zähnefletschen der Liebenswürdigkeit und wie säuglingshaft komisch der Zorn, wenn sie sich, von ihrer Wirkung getrennt, hinter der Sperre des Glases befinden! Zwischen unseren Kleidern und uns und auch zwischen unseren Bräuchen und uns besteht ein verwickeltes moralisches Kreditverhältnis, worin wir ihnen erst alles leihen, was sie bedeuten, und es dann mit Zinseszins wieder von ihnen ausborgen; darum nähern wir uns auch augenblicklich dem Bankerott, wenn wir ihnen den Kredit kündigen.«[104]

Der äußerste Realismus schlägt so, in einem unbewachten Moment, um ins Chaos. Die Dinge, die die Beschreibung aus ihrem gewohnten Sinnzusammenhang isoliert, erscheinen plötzlich monströs und inkommensurabel: sie werden dem zweiten Blick ausgesetzt. Das Verfahren, dessen sich die Beschreibung dabei bedient, ist der Kunstgriff der Verfremdung; seine Funktion besteht darin, daß er den Automatismus der stumpf gewordenen Wahrnehmung durchbricht, die Dinge »fremd« erscheinen läßt wie am ersten Schöpfungstag – ein Motiv, das sich schon bei Brockes findet. In seiner ›Theorie der Prosa‹ (1925) hat der russische Formalist Viktor Šklovskij das Wesen der Verfremdung so charakterisiert:

> »Das Ziel der Kunst ist, uns ein Empfinden für das Ding zu geben, ein Empfinden, das Sehen und nicht nur Wiedererkennen ist. Dabei benutzt die Kunst zwei Kunstgriffe: die Verfremdung der Dinge und die Komplizierung der Form, um die Wahrnehmung zu erschweren und ihre Dauer zu verlängern. Denn in der Kunst ist der Wahrnehmungsprozeß ein Ziel in sich und muß verlängert werden. Die Kunst ist ein Mittel, das Werden eines Dings zu erleben, das schon Gewordene ist für die Kunst unwichtig.«[105]

Die Frage ist, ob das verfremdende Verfahren, über die hier untersuchten Autoren hinaus, für die gesamte Beschreibungsliteratur charakteristisch ist. Sicherlich gibt es auch eine nicht-verfremdende, gegenstandseinkreisende Beschreibung, im mittelalterlichen Epos oder im Roman von Grimmelshausen bis Grass. Entscheidend ist jedoch, daß die Beschreibung hier stets in Handlung eingebettet erscheint, oder daß sie die Handlung metaphorisch oder symbolisch begleitet. Ihre Genauigkeit erreicht die Beschreibung aber auch hier nicht durch photographische Reproduktion, sondern durch Entstellung und Verzerrung der Wirklichkeit: das beschriebene Objekt ist stets durch das beobachtende Subjekt geprägt. Viktor Šklovskij zitiert in diesem Zusammenhang Tolstoj, in dessen Romanen der Eindruck der Lebensechtheit gerade durch verfremdende Verfahren erreicht wird; auch der »Realismus« Tolstojs ist keine direkte Widerspiegelung der Wirklichkeit, er beruht auf einem System von literarischen Kunstgriffen.[106] Damit ist noch nichts über Wert oder Unwert der beschreibenden Methode gesagt; wie jede literarische Technik kann sie den verschiedensten Zwekken dienen; sie kann so eingesetzt werden, daß sie die Dinge als veränderbar darstellt, oder so, daß sie einen vorübergehenden Zustand als ewig und unveränderlich fixiert.

Nachwort

Die vorliegende Arbeit entstand in den Jahren 1966–71 als Dissertation am Lehrstuhl für Literaturwissenschaft der Technischen Universität Berlin. Der Hinweis auf ihre Entstehungsgeschichte kann die Mängel der Untersuchung zwar nicht rechtfertigen, aber doch erklären. Am Anfang stand der Versuch, das damals noch aktuelle Problem der Beschreibungsliteratur, ausgehend vom französischen *nouveau roman* und seinen deutschen Adepten von Weiss bis Handke, zusammenfassend zu untersuchen, wobei der Begriff »Beschreibungsliteratur« überhaupt erst zu klären war. Durch die Beschäftigung mit Lessing und Lukács verlagerte sich der Schwerpunkt der Untersuchung zurück ins 18. und 19. Jahrhundert – die aktuellen Tendenzen beschreibender Literatur traten dabei mehr und mehr in den Hintergrund. Gleichzeitig verschob sich das methodische Interesse, unter dem Eindruck der Studentenbewegung und der darauffolgenden politischen Entwicklung, von einer mehr geistesgeschichtlichen Orientierung (besonders im Lessing-Kapitel) zu einer ideologiekritischen Perspektive (am konsequentesten im Stifter-Kapitel), die die ästhetischen Kriterien zwar nicht verdrängte, aber doch beeinflußte. Die Folge war ein methodischer Eklektizismus: die verschiedenen theoretischen Ansätze – der Begriff der Verdinglichung und des Warenfetischismus bei Marx, die Neurosenlehre von Freud und die Verfremdungstheorie von Šklovskij – sind nur ungenügend miteinander vermittelt. Es bleibt bei einem bloßen Nebeneinander: die Beschreibungsliteratur wird nicht analysiert, sondern auf weite Strecken hin nur beschrieben. Hierher gehört auch die unzureichend durchgeführte Trennung zwischen der Beschreibung als literarischer Form bzw. als Genre, wie z. B. die »malende Poesie« des 18. Jahrhunderts, und der Methode des Beschreibens, die in allen Gattungen anzutreffen ist. Ein weiterer Mangel der Arbeit ist ihr Umfang: er ist verschuldet einmal durch die Kapitulation des Autors vor dem literarhistorischen Material (die einzelnen Werke sollten nicht bloß immanent, sondern im Kontext ihrer Entstehungs- und Wirkungsgeschichte sichtbar gemacht werden), zum andern durch den Wust germanistischer Sekundärliteratur, durch den er sich von Fall zu Fall durcharbeiten mußte. Die Wut darüber macht sich, in nicht immer qualifizierter Form, am Ende der einzelnen Kapitel, in der jeweiligen Zusammenfassung Luft.

Diese Selbstkritik ist nicht als nachträgliche Distanzierung gemeint: vor die Alternative gestellt, die Arbeit in ihrer ursprünglichen Form zu belassen oder das ganze neu zu schreiben (und dabei neue Fehler zu machen), habe ich mich, von kleineren Korrekturen abgesehen, für die erste Möglichkeit entschieden. Was in dem Buche erträgliches ist, verdanke ich meinen Lehrern und Freunden: Walter Höllerer, Volker Klotz, F. C. Delius, Hermann Peter Piwitt und Nicolas Born, die mir wertvolle Hinweise gaben. Zu wünschen wäre nur, daß die Faszination, die von den Texten selbst ausging, durch die germanistische Interpretation nicht ganz verschüttet worden ist.

Berlin, im Juni 1972
H. C. B.

Anmerkungen

Vorbemerkung und Einleitung

1 Vgl. hierzu Marie Luise Gansberg/Paul Gerhard Völker: Methodenkritik der Germanistik. Stuttgart 1970 (Texte Metzler 16).

2 »Die ökonomische Lage ist die Basis, aber die verschiedenen Momente des Überbaus – politische Formen des Klassenkampfs und seine Resultate – Verfassungen, nach gewonnener Schlacht durch die siegende Klasse festgestellt usw. – Rechtsformen und nun gar die Reflexe aller dieser wirklichen Kämpfe im Gehirn der Beteiligten, politische, juristische, philosophische Theorien, religiöse Anschauungen und deren Weiterentwicklung zu Dogmensystemen üben auch ihre Einwirkung auf den Verlauf der geschichtlichen Kämpfe aus und bestimmen in vielen Fällen vorwiegend deren *Form*. Es ist eine Wechselwirkung aller dieser Momente, worin schließlich durch alle die unendliche Menge von Zufälligkeiten (...) als Notwendiges die ökonomische Bewegung sich durchsetzt.« Engels an Joseph Bloch, Brief vom 21./22. September 1890. In: Marx-Engels Werke, Bd. 37 (Ost-)Berlin 1967, S. 463.

3 Jurij Tynjanov: Die literarischen Kunstmittel und die Evolution in der Literatur. Aus dem Russ. übers. von Alexander Kaempfe. Frankfurt/M. 1967, S. 36.

4 Grimms Wörterbuch (1. Band, Leipzig 1854, 1592 ff.) gibt für nhd. »beschreiben« folgende Bedeutungen an: »1) schreiben, abfassen, aufzeichnen 2) vollschreiben, implere paginam 3) darstellen, schildern 4) geom. Figuren zeichnen 5) conscribere – durch Ausschreibung einberufen, bescheiden.« Vgl. auch die Wörterbücher von J. Chr. Adelung (Leipzig 1793. 2. Aufl. S. 905 f.) und J. Heinr. Campe (Braunschweig 1807. S. 485), Stichwort »beschreiben«.

5 Vgl. die Artikel »Epigramm« und »Epitaph« in Gero v. Wilperts Sachwörterbuch der Literatur, 4. Auflage. Stuttgart 1964. S. 170, 176 f.

6 Matthias Lexer: Mittelhochdt. Handwörterbuch. Leipzig 1876, Bd. 2, S. 739 (Stichwort »schiltaere«).

7 Grimm op. cit. 9. Band, Leipzig 1899, S. 129 ff.

8 Vgl. hierzu Harry W. Pfund: Studien zu Wort und Stil bei Brockes. New York-Lancaster 1935. S. 207 f. (»Malen«, »Schildern« und Verwandtes).

9 Agnes Hochstetter-Preyer: Das Beschreiben. Eine logische Untersuchung zur positivistischen Methodenlehre. Halle 1916 (Abh. z. Philos. u. Geistesgesch., hg. von B. Erdmann, 49. Heft). S. 19.

10 a.a.O., S. 22 f.

11 a.a.O., S. 20 f.

12 a.a.O., S. 22 f.

13 Paul Weingartner: Der Begriff der Existenz in Russells Theorie der Deskription. In: Deskription, Analytizität und Existenz. Hg. von Paul Weingartner. Salzburg-München 1966 (Internationales Forschungszentrum für

Grundfragen der Wissenschaften Salzburg. 3. und 4. Forschungsgespräch), S. 71.

14 Bertrand Russell/Alfred N. Whitehead: Principia Mathematica. Vol. I. Cambridge University Press 1910, S. 183.

15 G. E. Moore: Russell's ›Theory of Description‹. In: The Philosophy of Bertrand Russell. Hg. von A. Schilpp. New York 1951, S. 177–225; S. E. Toulmin/K. Baier: On Describing. In: Philosophy and Ordinary Language. Hg. von Ch. E. Caton. Urbana 1963, S. 194–219.

16 Rudolf Haller: Eine Bemerkung zum Begriff der Deskription. In: Deskription, Analytizität und Existenz. Op. cit. S. 17 f.

17 Hegel: Phänomenologie des Geistes. Hg. von Johannes Hoffmeister. 6. Aufl. Hamburg 1952 (Philos. Bibliothek 114). S. 185 f.

18 Vgl. hierzu Christoph Sigwart: Logik. Hg. von Heinrich Maier. 5. Auflage, Tübingen 1924, Bd. 2, S. 242: »Unbegrenzt ist, was sich von dem einzelnen Dinge sagen läßt (. . .) und unbegrenzt ist die Menge des Einzelnen, zu welchem unsere Vergleichung das Gleichartige suchen und den Wert der Unterschiede bestimmen müßte.«

19 Hegel op. cit., S. 186 f.

20 a.a.O., S. 189.

21 ibid.

22 Hochstetter-Preyer op. cit., S. 7.

23 a.a.O., S. 12.

24 a.a.O., S. 56.

25 a.a.O., S. 87.

26 a.a.O., S. 49.

27 René Wellek/Austin Warren: Theorie der Literatur. Aus dem Engl. übers. von E. und M. Lohner. Berlin 1963 (Ullstein Bücher 420/421). S. 19.

28 Vgl. hierzu Lukács-Kapitel der vorliegenden Arbeit.

29 Über die Formen der literarischen Beschreibung im Alten Testament, insbesondere in den Psalmen, siehe: Reallexikon für Antike und Christentum. Hg. von Theodor Klauser. Bd. 4. Stuttgart 1959. S. 921–944 (Stichwort »Ekphrasis«).

30 Zum Nachleben der homerischen Schildbeschreibung in der griechischen und römischen Literatur vgl. Paul Friedländer: Johannes von Gaza und Paulus Silentiarius. Kunstbeschreibungen justinianischer Zeit. Leipzig-Berlin 1912. S. 7 ff. Zum mittelalterlichen Epos siehe Stanislaw Sawicki: Gottfried von Straßburg und die Poetik des Mittelalters. Berlin 1932.

31 Ernst Robert Curtius: Europäische Literatur und lateinisches Mittelalter. 4. Aufl. Bern-München 1963, S. 202.

32 Vgl. Odyssee V, 63 (Grotte der Kalypso), VII, 112 (Garten des Alkinoos), IX, 132 ff. (Insel der Zyklopen); Ilias I, 44 ff. (Pest), IV, 1 ff. (Gelage der Götter), XX, 385 ff. (Kampf der Götter) usw.

33 Vgl. hierzu Walter Veit: Toposforschung. Ein Forschungsbericht. In: DVjs 37 (1963), S. 120–163, sowie Heinrich Lausberg: Elemente der literarischen Rhetorik. München 1963. S. 41: »Der Leser, der in Unkenntnis des

Topos die vorgefundene finite Formulierung des Schriftstellers für eine völlig originale Gelegenheits-Leistung dieses Schriftstellers hält und so semantisch überbewertet, irrt ebenso wie der Leser, der, blasiert durch die Kenntnis des Topos, die vorgefundene finite Formulierung des Schriftstellers nur für nichtssagenden semantischen Leerlauf hält.«

34 Zur rhetorischen Beschreibung siehe Heinrich Lausberg: Handbuch der literarischen Rhetorik. Bd. 1 und 2. München 1960. S. 399–407. (§§ 810–820) sowie Curtius op. cit., S. 200 f. (»Rhetorische Anlässe zur Naturbeschreibung«).

35 Nachdem die politischen Voraussetzungen der antiken Rhetorik, der griechischen Stadtrepubliken, längst verschwunden und die Rednerkunst zur praktischen Wirkungslosigkeit verurteilt war, erlangten diese Anfängerübungen große Popularität und wurden, in Form sportlicher Wettkämpfe, vor versammeltem Volk ausgetragen. Die Redner mußten phantastisch verwickelte Rechtsfälle abhandeln, oder sie ließen sich von ihren Zuhörern ein möglichst absurdes Thema vorschlagen (z. B. »Lob der Fliege«, »Lob des Wechselfiebers«), um daran, in improvisierter Rede, ihre Fähigkeiten zu beweisen. Baldwin berichtet, Schüler der Rhetorik hätten ihre Beschreibungskunst an einem lebenden Pfau erprobt, so lange bis das Tier, von den Worten des Redners geschmeichelt, die Federn spreizte (Charles S. Baldwin: Ancient Rhetoric and Poetic. Gloucester/Mass. 1959, S. 18; vgl. auch Erwin Rohde: Der griechische Roman und seine Vorläufer. Darmstadt 1960, Neudruck der 3. Aufl. Leipzig 1914, S. 308, 336 ff., sowie das Kapitel »Die griechische Sophistik der Kaiserzeit«, S. 288–360 passim).

36 Zitiert nach Lausberg, op. cit. S. 400 f.

37 a.a.O., S. 404 f.

38 a.a.O., S. 403 (Übersetzung von mir, H. C. B.).

39 Rohde op. cit. passim.

40 Curtius a. a. O. S. 75.

41 Rohde, a.a.O., S. 334, Anm. 2.

42 Vgl. hierzu Rudolf Baehr: Zum Einfluß der lateinischen Beschreibungslehre (descriptio) auf einige Portraits der provenzalischen und französischen Literatur des Mittelalters. In: Münchener Universitäts-Woche an der Sorbonne. Hg. von Jean Sarrailh und Alfred Marchionini. München 1956. S. 122–134.

43 Friedländer op. cit. S. 1 ff.

44 a.a.O., S. 130.

45 Vgl. hierzu Irving Babbitt: The New Laokoon. An Essay on the Confusion of the Arts. London–Boston–New York 1910. S. 3–19.

46 Philipp Harsdörffer: Poetischer Trichter. 3. Theil. Nürnberg 1653. In: Poetik des Barock. Hg. von Marian Szyrocki. Reinbek 1968. S. 157 (Texte dt. Literatur 1500–1800. Hg. von Karl O. Conrady).

47 Goethe: Die Leiden des jungen Werthers. In: Gedenkausgabe der Werke, Briefe und Gespräche. Hg. von Ernst Beutler. Stuttgart-Zürich 1948 ff. Bd. 4, S. 272, 276, 291.

48 Zitiert nach Lessing: Laokoon. Hg. von Hugo Blümner. 2. Aufl. Berlin 1880. S. 146 ff.

49 Vgl. hierzu Horaz: Ars Poetica. Hg. und kommentiert von Horst Rüdiger. Zürich 1961. S. 47 f.

50 Sawicki, Babbitt op. cit.

51 Zitiert nach Lessing: Laokoon. Op. cit. S. 19, Anm. 1.

52 Lucians von Samosata sämtliche Werke. 4. Theil, übers. von Wieland, Leipzig 1789. S. 139 f. Vgl. auch 3. Theil, 1788, S. 311, sowie eine ähnliche Warnung bei Tacitus, dialogus de oratoribus, 20.

53 Lausberg, op. cit. S. 137 (§ 410), Stichwort »praeteritio«.

54 Siehe hierzu die folgenden vier Kapitel der vorliegenden Arbeit.

55 Goethe: Wilhelm Meisters Lehrjahre. In: Gedenkausgabe op. cit. Bd. 7, S. 330.

56 a.a.O., S. 126.

57 Siehe das Kapitel über Lessings ›Laokoon‹, Anm. 78.

58 Zur Naturschilderung bei Eichendorff vgl. Richard Alewyn: Eine Landschaft Eichendorffs. In: Eichendorff heute. Hg. von Paul Stöcklein. München 1960, S. 19–43.

59 Jurij Tynjanov: Die literarischen Kunstmittel und die Evolution in der Literatur. Op. cit., S. 45.
Vgl. auch Arno Schmidt: Nachwort zu Coopers ›Conanchet‹. In: Der Triton mit dem Sonnenschirm. Großbritannische Gemütsergetzungen. Karlsruhe 1969. S. 399 f.: »Was die Sichtbarmachung der Landschaft anbelangt, so gibt es da 2 Techniken, sie dem Leser zu suggerieren (...); nämlich einmal das Verfahren der ›Expressionisten‹, die mit 1 Satz schärfste Wortkonzentrate injizieren und so im Leser das betreffende-gewünschte Bild heraufrufen ... Und andererseits gibt es jenes hinterhältig-umzingelnde, langsamvergiftende Verfahren, das ich nach seinem ersten guten Vertreter die ›Methode Brockes‹ nennen will, und der, außer Cooper, zum Beispiel noch Leute wie Schefer und Stifter huldigten. Der ›äußerliche‹ Unterschied ist der, daß die Ersteren 2 Zeilen benötigen, die Letzteren 20 Seiten.«

60 Siehe die Rezension der ›Madame Bovary‹ von Sainte-Beuve, in: G. Flaubert: Oeuvres complètes. Hg. von René Dumesnil. Bd. 1, Paris 1945; vgl. auch die Rezension der ›Education sentimentale‹ von Barbey d'Aurevilly, in: L'Education sentimentale. Bd. 1. Op. cit. 2. Aufl. Paris 1958, S. CXIII: »Les gens qui trouvent Flaubert un bien grand homme, car il en est qui, sérieusement, le mettent sur la ligne de Balzac, le vantent uniquement pour son style. Or, ce style, c'est la description, uns description infinie, éternelle, atomistique, aveuglante, qui tient toute la place dans son livre et remplace toutes les facultés dans sa tête.«

61 Siehe hierzu Volker Klotz: Die erzählte Stadt. Ein Sujet als Herausforderung des Romans von Lesage bis Döblin. München 1969 sowie das Schlußkapitel der vorliegenden Arbeit.

62 Dazu Wilhelm Waetzold: Malerromane und Gemäldegedichte. In: Westermanns Monatshefte 116 (1914), S. 735–747. Ders.: Deutsche Wortkunst

und dt. Bildkunst. In: Deutsche Abende im Zentralinstitut für Erziehung und Unterricht. 2. Vortrag. Berlin 1916; Julius Schwietering: Die malende Dichtung und bildende Kunst. In: ZfdA 60 (1923). S. 113–126; K. Oppert: Das Dinggedicht. In: DVLG 4 (1926); H. Rosenfeld: Das deutsche Bildgedicht. In: Palaestra 199 (1935).

63 Hochstetter-Preyer op. cit. Kapitel 1 und 2, sowie S. 57 ff.

64 Vgl. das Lukács-Kapitel der vorliegenden Arbeit.

65 Vgl. Anm. 16.

66 Henry James: Die Kunst des Romanschreibens (The Art of Fiction), in: H. James: Bis zum Äußersten (The Turn of the Screw). Aus dem Engl. übers. von Helmut Viebrock, Hamburg-Frankfurt 1962 (exempla classica 67). S. 179.

Lessings ›Laokoon‹

1 Th. W. Danzel und G. E. Guhrauer: Lessing. Sein Leben und seine Werke. Bd. 1 und 2. Leipzig o. J. Hugo Blümner (Hg.): Lessings Laokoon. 2. Aufl. Berlin 1880.

2 Blümner, a.a.O., S. 20/138. Vgl. auch Danzel-Guhrauer op. cit. Bd. 2. S. 18 f., sowie die Literaturgeschichten von Gervinus und Hettner.

3 Rudolf Haym: Herder. Neudruck (Ost-)Berlin 1954, S. 266.

4 Armand Nivelle: Kunst- und Dichtungstheorien zwischen Aufklärung und Klassik. Berlin 1960. S. 112; René Wellek: Geschichte der Literaturkritik 1750–1830. Neuwied 1959. S. 170; Elida Maria Szarota: Lessings ›Laokoon‹. Eine Kampfschrift für eine realistische Kunst und Poesie. Weimar 1959. S. 236 ff.

5 Horst Althaus: Laokoon. Stoff und Form. Bern-München 1968. S. 44: »Es geht ihm (Lessing, Anm. d. Verf.) darum, im Zusammenhang mit seiner Frage nach den Grenzen zwischen Poesie und Malerei die Unterschiede in der Darstellung des gleichen Motivs herauszufinden, die sich durch die Verschiedenheit der Mittel in den beiden Künsten ergeben. Damit wird das historische Problem in ein ästhetisches verwandelt.«

6 Vgl. den Abschnitt des vorliegenden Kapitels über die Entstehung des ›Laokoon‹.

7 Hegel: Ästhetik. Hg. von Friedrich Bassenge. (Ost-)Berlin 1955. S. 705 f. Vgl. auch Heinz Ladendorf: Antikenstudium und Antikenkopie. In: Abhandlungen der Sächsischen Akademie der Wissenschaften. 46/2. (Ost-)Berlin 1953. S. 43, der die Laokoon-Gruppe als »das redende Zeichen für Perückenstock und Zopf des Lehrbetriebes im Gipssaal« charakterisiert.

8 »Da ich von dem Laokoon gleichsam aussetzte, und mehrmalen auf ihn zurückkomme, so habe ich ihm auch einen Antheil an der Aufschrift laßen wollen« (Blümner, op. cit. S. 148).

9 Zitiert nach Blümner, a.a.O., S. 57.

10 Poetik des Barock. Hg. von Marian Szyrocki. Op. cit. S. 157; Blümner a.a.O., S. 19, Anm.

11 Vgl. hierzu William G. Howard: »Ut Pictura Poesis«, in: PMLA 24 (1909) S. 40–123; Cicely Davies: »Ut pictura Poesis«, in: Modern Language Review 30/2 (1935), S. 159–169. Siehe auch Danzel-Guhrauer op. cit. S. 13–20 und Erich Schmidt: Lessing. Geschichte seines Lebens und seiner Schriften. 2 Bde. 3. Aufl. Berlin 1909, S. 504 ff.

12 Lessing zitiert außerdem Addison, Boivin, Dacier, Marmontel, Montfaucon, de Piles, Pope, Sadolet, Scaliger und Warburton – um nur die wichtigen Namen zu nennen. Vgl. Blümner op. cit. S. 725–746 (Register).

13 Blümner a.a.O., S. 18.

14 Schmidt op. cit. S. 505.

15 Denis Diderot: Brief über die Taubstummen. In: Diderot. Ästhetische Schriften. Hg. und aus dem Franz. übers. von Friedrich Bassenge. 1. Bd. Frankfurt/M. 1968, S. 27–97. Vgl. S. 36 ff.

16 Danzel-Guhrauer op. cit. S. 20.

17 Lessing: Briefe, die neueste Literatur betreffend. 16. Brief, 30. Brief, 65. Brief (1759); 127. Brief (1760). In: Sämtliche Schriften. Hg. von Karl Lachmann und Franz Muncker. 3. Aufl. Stuttgart 1892. Bd. 8. S. 39 ff., 53 ff., 178 ff., 267 ff.

18 Vgl. Susi Bing: Die Naturnachahmungstheorie bei Gottsched und den Schweizern und ihre Beziehung zur Dichtungstheorie der Zeit. Phil. Diss. Köln 1934, Kapitel 1 und 2.

19 Schmidt op. cit. S. 506.

20 Wilhelm Dilthey: Das Erlebnis und die Dichtung. Leipzig 1907[2]. S. 23–35.

21 Blümner op. cit. S. 141 u. Einleitung S. 8 f.

22 Es handelt sich vor allem um die beiden folgenden Abschnitte, die wie Diderots Schrift überhaupt gegen Batteux gerichtet sind: »Die Schönheiten eines Dichters gegen die eines anderen Dichters abwägen: das ist etwas, was man schon tausendmal getan hat. Aber die gemeinsamen Schönheiten der Poesie, der Malerei und der Musik vergleichen, ihre Analogien zeigen und erklären, wie ein und dasselbe Bild *(image)* vom Dichter, vom Maler und vom Musiker wiedergegeben wird, die flüchtigen Sinnbilder *(emblèmes)* ihres Ausdrucks festhalten und untersuchen, ob nicht auch einige Ähnlichkeiten zwischen diesen Sinnbildern bestehe und so weiter: das ist etwas, was noch zu tun ist und womit Sie, so rate ich Ihnen, Ihre ›Zurückführung der schönen Künste auf ein einziges Prinzip‹ ergänzen sollten.«
»Übrigens entwerfe ich hier nur das, was eine geschicktere Hand vollenden mag. Ich zweifle nicht daran, daß man bei unseren Dichtern, Malern und Musikern noch ähnlichere und treffendere Beispiele zu dem Thema, das ich gewählt habe, finden könnte. Aber ich überlasse es Ihnen, Monsieur, sie zu suchen und von ihnen Gebrauch zu machen, da Sie ja Maler, Dichter, Philosoph und Musiker sein müssen: denn Sie hätten nicht versuchen können, die

277

schönen Künste auf ein einziges Prinzip zurückzuführen, wenn sie Ihnen nicht alle ungefähr gleich gut bekannt wären« (Diderot op. cit. S. 62, 64).

23 Einzelne Aspekte seiner Schrift hat Lessing in früheren Arbeiten vorweggenommen. In dem Aufsatz »Pope, ein Metaphysiker« (1755, zusammen mit Moses Mendelssohn) versuchte er, Literatur und Philosophie begrifflich voneinander zu trennen, so wie später im ›Laokoon‹ Malerei und Poesie. In der »Abhandlung über die Fabel« (1759) geht es um die Grenzbestimmung zwischen einzelnen Literaturgattungen; hier findet sich bereits eine Definition der Handlung, die dem ›Laokoon‹ entnommen sein könnte. Mit Fragen der bildenden Kunst beschäftigte sich Lessing in seiner Rezension von Hogarths Schrift »Analyse der Schönheit« (1765, in der *Vossischen Zeitung*), mit der beschreibenden Poesie setzte er sich in den »Litteraturbriefen« auseinander (vor allem im 5. und 41. Brief, 1759, op. cit. S. 12 ff., 93 ff. Vgl. auch Blümner a.a.O., S. 73 f., 603 f.).

24 Blümner op. cit. S. 74 f.

25 Die Entwürfe sind abgedruckt bei Blümner a.a.O., S. 353–402.

26 Adolf Frey: Die Kunstform des Lessingschen Laokoon. Stuttgart-Berlin 1905. S. 21 ff.

27 Blümner a.a.O., S. 89 ff.

28 Blümner a.a.O., S. 97 f. Anm., S. 102, Anm. Vgl. auch Schmidt op. cit. S. 556 f.

29 Vgl. Lessings Brief an seinen Vater vom 4. Juli 1765: »Mein Vorsatz, nach Dresden zu kommen, bleibet noch fest. Nur dürfte es nunmehr einige Monate später geschehen. Ich muß meine Bibliothek zuvor hier in Ordnung haben, auch vorher noch etwas drucken laßen, ohne welchem meine Reise vergebens seyn würde.« (Sämtl. Schriften. Hg. von K. Lachmann und F. Muncker. 3. Aufl. Leipzig 1904, Bd. 17. S. 219).

30 Abgedruckt bei Blümner op. cit. S. 683–703 (Anhang).

31 Friedrich Gundolf: Shakespeare und der deutsche Geist. Berlin 1911. S. 131 f.

32 Kommerell op. cit. S. 11.

33 Nivelle a.a.O., S. 91 ff.

34 Lessing: Hamburgische Dramaturgie. 101. bis 104. Stück. In: Sämtliche Schriften op. cit. Bd. 10, S. 214.

35 Siehe hierzu Otto Mann: Lessing. Sein und Leistung. Hamburg 1949, S. 96: »Das Kunstwerk (...) ist jeweils soviel, wie im Gemüt manifestiert. Tut es dies nicht, so ist es unwirklich. Tut es dies falsch oder halb, so bleibt es unvollkommen.« Vgl. auch S. 100 f.

36 Nivelle op. cit. S. 91.

37 Moses Mendelssohn: Schriften zur Philosophie, Aesthetik und Apologetik. Hg. von Moritz Brasch. Neudruck Hildesheim 1968. Bd. 2, S. 143.

38 Blümner a.a.O., S. 696; vgl. auch die Kapitelüberschriften in Elida Maria Szarotas Buch: Lessings ›Laokoon‹. Eine Kampfschrift für eine realistische Kunst und Poesie. Weimar 1959.

39 Blümner a.a.O., S. 248.

40 Lessing: Hamburgische Dramaturgie. 32. Stück. In: Sämtliche Schriften op. cit. Bd. 9, S. 317.

41 Schmidt op. cit. S. 531.

42 Frey op. cit. S. 35.

43 Vgl. hierzu Leo Balet: Die Verbürgerlichung der deutschen Kunst, Literatur und Musik im 18. Jahrhundert. Strassburg-Leipzig-Zürich 1936, und Arnold Hauser: Sozialgeschichte der Kunst und Literatur. München 1967.

44 »Was wir poetische Gemählde nennen, nannten die Alten Phantasien, wie man sich aus dem Longin erinnern wird. Und was wir die Illusion, das Täuschende dieser Gemählde heißen, hieß bey ihnen die Energie. (. . .) Ich wünschte sehr, die neuern Lehrbücher der Dichtkunst hätten sich dieser Benennungen bedienen, und des Worts Gemählde gänzlich enthalten wollen. Sie würden uns eine Menge halbwahrer Regeln erspart haben, derer vornehmster Grund die Übereinstimmung eines willkürlichen Namens ist.« (Blümner op. cit. S. 248, Anm.).
Die Anmerkung zeigt, daß Lessing die rhetorische Beschreibungslehre kannte: der Begriff »enargeia« wird in der antiken Rhetorik fast gleichbedeutend mit evidentia, descriptio bzw. ekphrasis gebraucht (Lausberg op. cit. S. 400 f.).

45 Johann Gottfried Herder: Kritische Wälder. In: Herders Werke. Auf Grund der Hempelschen Ausgabe neu herausgegeben von Ernst Naumann. Berlin o. J. Bd. 2, S. 128.

46 a.a.O., S. 131.

47 Fred Otto Nolte: Lessing's Laokoon. Lancaster, Pa. 1940, S. 79–93; Szarota op. cit. S. 176 f.

48 Althaus op. cit. S. 54.

49 Schönfeld op. cit. S. 61, Anm. 1.

50 Blümner op. cit. S. 601 ff.

51 Diese »musikalische Malerei« findet sich schon bei Brockes und wird von den Schweizern als Stilmittel empfohlen. Vgl. das folgende Kapitel.

52 Schönfeld op. cit. S. 57.

53 Vgl. J. G. Herders Sprachphilosophie. Hg. von E. Heintel, Hamburg 1964[2], S. 46: Die älteste Sprache ist »Nachahmung der tönenden, handelnden, sich regenden Natur«; »Das älteste Wörterbuch war so ein tönendes Pantheon« (S. 117); und Giambattista Vico: Die neue Wissenschaft über die gemeinschaftliche Natur der Völker (1744). Hg. und übersetzt von E. Auerbach. Reinbek 1966 (Philosophie der Neuzeit 10), S. 90:
»Die Philologen haben alle mit zuviel gutem Glauben angenommen, daß die Vulgärsprachen willkürliche Bedeutungen hätten, während sie doch, wegen ihres natürlichen Ursprungs, natürliche Bedeutungen haben müssen; man kann das leicht an der lateinischen Vulgärsprache beobachten, die heroischer und daher kräftiger ist als die mehr verfeinerte griechische; sie bildete fast alle ihre Worte aus natürlichen Übertragungen, natürlichen Eigenschaften oder Wirkungen auf die Sinne; und allgemein bildet bei allen Völkern die

Metapher den größten Teil des Sprachkörpers. Doch die Grammatiker (...) stellten, um ihre Unwissenheit zu beruhigen, folgenden allgemeinen Grundsatz auf: daß die artikulierten menschlichen Worte zufällige und willkürliche Bedeutung hätten.«

54 Lessing: Sämtliche Schriften Bd. 17. Op. cit. S. 291.

55 Nolte op. cit. S. 79.

56 Schönfeld op. cit. S. 16 ff., S. 64 f.

57 May op. cit. S. 56 f.

58 Herder op. cit. S. 133 f.

59 a.a.O., S. 144.

60 Lessing: Briefe, die neueste Literatur betreffend. 40. Brief (1759); in: Sämtliche Schriften, Bd. 8, op. cit. S. 87 f.

61 Johann Jacob Breitinger: Critische Dichtkunst Bd. 1 und 2, Zürich 1740 (Neudruck Stuttgart 1966); vgl. hierzu das Kapitel «Von den Beywörtern«, Bd. 2, S. 246–286.

62 Diderot op. cit. S. 29 f.

63 Herder op. cit. S. 141.

64 Frey op. cit. S. 141.

65 Paul Friedländer: Johannes von Gaza und Paulus Silentiarius. Kunstbeschreibungen justinianischer Zeit. Leipzig-Berlin 1912. S. 1.

66 Georg Finsler: Homer und die Neuzeit. Leipzig-Berlin 1912. Wolfgang Schadewaldt: Von Homers Welt und Werk. Leipzig 1944.

67 Zur geschichtsphilosophischen Bedeutung der Waffenfertigung und ähnlicher Szenen bei Homer vgl. Hegel: Ästhetik op. cit. S. 273 f.:
»Der Szepter Agamemnons ist ein Familienstab, den sein Ahnherr selber abgehauen und auf die Nachkommen vererbt hat; Odysseus hat sich sein großes Ehebett selbst gezimmert; und wenn auch die berühmten Waffen Achills nicht seine eigene Arbeit sind, so wird doch auch hier die vielfache Verschlingung der Tätigkeiten abgebrochen, da es Hephästos ist, welcher sie auf Bitten der Thetis verfertigt. (...) In dieser Weise allein sind die Mittel der Befriedigung noch nicht zu einer bloß äußerlichen Sache heruntergesunken; wir sehen ihr lebendiges Entstehen noch selber und das lebendige Bewußtsein des Wertes, welchen der Mensch darauf legt, da er in ihnen nicht tote oder durch die Gewohnheit abgetötete Dinge, sondern seine nächsten Hervorbringungen hat.«

68 Schmidt op. cit. S. 534: »Es tut wiederum gar nichts zur Sache, daß beim Homerischen Epos zu stark der Kunstverstand eines nach bewußten Normen wirkenden Poeten behauptet wird.«

69 Friedländer op. cit. S. 8.

70 Blümner op. cit. S. 369, Anm. 2.

71 May op. cit. S. 30.

72 Siehe hierzu William G. Howard: »Reiz ist Schönheit in Bewegung«. In: PMLA 24/2 (1909), S. 286–293.

73 Mendelssohn op. cit. S. 111 ff.

74 Nolte op. cit. S. 138.

75 Goethe: Dichtung und Wahrheit. In: Gedenkausgabe der Werke, Briefe und Gespräche. Hg. von Ernst Beutler, Zürich 1948 ff. Bd. 10, S. 348.

76 Blümner op. cit. S. 138 f.

77 Zitiert nach Schmidt op. cit. S. 540 f.

78 Goethe: Briefe aus der Schweiz, 1. Abt.: »Wie ekeln mich meine Beschreibungen an, wenn ich sie wieder lese! Nur dein Rat, dein Geheiß, dein Befehl können mich dazu vermögen. Ich las auch so viele Beschreibungen dieser Gegenstände, ehe ich sie sah. Gaben sie mir denn ein Bild, oder nur irgendeinen Begriff? Vergebens arbeitete meine Einbildungskraft sie hervorzubringen, vergebens mein Geist etwas dabei zu denken. (...) Diese herrliche Gegenwart regt mein Innerstes auf, fordert mich zur Tätigkeit auf, und was kann ich tun, was tue ich! Da setz' ich mich hin und schreibe und beschreibe. So geht denn hin, ihr Beschreibungen, betrügt meinen Freund, macht ihn glauben, daß ich etwas tue, daß er etwas sieht und liest.« (In: Gedenkausgabe op. cit. Bd. 9, S. 481. Vgl. auch Bd. 14, S. 154 ff., 193 ff.; Bd. 13, S. 66 ff., 887 ff.)

79 Schiller: Sämtliche Werke. Hg. von G. Fricke und H. G. Göpfert, München 1962³, Bd. 1, S. 228 ff., Bd. 5, S. 992 ff.

80 May op. cit. S. 129 ff.

81 Schönfeld op. cit. Schlußkapitel.

82 Zitiert nach Wilhelm Waetzold: Malerromane und Gemäldegedichte. In: Westermanns Monatshefte 116 (1914), S. 742, 744.

83 Schmidt op. cit. S. 543.

84 Alfred Döblin: Berlin Alexanderplatz. Hg. von Walter Muschg. Olten-Freiburg 1961. S. 266.

85 William G. Howard: Burke among the forerunners of Lessing. In: PMLA 22 (1909); siehe hierzu Anm. 72. Vgl. auch Mendelssohn op. cit. S. 57, 85 f.; Blümner op. cit. S. 33 f., 45 ff., 640 f.

86 Immanuel Kant: Kritik der ästhetischen Urteilskraft. In: Die drei Kritiken. Hg. von Raymund Schmidt. Stuttgart 1956, S. 302:
»Hierzu gehört denn auch die Art, wie der Tisch zum Genusse ausgerüstet ist, oder wohl gar bei großen Gelagen die Tafelmusik, ein wunderlich Ding, welches nur als ein angenehmes Geräusch die Stimmung der Gemüter zur Fröhlichkeit unterhalten soll, und, ohne daß jemand auf die Komposition derselben die mindeste Aufmerksamkeit verwendet, die freie Gesprächigkeit eines Nachbars mit dem andern begünstigt.«

87 Siehe hierzu Hegel: Ästhetik, op. cit. S. 954:
»Im Kriege nämlich bleibt die *Tapferkeit* das Hauptinteresse, und die Tapferkeit ist ein Seelenzustand und eine Tätigkeit, die sich weder für den lyrischen Ausdruck noch für das dramatische Handeln, sondern vorzugsweise für die epische Schilderung eignet. Denn im Dramatischen ist die innere *geistige* Stärke oder Schwäche, das sittlich berechtigte oder verwerfliche Pathos die Hauptsache, im Epischen dagegen die *Naturseite* des Charakters.«

88 Lessing: Sämtliche Schriften, Bd. 17. op. cit. S. 291.

89 Szarota op. cit. S. 138: »Der heutige Leser verlangt auch noch heute von Roman und Drama Handlung; da, wo zu viel geredet, beschrieben und epi-

siert wird, legt er das Buch unzufrieden beiseite, bzw. er langweilt sich im Theater. Er will seinen Geist betätigen, und das kann der heutige Zuschauer und Leser am besten, wenn er Handlung sieht oder im Roman miterlebt und nicht lange Diskussionen, Tiraden und endlose Gespräche über sich ergehen lassen muß. Ferner: die Kunst muß menschlich, humanistisch sein, – weder grausam (faschistisch) noch übermenschlich – so menschlich, daß sich der Leser oder Hörer mit dem Helden identifizieren kann. (...) Wie Lessing, wollen auch wir auf der Bühne Menschen ›von gleichem Schrot und Korn‹ sehen wie wir, das heißt: Arbeiter, Bauern, Lehrer, Ärzte, Wissenschaftler usw. mit ihren typischen Konflikten, mit denen sie fertig werden müssen.«

Lessings ›Laokoon‹ muß hier zur Rechtfertigung eines Programms der sozialistischen Trivialliteratur herhalten, das die Bezeichnung Realismus kaum verdient.

90 Franz Mehring: Die Lessing-Legende. Berlin 1953 (1. Aufl. 1893).

91 In seinem Aufsatz ›Kunst und Proletariat‹ (1896) weist Mehring auf die Bedeutung hin, »welche die Kunst für den Emanzipationskampf ganz besonders auch des deutschen Bürgertums gehabt hat. Indessen, wenn die bürgerliche Klasse in Deutschland ihr Heldenzeitalter auf künstlerischem Gebiete gehabt hat, so doch nur, weil ihr der ökonomische und politische Kampfplatz verschlossen war.« (Zitiert nach Fritz J. Raddatz, Hg.: Marxismus und Literatur. Eine Dokumentation in drei Bänden. Reinbek 1969, Bd. 2, S. 204.)

Brockes

1 Daß Lessing Brockes kannte, zeigt die mehrfache Erwähnung des Dichters in seiner Rezension der Gedichte von Cuno (Sämtl. Schriften, Bd. 4. S. 379) sowie in den Collectanea (Sämtl. Schriften, Bd. 15, S. 196, 328). Vgl. auch Lessings Gedicht ›Der Sommer‹ (Sämtl. Schriften, Bd. 1, S. 122): »Dem ist wahrlich, dem ist nur, / Nur dein halbes Lob gelungen. / Hätt er auch wie *Brocks* gesungen, / Brocks, der Liebling der Natur.«

2 Über die Vorläufer von Brockes vgl. Alois Brandl: Barthold Heinrich Brockes. Nebst darauf bezüglichen Briefen von J. U. König an J. J. Bodmer. Innsbruck 1878. S. 39, Anm. 4 und 5.

3 Zitiert nach Feodor Wehl: Hamburgs Literaturleben im 18. Jahrhundert. Leipzig 1856 (Neudruck Wiesbaden 1967), S. 214. Vgl. auch ›Irdisches Vergnügen‹ III, Einleitung.

4 Johann Jacob Breitinger: Critische Dichtkunst Bd. 1 und 2. Faksimiledruck nach der Ausgabe von 1740. Stuttgart 1966; Bd. 1, S. 69, 117, 386; Bd. 2, S. 13, 25 f., 265, 271 ff. Vgl. auch Johann Jacob Bodmer: Critische Betrachtungen über die poetischen Gemählde der Dichter. Zürich 1741, passim.

5 Georg Gottfried Gervinus: Geschichte der poetischen National-Literatur der Deutschen. 3. Theil. Leipzig 1838, S. 547 ff. Vgl. auch Willi Flemming: Der Wandel des deutschen Naturgefühls vom 15. zum 18. Jahrhundert. Halle 1931, S. 84–134 und Imogen Kupffer: Das Irdische Vergnügen in Gott von

B. H. Brockes. Eine Untersuchung zu Wesen und Entwicklung der Naturlyrik. Phil. Diss. Göttingen 1956 (Masch.).

6 Vgl. Anm. 34, Einleitung.

7 Vgl. auch ›Irdisches Vergnügen‹ V, 122 f.: »Weil es doch immer wahr wird bleiben, / (...) Daß unsers großen Schöpfers Wercke / Nach Würden nimmer zu beschreiben.«

8 Siehe hierzu das Gedicht ›Ausserordentliche Kaiser-Krone‹ (VI, 23 ff.), in dem Brockes den Einwand widerlegt, auch die Natur könne irren.

9 Harry W. Pfund: Studien zu Wort und Stil bei Brockes. New York – Lancaster 1935, S. 207 f.

10 Selbstbiographie des Senators B. H. Brockes. Mitgeteilt von J. M. Lappenberg. In: Zeitschrift des Vereins für hamburgische Geschichte 2 (1847), S. 167–229.

11 Vgl. das Widmungsgedicht von Telemann, in: Poesie der Nieder-Sachsen. Hg. von C. F. Weichmann. Hamburg 1732. Bd. 2, S. 317: »Der hochbegabte Brocks, der Auszug kluger Geister, / (...) Zeigt, wann er die Natur will mahlen, sich als Meister, / Da das Original sich für den Abriß hält.« Ähnliche Gedichte von Richey und Weichmann im gleichen Band.

12 Hermann Hettner: Geschichte der deutschen Literatur im 18. Jahrhundert. 6. Aufl. Braunschweig 1913, S. 312.

13 Hans M. Wolff: Brockes' Religion. In: PMLA 62 (1947), S. 1124–1152.

14 Franz Löffelholz: Wirklichkeitserlebnis und Gottesvorstellung in B. H. Brockes' »Irdisches Vergnügen in Gott«. Phil. Diss. Frankfurt/M. 1955 (Masch.), S. 25–31.

15 Wolff op. cit. S. 1152: »So echt Brockes' Frömmigkeit unzweifelhaft ist, so stellt doch die Religion bei Brockes letzten Endes eine Einkleidung für ihr wesensfremde, ja sogar feindliche Inhalte dar (...) Wir hören bei Brockes zwar viel von Gott, aber nichts von dessen eingeborenem Sohn (...) die Gestalt eines Erlösers wird bei ihm überflüssig, ja sinnlos (...) Christus kann bei Brockes bestenfalls ein Lehrer sein, der ältere Offenbarungen Gottes wiederholt (...), aber weitere Bedeutung kommt der Gestalt Christi nicht zu.«

16 Zum Pietismus vgl. Brandl op. cit. S. 13 f., 41 ff.

17 Vgl. hierzu das Gedicht ›Die schlimmste Abgötterey‹ (VI, 314).

18 Z. B. in dem Gedicht ›Das größte Laster‹: »Mich hat es gar zu oft verdrossen, / Wenn mit fast ungezählten Possen / Der Mensch die Zahl der Sünden mehrt, / (...) Doch lassen unsre Widersacher, / Die fürchterlichen Lastermacher, / Das gröbste Laster aus der Acht. / Dieß ist die sträfliche Verachtung. / Und unterlassene Betrachtung / Der Wunder, welche Gott gemacht.« (IX, 352; vgl. auch Auszug S. 297, 301, 483.)

19 ›Die Wollust‹ (VIII, 570; vgl. auch IV, 308 und IX, 399).

20 Gervinus op. cit. S. 551; vgl. auch Friederike Diamant: Die Naturdichtung von Pope, Brockes und Haller. Ein Vergleich. Phil. Diss. Wien 1937 (Masch.), S. 43 ff.

21 Willy Vontobel: Von Brockes bis Herder. Studien über die Lehrdichter des 18. Jahrhunderts. Phil. Diss. Bern 1942, S. 55 ff.

22 Hettner op. cit. S. 309.

23 Bd. 4 enthält ein Anerkennungsschreiben von Ludwig, Prinz von Hessen, das Brockes gleich an Ort und Stelle beantwortete; im 6. Bd. (S. 536) hat Brockes einen Dankesbrief an »Mlle. Weisen in Merseburg« abgedruckt, die ihm Stickereien nach Motiven aus seinen Gedichten zugeschickt hatte.

24 Auszug S. 236 ff. sowie die Widmung im gleichen Band.

25 Löffelholz op. cit. S. 195–213.

26 Dietrich Bode: Nachwort. In: Auszug der vornehmsten Gedichte aus dem Irdischen Vergnügen in Gott. Op. cit. S. 6 (Anhang).

27 Ibid. Vgl. auch Brandl op. cit. S. 125–133 und Pfund op. cit. passim.

28 Z. B. das Gedicht ›Die entzündete Minerva‹, in: Poesie der Nieder-Sachsen. Op. cit. S. 165 ff. Siehe auch S. 233, 254, 286.

29 Bode op. cit. S. 4.

30 Goethe und Schiller: Xenien. In: Goethe Gedenkausgabe Bd. 2, op. cit. S. 445.

31 Kupffer op. cit. passim.

32 Löffelholz op. cit. S. 43–58.

33 Siehe hierzu das Gedicht ›Fragen‹ (VI, 154).

34 Vgl. Einleitung, Anm. 20.

35 Friedrich Engels: Die Entwicklung des Sozialismus von der Utopie zur Wissenschaft. In: Marx-Engels Werke, op. cit. Bd. 19, S. 204.

36 Breitinger: Critische Dichtkunst Bd. 2. Op. cit. S. 274 f., sowie die Vorrede von Zink zum 7. Bd. des ›Irdischen Vergnügens‹.

37 Z. B. bei Schmitt-Fricke-Seufert: Abriß der deutschen Literaturgeschichte. Frankfurt/M. – Bonn 1961², S. 59 f. Die Charakterisierung von Brockes als Kleinmaler geht zurück auf Gervinus, der den Dichter als erster einen »Maler des Kleinlebens« nannte (op. cit. S. 549).

38 Christof Junker: Das Weltraumbild in der deutschen Lyrik von Opitz bis Klopstock. Berlin 1932, S. 43, 78; Löffelholz op. cit. S. 63–83; Arno Schmidt: Nichts ist mir zu klein. In: Die Ritter vom Geist. Von vergessenen Kollegen. Karlsruhe 1965, S. 66.

39 Vgl. hierzu das Gedicht ›Gottes Grösse‹ (Auszug S. 534–538): »Sollte gar von solchen Erden, / Auch der allerklein'ste Staub / Zu viel tausend Nullen werden, / Und zu Zahlen jedes Laub; / Uebersteige doch vielmahlen / Gottes Grösse diese Zahlen, / Ja selbst dieser Zahlen Heer, / Wenns in sich verdoppelt wär'« (S. 537). Siehe auch VIII, 268 (›Auf meinen 65. Geburtstag‹).

40 Immanuel Kant: Kritik der ästhetischen Urteilskraft. In: Die drei Kritiken. Hg. von Raymund Schmidt. Stuttgart 1956, S. 295.

41 Vgl. das Gedicht ›Erwegung einiger von GOTT, auch denen armen Menschen, alle Tage gegönneten Ergetz- und Bequemlichkeiten‹ (Auszug S. 596–602); siehe auch VI, 188.

42 Wehl op. cit. S. 211.

43 Breitinger op. cit. S. 275 ff.

44 Pfund op. cit. S. 48 f.

45 a.a.O., S. 49 f.

46 Breitinger op. cit. S. 25 f.

47 Löffelholz op. cit. S. 26.

48 Brandl op. cit. S. 10 f.

49 Vgl. hierzu August Langen: Verbale Dynamik in der dichterischen Landschaftsschilderung des 18. Jahrhunderts. In: ZfdPh 70 (1948), S. 249–318. Zu Brockes' Verfahren der Zerlegung eines visuellen Eindrucks in statische Tableaus bzw. poetische »Gemählde« siehe S. 258 f. In seinem Buch: Anschauungsformen in der deutschen Dichtung des 18. Jahrhunderts (Rahmenschau und Rationalismus. Jena 1934, S. 18) nennt Langen das Werk von Brockes eine »Apotheose des Sehens«.

50 Šklovskij op. cit. S. 15.

51 Vontobel op. cit. S. 58.

52 a.a.O., S. 59 ff.

53 Brandl op. cit. S. 80.

54 Otto Janssen: Naturempfindung und Naturgefühl bei B. H. Brockes. Phil. Diss. Bonn 1907, S. 93 f.

55 Löffelholz op. cit. passim.

56 Zum Begriff des »Wunders« bei Brockes siehe Löffelholz, a.a.O., S. 18–31, 137 ff.

57 Pfund op. cit. S. 6–13, 66 f.

58 Bodmer: Critische Betrachtungen über die poetischen Gemählde der Dichter. Op. cit. S. 229.

59 Brandl op. cit. S. 55 f.; Janssen op. cit. S. 14–45; Pfund op. cit. S. 91, 95.

60 Vgl. die Zusammenstellung bei Pfund, a.a.O., S. 96 f.

61 Vontobel op. cit. S. 59: »Das ist reiner Impressionismus.«

62 Janssen op. cit. S. 37.

63 Löffelholz op. cit. S. 116–146. Siehe auch Anm. 25.

64 Vgl. Pfund op. cit. S. 167 (»Fulge«).

65 Ähnliche Tendenzen – die Metaphysik des Lichts als Ausdruck der sich selbst realisierenden menschlichen Vernunft – finden sich im Werk des tschechischen Frühaufklärers Comenius: »Eine neuplatonische Mystik ist auch hier stets gegenwärtig, wie sie von der Rezeption der Aristoteles-Kommentare des Averroes bis hin zu Jakob Böhme den geistigen Untergrund aller revolutionären Bewegungen bildete; es ist dies die Mystik des inneren Lichtes, des ›inner light‹, des ›sich zu Grunde lassens‹, mit der Gleichheit erfahren, zum gesellschaftlichen Aktionsprinzip wird. Von dieser Mystik führt ein direkter Weg zur egalitären Vernunft der Aufklärung: ›Das intellektuelle Objekt des Lichtes ist die menschliche Vernunft.‹« (Heinz-Joachim Heydorn: Die Welt in die Hand des Menschen. Ein Vorkämpfer der klassenlosen Gesellschaft: Jan Amos Comenius. In: Frankfurter Rundschau vom 14. November 1970, Feuilleton, Seite 4.) Die zitierten Sätze haben ebenso für Brockes Geltung.

66 Vontobel op. cit. S. 48.

67 Ibid. Vgl. auch Hettner op. cit. S. 309.

68 Am gründlichsten von Löffelholz op. cit. passim.

69 David Friedrich Strauß: B. H. Brockes und H. S. Reimarus. In: Gesammelte Schriften 2. Bonn 1876, S. 1–16; Fritz von Manikowsky: Die Welt und Lebensanschauung in dem ›Irdischen Vergnügen in Gott‹ von B. H. Brockes. Phil. Diss. Greifswald 1914.

70 Löffelholz op. cit. passim.

71 Janssen, Pfund op. cit. Vgl. auch den Überblick über die Forschungsgeschichte bei Löffelholz a.a.O., S. 230–263.

72 Brandl op. cit. S. 46.

73 Siehe Anm. 23.

74 Zur sozio-ökonomischen Entwicklung, die die Basis von Brockes' Poesie bildet, siehe Arnold Hauser: Sozialgeschichte der Kunst und Literatur. München 1967, S. 513–598, 617–647. Im Gegensatz zur gängigen Forschung, die soziologische Aspekte zumeist ausklammert, steht die Untersuchung von Helmut Paustian: Die Lyrik der Aufklärung als Ausdruck der seelischen Entwicklung 1710–1770. Berlin 1933. Paustian begreift Brockes als »Vorboten der bürgerlichen Kultur«, der dem höfischen Barock den Kult des Innenlebens entgegensetzt: »diesem verinnerlichten Menschen kann bei einer solchen schlichten Zurückgezogenheit die höfische Welt der Äußerlichkeiten, des Pompes und der Repräsentation nichts mehr bedeuten«. (S. 30; vgl. auch Leo Balet: Die Verbürgerlichung der deutschen Kunst, Literatur und Musik im 18. Jahrhundert. Op. cit. passim.)

Albrecht von Haller

1 Paustian op. cit. S. 28 ff.; Leif Ludwig Albertsen: Das Lehrgedicht – eine Geschichte der antikisierenden Sachepik in der neueren deutschen Literatur. Aarhus 1967, S. 159 ff. Siehe auch die Literaturgeschichten von Gervinus und Hettner.

2 Zur Bibliographie der Schriften Hallers vgl. J. G. Zimmermann: Das Leben des Herrn von Haller. Zürich 1755, S. 418–430; Stephen d'Irsay: A. v. Haller. Eine Studie zur Geistesgeschichte der Aufklärung. Leipzig 1930, S. 87, und Christoph Siegrist: A. v. Haller. Stuttgart 1967 (Sammlung Metzler 57). Philipp Witkop (in: Die neuere deutsche Lyrik. 1. Bd. Leipzig-Berlin 1910, S. 116) gibt die Zahl von Rezensionen, die Haller schrieb, mit 12 000 an!

3 Vgl. hierzu die Einleitung von Ludwig Hirzel, in: A. v. Hallers Gedichte. Hg. von L. Hirzel. Frauenfeld 1882, S. DXXIV – DXXX; Harry Maync: Haller als Dichter. In: A. v. Haller. Gedichte. Hg. von H. Maync. Leipzig 1923, S. 55; Adolf Frey: A. v. Haller und seine Bedeutung für die deutsche Literatur. Leipzig 1879, S. 196–214.

4 Siehe die Vorrede Hallers zur 4. Aufl. seiner Gedichte (Hirzel op. cit. S. 248 f.).

5 a.a.O., S. L ff., 248, 398: »ich ahmte bald Brokes, bald Lohenstein (...)

nach.« Hallers Bekanntschaft mit dem Dichter Drollinger geht zurück auf seinen Aufenthalt in Basel 1728/29 (Frey op. cit. S. 16 f.).

6 Hirzel op. cit. S. 398.

7 L. Wylpel: Englands Einfluß auf die Lehrdichtung Hallers. Progr. Wien 1888; R. Maack: Popes Einfluß auf die Idylle in Deutschland. Progr. Hamburg 1895; Friederike Diamant: Die Naturdichtung von Pope, Brockes und Haller. Op. cit.

8 »Ich sah, zumahl im Virgil, eine Erhabenheit, die sich niemals herunterließ, wie ein Adler in der obern Luft schwebete, eine Ausarbeitung, die an der Harmonie, an der Mahlerey, am Ausdrucke nichts unausgefeilt ließ und die in meinen Gedanken noch niemand nachgeahmt hat.« (Haller: Brief an Gemmingen vom 22. März 1772, vgl. Anm. 6.)

9 Zu Hallers Einfluß auf Ewald von Kleist siehe das folgende Kapitel.

10 Zu dem sieben Jahre früher entstandenen Gedicht ›Die Berge‹ von Brockes (Auszug S. 124) vgl. die Zusammenfassung dieses Kapitels.

11 Alfred Biese: The Development of Feeling for Nature in the Middle Ages and Modern Times. New York 1964, S. 19.

12 Kant: Kritik der ästhetischen Urteilskraft. Op. cit. S. 295.

13 Zimmermann op. cit. S. 81.

14 Hirzel op. cit. S. 20. Zu Brockes vgl. die Einleitung S. CL.

15 a.a.O., S. 20.

16 Eine Übersicht über die verschiedenen Lesarten des Gedichts gibt Harold T. Betteridge (Hg.): A. v. Haller: Die Alpen. (Ost-)Berlin 1959 (Studienausgaben zur neueren deutschen Literatur 3); siehe auch Hirzel op. cit. S. 299–307 und Karl Zagajewski: Albrecht von Hallers Dichtersprache. Strassburg 1909.

17 Zagajewski op. cit. S. 1, 10 ff. Vgl. auch Hallers Vorrede zur 3. Aufl. seiner Gedichte: »Der zweite Fall in der mehrern Anzahl ist selbst in unsern Bibeln und symbolischen Büchern anderst als in dem übrigen Teutschlande beschaffen.« (Hirzel op. cit. S. 246; siehe auch Hallers Brief an Gemmingen, S. 402.)

18 Hirzel S. LXX ff. Vgl. auch Maync op. cit. S. 22: »Ein sittenstrenger Cato, ein getreuer Eckart, ein Tacitus seines Volkes, läßt er (Haller, Anm. d. Verf.) die Warnerstimme ertönen. Ein hochgestimmter Patriotismus, ein tiefgewurzeltes (...) Nationalgefühl preist die Urgüter eines bodenständigen Volkstums und eines naturgemäßen Daseins.« Im Zuge seiner nationalen Begeisterung geht Maync soweit, den Schweizer Dichter ins deutsche Reich einzugemeinden: »dieses Faustische, Hamletsche ist gerade das Deutsche, das Germanische in Haller« (S. 46).

Auch der mechanisch konstruierte Gegensatz: Protestantismus – Katholizismus bzw. Stadt – Land, geht auf Hirzel zurück, der Haller eine »speciell protestantische Leidenschaft« und »Culturfeindlichkeit« unterstellt (op. cit. S. LXXVI, LXX). Noch Werner Günther (Zu Struktur und Sprache von Hallers ›Alpen‹. In: W. Günther: Form und Sinn. Beiträge zur Literatur- und Geistesgeschichte. Bern–München 1968, S. 89–110) reduziert das ›Alpen‹-

287

Gedicht auf den »Gegensatz von Natur und Kultur« (S. 89). Dabei hatte schon Richard Weiss auf die Unzulänglichkeit solcher Begriffspaare in bezug auf Hallers Dichtung hingewiesen (R. Weiss: Das Alpenerlebnis in der deutschen Literatur des 18. Jahrhunderts. Zürich–Leipzig 1933. S. 22).

19 Hirzel op. cit. S. S. VI, IX, LXI f.

20 Albrecht v. Hallers Tagebücher seiner Reisen nach Deutschland, Holland und England 1723–27. Hg. von L. Hirzel. Leipzig 1883, S. 5.

21 a.a.O., S. 28 f., 132 f. (Achtung für den Gelehrtenstand in Holland und England); zu Hallers religiöser Intoleranz bzw. »Culturfeindlichkeit« vgl. Anm. 18.

22 Hirzel op. cit. S. XLVI (Basel), LXI (Genf); vgl. auch Hallers Reisetagebücher S. 25 (Köln), 27 f. (Leyden), 121 ff. (London).

23 Hirzel S. XLVII (Papstfresko), LXI ff. (Besuch bei Muralt); Reisetagebücher S. 7 (fromme Württemberger), 32 f. (Kirche in Holland), 76 (Besuch bei Thomasius), 138 ff. (englische Kirche).

24 Hirzel S. XIX f.

25 a.a.O., S. 227.

26 Vgl. hierzu Zimmermann op. cit. S. 123: »Er (Haller, Anm. d. Verf.) las aber die Schriften der Römer z. Ex. in einem ganz andern Sinn, als es sonst die Litteratoren zu thun pflegen: (...) was der Geist der Nation gewesen sey, der Republicanische Zustand, ehe die Wissenschaften aus Griechenland und die Laster aus Asien nach Rom gekommen; (...) was kein Grammaticus gewußt, kein Burmann gesucht, das war das Augenmerk des Herrn Hallers.« (Zitiert bei Hirzel, S. LXXXV.)

27 Hans Stahlmann: A. v. Hallers Welt- und Lebensanschauung. Nach seinen Gedichten. Phil. Diss. Kallmünz 1928, S. 70. Der Verfasser, der, wie aus seinem beigefügten Lebenslauf zu entnehmen ist, als Mitglied des Freikorps Epp an der Niederschlagung der Münchner Räterepublik beteiligt war, versucht, sein Vorbild Mayne an Nationalismus noch zu übertreffen: auch er reklamiert Haller für Deutschland (siehe auch Anm. 18).

28 a.a.O., S. 13–20. Zu Hallers Wissenschaftsbegriff vgl. seine Vorrede zum 1. Teil von Buffons Allgemeiner Historie der Natur (1750): »Bequemere Sternrohre, rundere Glastropfen, richtigere Abteilungen eines Zolles, Spritzen und Wasser taten mehr als der Vater der Ordnung Aristoteles, als der gelehrte Gassendi.« (Zitiert nach Witkop op. cit. S. 113.) Haller bekennt sich hier zur empirischen Forschung im Gegensatz zu dogmatischer Wissenschaft (dazu Hirzel op. cit. S. CCCXV).

29 a.a.O., S. 20–42.

30 Ähnlich alkoholfeindlich äußert sich Haller in seinem Brief an Gemmingen; nach eigener Aussage trank er niemals Wein (Hirzel S. 401, 405 f.).

31 a.a.O., S. CXV – CXXVII.

32 Zitiert nach Adolf Frey (Hg.): Haller und Salis-Seewis. Auswahl. In: DNL 41/2. Berlin-Stuttgart o. J. S. 25 f. (Text der ersten Aufl. von 1732).

33 Vgl. Hallers Vorrede zur 10. Aufl. seiner Gedichte: »kaum sehe ich sie mehr als meine Arbeiten an, und von der väterlichen Zärtlichkeit, die ein

Dichter für die Früchte seiner Gaben hat, ist bey mir bloß ein Angedenken übrig geblieben.« (Hirzel op. cit. S. 264.)

34 Zagajewski op. cit. S. 94 f.

35 Siehe hierzu Jakob Baechtold: Geschichte der deutschen Literatur in der Schweiz. Frauenfeld 1919, S. 494: »Wäre nur die Strophe mit der verwünschten Käserei nicht da!« Mit diesem Ausruf setzt der Verfasser die Tradition einer Ästhetik fort, die den Käse nur als komisches Objekt in der Literatur gelten lassen will. Vgl. auch Ewald von Kleists Epigramme über Schweizerkäse, in: Werke, hg. von August Sauer. Berlin 1880, Bd. 1, S. 80 ff.

36 Hirzel op. cit. S. LXIX f.; Frey op. cit. (siehe Anm. 32) S. XXXIV; Witkop op. cit. S. 111 f. und Rüdiger Robert Beer: Der große Haller. Säckingen 1947, S. 45 ff.

37 Frey, a.a.O.

38 Siehe hierzu August Langen: Verbale Dynamik der dichterischen Landschaftsschilderung des 18. Jahrhunderts Op. cit. Vgl. auch Richard Weiss op. cit. S. 26.

39 Hirzel op. cit. S. 304.

40 Siehe hierzu den Text der 1. Aufl. bei Frey (Hg.) op. cit. S. 28, Vers 349 f. und die entsprechende Anmerkung.

41 Hirzel op. cit. S. 35. Zur Schilderung des Wasserfalls vgl. Weiss op. cit. S. 25 f.: »Die Alpenstrophen sind eine großartig-scharfe (...) Wiedergabe des vernünftig-sinnlichen Eindrucks eines ruhenden und – im Falle des Staubbachs – eines mechanisch bewegten Objekts. Nicht das persönlich einmalige Gesicht und Erlebnis (...) wird wiedergegeben, sondern nur das auf der allen gemeinsamen Sinnlichkeit beruhende Bild, wie es die Naturwissenschaft fordert.«

42 Hirzel op. cit. S. 118–149.

43 Vgl. das Gedicht ›Wettstreit der tulpen / nelcke / rose / lilie / cypreß / narciß und hyacinth‹, in: Herrn von Hoffmannswaldau und anderer Deutschen auserlesener und bißher ungedruckter Gedichte erster theil. Leipzig 1697 (Neudruck Tübingen 1961), S. 282 ff. (Neukirchsche Sammlung Bd. 1).

44 Siehe hierzu Ilse Brandner: B. H. Brockes und die holländische Naturschilderung. Phil. Diss. Wien 1924.

45 Lessing: Laokoon. Op. cit. S. 261 f.

46 Hirzel op. cit. S. CDXXXIV.

47 Lessing a.a.O., S. 263.

48 Haller fand, ebenso wie Brockes, zahlreiche Nachahmer. Der bekannteste unter ihnen ist der Schlesier Ludwig Tralles mit seinem ›Versuch eines Gedichtes über das Schlesische Riesen-Gebürge‹ (Leipzig 1750). Siehe hierzu Albertsen op. cit. S. 159–173.

49 Goethe: Dichtung und Wahrheit. Op. cit. S. 39.

50 Brockes op. cit. S. 124–131. Einen Vergleich der beiden Gedichte gibt Friederike Diamant op. cit. S. 107 ff.

51 Brockes a.a.O., S. 126.

52 a.a.O., S. 113, 148, 427, 675 usw. passim.

53 Vgl. hierzu Friedrich Kammerer: Zur Geschichte des Landschaftsgefühls im frühen 18. Jahrhundert. Berlin 1909, S. 207: »es ist als ein Rückschritt anzusehen, daß er (Haller, Anm. d. Verf.) den kahlen und nackten Felsen, um sie schön finden zu können, erst eine Zweckmäßigkeit glaubt zusprechen zu müssen.« Während der Schönheitsbegriff von Brockes und Haller den ökonomischen Nutzen der Natur noch als selbstverständlich mit einschließt, wird der Hinweis darauf nunmehr als prosaisch und »störend« empfunden.

54 Maync op. cit. S. 13.

55 Siehe Anm. 35.

56 Schiller: Die Braut von Messina. 4. Akt, 7. Szene. In: Sämtliche Werke op. cit. Bd. 2, S. 904.

57 Ders.: Über naive und sentimentalische Dichtung. Ibid. Bd. 5, S. 733.

58 Kant: Allgemeine Naturgeschichte und Theorie des Himmels. In: Werke Bd. 1, Hg. von Wilhelm Weischedel. Frankfurt 1968, S. 335.

59 Witkop op. cit. S. 115. Vgl. auch Hermann Meyer: Hütte und Palast in der Dichtung des 18. Jahrhunderts. In: Formenwandel. Festschrift zum 65. Geburtstag von Paul Böckmann. Hamburg 1964, S. 140: »Dennoch beharrt das Begriffliche nicht in nackter Abstraktheit, sondern es erhält eine Art von spröder Sinnlichkeit dadurch, daß es auf die Erlebniswirklichkeit bezogen wird.« Zum Verhältnis von Wissenschaft und Kunst bei Haller siehe auch d'Irsay op. cit. S. 19: »Literatur spricht zur Wissenschaft, Wissenschaft spricht durch die Literatur.«

Ewald von Kleist

1 Andreas Müller: Landschaftserlebnis und Landschaftsbild. Stuttgart 1955, S. 37; Adolf Bartels: Geschichte der deutschen Literatur. Leipzig 1905, S. 304; Paustian op. cit. S. 139; Witkop op. cit. S. 153.

2 Hans Guggenbühl: Ewald von Kleist. Weltschmerz als Schicksal. Phil. Diss. Zürich 1948; Heinrich Stümbke: Ewald Christian von Kleist. Krieger, Dichter, Denker. Phil. Diss. Göttingen 1949 (Masch.).

3 Gervinus op. cit. S. 217; Hettner op. cit. S. 103; Stümbke op. cit. S. 34 ff.

4 Lessing: Brief an Gleim vom 6. September 1759. In: Sämtl. Schriften Bd. 17, op. cit. S. 170 f.

5 Paul Schreckenbach: Der getreue Kleist. Roman. Leipzig 1905.

6 Heinrich Kurtz: Geschichte der deutschen Literatur. Bd. 1–3. Leipzig 1856, S. 586.

7 Ewald von Kleist: Werke. Hg. von August Sauer. Berlin 1880. Bd. 1, S. 135 f.

8 a.a.O., S. 142. Siehe auch Kleists Brief an Gleim vom 22. Juni 1747 (Werke Bd. 2, S. 78). Der Ausdruck »poetische Bilderjagden« zur Charakterisierung von Kleists dichterischer Methode geht zurück auf das Buch von Johann Georg Zimmermann: Über die Einsamkeit. Leipzig 1784.

9 Kleist op. cit. Bd. 1, S. 40. Siehe auch die Gedichte ›An Wilhelminen‹

(S. 36), ›An Herrn Rittmeister Adler‹ (S. 48), ›Das Landleben‹ (S. 59), ›Schäferwelt‹ (S. 65), ›Einladung aufs Land‹ (S. 91) usw. passim.

10 a.a.O., Bd. 2, S. 454. Vgl. auch S. 79: »Laß uns doch zusammen nach Lithauen gehn und wüste Güter anbauen!«

11 Hierzu siehe Adolf Frey: Albrecht von Haller und seine Bedeutung für die deutsche Literatur. Op. cit. S. 152 ff.

12 Knut Gjerset: Der Einfluß von Thomsons »Jahreszeiten« auf die deutsche Literatur des 18. Jahrhunderts. Phil. Diss. Heidelberg 1898.

13 Kleist Werke Bd. 2, op. cit. S. 128.

14 a.a.O., Bd. 1, S. 138.

15 a.a.O., S. 141 f. Vgl. auch Hettner op. cit. S. 102.

16 Bartels op. cit. S. 306.

17 Kleist Werke Bd. 2, op. cit. S. 124.

18 Karl Ludwig Friedrich von Finkenstein: E. Chr. von Kleists Frühling. Kritisch bearbeitet. Berlin 1804, S. 27.

19 Brockes: Auszug der vornehmsten Gedichte ... Op. cit. S. 4, 12, 17.

20 Vgl. hierzu Albertsen op. cit. S. 184 f.: »Kleists scheinbar natürliche Unordnung führt dazu, daß aus den Digressionen nie ein Weg in das Lied zurückgeht, das also mit erneutem Musenanruf einsetzen muß.«

21 a.a.O., S. 190.

22 Kleist Werke Bd. 1, op. cit. S. 138; siehe auch Kleists Brief an Gleim vom 19. August 1748 (Werke Bd. 2, S. 124).

23 Albertsen op. cit. S. 187: »Das lyrische Detail ist der Kerngehalt des Werks.« Vgl. auch Kurtz op. cit. S. 517.

24 Kleist Werke Bd. 2, op. cit. S. 124.

25 Siehe hierzu August Langen: Der Wortschatz des deutschen Pietismus. 2. Aufl. Tübingen 1968, S. 435 f., 455 ff.

26 Kleist Werke Bd. 1, op. cit. S. 178, Anm. zu Vers. 84.

27 August Langen: Anschauungsformen in der deutschen Dichtung des 18. Jahrhunderts (Rahmenschau und Rationalismus), Jena 1934.

28 Guggenbühl op. cit. S. 59. Siehe auch Ferdinand Josef Schneider: Die deutsche Dichtung vom Ausgang des Barock bis zum Beginn des Klassizismus. 1700–1785. Stuttgart 1924, S. 227.

29 Kleist Werke Bd. 1, op. cit. S. 179, Anm. zu Vers 84.

30 August Langen: Verbale Dynamik der dichterischen Landschaftsschilderung. Op. cit. S. 258 f.

31 Hegel: Ästhetik. op. cit. S. 273.

32 Kleist Werke Bd. 2, op. cit. S. 285. Umgekehrt kritisiert Kleist ein Gedicht von Zachariä wegen seiner realistischen Derbheit: »Z. E. die Malereien von der Ausdünstung eines Stalles, von Zwiebeln und Meeretig, vom Rauch eines Schornsteins, vom Bier und vielen andern Sachen, die keine angenehme und edle Bilder machen« (S. 301); an Bodmers ›Noah‹ tadelt er, daß Eierkuchen darin vorkommen (S. 488 f.). In der Vorrede zu seinen Gedichten (1758) schreibt Kleist: »Das Landleben ist überhaupt dazu (zur Idylle, Anm. d. Verf.) geschickt, und es kommt nur darauf an, daß man niedrige und un-

gesittete Ideen daraus entfernt, um sie gefällig zu machen« (Werke Bd. 1, Einleitung S. LXXXVIII). Deutlicher läßt sich die antinaturalistische Tendenz der Rokoko-Ästhetik – Eliminierung des allzu Exotischen ebenso wie des Derb-Realistischen – kaum ausdrücken.

33 a.a.O., Bd. 2, S. 67.

34 Friedrich Sengle: Formen des idyllischen Menschenbildes. In: Formenwandel. Festschrift zum 65. Geburtstag von Paul Böckmann. Hamburg 1964, S. 161.

35 Kleist Werke Bd. 2, op. cit. S. 81.

36 a.a.O., Bd. 1, Einleitung S. XII; siehe auch Franz Muncker: Einleitung zu Ewald Chr. von Kleist. In: DNL 45 (Anakreontiker und preußisch-patriotische Lyriker) Stuttgart 1911, S. 110 und Guggenbühl op. cit. S. 12.

37 Kleist Werke Bd. 2, op. cit. S. 85, 100.

38 a.a.O., S. 311.

39 a.a.O., S. 133 f.: »meine unruhige Lebensart, die mich oft, was die geringsten Gemüthsbewegungen anbelangt, ganz in eine inaction bringt«; vgl. auch S. 103: »ich konnte an nichts mehr gedenken als an den Tod und wünschte nichts mehr.« Nicolai berichtet von mehreren Selbstmordversuchen des Dichters (Werke Bd. 1, S. XLI).

40 »Gestörte Idyllen« heißt der Titel einer im Entstehen begriffenen Dissertation von Jens Tismar beim Fachbereich für Geschichts- und Kommunikationswissenschaften der Technischen Universität Berlin (Abt. Literaturwissenschaft).

41 Die Verse 392 f. stehen so in Kleists Manuskript, in die Druckfassung des Gedichts wurden sie nicht aufgenommen (Werke Bd. 1, S. 201, Anm.).

42 Ein solcher Zusammenhang wird vorsichtig angedeutet von Guggenbühl, wenn er schreibt (op. cit. S. 68 f.): »Trotz dem zumeist heiteren Antlitz der Natur erklärt ihr Deuter manche ihrer Erscheinungen im Sinne seines eigenen Schicksals.« An anderer Stelle (S. 66 f.) weist Guggenbühl darauf hin, daß Kleist »keine Ahnung hatte, wie sehr sich seine ganze Persönlichkeit auch in den beschreibenden Partien seines Werkes ausspricht. Er kannte kein anderes Bestreben, als ein schlechterdings gültiges Abbild der Natur zu liefern und ihr in allen Stücken gerecht zu werden.« Hier wird der objektive Anspruch von Kleists Poesie wiederum zu sehr beim Wort genommen.

43 Sigmund Freud: Trauer und Melancholie. In: Gesammelte Werke Bd. 10, hg. von Anna Freud u. a., London–Frankfurt/M. 1966⁴, S. 429.

44 a.a.O., S. 430 f.

45 a.a.O., S. 435.

46 a.a.O., S. 440, 442.

47 Vgl. hierzu Kleist Werke Bd. 1, op. cit. S. 210, Anm. zu Vers. 48. Siehe auch Guggenbühl op. cit. S. 54.

48 August Langen: Der Wortschatz des deutschen Pietismus. Op. cit. S. 432–476.

49 Max Wieser: Der sentimentale Mensch. Gesehen aus der Welt holländischer und deutscher Mystiker im 18. Jahrhundert. Stuttgart 1924, S. 9.

50 Wolf Lepenies: Melancholie und Gesellschaft. Frankfurt/M. 1969, S. 84 f.

51 a.a.O., S. 85.

52 Stümbke op. cit. S. 43.

53 Siehe hierzu Karl Marx: Das Kapital. Erster Band, Kap. 24 »Die sogenannte ursprüngliche Akkumulation«, bes. den Abschnitt »Verwandlung von feudalem in bürgerliches Eigentum« (Marx-Engels Werke Bd. 23. [Ost-] Berlin 1969).

54 Kleist Werke Bd. 2, op. cit. S. 396.

55 a.a.O., S. 112.

56 a.a.O., S. 129 f.

57 Vgl. Anm. 4.

58 Schneider op. cit. S. 226.

59 Zitiert nach Alfred Anger (Hg.): Dichtung des Rokoko. Tübingen 1958. (Deutsche Texte 7) S. 26 f.

60 Schiller: Über naive und sentimentalische Dichtung. Op. cit. S. 733 f.

61 a.a.O.

62 Lessing: Laokoon. Op. cit. S. 265 f.

63 Kleist Werke Bd. 2, op. cit. S. 547.

64 Müller op. cit. S. 37.

65 Schneider op. cit. S. 227.

66 Paustian op. cit. S. 133, 139.

67 Daniel Wilhelm Triller: Poetische Betrachtungen. Bd. 1–6. 1725–1750; Carl Friedrich Drollinger: Gedichte. 1745; Barthold Ludwig Tralles: Versuch eines Gedichtes über das Schlesische Riesen-Gebürgen. 1750; Nicolaus Dieterich Giseke: Poetische Werke. 1767; Kaspar Eusebius Suppius: Der Inselsberg, besungen den 10. August 1745. Gotha o. J.; Friedrich Wilhelm Zachariä; Die Tageszeiten. Ein Gedicht in vier Büchern. Rostock – Leipzig 1755.

68 Albertsen op. cit. S. 51 ff., 132–195.

69 Chr. Heinr. Schmid: Theorie der Poesie. 1767, Kap. 12. »Von der malenden Poesie«; J. J. Engel: Anfangsgründe einer Theorie der Dichtungsarten aus deutschen Mustern entwickelt. Bd. 1, 1783, 6. Hauptstück »Von der deskriptiven Poesie«; siehe auch Johann Georg Sulzer: Allgemeine Theorie der schönen Künste. Bd. 2, 1774. Dazu Albertsen op. cit. S. 20 ff.

70 Friedrich Bouterwek: Geschichte der neueren Poesie und Beredsamkeit. Bd. 1–12. 1801–1819. Siehe bes. Bd. 7, S. 133, 361.

71 Albertsen op. cit. S. 18 f.

72 Georg Lukács: Die Theorie des Romans. 2. Aufl. Neuwied–Berlin 1963, S. 62 f.

73 Albertsen op. cit. S. 181.

Hebbel

1 Friedrich Hebbel: Sämtliche Werke. Hg. von Richard Maria Werner. Berlin 1901–1903. Bd. 12, S. 184 f.

2 a.a.O., S. 189–193.

3 a.a.O., Bd. 6, S. 349.

4 a.a.O., Bd. 12, S. 184.

5 Siehe hierzu Hebbels Tagebücher, hg. von Felix Bamberg. Berlin 1885/87, Bd. 1, S. 147 ff. (über Emilia Galotti, 252: »Seine (Lessings, Anm. d. Verf.). Dramen zumal sind mir unausstehlich.«

6 Hebbel Werke op. cit. Bd. 12, S. 185.

7 a.a.O., Bd. 11, S. 45.

8 Siehe Anm. 6.

9 Hebbel Werke op. cit. Bd. 11, S. 64 f.

10 a.a.O., Bd. 6, S. 345.

11 a.a.O., Bd. 12, S. 190.

12 Hegel: Ästhetik. Op. cit. S. 188 f., 194 f., 561 ff., 758 ff., 789.

13 a.a.O., S. 213.

14 Ibid.

15 a.a.O., S. 272.

16 Hebbel Werke, Bd. 12, S. 190 f.

17 a.a.O., S. 191.

18 Ibid.

19 Hebbel Tagebücher op. cit. Bd. 2, S. 440.

20 Vgl. hierzu Otto Ludwig: Epische Studien. In: Werke, hg. von Adolf Bartels, Bd. 6, Leipzig 1900.

21 Hebbel Tagebücher op. cit. Bd. 2, S. 562. Siehe auch S. 303, 463, 493, 538 f.

22 Wolfgang Liepe: Der Schlüssel zum Weltbild Hebbels: Gotthilf Heinrich Schubert. In: Monatshefte (Wisconsin) 43/3 (1951), S. 117–132.

23 Hebbel Tagebücher op. cit. Bd. 2, S. 480.

24 a.a.O., S. 463: »Wo hat das Specialisiren in der Kunst ein Ende? Beim Atomistischen, weil hier die Gesetze der Schönheit aufhören und die der Zweckmäßigkeit anfangen.« (Vgl. auch S. 76.)

25 a.a.O., S. 303: »Der Bilderreichthum mittelmäßiger Poeten geht immer aus ihrem Denk-Unvermögen, aus ihrer Unfähigkeit, den Gedanken aus seiner rohen Vorstellungs-Schaale heraus zu lösen, hervor. Mittelmäßige Kritiker halten aber das, was nur Vorstellung, d. h. noch nicht einmal Gedanke ist, für Anschauung zugleich.« Dem widerspricht das folgende Epigramm ›Idee und Gestalt‹: »Blumen nur hätt' ich gemalt und Bäume und Kräuter, nichts weiter? / Lieber Tadler, nur so wird ja die Sonne gemalt!« (Werke Bd. 6, S. 346). Das Ineinssehen von Groß und Klein, Ideal und Wirklichkeit, das Hebbel hier propagiert, hat er in seiner Kritik an Stifter nirgendwo eingelöst.

26 Vgl. Hebbels Epigramme ›Das Princip der Naturnachahmung‹ und ›An die Realisten‹ (Werke Bd. 6, S. 349, 360).

27 Karl Marx: Zur Kritik der Hegelschen Rechtsphilosophie. Einleitung. In: Marx-Engels Werke op. cit. Bd. 1, S. 379.

28 Adalbert Stifter: Vorrede zu den ›Bunte(n) Steine(n)‹. In: Werke, hg. von Max Stefl. Augsburg 1960, S. 5.

29 Joachim Müller: A. Stifter. Weltbild und Dichtung. Halle 1956, S. 70; Urban Roedl: A. Stifter in Selbstzeugnissen und Bilddokumenten. Reinbek 1965 (rowohlts monographien 86), S. 101.

30 Hans Schumacher: Nachwort zu A. Stifter: Bunte Steine. München o. J. (Goldmanns Gelbe Taschenbücher 1375), S. 256.

31 Stifter op. cit. S. 5.

32 Stifter: Sämtliche Werke. Hg. von August Sauer, Gustav Wilhelm u. a. Prag (später Reichenberg) 1901–1940, Bd. 17, S. 138.

33 Stifter: Studien 1. In: Werke, hg. von Max Stefl. Augsburg 1955, S. 6.

34 Stifter: Bunte Steine. Op. cit. S. 6.

35 a.a.O., S. 7.

36 Stifter: Studien 1 op. cit. S. 249.

37 Hermann Blumenthal: A. Stifter und die deutsche Revolution von 1848. In: Dichtung und Volkstum 41 (1941), S. 227.

38 Stifter: Bunte Steine. Op. cit. S. 7 f.

39 a.a.O., S. 8: »Wir wollen das sanfte Gesetz zu erblicken suchen, wodurch das menschliche Geschlecht geleitet wird.«

40 a.a.O., S. 8 f.

41 ibid.

42 Blumenthal op. cit.

43 a.a.O., S. 229.

44 Stifter: Bunte Steine. Op. cit. S. 9.

45 Karl Marx: Das Kapital. Erster Band. Op. cit. S. 779.

46 Stifter: Bunte Steine. Op. cit. S. 360.

47 Stifter: Sämtliche Werke. Op. cit. Bd. 17 S. 322.

48 Blumenthal op. cit. S. 233.

49 Stifter: Bunte Steine. Op. cit. S. 10.

50 a.a.O., S. 11.

51 Siehe hierzu Stifters Aufsatz: Vergleichung unserer Lage mit der des alten Römerreiches. In: Sämtliche Werke, Bd. 15/1, S. 117 ff.

52 Brief an Buddeus vom 21. August 1847. In: Sämtliche Werke. Op. cit. Bd. 17, S. 246 ff.

53 Stifter: Bunte Steine. Op. cit. S. 11.

54 Stifter: Sämtliche Werke. Op. cit. Bd. 18, S. 40.

55 Vgl. hierzu Friedrich Ernst Peters: Die Aufgaben des Menschen. Stifter und Hebbel. In: F. E. Peters: Im Dienst der Form. Göttingen 1947, S. 67–84 passim; Joachim Müller, op. cit. S. 65–101; Arno Schmidt: Die Handlungsreisenden. In: Texte und Zeichen 7 (1956), S. 296–299. In seiner Darstellung der Kontroverse Stifter – Hebbel ergreift auch Arno Schmidt einseitig für Stifter Partei: »Obwohl also von Stifter an Temperament, Weltanschauung, und sprachlichen Absichten grundverschieden, gehöre ich dennoch – und so sehr er selbst dagegen protestieren würde! – zu seiner Schule. Seine berühmte abwehrende Formulierung vom ›sanften Gesetz‹ bedeutet auch mir die gültige Ablehnung artfremder klappernder Handlung, die Lüge der ›Aktiven‹, daß am Menschen und durch ihn stets planvoll bedeutende Aktion vor sich geht,

ist zu bekämpfen: sie entspricht nicht der Realität« (op. cit. S. 299). In seinen späteren Aufsätzen über Stifters ›Nachsommer‹ und ›Witiko‹ hat sich Arno Schmidt in sehr viel anderem Sinne geäußert (vgl. das folgende Kapitel, Anm. 38, 41).

56 Peters op. cit. S. 84.

57 Hierzu siehe Erik Lunding: Probleme und Ergebnisse der Stifter-Forschung 1945–1954. In: Euphorion 49 (1955), S. 203–244. Die Tradition der Stifter-Forschung, die Lunding hier zu Recht kritisiert, hat er selbst unfreiwillig fortgesetzt, indem er Stifter zum Existentialisten erklärte. Vgl. sein Buch: A. Stifter. Mit einem Anhang über Kierkegaard und die existentielle Literaturwissenschaft. Kopenhagen 1946 (Studien zu Kunst und Existenz 1).

58 Peters op. cit. S. 74.

59 Müller op. cit. S. 90.

60 a.a.O., S. 95: »Welch tiefer Blick in die Dialektik des kapitalisierten Daseins! Wie scharf hat auch Stifter die Struktur des kapitalistischen Zeitalters und der entwickelten Geldwirtschaft, die auch den Menschen zur Ware macht, erfaßt!« Müller bezieht sich hier auf eine Stelle aus Stifters Skizzenfolge ›Wien und die Wiener‹ (1844), wo Stifter die Wirkung des Geldes auf die Menschen im Sinne des barocken Vergänglichkeitstopos eher idealistisch schildert. Über eine solche Betrachtungsweise, die das Wesen des Kapitalismus im Geld erblickt, schreibt Marx im ›Kapital‹ (1. Bd., op. cit. S. 102): »Danach beurteile man die Pfiffigkeit des kleinbürgerlichen Sozialismus, der die Warenproduktion verewigen und zugleich den ›Gegensatz von Geld und Ware‹, also das Geld selbst, denn es ist nur in diesem Gegensatze, abschaffen will. Ebensowohl könnte man den Papst abschaffen und den Katholizismus bestehen lassen.« An späterer Stelle hat Müller seine Behauptung relativiert (op. cit. S. 96): »Eine wirkliche Einsicht in die modernen Antagonismen und die Notwendigkeit einer revolutionären Überwindung durch den Sieg des Proletariats hatte freilich Stifter nicht.«

In seinem Buch über Hebbel (Das Weltbild Friedrich Hebbels. Halle 1955) verfährt Müller ähnlich; auch Hebbel wird für den Marxismus reklamiert: »Hebbel wußte um die Notwendigkeit einer Gesellschaftsrevolution (...), und in solcher Erkenntnis war er gar nicht weit von Marx entfernt. Er stand zweifellos näher beim dialektischen Materialismus als bei der idealistischen Dialektik Hegels« (op. cit., S. 232). Dagegen hat Wolfgang Liepe Einspruch erhoben, der Hegels Einfluß auf Hebbel nachweisen konnte (in: DLZ 79 [1958] H. 4). Zu Müllers Versuch, Stifter für den Marxismus zu »retten«, siehe Walter Epping: Stifters Revolutionserlebnis. In: Weimarer Beiträge 1 (1955), S. 246–260.

61 Stifter: Brief an Heckenast vom 8. September 1848. In: Sämtl. Werke, Bd. 17, S. 304; Hebbel: Tagebücher, Bd. 2, S. 348: »Proudhon und seines Gleichen könnten eben so gut gegen den Typhus, die Schwindsucht u.s.w. eine Philippica halten, wie gegen das, was sie das Grundübel der Gesellschaft nennen, denn diese können in ihrem Sinne eben so wenig abgestellt werden wie jene, und nur die vollkommene Unfähigkeit, bis zum Nerv der Dinge

Name ....

Beruf ....

Wohnort ....

Straße ....

Anschriften von Bekannten, die sich für Prospekte aus dem
Carl Hanser Verlag interessieren ....

....

....

....

....

Buchbestellungen richten Sie bitte direkt an Ihren Buchhändler

**Bitte kreuzen Sie Ihre Interessen-
gebiete an, wir senden Ihnen dann
fortlaufend unsere Prospekte**

Romane und Erzählungen	I
Klassiker-Ausgaben	II
Moderne Dichtung	III
Reihe Hanser	IV
Heitere Bücher (Eugen Roth)	V
Osteuropäische Literatur	VI
Literatur- und Geisteswissenschaft	VII
Bibliotheca Dracula	VIII
"Akzente" Zeitschrift für Literatur	X
Politologie/Soziologie	XI
Gesamtes Verlagsprogramm	XII

Ich entnahm diese Karte dem Buch:

und möchte dazu sagen:

Auf dieses Buch wurde ich aufmerksam durch
(Zutreffendes bitte unterstreichen):
Empfehlung eines Bekannten, Geschenk, Rat
des Buchhändlers, Buchbesprechung, Rundfunk-
sendung, Anzeige, Prospekt, Schaufensteraus-
lage, Interesse für den Autor. — Vielen Dank

Porto
20 Pf

An den

Carl Hanser Verlag

8000 München 80

Kolbergerstraße 22

durch zu dringen, kann das bestreiten.« Vgl. auch Hebbels Urteil über Ruge, zusammen mit Marx Mitherausgeber der deutsch-französischen Jahrbücher, den er in Paris kennenlernte: »Ich sagte ihm neulich: die Welt, die Sie aufbauen, wird über kurz oder lang auch wieder in zwei Parteien zerfallen, in die die Gejagten und der Jagenden, denn die Menschen werden sich in Ihrem Staat so vermehren, daß sie sich notwendig selbst auffressen müssen, und dann haben wir wieder eine Aristokratie, die frißt, und einen Pöbel, der gefressen wird!« (Brief an Elise Lensing vom 2. April 1844, in: Hebbels Briefe. Ausgew. und eingel. von Th. Poppe, Berlin – Leipzig – Wien – Stuttgart 1913, S. 244).

62 Der Impfstoff gegen Typhus wurde 1896 von Pfeiffer und Kolle entwickelt.

Stifters ›Nachsommer‹

1 Günter Weydt: Naturschilderung bei A. Stifter und A. von Droste-Hülshoff. Berlin 1930, S. 62.

2 Zitiert nach Roedl, op. cit. S. 116. Die Reminiszenz stammt von der Frau des Barons Handel, der zu Stifters Linzer Freundeskreis gehörte.

3 Horst Albert Glaser: Die Restauration des Schönen. Stifters »Nachsommer«. Stuttgart 1965, S. 19.

4 Zur Bedeutung des Titels siehe Walter Rehm: Nachsommer. Zur Deutung von Stifters Dichtung. München 1951, S. 7 ff.

5 Stifter: Sämtl. Werke op. cit. Bd. 18, S. 313.

6 Emil Staiger: A. Stifter: Nachsommer. In: Meisterwerke deutscher Sprache. Zürich 1948, S. 189. Zum Problem des Realismus bei Stifter vgl. auch Marianne Ludwig: Stifter als Realist. Untersuchung über die Gegenständlichkeit im »Beschriebenen Tännling«. Basel 1948 und Edith Zenker: War Stifter Realist? In: Neue deutsche Literatur 4 (1956), S. 97–109.

7 Zitiert nach Marianne Bernhard: Nachwort zu Studien 1. München o. J. (Goldmanns Gelbe Taschenbücher 964), S. 223.

8 Stifter: Sämtl. Werke op. cit. Bd. 21, S. 6.

9 Hierzu siehe Karl Bardachzi: Andreas Freiherr von Baumgartner als Risach in A. Stifters »Nachsommer«. In: Österr. Akademie der Wiss. Phil.-hist. Klasse, Anzeiger 88 (1951), S. 139–149.

10 Ludwig Rosenberger: A. Stifter und die Lackenhäuser. Hamburg 1948.

11 Vgl. Stifters Brief an Heckenast vom 13. Mai 1854: »Manchmal ist mir, ich könnte Meisterhaftes machen, was für alle Zeiten dauern und neben dem Größten bestehen kann, (...) aber da ist äußerlich nicht die Ruhe, die kleinen Dinge schreien drein, ihnen muß von Amts wegen (...) obgewartet werden, und das Große ist dahin.« (Sämtl. Werke Bd. 18, S. 224)

12 Curt Hohoff: A. Stifter. Seine dichterischen Mittel und die Prosa des 19. Jahrhunderts. Düsseldorf 1949, S. 100.

13 Zitiert nach Roedl, op. cit. S. 118.

14 Sigmund Freud: Charakter und Analerotik. In: Ges. Werke op. cit. Bd. 7, S. 203–209; vgl. auch Ernest Jones: Über analerotische Charakterzüge. In: Internationale Zeitschrift für Psychoanalyse 5 (1919), S. 69–92; über »Sammeln« bes. S. 85 ff.

15 Stifter: Sämtl. Werke op. cit. Bd. 16, S. 104 f.

16 Siehe Anm. 46.

17 Stifter: Brief an Richter vom 21. Juni 1866, in: Sämtl. Werke op. cit. Bd. 21, S. 236.

18 Ernst Bertram: Studien zu Stifters Novellentechnik. Dortmund 1907, S. 80.

19 Siehe Anm. 32.

20 Hermann Kunisch: A. Stifter. Mensch und Wirklichkeit. Berlin 1950; Friedbert Aspetsberger: Schlüsselbegriffe zur Erfassung des Daseins in der Dichtung A. Stifters. Phil. Diss. Wien 1963, S. 143–176; Müller op. cit. S. 170–177.

21 a.a.O., S. 170 f.

22 Walter Benjamin: Das Kunstwerk im Zeitalter seiner technischen Reproduzierbarkeit. Frankfurt/M. 1963, S. 19 ff.

23 Karl Marx: Das Kapital op. cit. S. 85 ff. (»Der Fetischcharakter der Ware und sein Geheimnis«). Siehe auch Georg Lukács: Die Verdinglichung und das Bewußtsein des Proletariats. In: Geschichte und Klassenbewußtsein. Berlin 1923, S. 94–228.

24 Marianne Thalmann: A. Stifters Raumerlebnis. In: Monatshefte (Wisconsin) 38/2 (1946), S. 103–111; Christine Wolbrandt: Der Raum in der Dichtung A. Stifters. Zürich 1967 (Zürcher Beiträge zur deutschen Literatur- und Geistesgeschichte 29); Herbert Seidler: Gestaltung und Sinn des Raumes in Stifters »Nachsommer«. In: A. Stifter. Studien und Interpretationen. Gedenkschrift zum 100. Todestage. Hg. von L. Stiehm. Heidelberg 1968, S. 203–226.

25 Vgl. hierzu Fontanes Urteil über Naturschilderung in seiner Willibald-Alexis Kritik, in: Aufsätze zur Literatur. Hg. von Kurt Schreinert. München 1963, S. 206 f.: »Eine Sonne auf- oder untergehen, ein Mühlwasser über das Wehr fallen, einen Baum rauschen zu lassen, ist die billigste literarische Beschäftigung, die gedacht werden kann. In jedes kleinen Mädchens Schulaufsatz kann man dergleichen finden; es gehört zu den Künsten, die jeder übt und die deshalb längst aufgehört haben als Kunst zu gelten; es wird bei der Lektüre von jeder regelrechten Leserin einfach überschlagen und in neunundneunzig Fällen von hundert mit völligem Recht, denn es hält den Gang der Erzählung nur auf. Es ist noch langweiliger wie eine Zimmerbeschreibung, bei der man sich wenigstens wünschen kann, das Porträt des Prinzen Heinrich oder die Kuckucksuhr zu besitzen. Die Landschaftsschilderung hat nur noch Wert, wenn sie als künstlerische Folie für einen Stein auftritt, der dadurch doppelt leuchtend wird, wenn sie den Zweck verfolgt, Stimmungen vorzubereiten oder zu steigern.«

26 Weydt op. cit. S. 51.

27 Vgl. hierzu die folgende Passage aus ›Die Mappe meines Urgroßvaters‹ (letzte Fassung): »In großen Städten sind die Menschen leicht in einige Fächer zu bringen. Da sind, die sich Gebildete nennen. Sie sind alle gleich (...) Dann sind die Mittleren, Krämer, Wirthe, Werkleute. Sie sind in ihrer Entwicklung weit mannigfaltiger. Dann sind die Dienenden. Sie sind fast wieder gleich, und kaum durch eine Bemühung zu ändern. Dann ist die unterste Schichte. Sie ist meist unverbesserlich. Bei uns in dem schönen Walde gehen die Menschen weit auseinander« (Sämtl. Werke Bd. 12 op. cit. S. 242 f.). Stifters restaurative Ideologie tritt hier deutlich zutage: aus der proletarisierten Stadt zieht er sich zurück in die Feudalidylle des Landes.

28 Bertram op. cit. S. 108.

29 Hegel: Phänomenologie des Geistes. Op. cit. S. 194 f.

30 Stifter: Sämtl. Werke Bd. 15/2, op. cit. S. 7.

31 a.a.O., S. 379 f.

32 a.a.O., S. 16.

33 Kant: Kritik der ästhetischen Urteilskraft. Op. cit. S. 295.

34 Vgl. hierzu Walter Höllerer: A. Stifter. In: Zwischen Klassik und Moderne. Lachen und Weinen in der Dichtung einer Übergangszeit. Stuttgart 1958, S. 356 f.

35 Glaser op. cit. S. 21.

36 Siehe hierzu G. J. Hallamore: The symbolism of the marble muse in Stifter's »Nachsommer«. In: PMLA 74 (1959), S. 398–405.

37 Vgl. Gerald Gillespie: Ritualism and motivic development in Stifter's »Nachsommer«. In: Neophilologus 48 (1964), S. 312–322.

38 Glaser op cit.; Epping op. cit. und Arno Schmidt: Der sanfte Unmensch / Einhundert Jahre Nachsommer. In: Der sanfte Unmensch. Essays. Berlin 1963 (Ullstein Buch Nr. 448), S. 75–100.

39 Peters (op. cit. S. 71) will Stifters »Menschlichkeit« gegen Flauberts »Gefühllosigkeit« ausspielen.

40 Staiger op. cit. S. 188: »Seit 1848 sah er den Geist der Menschheit sich entfernen von dem, was er vertrat.«

41 Arno Schmidt: ... und dann die Herren Leutnants! / Betrachtungen zu »Witiko« und A. Stifter. In: Die Ritter vom Geist. Von vergessenen Kollegen. Karlsruhe 1965, S. 282–317. Vgl. auch Anm. 38.

42 Richard M. Meyer: Die deutsche Literatur des 19. Jahrhunderts. Berlin 1912, S. 278 f.

43 Zitiert nach Roedl op. cit. S. 154.

44 Glaser op. cit. S. 20.

45 Siehe hierzu: Alfred Winterstein: A. Stifter. Persönlichkeit und Werk. Eine tiefenpsychologische Studie. Wien 1946 und Arno Schmidt op. cit. passim.

46 Walter Benjamin: Briefe. Hg. von Theodor W. Adorno und Gershom Scholem. Frankfurt/M. 1966, Bd. 1, S. 196 f.

1 Vgl. die Vorworte von Georg Lukács zur Neuauflage der ›Theorie des Romans‹ (Neuwied – Berlin 1963; 1. Aufl. 1920) und zu seiner ›Skizze einer Geschichte der neueren deutschen Literatur‹ (ibid. 1. Aufl. 1945/47) mit der Revision seines früheren Urteils über Brecht (S. 6 ff.). Siehe auch Lukács' Nachwort in: Essays über Realismus (Probleme des Realismus 1). Werke Bd. 4. Neuwied – Berlin 1971, S. 676 ff. und seine Selbstkritik in dem Aufsatz ›Es geht um den Realismus‹ (1938), im gleichen Band S. 334.

2 Zur Geschichte dieser Zeitschriften vgl. Helga Gallas: Marxistische Literaturtheorie. Kontroversen im Bund proletarisch-revolutionärer Schriftsteller. Neuwied – Berlin 1971 (Sammlung Luchterhand 19), S. 46–70; Zur Tradition der sozialistischen Literatur in Deutschland. Hg. von der Deutschen Akademie der Künste zu Berlin. Sektion Dichtkunst und Sprachpflege. Abt. Gesch. der soz. Lit. 2. Aufl. (Ost-)Berlin – Weimar 1967, passim.

3 a.a.O., S. 685, vgl. auch S. 674 f.

4 Siehe hierzu Hans Koch (Hg.): Georg Lukács und der Revisionismus. Eine Sammlung von Aufsätzen. (Ost-)Berlin 1960.

5 Zur Tradition der sozialistischen Literatur in Deutschland. Op. cit. S. 791 f. Siehe auch Gallas op. cit. S. 64 ff., 97 ff.

6 Zitiert nach Franz Schonauer: Expressionismus und Faschismus. Eine Diskussion aus dem Jahre 1938. Rundfunkmanuskript, gesendet am 10. April 1966 im 3. Programm des Senders Freies Berlin. Der Text von Radeks Rede erschien in: Internationale Literatur 4/5 (1934), S. 3 ff.

7 Siehe die Aufsätze: ›Reportage oder Gestaltung? Kritische Bemerkungen anläßlich eines Romans von Ottwalt‹ und ›Aus der Not eine Tugend‹ (1932), in: Essays über Realismus, op. cit. S. 35–68.

8 a.a.O., S. 41.

9 Vgl. Lukács' Essays ›Tendenz oder Parteilichkeit?‹ (1932), ›Größe und Verfall des Expressionismus‹ (1934), op. cit. S. 23 ff., 109 ff. Siehe auch Anm. 7.

10 a.a.O., S. 125 ff., 148, 146 f.

11 a.a.O., S. 58 f., 63 f., 309–322, 340 f. usw. passim.

12 Ernst Bloch: Diskussion über Expressionismus (1938). In: Fritz J. Raddatz (Hg.): Marxismus und Literatur. Eine Dokumentation in drei Bänden. Bd. 2, S. 53.

13 Lukács: Essays über Realismus. Op. cit. S. 50.

14 a.a.O., S. 42.

15 Gustave Flaubert: Briefe. Hg. und übers. von Helmut Scheffel. Stuttgart 1964, S. 163: »Du kannst den Wein, die Liebe, die Frauen, den Ruhm unter der Bedingung schildern, daß Du weder Trunkenbold, noch Liebhaber, Ehemann oder Infanterist bist. Wenn man sich in das Leben mischt, sieht man es schlecht; man leidet daran oder genießt es zu sehr« (Brief an die Mutter vom 15. Dez. 1850). Vgl. auch Flauberts Brief an Ernest Feydeau vom

Juli/August 1857: »Ich glaube also, daß man ›nicht lieben‹ darf, das heißt, daß man unparteiisch über allen Objekten schweben muß« (S. 390 f.).

16 Lukács: Schriften zur Literatursoziologie. Ausgewählt und eingel. von Peter Ludz. 3. Aufl. 1968, S. 296.

17 Lukács: Geschichte und Klassenbewußtsein. Studien über marxistische Dialektik. Berlin 1923, S. 94–228 (»Die Verdinglichung und das Bewußtsein des Proletariats«). Siehe auch das vorige Kapitel, Anm. 23.

18 Bertolt Brecht: Bemerkungen zu einem Aufsatz. In: Schriften zur Literatur und Kunst 2 (Gesammelte Werke Bd. 19). Frankfurt/M. 1967, S. 311 f.

19 Ibid. Vgl. auch Hippolyte Taine: Philosophie der Kunst. Übers. von Ernst Hardt. Jena 1907, 2. Aufl., S. 485: »Aber er (Balzac, Anm. d. Verf.) ist Romanschriftsteller und Gelehrter, anstatt wie Shakespeare Dramatiker und Dichter zu sein; deshalb breitet er seine Untergründe aus, anstatt sie zu verbergen; Sie finden sie ausführlich aufgezählt in seinen *endlosen Beschreibungen* und Abhandlungen, in seinen umständlichen Schilderungen eines Hauses, eines Gesichts oder einer Kleidung, in seinen vorbereitenden Erzählungen über Kindheit und Erziehung und in seinen technischen Erklärungen einer Erfindung und eines Verfahrens.« (Hervorhebung von mir, H.C.B.)

20 Volker Klotz: Die erzählte Stadt. Ein Sujet als Herausforderung des Romans von Lesage bis Döblin. München 1969, S. 251.

21 a.a.O., S. 252.

22 Viktor Šklovskij: Theorie der Prosa. Op. cit. S. 15. Ders.: Material i stil v romane L. Tolstogo »Vojna i mir«. Moskau 1928, S. 86–108. Auszugsweise ins Engl. übers. in: Leo Tolstoy: War and Peace. Hg. von George Gibian. New York 1966 (Norton Critical Editions), S. 1429–1442.

23 Flaubert: Brief an Louise Colet vom 25./26. Juni 1853 (op. cit. S. 266): »Ich habe schon zweihundertundsechzig Seiten, die nur Vorbereitungen der Handlung enthalten, mehr oder weniger verkleidete Beschreibungen von Charakteren (...), von Landschaften und Orten.« (Vgl. auch S. 184.) Zur zeitgenössischen Kritik an Flauberts Romanen siehe die Einleitung Anm. 60.

24 Lukács: Die Theorie des Romans. Op. cit. S. 130.

25 a.a.O., S. 127 f.

26 Vgl. Lukács' Schrift: ›Die Gegenwartsbedeutung des kritischen Realismus‹ (1957), in: Essays über Realismus. Op. cit. S. 457–603. (Zuerst 1958 erschienen unter dem Titel ›Wider den mißverstandenen Realismus‹.)

27 Lukács: Brief an Anna Seghers vom 29. Juli 1938. In: Essays über Realismus. Op. cit. S. 355.

28 Bloch op. cit. S. 55 f. Vgl. auch Werner Mittenzwei: Marxismus und Realismus. Die Brecht-Lukács-Debatte. In: Das Argument 1/2 (1968), S. 30 f.; Gallas op. cit. S. 119 ff., 148 ff.

29 Siehe hierzu Karl Markus Michel: Zur Naturgeschichte der Bildung. Die ältere Kolportageliteratur. In: Trivialliteratur. Hg. von G. Schmidt-Henkel, W. Maier u. a. Berlin 1964, S. 7–22, sowie die übrigen Beiträge dieses Bandes.

30 Lukács: Essays über Realismus. Op. cit. S. 378.

31 a.a.O., S. 284, 311, 329 usw. passim.

32 Brecht op. cit. S. 309.

33 Koch op. cit. S. 25 ff.

34 Zum Begriff der »Weltanschauung« innerhalb des Marxismus siehe Henri Lefèbvre: Probleme des Marxismus heute. Frankfurt/M. 1965, S. 95–122.

35 Andrej A. Ždanov: Rede auf dem 1. Unionskongreß der Sowjetschriftsteller (1934). In: Marxismus und Literatur, op. cit. Bd. 1, S. 352, 348.

36 Walter Benjamin: Versuche über Brecht. Frankfurt/M. 1966, S. 98 f.

37 a.a.O., S. 99 ff.

38 Brecht, op. cit. S. 298.

39 Benjamin a.a.O., S. 130 ff.

40 Brecht op. cit. S. 297 f.

41 Schonauer op. cit. passim. Vgl. auch die Bibliographie zur Expressionismusdebatte, in: alternative 67/68 (1969), S. 204.

42 Theodor W. Adorno: Erpreßte Versöhnung. In: Noten zur Literatur 2, Frankfurt/M. 1965, S. 152–187; Horst Althaus: Georg Lukács oder Bürgerlichkeit als Vorschule einer marxistischen Ästhetik. Bern – München 1962. Während Adorno den frühen gegen den späten Lukács ausspielt, weiß sich Althaus, ohne dessen marxistische »Weltanschauung« zu teilen, in fast allen wesentlichen Fragen mit Lukács einig aufgrund der bürgerlich-konservativen Haltung, die dieser, marxistisch drapiert, in seinen Schriften vertritt.

43 Koch op. cit. S. 14, 16.

44 a.a.O., S. 101.

45 Günter Fröschner: Die Herausbildung und Entwicklung der geschichtsphilosophischen Anschauungen von Georg Lukács. Inauguraldiss. am Institut für Gesellschaftswissenschaften beim ZK der SED. (Ost-)Berlin 1965.

46 Mittenzwei op. cit. passim.

47 a.a.O., S. 22.

48 Gallas op. cit. und Klaus Völker: Brecht und Lukács. Analyse einer Meinungsverschiedenheit. In: Kursbuch 7 (1966), S. 80–101 (nachgedruckt in: alternative, op. cit. S. 134–147).

49 Lukács: Essays über Realismus. Op. cit. S. 545 ff.

50 Lukács: Die Eigenart des Ästhetischen (Ästhetik I), Neuwied 1963, S. 723 f.: »Nicht nur in jener längst veralteten und vergessenen beschreibenden Literatur, gegen welche Lessing seine unmittelbaren Angriffe richtet, verschwindet das Wesentliche des menschlichen Daseins und Schicksals im Unkraut der fetischgewordenen Objekte seines Tuns, der Begebenheiten seines Lebens, sondern auch im modernen Naturalismus der Zolaschule, bei Adalbert Stifter, bis zu den avantgardistischen Vorkämpfern einer Montage der verdinglichten Welt wie Dos Passos und bis zum allerneuesten ›Dingroman‹ vom Typus Alain Robbe-Grillet.« Hier wird, in einem Satz, aus den heterogensten literarischen Erscheinungen und Epochen ein lückenloser Zusammenhang konstruiert und mit dem Stichwort Beschreibungsliteratur polemisch auf den Begriff gebracht. (Vgl. auch S. 729, 760 ff., 779 f. usw. passim.)

Kafka

1 Lukács: Essays über Realismus. Op. cit. S. 489.

2 a.a.O., S. 536.

3 Klaus Wagenbach: Franz Kafka. Eine Biographie seiner Jugend. 1883 bis 1912. Bern 1958, S. 164.

4 Wilhelm Emrich: Franz Kafka. 2. Aufl. Frankfurt/M. 1960, S. 32.

5 Wolfgang Jahn: Kafkas Roman »Der Verschollene« (»Amerika«). Stuttgart 1965, S. 75.

6 Walter H. Sokel: Franz Kafka. Tragik und Ironie. Zur Struktur seiner Kunst. München – Wien 1964, S. 312.

7 Walter Benjamin: Über Literatur. Frankfurt/M. 1969, S. 188.

8 Vgl. Jahn op. cit. S. 32–67 (»Visualität«).

9 Martin Walser: Beschreibung einer Form. München 1961. S. 44 f.

10 Gustav Janouch: Gespräche mit Kafka. Frankfurt/M. 1961 (Fischer Bücherei 417), S. 28.

11 ibid.

12 a.a.O., S. 42 f.

13 a.a.O., S. 100.

14 a.a.O., S. 29.

15 Wagenbach op. cit. S. 53 f.

16 Ibid. Siehe auch Agnes Hochstetter-Preyer: Das Beschreiben. Eine logische Untersuchung zur positivistischen Methodenlehre. Op. cit. S. 1: »Gerade Ernst Mach will die Frage nach dem ›Wie‹ der Erscheinungen in dem Sinne als einzige Aufgabe der Naturwissenschaft gelten lassen, daß ihre Beantwortung, die wissenschaftliche *Beschreibung* der Tatsachen, jedes Forschen nach den Ursachen, nach dem Warum, also jede *Erklärung,* aus der exakten Wissenschaft ausschließt.«

17 Wagenbach op. cit. S. 164 f.

18 Über Kafkas Haltung zu politischen Fragen vgl. Wagenbach, a.a.O., S. 164: »Bei all diesen Begegnungen blieb Kafka – wie stets – nur Betrachter: (. . .) Schweigend folgte er den hitzigen Diskussionen, wohl mit einer gewissen Flaubertschen (›Bouvard und Pécuchet‹) Skepsis, aber aufmerksam, interessiert und bis ins Detail gehend.«

19 Jörg Thalmann: Wege zu Kafka. Eine Interpretation des Amerikaromans. Frauenfeld – Stuttgart 1966, S. 77 f.

20 a.a.O., S. 12 f. Kafka selbst nennt den Roman in einer Tagebuchnotiz ›Der Verschollene‹ (T 453), der Titel ›Amerika‹ stammt von Max Brod. Vgl. auch Kafkas Brief an Felice Bauer vom 11. November 1912 (BF 86): »Die Geschichte, die ich schreibe (. . .) heißt (. . .) ›Der Verschollene‹ und handelt ausschließlich in den Vereinigten Staaten von Nordamerika.« Siehe auch Klaus Hermsdorf: Kafka. Weltbild und Roman. (Ost-)Berlin 1961, S. 250 ff., Anm. 4.

21 Walser op. cit. S. 24.

22 Hermsdorf op. cit. S. 32 f.; Thalmann op. cit. S. 70–93; Emrich op. cit. S. 227.

23 a.a.O., S. 237 f. Vgl. auch Hermsdorf op. cit. S. 68.

24 a.a.O., S. 67 f.

25 Janouch op. cit. S. 100.

26 Vgl. auch T 603: »Die leeren, dunklen, hügeligen, waldigen Ufer des Zuger Sees in vielen Landzungen. Amerikanischer Anblick. Widerwillen auf der Reise gegen Vergleiche mit noch nicht gesehenen Ländern.«

27 Siehe Kafkas Brief an Max Brod vom 8. Oktober 1912 (B 107 ff.), wo er über die durch seine Inspektionen in der Fabrik erzwungene Unterbrechung seines Schreibens klagt und, anscheinend ernstgemeinte, Selbstmordgedanken äußert – was Brod veranlaßte, bei Kafkas Familie zu intervenieren. Vgl. hierzu Max Brod: Franz Kafka. Eine Biographie. Frankfurt/M. 1963 (Fischer Bücherei 552), S. 96 ff. und Hermsdorf op. cit. S. 29 f.

28 Zur Entstehung des ›Amerika‹-Romans siehe Kafka-Symposion. Hg. von Jürgen Born, Klaus Wagenbach u. a. Berlin 1965, S. 62 f.; Hermsdorf op. cit. S. 249 f.; Thalmann op. cit. S.. 55 ff.; Jahn op. cit. S. 23 ff. u. a. m.

Kafka beginnt die Arbeit Ende September 1912. (Eine frühere Fassung des Romans ist verlorengegangen.) Anfang Oktober liest er Brod das erste Kapitel vor (Brod op. cit. S. 133). Am 1. November arbeitet er bereits am Schluß des 5. Kapitels (BF 66). Mitte des Monats unterbricht er die Niederschrift, um bis zum 7. Dezember ›Die Verwandlung‹ fertigzustellen (BF 101 f.). Danach kommt der Roman nur langsam wieder in Gang (BF 178 ff.). Am Jahresende schreibt Kafka die »Wahlszene« im 7. Kapitel (BF 213), eine Woche später das Gespräch Karls mit dem Studenten (BF 231). Ende Januar bricht Kafka die Arbeit an seinem Roman ab (BF 271), um sie, von kleineren Fragmenten abgesehen (vgl. T 453, 481, 504 f.), nicht wiederaufzunehmen. In einem Rückblick vom März dieses Jahres begründet Kafka seine Entscheidung damit, »daß als Ganzes nur das erste Kapitel aus innerer Wahrheit herkommt, während alles andere, mit Ausnahme einzelner kleiner und größerer Stellen (...) zu verwerfen ist, d. h. von etwa 400 großen Heftseiten nur 56 (...) übrig bleiben« (BF 332). Im Mai 1913 veröffentlicht er das erste Kapitel als selbständige Erzählung unter dem Titel ›Der Heizer. Ein Fragment.‹

29 Siehe T 535 f.: »Dickens ›Copperfield‹ (›Der Heizer‹ glatte Dickens-nachahmung, noch mehr der geplante Roman). (...) Meine Absicht war, wie ich jetzt sehe, einen Dickens-Roman zu schreiben, nur bereichert um die schärferen Lichter, die ich der Zeit entnommen, und die mattern, die ich aus mir selbst aufgesteckt hätte.« Vgl. auch Thalmann op. cit. S. 22 ff., 70 ff., 170 f.

30 Siehe Anm. 28. Das »Oklahoma«-Kapitel schrieb Kafka im Herbst 1914, nach der Auflösung der Verlobung mit Felice Bauer (T 453).

31 Christoph Bezzel: Natur bei Kafka. Studien zur Ästhetik des poetischen Zeichens. Nürnberg 1964, S. 64.

32 Hermsdorf op. cit. S. 67.

33 a.a.O., S. 259, Anm. 30.

34 Zum Futurismus in der Literatur siehe Volker Klotz op. cit. S. 254–316, bes. S. 299 ff. (über Andrej Belyjs Roman ›Petersburg‹).

35 Friedrich Beißner: Kafka der Dichter. Ein Vortrag. Stuttgart 1958, S. 24 f. Vgl. auch Walser op. cit. S. 21–45; Jahn op. cit. S. 68–90; Thalmann op. cit. S. 94–103.

36 Georg Lukács: Erzählen oder Beschreiben? Op. cit. S. 219.

37 Brecht op. cit. S. 297.

38 Lukács op. cit. S. 216 f.

39 Jahn op. cit. S. 74.

40 Walser op. cit. S. 44.

41 Hermsdorf op. cit. S. 30 f.

42 Walser op. cit. S. 25 f.

43 a.a.O., S. 70 ff.; Bezzel op. cit. S. 124 ff.; Hermsdorf op. cit. S. 200 f.

44 Lukács: Die Gegenwartsbedeutung des kritischen Realismus. Op. cit. S. 501.

45 Walter Höllerer: Die Bedeutung des Augenblicks im modernen Romananfang. In: Romananfänge. Hg. von Norbert Miller. Berlin 1965, S. 344–377.

46 Z. B. A 276 (Wehende Vorhänge, Licht- und Tonsignale), P 271 f., S 15 (aufblitzende Fenster) und die geheimnisvollen Geräusche in der späten Erzählung ›Der Bau‹ (BK 173–219, passim). Vgl. auch Thalmann op. cit. S. 128–133; Bezzel op. cit. S. 92 ff., 121 ff.

47 Angel Flores (Hg.): the kafka problem. New York 1946 (new directions). Siehe bes. die Beiträge von Claude-Edmonde Magny, Albert Camus und Jean Wahl.

48 Emrich op. cit. S. 98 ff., 102 ff.

49 Walser a.a.O., S. 72.

50 Vgl. auch A 195: »als der Oberkellner (...) aufsprang und Karl so laut anschrie, daß dieser erschrocken vorerst nur in das große, schwarze Mundloch starrte.« Hierzu siehe Theodor W. Adorno: Aufzeichnungen zu Kafka. In: Prismen. Kulturkritik und Gesellschaft. München 1963 (dtv), S. 258: »Was auf der Spitze des Augenblicks balanciert wie ein Pferd auf den Hinterbeinen, wird geknipst, als solle die Pose für immer währen.«

51 »Ekelhaftes Essen: gestern Schweinsfuß, heute Schwanz«, lautet eine für Kafka charakteristische Tagebuchnotiz (H 94). Vgl. auch Kafkas Brief an Felice Bauer vom 20./21. Januar 1913 (BF 259 f.):
»Mein Verhältnis zu den Speisen und Getränken, die ich selbst niemals oder nur in Not essen und trinken würde, ist nicht so, wie man es erwarten sollte. Ich sehe nichts lieber essen als solche Dinge. (...) Fleisch kann um mich dampfen, Biergläser können in großen Zügen geleert werden, diese saftigen jüdischen Würste (wenigstens bei uns in Prag sind sie so üblich, sie sind rundlich wie Wasserratten) können von allen Verwandten ringsherum aufgeschnitten werden (die gespannte Haut der Würste gibt beim Aufschneiden einen Klang, den ich noch von Kinderzeiten her im Ohre habe) – alles das und noch viel Ärgeres macht mir nicht den geringsten Widerwillen, sondern tut mir im Gegenteil überaus wohl.« Kafka gibt hier für seine Sehweise Regel

und Beispiel zugleich: die Fremdheit des Blicks erwächst aus persönlicher Erfahrung; umgekehrt ist die distanzierende Haltung, die Kafka in seinem persönlichen Leben einnimmt, Voraussetzung der literarischen Verfremdung, wie im Vergleich der Würste mit »Wasserratten«.

52 Vgl. Kafkas »Brief an den Vater« (H 172 f.): »Da ich als Kind hauptsächlich beim Essen mit Dir beisammen war, war Dein Unterricht zum großen Teil Unterricht im richtigen Benehmen bei Tisch. Was auf den Tisch kam, mußte aufgegessen, über die Güte des Essens durfte nicht gesprochen werden – Du aber fandest das Essen oft ungenießbar; nanntest es ›das Fressen‹; das ›Vieh‹ (die Köchin) hatte es verdorben. Weil Du entsprechend Deinem kräftigen Hunger und Deiner besonderen Vorliebe alles schnell, heiß und in großen Bissen gegessen hast, mußte sich das Kind beeilen, düstere Stille war bei Tisch, unterbrochen von Ermahnungen: ›zuerst iß, dann sprich‹ oder ›schneller, schneller, schneller‹ oder ›siehst Du, ich habe schon längst aufgegessen‹. Knochen durfte man nicht zerbeißen, Du ja. Essig durfte man nicht schlürfen, Du ja. Die Hauptsache war, daß man das Brot gerade schnitt; daß Du das aber mit einem von Sauce triefenden Messer tatest, war gleichgültig. Man mußte achtgeben, daß keine Speisereste auf den Boden fielen, unter Dir lag schließlich am meisten. Bei Tisch durfte man sich nur mit Essen beschäftigen, Du aber putztest und schnittest Dir die Nägel, reinigtest mit dem Zahnstocher die Ohren.«

53 Siehe hierzu Freuds Analyse der Krankengeschichten von Frau Emmy v. N. (in: Ges. Werke op. cit. Bd. 1, S. 135 ff.) und vom »Wolfsmann« (in: Aus der Geschichte einer infantilen Neurose, op. cit. Bd. 12, S. 132 f., 140 ff.). Vgl. auch den Aufsatz von Julian Hirsch: Über traditionellen Speiseabscheu, in: Zeitschrift für Psychologie (1922), S. 337–371, der über die kulturhistorische Genese bestimmter Speiseverbote Auskunft gibt.

54 Vgl. auch die Szene mit Klara, in der Karl sich ähnlich passiv verhält (A 79 ff.), sowie die Verführungsszenen im ›Prozeß‹ (S. 134 f.) und im ›Schloß‹ (S. 62 ff.), in denen K. jedesmal als Opfer fungiert.

55 Thalmann op. cit. S. 128 ff.

56 Weitere Belege bei Bezzel op. cit. S. 52 ff.

57 Kafka arbeitete fast ausschließlich nachts. Vgl. die Schilderung seiner Zeiteinteilung in einem Brief an Felice Bauer vom 1. November 1912 (BF 66 f.).

58 Brod op. cit. S. 133.

59 a.a.O., S. 134.

60 Freud: Drei Abhandlungen zur Sexualtheorie. In: Gesammelte Werke op. cit. Bd. 5, S. 102 f., wo vom »Lustcharakter der Bewegungsempfindungen« (Schaukeln, Eisenbahnfahren etc.) die Rede ist. Vgl. auch ›Traumdeutung‹ op. cit. Bd. 2/3, S. 278 f. (über Bewegungsträume wie Fliegen, Fallen, Schaukeln). Auch Kafkas im Tagebuch beschriebener Traum gehört in diese Kategorie.

61 Arthur Holitscher: Amerika heute und morgen. Reiseerlebnisse von A. Holitscher. Berlin 1912, S. 293. Vgl. auch Kafkas Äußerungen zum Film

(in: Janouch op. cit. S. 105): »Die Raschheit der Bewegungen und der schnelle Wechsel der Bilder zwingen den Menschen zu einem ständigen Überschauen. Der Blick bemächtigt sich nicht der Bilder, sondern diese bemächtigen sich des Blickes. Sie überschwemmen das Bewußtsein. Das Kino bedeutet eine Uniformierung des Auges, das bis jetzt unbekleidet war.«

62 Jahn op. cit. S. 53–66; Brod op. cit. S. 359. Siehe auch Arnold Hauser: Sozialgeschichte der Kunst und Literatur. Op. cit. S. 993–1030 (»Im Zeichen des Films«).

63 Georg Christoph Lichtenberg: Briefe. In: Schriften und Briefe. Hg. von Wolfgang Promies. München 1967, Bd. 4, S. 211 f.

64 Klaus Riha: Cross-Reading und Cross-Talking. Materialien zu einer satirischen Technik. In: Literatur und Geistesgeschichte. Festgabe für Heinz Otto Burger. Hg. von R. Grimm und C. Wiedemann. Berlin 1968, S. 362.

65 Robert Walser: Jakob von Gunten. Ein Tagebuch. München 1964, S. 34 f. (Kindler Taschenbücher 38).

66 Janouch op. cit. S. 102.

67 Rainer Maria Rilke: Die Aufzeichnungen des Malte Laurids Brigge. Leipzig 1927, S. 2 f.

68 Ein ähnliches Motiv findet sich in Kafkas später Erzählung ›Josefine, die Sängerin, oder das Volk der Mäuse‹ (E 268–291), wo der Gesang zur Metapher für die gesellschaftsverändernde Intention der Kunst wird.

69 Emrich op. cit. S. 230 ff., 237 ff.

70 Elinor Langer: Täglicher Kapitalismus. Die Frauen in der New Yorker Telefongesellschaft. In: Kursbuch 22 (1970), S. 178 f.

71 a.a.O., S. 183.

72 Vgl. Janouch op. cit. S. 89: »Die Geschichte ist noch viel lächerlicher als diese alten Bilder, da sie ja meistens von Amtshandlungen gebildet wird.«

73 a.a.O., S. 91.

74 Emrich op. cit. S. 74–80.

75 Kafka-Symposion. Op. cit. S. 21–37.

76 Robert Musil: Franz Kafkas Erzählungen. In: Neue Rundschau 25 (1914), S. 1166–1172; Siegfried Kracauer: Rezension des ›Amerika‹-Romans. In: Frankfurter Zeitung vom 23. Dezember 1927. Vgl. auch Benjamin op. cit. Anm. 7.

77 Max Brod: Verzweiflung und Erlösung im Werk Franz Kafkas. Frankfurt/M. 1959 (Buchausgabe von Brods früheren Aufsätzen über Kafka).

78 Zur Forschungsgeschichte siehe den Aufsatz von Charles Neider, in: Flores (Hg.) op. cit. S. 398–445; Hermsdorf op. cit. S. 5–19.

79 Beißner, Walser, Bezzel, Politzer, Sokel u. a.

80 Emrich op. cit. passim.

81 Bezzel op. cit. S. 130.

82 Hermsdorf, Wagenbach op. cit.

83 Lukács wird bei Hermsdorf nur einmal erwähnt (op. cit. 247), seine Ausführungen stützen sich aber deutlich auf Lukács (vgl. z. B. Hermsdorfs Einwände gegen den »Naturalismus« Stifters und Flauberts, S. 200 ff.). Zur

Lukács-Debatte in der DDR nach 1956 siehe Hans Koch (Hg.): Georg Lukács und der Revisionismus. Op. cit. passim.

84 Hermsdorf, a.a.O.

85 Janouch op. cit. S. 103.

86 Vgl. das Zitat von Lukács Anm. 1 und Benjamin op. cit.

87 Kracauer a.a.O.

88 Alfred Döblin: Berlin, Alexanderplatz. Op. cit. S. 14. Dazu Volker Klotz op. cit. S. 399: »Öffentliches Essen und Trinken – diesen Vorgang löst die sachlich-stilistische Zeitlupe aus dem geschmeidig gleitenden Rhythmus seiner Üblichkeit, zerlegt ihn in kantige Einzelphasen und verabsolutiert sie. Den simplen Akt des Verzehrs in eine Reihe disparater, offenbar sinnloser Gliederbewegungen zerhackend, nimmt der Erzähler die Sicht dessen ein, der der Gewöhnung entwöhnt ist.«

89 Hermann Kasack: Die Stadt hinter dem Strom. Roman. Frankfurt/M. 1964 (1. Aufl. 1949); ders.: Das große Netz. Roman. Ibid. 1952; Hans Erich Nossack: Nekyia. Bericht eines Überlebenden. Frankfurt/M. 1961 (1. Aufl. 1947); ders.: Spirale. Roman einer schlaflosen Nacht. Ibid. 1956: Unmögliche Beweisaufnahme. Ibid. 1959; Walter Jens: Nein – Die Welt der Angeklagten. Roman. Hamburg 1950 u. a. m.

90 Peter Weiss: Der Schatten des Körpers des Kutschers. Frankfurt/M. 1960, S. 21; ders.: Das Gespräch der drei Gehenden. Ibid. 1963 (edition suhrkamp 7); Martin Walser: Ein Flugzeug über dem Haus und andere Geschichten. Frankfurt/M. 1955; Ror Wolf: Fortsetzung des Berichts. Ibid. 1964; Gisela Elsner: Die Riesenzwerge. Roman. Reinbek 1963, sowie die Anthologie ›Vorzeichen‹, Bd. 1 hg. von H. M. Enzensberger, Bd. 2, hg. von M. Walser, Frankfurt/M. 1962/63.

91 Reinhard Lettau: Auftritt Manigs. München 1963, S. 26.

92 Vgl. hierzu den Bericht von Erich Kuby über die Tagung der Gruppe 47 in Princeton, in: Der Spiegel Nr. 19 vom 2. Mai 1966, S. 154–165, sowie die Besprechung von Handkes Roman ›Die Hornissen‹ (1966) von Jakov Lind (ibid. Nr. 29 vom 11. Juli 1966, S. 79).

93 André Breton: Die Manifeste des Surrealismus. Übers. von Ruth Henry. Reinbek 1968 (Rowohlt Paperback 63), S. 13 f.

94 Albert Camus: Die Hoffnung und das Absurde im Werk von Franz Kafka. In: Der Mythos von Sisyphos. Düsseldorf 1950.

95 Alain Robbe-Grillet: Ein Tag zuviel. Roman. Hamburg 1954; Der Augenzeuge. Roman. München 1957; Die Jalousie oder die Eifersucht. Roman. Ibid. 1959 (übers. von Elmar Tophoven); Michel Butor: Paris – Rom oder die Modifikation. Roman. München 1958; Der Zeitplan. Roman. Ibid. 1960; Stufen. Roman. Frankfurt/M. 1964 (übers. von Helmut Scheffel). Vgl. auch Lukács: Die Eigenart des Ästhetischen (Ästhetik I). Op. cit. S. 723 ff.

96 Alain Robbe-Grillet: Letztes Jahr in Marienbad. Drehbuch. München 1961; Die Unsterbliche (L'Immortelle). Drehbuch. Ibid. 1964 (übers. von Elmar Tophoven).

97 Alain Robbe-Grillet Argumente für einen neuen Roman. Essays. Übers. von Helmut Scheffel u. a. München 1965, S. 97.

98 Marcel Reich-Ranicki: Wer schreibt, provoziert. Pamphlete und Kommentare. München 1966 (dtv), S. 67.

99 Roland Barthes: Am Nullpunkt der Literatur. Übers. von H. Scheffel. Hamburg 1959, S. 88.

100 Arno Schmidt: Die Handlungsreisenden. In: Texte und Zeichen 7 (1956), S. 297.

101 Vgl. das ausführliche Zitat im Lukács-Kapitel, Anm. 50.

102 Lessing: Laokoon, op. cit. S. 263 f.

103 Vgl. das Kafka-Kapitel, Anm. 42.

104 Robert Musil: Triëdere. In: Prosa, Dramen, späte Briefe. Hg. von Adolf Frisé. Reinbek 1957, S. 494 f.

105 Viktor Šklovskij: Theorie der Prosa. Op. cit. S. 14.

106 Ibid. S. 13–20.

Literaturverzeichnis

1. Quellen

Brockes, Barthold Heinrich: Auszug der vornehmsten Gedichte aus dem Irdischen Vergnügen in Gott. Faksimiledruck nach der Ausgabe von 1738. Mit einem Nachwort von Dietrich Bode. Stuttgart 1965 (Reihe Texte des 18. Jahrhunderts; zitiert als »Auszug«)
- Irdisches Vergnügen in Gott, bestehend in Physicalisch- und Moralischen Gedichten. Bd. 1–9. Hamburg 1734–1748, davon:
- 1. Theil. 6. Aufl. 1737 (Vorrede von Weichmann)
- 2. Theil. 3. Aufl. 1734 (Vorrede von Weichmann)
- 3. Theil. 3. Aufl. 1736 (Grundsätze der Welt-Weisheit des Herrn Abts Genest. Vorrede von Joh. Georg Hamann)
- 4. Theil. 2. Aufl. 1735 (Vorrede von Michael Richey)
- 5. Theil. 1. Aufl. 1736 (Vorrede von B. H. Brockes jun.)
- 6. Theil. 1. Aufl. 1740 (Vorrede von E. N. Brockes)
- 7. Theil. 1. Aufl. 1743 (Land-Leben in Ritzebüttel. Vorrede von Zink)
- 8. Theil. 1. Aufl. 1746 (Hg. von B. H. Brockes jun.)
- 9. Theil. 1. Aufl. 1748 (Physicalische und moralische Gedanken über die drei Reiche der Natur)

Haller, Albrecht von: Gedichte. Hg. und eingel. von Ludwig Hirzel. Frauenfeld 1882 (Bibliothek älterer Schriftwerke der deutschen Schweiz und ihres Grenzgebietes 3)

Haller und *Salis-Seewis:* Auswahl. Hg. von Adolf Frey. In: Deutsche National-Literatur. Hg. von Joseph Kürschner. Bd. 41/2. Berlin-Stuttgart o. J.

Hebbel, Friedrich: Sämtliche Werke. Historisch-kritische Ausgabe, besorgt von Richard Maria Werner. Bd. 1–12. Berlin 1901–1903
- Tagebücher. Hg. von Felix Bamberg. Bd. 1 und 2. Berlin 1885–1887

Kafka, Franz: Gesammelte Werke. Hg. von Max Brod. Frankfurt/Main. 1946–1967 (Lizenzausgabe von Schocken Books New York), davon:
- Erzählungen. 9.–12. Tausend. 1946 (Zitiert als E)
- Beschreibung eines Kampfes. Novellen, Skizzen, Aphorismen aus dem Nachlaß. 1946 (BK)
- Hochzeitsvorbereitungen auf dem Lande und andere Prosa aus dem Nachlaß, 1.–6. Tausend. 1953 (H)
- Amerika. Roman. 1.–8. Tausend. 1953 (A)
- Tagebücher 1910–1923. 6.–10. Tausend. 1954 (T)
- Briefe 1902–1924. 1958 (B)
- Briefe an Milena. Hg. und mit einem Nachwort versehen von Willy Haas. 7.–9. Tausend. 1960 (BM)
- Der Prozeß. Roman. 27.–31. Tausend. 1960 (P)
- Das Schloß. Roman. 14.–16. Tausend. 1962 (S)

– Briefe an Felice und andere Korrespondenz aus der Verlobungszeit. Hg. von Erich Heller und Jürgen Born. Mit einer Einleitung von Erich Heller. 6.–9. Tausend. 1967 (BF)

Kleist, Ewald von: Werke. Hg. und mit Anmerkungen begleitet von August Sauer. Bd. 1–3. Berlin 1880

Lessing, Gotthold Ephraim: Laokoon. Hg. und erläutert von Hugo Blümner. 2. Aufl. Berlin 1880

– Sämtliche Schriften. Hg. von Karl Lachmann. Dritte, auf's neue durchgesehene und vermehrte Auflage, besorgt durch Franz Muncker, Bd. 1–22. Stuttgart 1886–1919

Lukács, Georg: Essays über Realismus. (Probleme des Realismus 1). In: Werke Bd. 4. Neuwied-Berlin 1971

Stifter, Adalbert: Werke. Hg. von Max Stefl. Bd. 1–9. Augsburg 1950–1960, davon:

Der Nachsommer 1954; Studien 1, 1955; Bunte Steine 1960

– Vermischte Schriften und Briefe. In: Sämtliche Werke. Hg. von August Sauer, Gustav Wilhelm u. a. Bd. 14–24. Prag (später Reichenberg) 1901–1940

2. Sekundärliteratur

Adorno, Theodor W.: Erpreßte Versöhnung. In: Noten zur Literatur II. Frankfurt/M. 1965, 152–187

– Aufzeichnungen zu Kafka. In: Prismen. Kulturkritik und Gesellschaft. München 1963 (dtv). S. 248–281

Albertsen, Leif Ludwig: Das Lehrgedicht – eine Geschichte der antikisierenden Sachepik in der neueren deutschen Literatur. Aarhus 1967

Alewyn, Richard: Eine Landschaft Eichendorffs. In: Eichendorff heute. Hg. von Paul Stöcklein. München 1960, S. 19–43

Althaus, Horst: Georg Lukács oder Bürgerlichkeit als Vorschule einer marxistischen Ästhetik. Bern-München 1962

– Laokoon. Stoff und Form. Bern-München 1968

Anger, Alfred: Literarisches Rokoko. Stuttgart 1962 (Sammlung Metzler 25)

– Landschaftsstil des Rokoko. In: Euphorion 51 (1957), S. 151–191

Babbitt, Irving: The New Laokoon. An Essay on the Confusion of the Arts. London-Boston-New York 1910

Baechtold, Jakob: Geschichte der deutschen Literatur in der Schweiz. Frauenfeld 1919

Balet, Leo: Die Verbürgerlichung der deutschen Kunst, Literatur und Musik im 18. Jahrhundert. Straßburg-Leipzig-Zürich 1946

Bartels, Adolf: Geschichte der deutschen Literatur. Leipzig 1905

Beer, Rüdiger Robert: Der große Haller. Säckingen 1947

Beißner, Friedrich: Kafka der Dichter. Ein Vortrag. Stuttgart 1958

Benjamin, Walter: Über Franz Kafka. In: W. Benjamin: Über Literatur. Frankfurt/M. 1969, S. 154–202

Bernhard, Marianne: Nachworte zu Adalbert Stifter: Studien I–V. München o. J. (Goldmanns Gelbe Taschenbücher)

Bertram, Ernst: Studien zu Stifters Novellentechnik. Dortmund 1907

Bezzel, Christoph: Natur bei Kafka. Studien zur Ästhetik des poetischen Zeichens. Nürnberg 1964 (Erlanger Beiträge zur Sprach- und Kunstwissenschaft 15)

Bieber, Margarete: Laocoon. The influence of the group since its rediscovery. New York 1942

Bing, Susi: Die Naturnachahmungstheorie bei Gottsched und den Schweizern und ihre Beziehung zur Dichtungstheorie der Zeit. Phil. Diss. Köln 1934

Blümner, Hugo: Einleitung zu Lessings Laokoon. 2. Aufl. Berlin 1880

Blumenthal, Hermann: Adalbert Stifter und die deutsche Revolution von 1848. In: Dichtung und Volkstum 41 (1941) S. 211–237

Bode, Dietrich: Nachwort zu Barthold Heinrich Brockes: Auszug der vornehmsten Gedichte aus dem Irdischen Vergnügen in Gott. Stuttgart 1965 (Neudruck)

Brandl, Alois: Barthold Heinrich Brockes. Nebst darauf bezüglichen Briefen von J. U. König an J. J. Bodmer. Innsbruck 1878

Brandner, Ilse: B. H. Brockes und die holländische Naturschilderung. Phil. Diss. Wien 1924

Brod, Max: Franz Kafka. Eine Biographie. Frankfurt/M. 1963 (Fischer Bücherei 552)

Canetti, Elias: Der andere Prozeß. Kafkas Briefe an Felice. München 1969

Danzel, Theodor Wilhelm und Guhrauer, Gottschalk Eduard: Lessing. Sein Leben und seine Werke. Leipzig o. J.

Davies, Cicely: »Ut Pictura Poesis«. In: Modern Language Review 30/2 (1935) S. 159–169

Diamant, Friederike: Die Naturdichtung von Pope, Brockes und Haller. Ein Vergleich. Phil. Diss. Wien 1937 (Masch.)

Dilthey Wilhelm: Das Erlebnis und die Dichtung. 2. Aufl. Leipzig 1907

d'Irsay, Stephen: Albrecht von Haller. Eine Studie zur Geistesgeschichte der Aufklärung. Leipzig 1930 (Arbeiten des Instituts für Geschichte der Medizin an der Universität Leipzig 1)

Elschenbroich, Adalbert: Nachwort zu B. H. Brockes, Irdisches Vergnügen in Gott. Stuttgart 1963 (reclam) S. 84–95

– Nachwort zu A. v. Haller, Die Alpen und andere Gedichte. Stuttgart 1965 (reclam) S. 87–118

Emrich, Wilhelm: Franz Kafka. 2. Aufl. Frankfurt/M. 1960

Epping, Walter: Stifters Revolutionserlebnis. In: Weimarer Beiträge 1 (1955) S. 246–260

Ermatinger, Emil: Dichtung und Geistesleben der deutschen Schweiz. München 1933

Esselbrügge, Kurt: Hebbel als Rezensent. In: Hebbel-Jahrbuch 1956. Heide 1956, S. 28–33

Flemming, Willi: Der Wandel des deutschen Naturgefühls vom 15. zum 18. Jahrhundert. Halle 1931

Flores, Angel (Hg.): the kafka problem. New York 1946 (new directions)

Frey, Adolf: Albrecht von Haller und seine Bedeutung für die deutsche Literatur. Von der Universität Bern gekrönte Preisschrift. Leipzig 1879

– Die Kunstform des Lessingschen Laokoon. Stuttgart-Berlin 1905

Fröschner, Günther: Die Herausbildung und Entwicklung der geschichtsphilosophischen Anschauungen von Georg Lukács. Kritik revisionistischer Entstellungen des Marxismus-Leninismus. Diss. am Institut für Gesellschaftswissenschaften beim ZK der SED. (Ost-)Berlin 1965

Gallas, Helga: Marxistische Literaturtheorie. Kontroversen im Bund proletarisch-revolutionärer Schriftsteller. Neuwied und Berlin 1971. (Sammlung Luchterhand; vorher Phil. Diss. Berlin 1969); auszugsweise abgedruckt in: alternative 67/68 (1969) S. 148–173

Gansberg, Marie-Luise: Der Prosa-Wortschatz des deutschen Realismus unter besonderer Berücksichtigung des vorausgehenden Sprachwandels 1835–1855. Bonn 1966 (Abhandlungen zur Kunst-, Musik- und Literaturwissenschaft 27)

Gervinus, Georg Gottfried: Geschichte der poetischen National-Literatur der Deutschen. 2. Aufl. Leipzig 1843

Gjerset, Knut: Der Einfluß von Thomsons »Jahreszeiten« auf die deutsche Literatur des 18. Jahrhunderts. Phil. Diss. Heidelberg 1898

Glaser, Horst Albert: Die Restauration des Schönen. Stifters »Nachsommer«. Stuttgart 1965

Graham, Paul G.: Hebbel on Criticism and the Critics. In: Germanic Review 26 (1951) S. 215–222

Günther, Werner: Zu Struktur und Sprache von Hallers »Alpen«. In: W. Günther: Form und Sinn. Beiträge zur Literatur- und Geistesgeschichte. Bern-München 1968, S. 89–111

Guggenbühl, Hans: Ewald von Kleist. Weltschmerz als Schicksal. Phil. Diss. Zürich 1948

Guhrauer, Gottschalk Eduard: siehe unter Danzel, Theodor Wilhelm

Gundolf, Friedrich: Shakespeare und der deutsche Geist. Berlin 1911

Haym, Rudolf: Herder. Neudruck (Ost-)Berlin 1954 (1. Aufl. 1877)

Hermsdorf, Klaus: Kafka. Weltbild und Roman. (Ost-)Berlin 1961

Hettner, Hermann: Geschichte der deutschen Literatur im 18. Jahrhundert. 6. Aufl. Braunschweig 1913

Hirzel, Ludwig: Einleitung zu Albrecht von Hallers Gedichten. Hg. von L. Hirzel. Frauenfeld 1882 (Bibliothek älterer Schriftwerke der deutschen Schweiz und ihres Grenzgebietes. Hg. von J. Baechtold und F. Vetter. 3. Bd.)

Höllerer, Walter: Adalbert Stifter. In: Zwischen Klassik und Moderne. Lachen und Weinen in der Dichtung einer Übergangszeit. Stuttgart 1958, S. 357–377

– Die Bedeutung des Augenblicks im modernen Romananfang. In: Romananfänge. Versuch zu einer Poetik des Romans. Hg. von Norbert Miller. Berlin 1965, S. 344–377

Hohoff, Curt: Adalbert Stifter. Seine dichterischen Mittel und die Prosa des 19. Jahrhunderts. Düsseldorf 1949

Howard, William Guild: »Ut Pictura Poesis«. In: Publications of the Modern Language Association 24 (1909) S. 40–123

– »Reiz ist Schönheit in Bewegung«, a.a.O., S. 286–293

– Burke among the forerunners of Lessing. In: PMLA 22 (1909) S. 608 ff.

Ischer, Anna: Albrecht von Haller und das klassische Altertum. Bern 1929

Jahn, Wolfgang: Kafkas Roman »Der Verschollene« (»Amerika«). Stuttgart 1965

Janssen, Otto: Naturempfindung und Naturgefühl bei B. H. Brockes. Phil. Diss. Bonn 1907

Jantz, Harold: Brockes' poetic apprenticeship. In: Modern Language Notes 77 (1962) S. 439–442

Junker, Christof: Das Weltraumbild in der deutschen Lyrik von Opitz bis Klopstock. Berlin 1932

Käslin, Hans: Albrecht von Hallers Sprache. Phil. Diss. Freiburg i. Br. 1892

Kahn, Charlotte: Die Melancholie in der deutschen Lyrik des 18. Jahrhunderts. Heidelberg 1932 (Beiträge zur neueren Literaturgeschichte 21)

Kammerer, Friedrich: Zur Geschichte des Landschaftsgefühls im frühen 18. Jahrhundert. Berlin 1909

Koch, Hans (Hg.): Georg Lukács und der Revisionismus. Eine Sammlung von Aufsätzen. (Ost-)Berlin 1960

Kohlschmidt, Werner: Hallers Gedichte und die Tradition. In: W. Kohlschmidt: Dichter, Tradition und Zeitgeist. Gesammelte Studien zur Literaturgeschichte. Bern-München 1965, S. 206–222

Kommerell, Max: Lessing und Aristoteles. Frankfurt/M. 1940

Kracauer, Siegfried: Rezension von Kafkas ›Amerika‹-Roman. In: Frankfurter Zeitung vom 23. Dezember 1927

Kreuzer, Helmut (Hg.): Hebbel in neuer Sicht. Stuttgart 1963 (Sprache und Literatur 9)

Küpper, Peter: Literatur und Langeweile. Zur Lektüre Stifters. In: Adalbert Stifter. Studien und Interpretationen. Gedenkschrift zum 100. Todestage. Hg. von Lothar Stiehm, Heidelberg 1968

Kunisch, Hermann: Adalbert Stifter. Mensch und Wirklichkeit. Berlin 1950

Kupffer, Imogen: Das Irdische Vergnügen in Gott von B. H. Brockes. Eine Untersuchung zu Wesen und Entwicklung der Naturlyrik. Phil. Diss. Göttingen 1956 (Masch.)

Kurtz, Heinrich: Geschichte der deutschen Literatur. Bd. 1–3. Leipzig 1856

Ladendorf, Heinz: Antikenstudium und Antikenkopie. In: Abhandlungen der Sächsischen Akademie der Wissenschaften 46/2. (Ost-)Berlin 1953

Lange, Victor: »Nachsommer«. In: Der deutsche Roman. Hg. von Benno v. Wiese. Düsseldorf 1963, S. 34–75

Langen, August: Anschauungsformen in der deutschen Dichtung des 18. Jahr-

hunderts. (Rahmenschau und Rationalismus) Jena 1934 (Deutsche Arbeiten der Universität Köln 6)
- Verbale Dynamik in der dichterischen Landschaftsschilderung des 18. Jahrhunderts. In: Zeitschrift für deutsche Philologie 70 (1948/49) S. 249–318
- Der Wortschatz des deutschen Pietismus. 2. Aufl. Tübingen 1968

Liepe, Wolfgang: Der Schlüssel zum Weltbild Hebbels: Gotthilf Heinrich Schubert. In: Monatshefte (Wisconsin) 43/3 (1951) S. 117–132

Löffelholz, Franz: Wirklichkeitserlebnis und Gottesvorstellung in B. H. Brockes' »Irdisches Vergnügen in Gott«. Phil. Diss. Frankfurt/M. 1955 (Masch.)

Ludwig, Marianne: Stifter als Realist. Untersuchung über die Gegenständlichkeit im »Beschriebenen Tännling«. Basel 1948 (Basler Studien zur deutschen Sprache und Literatur 7)

Ludz, Peter (Hg.): Georg Lukács: Schriften zur Literatursoziologie. Ausgewählt und eingeleitet von Peter Ludz. 3. Aufl. Neuwied und Berlin 1968

Lunding, Erik: Probleme und Ergebnisse der Stifter-Forschung 1945–1954. In: Euphorion 49 (1955) S. 203–244

Mainland, William F.: Brockes and the limitations of imitation. In: Reality and creative visions in German lyrical poetry. Proceedings of the 15th symposium of the Colston Research Society. Hg. von A. Closs. London 1963, S. 101–116

Manikowsky, Fritz von: Die Welt- und Lebensanschauung in dem »Irdischen Vergnügen in Gott« von B. H. Brockes. Phil. Diss. Greifswald 1914

Mann, Otto: Lessing. Sein und Leistung. Hamburg 1949

May, Kurt: Lessings und Herders kunsttheoretische Gedanken in ihrem Zusammenhang. Phil. Diss. Berlin 1923 (Masch.)

Mayer, Hans: Lessing. Mitwelt und Nachwelt. In: Studien zur deutschen Literaturgeschichte. (Ost-)Berlin 1953

Maync, Harry: Haller als Dichter. In: A. v. Haller. Gedichte. Leipzig 1923, S. 5–56

Meetz, Anni: Friedrich Hebbel. Stuttgart 1962 (Sammlung Metzler 18)

Mehring, Franz: Die Lessing-Legende. (Ost-)Berlin 1953 (1. Aufl. Stuttgart 1893)

Meyer, Hermann: Hütte und Palast in der Dichtung des 18. Jahrhunderts. In: Formenwandel. Festschrift zum 65. Geburtstag von Paul Böckmann. Hamburg 1964, S. 138–155

Mittenzwei, Werner: Marxismus und Realismus. Die Brecht-Lukács-Debatte. In: Sinn und Form 19/1 (1967) S. 235 ff. Nachdruck in: Das Argument 10/46 (1968) S. 12–43

Müller, Andreas: Landschaftserlebnis und Landschaftsbild. Stuttgart 1955

Müller, Joachim: Das Weltbild Friedrich Hebbels. Halle 1955
- Adalbert Stifter. Weltbild und Dichtung. Halle 1956

Muncker, Franz: Einleitung zu Ewald Christian von Kleist. In: Deutsche National-Literatur 45. Anakreontiker und preußisch-patriotische Lyriker. Stuttgart 1911, S. 105–125

Nivelle, Armand: Kunst- und Dichtungstheorien zwischen Aufklärung und Klassik. Berlin 1960

Nolte, Fred Otto: Lessing's Laokoon. Lancaster Pa. 1940

Paustian, Helmut: Die Lyrik der Aufklärung als Ausdruck der seelischen Entwicklung von 1710–1770. Berlin 1933 (Literatur und Seele 3)

Peters, Friedrich Ernst: Die Aufgaben des Menschen. Stifter und Hebbel. In: F. E. Peters: Im Dienst der Form. Göttingen 1947, S. 67–84

Pfeiffer, Johannes: Über ein Gedicht von Barthold Heinrich Brockes (»Mondschein«). In: Die Sammlung 3 (1948) S. 391–395. Nachdruck in: J. Pfeiffer: Wege zur Dichtung. Hamburg 1951, S. 61–66

Pfund, Harry W.: Studien zu Wort und Stil bei Brockes. New York-Lancaster 1935

Plessen, Elisabeth Gräfin: Zeitgenössische Epik im Grenzgebiet zwischen Non-Fiction und Fiction. Phil. Diss. Berlin 1970 (Masch.)

Politzer, Heinz: Franz Kafka, der Künstler. Frankfurt/M. 1965

Rehm, Walter: Nachsommer. Zur Deutung von Stifters Dichtung. München 1951

Roedl, Urban: Adalbert Stifter in Selbstzeugnissen und Bilddokumenten. Reinbek 1965 (rowohlts monographien 86)

Rosenberger, Ludwig: Adalbert Stifter und die Lackenhäuser. Hamburg 1948

Schmidt, Arno: Die Handlungsreisenden. (Über Hebbel und Stifter). In: Texte und Zeichen 7 (1956) S. 296 ff.

– Der sanfte Unmensch / Einhundert Jahre Nachsommer. In: A. Schmidt: Der sanfte Unmensch. Unverbindliche Betrachtungen eines Überflüssigen. Berlin 1963 (Ullstein Bücher 448) S. 75–100

– Nichts ist mir zu klein. (Über Brockes). In: A. Schmidt: Die Ritter vom Geist. Von vergessenen Kollegen. Karlsruhe 1965, S. 56–89

– ... und dann die Herren Leutnants! / Betrachtungen zu »Witiko« und Adalbert Stifter. Ibid. S. 282–317

– Nachwort zu Coopers »Conanchet«. In: A. Schmidt: Der Triton mit dem Sonnenschirm. Großbritannische Gemütsergetzungen. Karlsruhe 1969, S. 330–391

Schmidt, Erich: Lessing. Geschichte seines Lebens und seiner Schriften. Bd. 1 und 2. 3. Aufl. Berlin 1909

Schneider, Ferdinand Josef: Die deutsche Dichtung vom Ausgang des Barock bis zum Beginn des Klassizismus 1700–1785. Stuttgart 1924

Schönfeld, Ingeborg: Die malende Poesie im 18. Jahrhundert und ihre Überwindung durch den Sturm und Drang. Phil. Diss. München 1920 (Masch.)

Schonauer, Franz: Expressionismus und Faschismus. Eine Diskussion aus dem Jahre 1938 mit Ernst Bloch, Alfred Kurella, Georg Lukács u. a. Rundfunkmanuskript des Senders Freies Berlin. Gesendet im 3. Programm am 10. April 1966

Schumacher, Hans: Nachwort zu Adalbert Stifter: Bunte Steine. München o. J. (Goldmanns Gelbe Taschenbücher) S. 250–258

Sengle, Friedrich: Wunschbild Land und Schreckbild Stadt. In: Studium Generale 16 (1963) S. 619–631

Siegrist, Christoph: Albrecht von Haller. Stuttgart 1967 (Sammlung Metzler 57)

Sokel, Walter H.: Franz Kafka. Tragik und Ironie. Zur Struktur seiner Kunst. München-Wien 1964

Stahlmann, Hans: Albrecht von Hallers Welt- und Lebensanschauung. Nach seinen Gedichten. Phil. Diss. Kallmünz 1928

Staiger, Emil: Adalbert Stifter: Nachsommer. In: Meisterwerke deutscher Sprache. 2. Aufl. Zürich 1948, S. 188–203

Strauß, David Friedrich: B. H. Brockes und Hermann Samuel Reimarus. In: D. F. Strauß: Gesammelte Schriften 2. Bonn 1876, S. 1–16

Stümbke, Heinrich: Ewald Christian von Kleist. Krieger, Dichter, Denker. Phil. Diss. Göttingen 1949 (Masch.)

Szarota, Elida Maria: Lessings »Laokoon«. Eine Kampfschrift für eine realistische Kunst und Poesie. Weimar 1959

Thalmann, Jörg: Wege zu Kafka. Eine Interpretation des Amerikaromans. Frauenfeld-Stuttgart 1966

Thalmann, Marianne: Adalbert Stifters Raumerlebnis. In: Monatshefte (Wisconsin) 38/2 (1946) S. 103–111

Trüper, Hellmut: Die norddeutsche Landschaft in der Kunst. Ihr Bild und ihre Seele. Hannover 1928

Urzidil, Johannes: Da geht Kafka. Zürich 1965

Völker, Klaus: Brecht und Lukács. Analyse einer Meinungsverschiedenheit. In: Kursbuch 7 (1966) S. 80–101. Nachdruck in: alternative 67/68 (1969) S. 134–147

Vontobel, Willy: Von Brockes bis Herder. Studien über die Lehrdichter des 18. Jahrhunderts. Bern 1942

Wagenbach, Klaus: Franz Kafka. Eine Biographie seiner Jugend. 1883–1912. Bern 1958

– (Hg.): Kafka – Symposion. Datierung, Funde, Materialien. Berlin 1965

Walser, Martin: Beschreibung einer Form. München 1961 (Literatur als Kunst)

Wehl, Feodor: Hamburgs Literaturleben im 18. Jahrhundert. Leipzig 1856 (Neudruck Wiesbaden 1967)

Weiss, Richard: Das Alpenerlebnis in der deutschen Literatur des 18. Jahrhunderts. Zürich-Leipzig 1933 (Wege zur Dichtung 17)

Wellek, René: Geschichte der Literaturkritik 1750–1830. Neuwied und Berlin 1959

Weltsch, Felix: Religion und Humor im Leben und Werk Franz Kafkas. Berlin 1957

Weydt, Günter: Naturschilderung bei Annette von Droste-Hülshoff und Adalbert Stifter. Beiträge zum »Biedermeierstil« in der Literatur des 19. Jahrhunderts. Berlin 1930 (Germanische Studien 95)

Winterstein, Alfred: Adalbert Stifter. Persönlichkeit und Werk. Eine tiefenpsychologische Studie. Wien 1946

317

Witkop, Philipp: Die neuere deutsche Lyrik. 1. Bd. Leipzig-Berlin 1910
Wolbrandt, Christine: Der Raum in der Dichtung Adalbert Stifters. Zürich
1967 (Zürcher Beiträge zur deutschen Literatur- und Geistesgeschichte 29)
Wolff, Hans M.: Brockes' religion. In: Publications of the Modern Language
Association 62 (1947) S. 1124–1152
Zagajewski, Karl: Albrecht von Hallers Dichtersprache. Straßburg 1909
Zimmermann, Johann Georg: Das Leben des Herrn von Haller. Zürich 1755

3. Sonstiges

Baehr, Rudolf: Zum Einfluß der lateinischen Beschreibungslehre (descriptio)
auf einige Portraits der provenzalischen und französischen Literatur des
Mittelalters. In: Münchener Universitätswoche an der Sorbonne. Hg. von
Jean Sarrailh und Alfred Marchionini. München 1956, S. 122–134
Baldwin, Charles S.: Ancient Rhetoric and Poetic. Gloucester/Mass. 1959
Barthes, Roland: Am Nullpunkt der Literatur. Aus dem Französischen übers.
von Helmut Scheffel. Hamburg 1959
Benjamin, Walter: Das Kunstwerk im Zeitalter seiner technischen Reprodu-
zierbarkeit. Frankfurt/M. 1963 (edition suhrkamp 28)
– Versuche über Brecht. Frankfurt/M. 1966 (edition suhrkamp 172)
Biese, Alfred: The Development of Feeling for Nature in the Middle Ages
and Modern Times. New York 1964
Bloch, Ernst: Diskussion über Expressionismus (1938). In: Marxismus und
Literatur. Eine Dokumentation in drei Bänden. Hg. von Fritz J. Raddatz.
Reinbek 1969, S. 51–59, Bd. 2
Brecht, Bertolt: Schriften zur Literatur und Kunst (Gesammelte Werke 19).
Frankfurt/M. 1967
Breitinger, Johann Jacob: Critische Dichtkunst. Bd. 1 und 2. Faksimiledruck
nach der Ausgabe von 1740. Mit einem Nachwort von Wolfgang Bender.
Stuttgart 1966
Curtius, Ernst Robert: Europäische Literatur und lateinisches Mittelalter.
4. Aufl. Bern-München 1963
Diderot, Denis: Ästhetische Schriften. 1. Bd. Hg. und übersetzt von Friedrich
Bassenge. Frankfurt/M. 1968
Döblin, Alfred: Berlin Alexanderplatz. Roman. Hg. von Walter Muschg.
Olten-Freiburg 1961
Engels, Friedrich: Die Entwicklung des Sozialismus von der Utopie zur Wis-
senschaft. In: Marx-Engels Werke Bd. 19 (Ost-)Berlin 1969, S. 181–228
Flaubert, Gustave: L'Education sentimentale. In: Oeuvres complètes. Hg.
von René Dumesnil. 2. Aufl. Paris 1958
– Briefe. Hg. und übersetzt von Helmut Scheffel. Stuttgart 1964
Fontane, Theodor: Aufsätze zur Literatur. Hg. von Kurt Schreinert. Mün-
chen 1963

Freud, Sigmund: Gesammelte Werke Bd. 1–18. Hg. von Anna Freud u. a. 4. Aufl. London–Frankfurt/M. 1966

Friedländer, Paul: Johannes von Gaza und Paulus Silentiarius. Kunstbeschreibungen justinianischer Zeit. Leipzig–Berlin 1912

Goethe, Johann Wolfgang: Gedenkausgabe der Werke, Briefe und Gespräche. Bd. 1–24. Hg. von Ernst Beutler. Zürich–Stuttgart 1948 ff. (Artemis)

Hauser, Arnold: Sozialgeschichte der Kunst und Literatur. München 1967 (1. Aufl. 1953)

Hegel, Georg Wilhelm Friedrich: Ästhetik. Hg. von Friedrich Bassenge. (Ost-)Berlin 1955

– Phänomenologie des Geistes. Hg. von Johannes Hoffmeister. 6. Aufl. Hamburg 1952 (Philosophische Bibliothek 114)

Heinze, Richard: Virgils epische Technik. 3. Aufl. Leipzig–Berlin 1915

Herder, Johann Gottfried: Kritische Wälder. In: Herders Werke. Aufgrund der Hempelschen Ausgabe neu hg. von Ernst Naumann. 2. Bd. Berlin o. J. (Bong)

Hochstetter-Preyer, Agnes: Das Beschreiben. Eine logische Untersuchung zur positivistischen Methodenlehre. Halle 1916 (Abhandlungen zur Philosophie und Geistesgeschichte, hg. von Benno Erdmann, 49. Heft)

Holitscher, Arthur: Amerika heute und morgen. Reiseerlebnisse von A. Holitscher. Berlin 1912

James, Henry: Die Kunst des Romanschreibens (The Art of Fiction). In: H. James: Bis zum Äußersten (The Turn of the Screw). Übers. von Helmut Viebrock. Hamburg–Frankfurt 1962. (exempla classica 67)

Janouch, Gustav: Gespräche mit Kafka. Frankfurt/M. 1961 (Fischer Bücherei 417)

Jones, Ernest: Über analerotische Charakterzüge. In: Internationale Zeitschrift für ärztliche Psychoanalyse 5 (1919) S. 69–92

Kant, Immanuel: Kritik der ästhetischen Urteilskraft. In: Die drei Kritiken in ihrem Zusammenhang mit dem Gesamtwerk. Hg. von Raymund Schmidt. Stuttgart 1956, S. 283–315

Klauser, Theodor (Hg.): Reallexikon für Antike und Christentum. 4. Bd. Stuttgart 1959, S. 921–944 (Stichwort »Ekphrasis«)

Klotz, Volker: Die erzählte Stadt. Ein Sujet als Herausforderung des Romans von Lesage bis Döblin. München 1969

Langer, Elinor: Täglicher Kapitalismus. Die Frauen in der New Yorker Telefongesellschaft. In: Kursbuch 22 (1970) S. 168–186

Lausberg, Heinrich: Handbuch der literarischen Rhetorik. Bd. 1 und 2. München 1960

Lepenies, Wolf: Melancholie und Gesellschaft. Frankfurt/M. 1969

Lettau, Reinhard: Auftritt Manigs. München 1963

Lichtenberg, Georg Christoph: Briefe. In: Schriften und Briefe. Hg. von Wolfgang Promies. 4. Bd. München 1967

Lucian von Samosata, siehe unter Wieland, Christoph Martin

Lukács, Georg: Die Theorie des Romans. Ein geschichtsphilosophischer Versuch über die Formen der großen Epik. Neuwied und Berlin 1963 (1. Aufl. 1920)

– Geschichte und Klassenbewußtsein. Studien über marxistische Dialektik. ibid. 1970 (1. Aufl. 1923)

– Schriften zur Literatursoziologie. Hg. von Peter Ludz. 3. Aufl. ibid. 1968

Marx, Karl: Das Kapital. Erster Band. In: Marx-Engels Werke, Bd. 23 (Ost-)Berlin 1969

– Einleitung zur Kritik der Hegelschen Rechtsphilosophie. In: MEW 1. (Ost-)Berlin 1970, S. 378–391

Mendelssohn, Moses: Schriften zur Philosophie, Aesthetik und Apologetik. Hg. von Moritz Brasch. Bd. 2. Hildesheim 1968 (Neudruck)

Meyer, Richard M.: Die deutsche Literatur des 19. Jahrhunderts. Berlin 1912

Musil, Robert: Prosa, Dramen, späte Briefe. Hg. von Adolf Frisé. Reinbek 1957

Riha, Klaus: Cross-Reading und Cross-Talking. Materialien zu einer satirischen Technik. In: Literatur und Geistesgeschichte. Festgabe für Heinz Otto Burger. Hg. von R. Grimm und C. Wiedemann. Berlin 1968, S. 361–386

Rilke, Rainer Maria: Die Aufzeichnungen des Malte Laurids Brigge. Leipzig 1927

Robbe-Grillet, Alain: Argumente für einen neuen Roman. Essays. Aus dem Französischen übers. von Marie Simone Morel, Helmut Scheffel u. a. München 1965

Rohde, Erwin: Der griechische Roman und seine Vorläufer. Darmstadt 1960 (Neudruck der 3. Aufl. Leipzig 1914)

Russell, Bertrand und Whitehead, Alfred North: Principia Mathematica. 1. Bd. Cambridge 1910 (Cambridge University Press)

Sawicki, Stanislaw: Gottfried von Straßburg und die Poetik des Mittelalters. Berlin 1932

Schiller, Friedrich: Sämtliche Werke. Bd. 1–6. Hg. von Gerhard Fricke und Herbert G. Göpfert. 3. Aufl. München 1962

Šklovskij, Viktor B.: Theorie der Prosa. Hg. und aus dem Russischen übersetzt von Gisela Drohla. Frankfurt/M. 1966

Szyrocki, Marian (Hg.): Poetik des Barock. Reinbek 1968 (Texte deutscher Literatur 1500–1800. Hg. von Karl Otto Conrady)

Tynjanov, Jurij: Die literarischen Kunstmittel und die Evolution in der Literatur. Aus dem Russischen übers. von Alexander Kaempfe. Frankfurt/M. 1967 (edition suhrkamp 197)

Veit, Walter: Toposforschung. Ein Forschungsbericht. In: Deutsche Vierteljahresschrift 37 (1963) S. 120–163

Vico, Giambattista: Die neue Wissenschaft über die gemeinschaftliche Natur der Völker. Nach der Ausgabe von 1744 übersetzt von Erich Auerbach. Reinbek 1966 (Philosophie der Neuzeit 10)

Waetzold, Wilhelm: Malerromane und Gemäldegedichte. In: Westermanns Monatshefte 116 (1914) S. 735–747

Walser, Robert: Jakob von Gunten. Roman. München 1964. 1. Aufl. 1909 (Kindler Taschenbücher 38)

Weichmann, Christian Friedrich (Hg.): Poesie der Nieder-Sachsen. Bd. 1–6. Hamburg 1732 ff.

Weingartner, Paul (Hg.): Deskription, Analytizität und Existenz. Salzburg-München 1966 (Internationales Forschungszentrum für Grundfragen der Wissenschaft Salzburg. 3. und 4. Forschungsgespräch)

Weiss, Peter: Der Schatten des Körpers des Kutschers. Frankfurt/M. 1960

Wellek, René und Warren, Austin: Theorie der Literatur. Aus dem Englischen übers. von Edgar und Margarete Lohner. Berlin 1963 (Ullstein Bücher 420/421)

Wieland, Christoph Martin: Lucians von Samosata sämtliche Werke. Übers. von Chr. M. Wieland. 4. Theil. Leipzig 1789

Wieser, Max: Der sentimentale Mensch. Gesehen aus der Welt holländischer und deutscher Mystiker im 18. Jahrhundert. Stuttgart 1924

Zur Tradition der sozialistischen Literatur in Deutschland. Eine Auswahl von Dokumenten. Hg. und kommentiert von der deutschen Akademie der Künste zu Berlin, Sektion Dichtkunst und Sprachpflege, Abteilung Geschichte der sozialistischen Literatur. 2. Aufl. (Ost-)Berlin und Weimar 1967